DEMOCRACIA CONSTITUCIONAL E POPULISMOS NA AMÉRICA LATINA

entre fragilidades institucionais e proteção deficitária dos direitos fundamentais

CONTRACORRENTE

Luiz Guilherme Arcaro Conci

DEMOCRACIA CONSTITUCIONAL E POPULISMOS NA AMÉRICA LATINA

entre fragilidades institucionais e proteção deficitária dos direitos fundamentais

SÃO PAULO

2023

CONTRACORRENTE

Alameda Itu, 852 | 1º andar |
CEP 01421 002
www.loja-editoracontracorrente.com.br
contato@editoracontracorrente.com.br

EDITORES
Camila Almeida Janela Valim
Gustavo Marinho de Carvalho
Rafael Valim
Walfrido Warde
Silvio Almeida

EQUIPE EDITORIAL
COORDENAÇÃO DE PROJETO: Juliana Daglio
PREPARAÇÃO DE TEXTO E REVISÃO: Amanda Dorth
REVISÃO TÉCNICA: Ayla Cardoso e Douglas Magalhães
DIAGRAMAÇÃO: Gisely Fernandes
CAPA: Marina Avila

EQUIPE DE APOIO
Fabiana Celli
Carla Vasconcellos
Valéria Pucci
Regina Gomes
Nathalia Oliveira

Dados Internacionais de Catalogação na Publicação (CIP)
(Câmara Brasileira do Livro, SP, Brasil)

Conci, Luiz Guilherme Arcaro
Democracia constitucional e populismos na América Latina : entre fragilidades institucionais e proteção deficitária dos direitos fundamentais / Luiz Guilherme Arcaro Conci. -- São Paulo : Editora Contracorrente, 2023.

Bibliografia.,
ISBN 978-65-5396-084-8

1. Constitucionalismo - América Latina 2. Democracia - América Latina 3. Direitos fundamentais 4. Direitos humanos 5. Populismo I. Título.

23-141421 CDD-320.98

Índices para catálogo sistemático:

1. América Latina : Ciência política 320.98

Aline Graziele Benitez - Bibliotecária - CRB-1/3129

@editoracontracorrente
Editora Contracorrente
@ContraEditora

Para Eliane, Malu e Amália.

Ventana sobre las dictaduras invisibles
la madre abnegada ejerce la dictadura de la servidumbre.
El amigo solícito ejerce la dictadura del favor.
La caridad ejerce la dictadura de la deuda.
La libertad de mercado te permite aceptar los
precios que te imponen.
La libertad de opinión te permite escuchar a los que
opinan en tu nombre.
La libertad de elección te permite elegir la salsa
con que serás comido.[1]

If you are someone who believes that you deserve to rule,
then your motivation to attack the elite,
pack the courts, and warp the press to achieve
your ambitions is strong.
Resentment, envy, and above all the belief that
the "system" is unfair
— not just to the country, but to you —
these are important sentiments among the nativist
ideologues of the Polish right,
so much so that it is not easy to pick apart their
personal and political motives.[2]

---

1 GALEANO, Eduardo H. *Las palabras andantes*. Madrid: Siglo XXI, 2010, p. 49.

2 APPLEBAUM, Anne. *Twilight of democracy*: the failure of politics and the parting of friends. Londres: Penguin, 2010.

SUMÁRIO

AGRADECIMENTOS

Estudar processos de erosão democrática mostra que há um dado silencioso, na sua ocorrência, que pode marcar a dificuldade de percepção do que acontece, pois a lentidão dos momentos, os diversos atores envolvidos, a sensação de confusão a respeito da relação entre os acontecimentos e, por fim, o diagnóstico de que ela está em andamento levam aquele que busca entendê-la a perguntar se realmente está ocorrendo, ou se podem ser situações esporádicas e sem relação que estão à frente dos seus olhos e, por serem assim, não merecem muito do nosso tempo de pesquisa.

A história desse trabalho começa em 2018, quando, em um congresso, assisti a uma apresentação da Professora Kim Lane Scheppele sobre a erosão democrática ocorrida na Hungria, que ela vinha estudando há mais de duas décadas.

Mas, pensando bem, a minha história começa antes. Desde o final da década de 2010, o estudo do constitucionalismo na América Latina vem sendo objeto das minhas pesquisas.

Opa! Na verdade, tudo isso começa antes. Vamos pensar em um processo, em um filme.

Na segunda metade da década de 1990, quando aluno da Faculdade de Direito da PUC-SP, resolvi investir meu pouco dinheiro em viagens pela América Latina hispânica, o que fiz, em alguns momentos, sozinho e, em outros, acompanhado. Comecei pela América do Sul, por Uruguai, Argentina, Chile, Peru e Bolívia. Depois, Colômbia. Depois, México, Guatemala, El Salvador, Nicarágua, Costa Rica e Panamá. Isso aconteceu por curiosidade minha, mas meu saudoso pai dizia que conhecer a região era algo necessário para compreender o que vivíamos. Dito e feito. Foi o que senti nesses primeiros anos, e, na verdade, sinto até hoje. Corta.

Em meados da primeira década deste século, quando pesquisava para o meu doutorado e, concomitantemente, em busca de conhecer melhor a região, tive a oportunidade de fazer a minha primeira viagem para apresentar um trabalho em um congresso na Argentina. Estava muito incomodado com o tema de pesquisa, naquela época (deveres fundamentais). Essa primeira viagem me fez perceber que, profissionalmente, poderia usar um pouco da minha curiosidade como viajante, durante todo esse período, dos temas que ouvia, lia e tinha acesso, para a minha atividade profissional. Foi um despertar. Depois, estive no Chile, na Colômbia, no Uruguai, no México e em tantos outros lugares, que perdi a conta das vezes que fui e voltei a outros países da região ou, mesmo fora dela, fazendo da América Latina o ponto central dos trabalhos que apresentava. Corta.

Em 2018, a convite do Prof. Rainer Arnold, a quem conheci, por acaso, na Romênia, por intermédio de um professor polonês já falecido, que havia tido contato a partir de um colega português, participei de uma mesa de trabalho por ele coordenada em conjunto com a Profa. Selin Essen, em um Congresso em Hong Kong. A pesquisa que apresentei, naquele momento, tinha como tema a "Identidade Constitucional Latino-Americana". Eu já vinha trabalhando com o constitucionalismo latino-americano (o velho, não o novo!) fazia dez anos. Lá, entre mesas e conferências, ouvi a Profa. Schepelle apresentar sua pesquisa e me senti muito impactado por ter conhecimento de algo que me circundava, mas sobre o qual ainda não havia juntado as peças para dizer que se vivia algo muito semelhante. Hoje compreendo que os processos silenciosos de erosão democrática ocorrem sem que se perceba seu começo, como se verá no livro.

Naquele momento, eu vinha trabalhando, não somente, mas, sobretudo, com a interação entre o Direito Internacional dos direitos humanos e o Direito nacional dos países da América Latina, o que tinha sido o tema do meu doutoramento. Naquele dia, senti que deveria pensar, seriamente, em um projeto de pesquisa envolvendo também a democracia e o constitucionalismo na região, o que levou tempo para eu começar a articular as ideias esparsas. Na verdade, já se via o impacto de governos populistas na tentativa de desmontar o próprio Sistema Interamericano de Proteção de Direitos Humanos, o que somente se aprofundou nos anos seguintes.

Continuei entrando no tema da erosão democrática, mas fui percebendo que, apesar de entender a sua ocorrência para além da região que desde o final dos anos 2000 era meu "campo de pesquisa", faltava algo que me mostrasse o modo como isso ocorria em um espaço no qual a democracia constitucional nunca havia se sedimentado, ou era um projeto inalcançado. Sentia um incômodo por ver uma bibliografia produzida e a analisar a ocorrência de tal fenômeno no Norte Global, ou no Noroeste Global, como dizia O'Donnel, que começou a diminuir quando tive acesso aos trabalhos de Carlos de La Torre, Rovira Kaltwasser, Kurt Weyland, Enzo Traverso, Manuel Castells, Tulio Halperin Donghi, Federico Finchelstein, Jorge Carpizo, Humberto Nogueira Alcalá etc. A partir deles, outra bibliografia se abriu para o tema dos retrocessos democráticos e dos populismos na América Latina, tornando meu trabalho mais facilitado, pois trabalhava-se com um ponto de partida do qual, penso eu, não podem negligenciar aqueles que estudam a região: não se pode partir de uma crise da democracia constitucional onde ele nunca se sedimentou, é dizer, uma coisa é acreditar que democracias constitucionais estáveis estão em crise e precisam ser analisadas. Outra é pensar que há uma crise, de cunho qualitativo, em democracias constitucionais frágeis que nunca tiveram a oportunidade de se estabilizar.

Por outro lado, desde 2014, quando li a obra de Roberto Gargarella, *La Sala de Máquinas de la Constitución*, percebi que seria possível pensar em um constitucionalismo verdadeiramente latino-americano, com sistematicidade. Em que pese algumas discordâncias com o que apresentava, tratava-se de um trabalho muito bem estruturado, que perpassava o processo iniciado no século XIX e que mostrava as transformações do constitucionalismo, fora da caixa do noroeste global, a partir de momentos e nuances muito regionais, de forma que a sua sistematização se fez fundamental para o desenvolvimento de alguns dos trabalhos que publiquei. Já conhecia os trabalhos de tantos outros sobre a região, em variados temas envolvendo o constitucionalismo, o Estado de Direito e a separação dos poderes. Mas, ali, percebi que se podia falar em um constitucionalismo regional, com sua história e características próprias. Acabei podendo analisar, logo depois, a proposta do Novo Constitucionalismo Latino-Americano, que, confesso, no início me agradou, mas, depois, verifiquei que as bases desde as quais se constrói são frágeis e precisariam de um aprofundamento, especialmente, porque não há uma doutrina estruturada a respeito do controle do poder, algo tão preocupante para a região. A sucessão de novos direitos e a guinada pela participação popular direta não sobrevive onde as instituições são facilmente capturadas por governantes personalistas e pouco afetos ao controle do seu poder. Foi o que aconteceu nos países que deram origem aos seus estudos. Neste sentido, o presente trabalho não adota como base teórica o Novo Constitucionalismo Latino-Americano, em que pese respeitar e entender que alguns dos seus fragmentos são bem construídos.

Reunir constitucionalismo e democracia, na América Latina, com populismos, aconteceu naturalmente, ou melhor, sem a necessidade de pensar em grandes mudanças de rumo nas pesquisas em andamento. Era só ajeitar a direção, pois me manteria investigando a região que era meu foco, alguns temas com os quais vinha trabalhando, mas, definitivamente, entrava em um campo diverso, pois exigia explorar área do conhecimento que não estava na borda das minhas pesquisas: a Política. Ainda que pensasse nas suas relações com o Direito, não estava no centro da minha atenção. Corta.

Quando me tornei professor da Faculdade de Direito da PUC-SP, na década de 2000, no segundo ano de docência, me foram atribuídas, pela primeira vez, duas turmas de Ciência Política e Teoria Geral do Estado. Se bem me lembro, eram turmas que estariam sob a regência do Prof. Celso Campilongo que, naquele momento, estava fora do Brasil. O curso que montei tinha muito do dele, pois fora meu professor de CPTGE na graduação e de Teoria do Direito, no mestrado, que então terminara. Para mim, que vinha do Direito Constitucional e começava a conhecer o Direito Internacional dos Direitos Humanos, era uma chance de trabalhar com temas novos, mas, é verdade, lá estava a Ciência Política. Depois, quando fui aprovado no concurso público na Faculdade de Direito de São Bernardo do Campo, tive a oportunidade, no quarto ano de docência, de deixar minha cadeira de Direito Constitucional para assumir a de Ciências Políticas e Teorias do Estado (CPTE). Isso me faz pensar que, depois dessa pesquisa, devo adaptar melhor o meu curso de CPTGE aos temas aqui investigados. Ainda que se trabalhe com uma teoria geral, ela pode ser também regional. Pensar o Estado Liberal, o Estado Social ou o constitucionalismo internacional também com foco na América Latina é algo a ser explorado por mim de modo mais acurado. Assim, essa obra pretende devolver, à minha matéria de origem, os resultados propostos.

Quanto aos agradecimentos, são tantos os colegas que parti ciparam desta pesquisa, direta ou indiretamente, lendo, discutindo, criticando, compartilhando pesquisas... O risco de esquecer alguns deles é enorme. Por isso, limito-me àqueles que ajudaram, influenciaram ou participaram do seu processo de desenvolvimento. Com isso, agradeço, na PUC-SP, entre os professores, a Marcelo Figueiredo, meu maestro; Celso Campilongo, Flávia Piovesan, Silvio Luiz Ferreira da Rocha, Luis Manuel Fonseca Pires, Claudio José Langroiva Pereira e Marcelo Sodré que, de alguma forma, ajudaram no processo em que me tornei Livre-Docente em Ciência Política e Teoria Geral do

Estado. Aos meus orientandos, Heloise Campos e José Guilherme Maia Lopes, com quem desenvolvi, nos últimos anos, pesquisas sobre populismos e o papel dos meios de troca de mensagens e redes sociais nos processos de erosão democrática. Entre os alunos e assistentes, a Lucas Sousa, Marina Hengle e Mariana Santiago, que tanto me ajudaram no período da tese. Na Faculdade de Direito de São Bernardo do Campo, à Thais Cavalcanti, Renata Possi Magane e Rodrigo Gago, que me auxiliaram com as dificuldades de tempo no período de escrita, e à Lívia Tonet, que me auxilia muito nos trabalhos docentes e de pesquisa. Na Universidade Federal do Mato Grosso do Sul, ao Tiago Marino, que me ajudou na seleção de estudos para o tema do Direito Internacional e democracia.

Agora, fora da PUC-SP, são tantos que o risco é ainda maior, e nomearei somente poucos, sabendo dos riscos da injustiça, fazendo-o porque estão diretamente envolvidos no trabalho. A Glauco Salomão Leite, da Universidade Católica de Pernambuco, pelas discussões e leituras conjuntas, congressos e trabalhos em que discutimos muitos temas e a condução de uma pesquisa. À Estefânia Queiroz Barboza, da Universidade Federal do Paraná, que, recentemente, para minha profunda surpresa, contou uma história sobre Hong Kong e Kim Lane Schepelle que parecia com a que retratei e vinha contando em palestras. À Melina Girardi Fachin, da Universidade Federal do Paraná, com quem organizei um Congresso da *Red Latinoamericana de Investigadores sobre Estado de Derecho, Democracia y Derechos Sociales* (REDDES), financiado pela Fundação Konrad Adenauer, poucos dias antes do início da pandemia, do qual se gerou um livro muito importante. À Anna Mastromarino, da Universidade de Torino, por me receber, nos últimos três anos, para tratar de temas ligados à pesquisa, e pelo auxílio no período em que fui professor visitante contratado daquela universidade. E a Jorge Amaya, da Universidade de Buenos Aires, por me permitir apresentar algumas reflexões da pesquisa em seminário e em um livro por ele coordenado com Luca Mezzetti, de Bolonha. A Maxi Torriceli, da Universidade de Rosario, por nos receber para um seminário no qual alguns dos temas aqui tratados foram discutidos. A David Mandietta, da Universidade de Medellín, pelo companheirismo e disponibilidade para também me receber naquela universidade, no programa de doutorado do qual é coordenador, como professor visitante. À Jacopo Paffarini pelas discussões sobre os presidencialismos latino-americanos e pelo período em que pudemos compartilhar a disciplina de Direito Público Comparado em conjunto com Maria Chiara Lochi, quando pude estar, também com professor visitante contratado, na Universidade de Perúgia.

Às minhas casas de estudo. À PUC-SP e à Faculdade de Direito de São Bernardo que, direta e indiretamente, ajudaram a financiar essa pesquisa permitindo que eu participasse de eventos, publicasse e desse aulas em outros lugares. Às universidades de Torino, Medellín, Messina e Perúgia pelos contratos de professor visitante e pela possibilidade de apresentar fragmentos da pesquisa aos seus alunos e professores.

Agora aos meus mais próximos!

À minha mãe, Helena, que ainda se restabelece de uma longa internação, mas que sempre foi esteio para que eu seguisse. Espero que ela continue lutando para retomar o que vivia antes e continue a ostentar a força que sempre demonstrou nos momentos de maiores dificuldades. Ao meu saudoso pai, Odécio, pela curiosidade com a América Latina. Ao meu irmão, Guga, pela sincronia.

Às minhas fortalezas, em casa, as mulheres que me fazem acreditar que família tem um sentido próprio e que sem ela pouco nos resta. Que me dão força e me sacodem com suas constantes críticas e que me fazem sentir um alienígena querido. Agradeço à Eliane pelo amor de tantos anos e pelos sacolejos que me proporciona. A PUC-SP e o Pátio da Cruz deram o pontapé para que uma vida e uma família linda pudéssemos construir. Obrigado pela paciência com a deficiência de atenção na nossa *empresa*, que é a casa que organizamos conjuntamente, pois, durante o período em que entrei no *modo tese*, como falo, para escrever esse trabalho, a minha capacidade de atenção, que já é *complicada*, diminuiu enormemente. À Malu, por unir firmeza, racionalidade e doçura. À Amália, pela criatividade, pela intuição e pela delicadeza. A todas por me darem força e conseguir fazer mil coisas ao mesmo tempo, dia após dia. Sem elas, seguramente, não haveria agradecimentos, nem resumo, sumário, tese etc.

Por fim, ao Rafael Valim, amigo e parceiro de longa data, de lutas, de derrotas e vitórias, e ao Gustavo Marinho, querido amigo, sempre gentil. Por serem esses orquestradores de tanta boa experiência e por terem esse olhar afinado com o que é progressista, justo e humano. Meus parabéns por fazerem da Editora Contracorrente essa potência em tão pouco tempo.

Essa pesquisa continua em andamento, neste momento, focada nos presidencialismos latino-americanos e no seu funcionamento, transformações e na comparação de suas semelhanças e diferenças. E outra deve ser aberta, em 2023, para o estudo das agências independentes na América Latina.

Sigo com os olhos abertos para a região que se tornou parte importante da minha vida.

APRESENTAÇÃO

Este livro é fruto de tese apresentada para minha aprovação no concurso de Livre-Docência em Ciência Política e Teoria Geral do Estado, na PUC-SP, em que fui aprovado em março de 2022. Parte da seguinte pergunta:

> *É possível afirmar que, na América Latina, a difícil consolidação da democracia constitucional promove o surgimento de governos populistas que, independentemente de apegos ideológicos, usam de modo de governar semelhante para erodir instituições e direitos fundamentais?*

Com a finalidade de responder ao questionamento acima, pergunta-foco desta obra, apresenta-se um estudo que, inicialmente, investiga a consolidação de democracias constitucionais na América Latina, a partir dos movimentos de redemocratização e de reconstitucionalização ocorridos desde a década de 1980, cujo resultado se encontra em processo de realização, pleno de avanços e retrocessos.

Embora estejamos a viver o período histórico de maior longevidade da existência de Estados nacionais democráticos, observa-se, desde então, níveis consideráveis de desconfiança na democracia e nas suas instituições, verificados em uma variedade de informes e pesquisas, como se verá, o que fomenta o aparecimento de governos liderados por populistas que, apesar de participarem de eleições, descredenciam instituições estatais e sociais que desempenham funções de controle do poder, além de se aproveitarem da erosão democrática, quando no governo, para capturar instituições e angariar poder, dividir o povo e demonizar seus adversários.

Este livro, assim, está focado nesses governos populistas, e não em campanhas, discursos ou outro meio de fazer política que não aqueles usados por tais lideranças quando já estão sediadas em um governo eleito que, inevitavelmente, se dedica a afrontar a qualidade das democracias constitucionais em seus respectivos países.

Em seis capítulos, o trabalho aqui apresentado configura-se uma pesquisa científica *qualitativa* (cujos dados levantados fornecem detalhes e profundidade de conhecimento para o entendimento mais aprimorado das implicações reveladas), de caráter *exploratório* (sua ênfase está no caráter subjetivo do objeto, no estudo das suas particularidades e experiências singulares) e norteada pela narrativa *analítico-descritiva*, na medida em que se utiliza da comparação, da história político-constitucional e de dados empíricos (relativos ao cenário político internacional, à jurisprudência do Sistema Interamericano de Proteção de Direitos Humanos e, sobretudo, a situações concretas resultantes das condutas, decisões e posicionamentos de governantes populistas com os quais se trabalha como amostra, na América Latina).

Revelam-se, ao longo da investigação, determinados padrões no modo de governar de lideranças populistas latino-americanas atestando que o tema, para além de ideologias políticas e da realização de eleições periódicas, se torna uma maneira de fazer política a atentar contra as bases das democracias constitucionais. Se de esquerda ou de direita, populistas agem de modo parecido e dispõem de sua força política para aumentar seu poder em detrimento dos meios de controle próprios das democracias constitucionais.

Enfatiza-se, por derradeiro, que a discussão está ancorada no processo dialético, na medida em que analisa determinada realidade

– o fenômeno jurídico e político do populismo – buscando sintetizar o perfil da tomada de decisões de governantes populistas para demonstrar a existência de uma identidade no seu modo de governar, pautado em um agir antidemocrático semelhante, que independe de diferenças ideológicas e que acaba por erodir as bases das democracias constitucionais de seus respectivos Estados nacionais.

Por ser um trabalho que se dedica à América Latina, as passagens sobre o Brasil não são mais alongadas que aquelas dos demais países. Isso porque se percebe que a cartilha populista de governo de lideranças como Bolsonaro, Bukele, Fujimori e Menem, do campo da direita (extrema, alguns) se assemelham com aqueles de Morales, Correa, AMLO, Chavez ou Maduro, da esquerda, no que diz respeito à sua relação com os mecanismos de freios e contrapesos, com a mídia, partidos políticos, dentre outros. Ainda que se perceba diferenças, especialmente de cunho inclusivo em alguns, de modo algum se defende, no presente trabalho, a sua existência em detrimento de outros.

Por outro lado, governantes populistas não devem ser confundidos com governos populares. Populismo não diz respeito ao uso de mecanismos de distribuição de renda, ao discurso agressivo ou mesmo ao carisma pessoal. Populistas não são medidas econômicas desastradas ou discursos emotivos. Populismos são modos de fazer política e, neste livro, o foco está no governo populista e no impacto nas instituições e nos direitos.

O presente livro se dedica a estudar como esse modo de fazer política, que desqualifica os meios de intermediação entre o povo e quem decide politicamente, que entende que somente um líder pode assumir a responsabilidade por decidir pelos demais, que entende que as instituições precisam estar submissas à sua "legitimidade", dentre outras características que se verá, acaba por tornar as democracias constitucionais mais frágeis e sob risco de sucumbir.

LISTA DE ABREVIATURAS E SIGLAS

AD	*Acción Democrática*
ADN	Ação Democrática Nacionalista
ALAIC	*Asociación Latinoamericana de Investigadores de la Comunicación*
AMLO	Andrés Manuel López Obrador
ANDES	*Agência Pública del Notícias Ecuador y Suramérica*
ARENA	Aliança Renovadora Nacional
art.	artigo
arts.	artigos
BFDUC	Boletim da Faculdade de Direito da Universidade de Coimbra
CADH	Convenção Americana de Direitos Humanos

CanTV	*Compañía Anónima Nacional de Teléfonos de Venezuela*
CNPq	Conselho Nacional de Desenvolvimento Científico do Brasil
CONATEL	Comissão Nacional de Telecomunicações
Coord.	coordenador/coordenadores
COPEI	Comitê de Organização Política Eleitoral Independente
Corte IDH	Corte Interamericana de Direitos Humanos
EUA	Estados Unidos da América
GANA	Partido Grande Aliança Nacional
ICS	Índice de Confiança Social
INE	Instituto Nacional Eleitoral
LOC	Lei Orgânica de Comunicação
LOTEL	*Ley Organica de Telecomunicaciones*
MAS	*Movimiento Al Socialismo*
MIR	*Movimiento de Izquierda Revolucionaria*
MNR	Movimento Nacionalista Revolucionário
MORENA	Movimento da Regeneração Nacional
NCLA	Novo Constitucionalismo Latino-Americano
OEA	Organização dos Estados Americanos
ONG	Organização Não Governamental
ONU	Organização das Nações Unidas

PAIS	*Patria Altiva I Soberana*
PAN	Partido Ação Nacional
PCV	Partido Comunista da Venezuela
PDVSA	Petróleos de Venezuela S.A.
PPT	*Patria Para Todos*
PRD	Partido da Revolução Democrática
PRI	Partido Revolucionário Institucional
PSDB	Partido da Social-Democracia Brasileira
PSL	Partido Social Liberal
PSUV	Partido Socialista Unido da Venezuela
PT	Partido dos Trabalhadores
PUC-GO	Pontifícia Universidade Católica de Goiás
RCTV	*Radio Caracas Television*
REDDES	*Red Latinoamericana de Investigadores sobre Estado de Derecho, Democracia y Derechos Sociales*
RESORTE	*Ley de Responsabilidad Social en Radio y Television*
RPA	*Radio Publica del Ecuador*
SA	*Sturmabteilung* (Tropas de Choque do Partido Nazista)
SiBCI	Sistema Bolivariano de Comunicação e Informação
SIN	*Servicio de Inteligencia Nacional*

STF	Supremo Tribunal Federal
Telesur	*Televisión del Sur*
TVes	*Televisora Venezuelana Social*
TSE	Tribunal Superior Eleitoral
UCLA	*University of Chicago Law School*
UNASUL	União de Nações Sul Americanas
UNISINOS	Universidade do Vale do Rio dos Sinos
UPC	*Universidad Peruana de Ciencias Aplicadas*
URD	*Unión Republicana Democrática*
USP	Universidade de São Paulo

INTRODUÇÃO

A presente pesquisa se debruça sobre a difícil consolidação da democracia constitucional e o aparecimento de governos populistas, com um recorte espacial limitado à América Latina. Trabalhar a partir da América Latina fez com que alguns padrões analíticos fossem encontrados, pois advindos de uma sequência de movimentos pendulares em que tentativas de estabilização das democracias constitucionais são seguidas de retrocessos, e em que governos se sucedem, desde os plenamente democráticos até os mais sensivelmente autocráticos, em uma realidade na qual a permanência das democracias luta sempre com os ímpetos de volta a períodos nos quais as instituições e os direitos fundamentais não estão protegidos.

Este estudo também invoca outro recorte, temporal, dado que o período em que se pretende analisar com mais rigor os efeitos da erosão democrática na região está sediado naquele que se convencionou acreditar ser o mais longo de governos democráticos na região, iniciado em meados de 1980 e, desde então, marcado por eleições, série de governos, elaboração de novas Constituições ou reformas profundas às existentes, dentre outras características enfrentadas na presente obra. Em uma região que não conseguiu ostentar a sedimentação de tais democracias constitucionais, a erosão ocorre justamente nesse processo e não parte de um patamar "ótimo", como ocorre normalmente no noroeste global.

Indubitavelmente, o objetivo apresentado envolve um paradoxo, o de estudar o período de maior longevidade das democracias na América Latina e, nele, enfatizar os governos de índole autoritária, suas experiências e seus impactos nos Estados nacionais elencados. São, aproximadamente, quarenta anos nos quais a democracia esteve presente. Embora esse não seja um dado consolidado, reflete um processo em constante confronto entre os atores nele envolvidos.

Para desbravar os temas escolhidos, acredita-se que uma metodologia adequada deve perpassar dois campos do conhecimento social, os quais norteiam o presente trabalho: o Direito e a Política. Trata-se, assim, de um trabalho com sede no campo das ciências sociais.

Como pesquisador, essa escolha envolve um problema, dado que o politólogo deve preferir o que "é mais intrincado e mais representativo", o que, inevitavelmente, envolve riscos de generalização. Por outro lado, embora trabalhe com dados, deve estar atento aos conceitos e à utilização desse material. Nesta pesquisa, não se desprezam os dados empíricos, mas os conceitos estão mais no centro do estudo apresentado, acreditando-se, assim, ganhar fortaleza nos argumentos desenvolvidos. Com isso, não se despreza os dados para análise e uso dos conceitos.

Considera-se que, embora a política comparada possa ser global, e os conceitos válidos em todos os tempos e lugares, exige-se sua comprovação empírica.[3] É refletir se uma investigação deve ser pensada a partir da experimentação, da história, das estatísticas e da comparação.[4] No caso desta última, necessária para se refletir sobre os temas afetos à América Latina, só se permite a comparação porque "as comparações que sensatamente nos interessam se levam

3 SARTORI, Giovanni. *La política*: lógica y método de las ciencias sociales. Cidade do México: UNAM, 2010, pp. 4, 57 e 209.

4 SARTORI, Giovanni. *La política*: lógica y método de las ciencias sociales. Cidade do México: UNAM, 2010.

a cabo entre entidades que possuem atributos em parte compartilhados (similares) e em parte não compartilhados (e declarados não compartilhados)".[5]

É nesse sentido que se pensa a região, suas instituições e os direitos fundamentais, em uma dinâmica de semelhanças e de diferenças que, ao final, permite a extração de padrões de análise. Ao se estudar conceitos tendentes à universalidade, como democracia, constitucionalismo e populismos, com ênfase numa análise de cunho regional da sua realidade, busca-se a comprovação e, em alguns casos, a verificação quanto as suas limitações e necessárias adaptações.

Como estratégia de pesquisa, parte-se de conceitos gerais, buscando sua individualização na América Latina para, ao se analisar casos concretos, quais sejam, as ações praticadas por governos liderados por populistas. Com isso, são encontrados padrões e, consequentemente, extraídas conclusões a demonstrar que as ocorrências, em cada um dos casos investigados, não podem ser pensadas isoladamente, senão como parte de um modo de governar *surgido* na região e que, de tempos em tempos, volta a ocorrer, ainda que parcialmente alterado conforme os contextos político-constitucionais nacionais.

Já no campo do Direito, a comparação, especialmente no Direito Público, tem sido desenvolvida a partir de noções gerais e próprias. Diversamente da política, que enfatiza especialmente os fenômenos inspiradores das normas ou seus resultados, a comparação jurídica deve estar fundamentada nas normas,[6] sem desprezo à necessidade de que aspectos históricos e culturais instrumentalizem a análise dessas normas. Nesta pesquisa, que utiliza normas constitucionais e

---

5 SARTORI, Giovanni. "Comparación y método comparativo". *In*: SARTORI, Giovanni; MORLINO, Leonardo. *La comparación en las ciencias sociales*. Madrid: Alianza, 1994, p. 34.

6 PEGORARO, Lucio; RINELLA, Angelo. *Sistemas constitucionais comparados*. São Paulo: Contracorrente, 2021, p. 39.

legais para explicar o impacto dos populismos nas democracias constitucionais regionais, elegem-se as técnicas sincrônica (pois compara ordenamentos com proximidade temporal) e da microcomparação[7] (analisa tais questões a partir de instituições e de direitos específicos).

Estudar a América Latina é estudar uma região marcada por processos históricos e constitucionais que se aproximam, a gerar padrões para a análise desde uma realidade em que movimentos endógenos e exógenos influenciam o processo de fortalecimento, por um lado, e de debilitação democrática, em outro, marcando uma dinâmica que gera identidade da qual se retira a análise apresentada. Encontrados os padrões para essa finalidade, abrem-se portas à compreensão de que muito do que se acredita próprio de cada um dos Estados nacionais latino-americanos, na verdade, integra um todo que se move conjuntamente.

Quando se analisa a tentativa de consolidação das democracias, regionalmente, percebe-se que ondas vão ganhando força espacialmente, permitindo verificar que períodos autoritários levam consigo movimentos que tomam a região. E o mesmo acontece com períodos democráticos, é dizer, há uma dança que perpassa essa região política gerando identidade para ser possível tratá-la com um grau de especialidade quando contextualizados conceitos sedimentados nas áreas de estudo eleitas neste trabalho. Neste sentido, esta investigação é fruto de uma pesquisa nos campos da Ciência Política e da Teoria do Estado, espaço do conhecimento que se encontra na borda entre o Direito e a Política, que se utiliza do Direito Constitucional ou do Direito Internacional, mas que com eles não se confunde. Ainda que se aproprie de conhecimentos destas áreas do conhecimento jurídico, busca sempre voltar para aquela na qual está inserida. É um exercício que exige autocontenção do pesquisador, forjado principalmente naquelas áreas; por outro lado, demonstra

---

7 PEGORARO, Lucio; RINELLA, Angelo. *Sistemas constitucionais comparados*. São Paulo: Contracorrente, 2021, p. 53.

que a fortaleza científica somente pode ser respeitada a partir desta tensão constante entre a Política e o Direito.

Aqui se encontra o tripé que norteia a elaboração desta pesquisa: trata-se de um trabalho de Ciência Política e Teoria do Estado, com foco na América Latina e nos efeitos da ausência de consolidação das democracias constitucionais regionais, que promovem a ascensão de lideranças populistas aos governos dos Estados nacionais.

Para este objetivo, fixam-se algumas definições. A primeira delas diz respeito a que democracia se pretende conhecer. Logo no início, percebe-se que a busca por um conceito a ser atribuído à democracia é uma tarefa inalcançável, visto que pululam, no mercado das ideias, vários deles. Por essa razão, a escolha é estritamente funcional: buscam-se elementos para o entendimento da democracia como meio para se compreender o problema central desta pesquisa, qual seja, o parasitismo que nestes momentos de erosão democrática permite às lideranças autoritárias de perfil populista se apropriarem de governos, sem desprezar as eleições, mas enfraquecendo as estruturas democráticas. A opção neste trabalho é por entender que a democracia constitucional, contemporaneamente, demanda a aproximação do constitucionalismo atual, ou seja, a escolha aqui é por um conceito substancial de democracia, no qual não somente os clássicos direitos liberais estão envolvidos, como liberdade de expressão, reunião e associação, mas que também os direitos sociais convivam com aqueles em democracias que tentam resistir em uma região na qual grassam a desigualdade e a violência.

O constitucionalismo, que se transforma tal qual a democracia, é marcado por alterações em seus elementos, seja no que diz respeito ao modo como se organiza o Estado, de um lado, ou em como se protegem direitos fundamentais, por outro. Aquele constitucionalismo surgido com as transições liberais, especialmente na Europa, marcado pelo individualismo, pela separação entre Estado e sociedade e pela visão de um Estado essencialmente contido por regras jurídicas, no qual a política e os direitos políticos são restritos a uma elite econômica, acaba por se transformar profundamente no século XX. Pensá-lo, como se faz, na América Latina, demanda, desde então, a partir do surgimento dos estados independentes, uma necessária visão crítica do que ocorria na região.

Desde as lutas havidas no século XIX pela busca de inclusão por parte dos mais vulneráveis, mas, principalmente, no começo do século XX, a partir de um novo contexto político, percebe-se que a participação política das massas de trabalhadores e outras minorias invade a Constituição e os parlamentos, junto a outros direitos fundamentais que começam a conviver com aqueles de proteção contra o Estado: os direitos a prestações sociais, depois os ambientais etc. Esta fase de surgimento dos Estados Sociais é também de retrocessos democráticos, que podem ser percebidos no surgimento, tanto na Europa, quanto na América Latina, de novos modos de fazer política fundados no fascismo e no corporativismo.

Com o fim da Segunda Guerra Mundial, também em âmbito internacional, o constitucionalismo se expandiu em novas instituições e direitos que, neste trabalho, denominam-se direitos fundamentais, e não direitos humanos, já que em nada diferem dos direitos previstos nas Constituições quanto a sua eficácia jurídica. Na região, expandiram-se a partir da Organização dos Estados Americanos e, mais adiante, com a criação do Sistema Interamericano de Proteção de Direitos Humanos, por meio dos seus dois órgãos: a Comissão Interamericana de Direitos Humanos e a Corte Interamericana de Direitos Humanos.

Para o melhor entendimento do constitucionalismo discutido nesta pesquisa, realiza-se uma incursão pela América Latina visando a encontrar traços de semelhanças e de diferenças com aquele constitucionalismo surgido na Europa e nos Estados Unidos. Embora suas bases teóricas sejam externas, internamente há um processo de adaptação que permite o uso da denominação *constitucionalismo latino-americano* para se entender suas transformações ao se adaptar a um contexto político regional, no qual a tentativa de descrever com linearidade evolutiva seu desenvolvimento e de datar suas transformações "progressivas", não funciona do modo como se pretende fazer em outras regiões, pois os quadros institucionais e de direitos fundamentais têm características específicas a serem analisadas, tanto no plano doméstico, quanto no internacional.

Por esta razão, e em função de um cenário regional de amplas desigualdades e de violência hostil, tratar da democracia e do constitucionalismo exige, ao mesmo tempo, a segurança dos conceitos circulantes em âmbito universal, mas também, adaptação aos elementos substanciais a envolverem esses temas na América Latina. Pensar uma democracia mínima ou meramente procedimental, para uma região detentora dos problemas referidos, não parece o bastante para fundamentar uma investigação profunda, embora sem qualquer pretensão de esgotar as reflexões nela desenvolvidas. É nesse sentido que, ao adotar o conceito de democracia constitucional, promove-se sua leitura também a partir da democracia e do constitucionalismo latino-americano adotados a partir de uma realidade substancial própria e desafiante.

Ultrapassado este ponto, o estudo se dedica a perquirir sobre a existência atual de um quadro de crise de confiança nas democracias para investigar as razões que levam a crer na existência de uma "crise" dos seus efeitos na democracia constitucional, especialmente na América Latina, e perceber que, nestes momentos, o surgimento de governos populistas é justamente um sintoma desta realidade de retrocessos democráticos. Aliás, falar em crise da democracia, no singular, em uma região marcada por constantes avanços e retrocessos na consolidação das democracias constitucionais não parece um ponto de partida seguro. São tantas "crises", mesmo em momentos de ampla existência de democracias na região, que o termo, quando usado, deve ser pensado não como algo a ocorrer depois de uma realidade linear e expansiva, mas, sim, como uma realidade constante e conhecida.

Em momentos de acentuado retrocesso democrático, ou de erosão democrática, encontra-se a partir do surgimento e do reaparecimento dessas lideranças à frente de governos populistas, o uso de expedientes muito semelhantes que levam as instituições e os direitos fundamentais a sofrerem impactos negativos, ou seja, há um desarranjo nas realidades democráticas existentes que são afetadas por estas ações. E, aqui, ingressa-se em um novo terreno da plurivocidade: os conceitos de populismos também são variados e utilizados de modo instrumental para enfrentar os problemas os quais se propõem nesta pesquisa.

Considerando o foco nos governos populistas, e não em partidos, candidatos em campanha, lideranças de oposição, dentre outros, dividem-se os populismos regionais em quatro ondas, sendo as três últimas delas o foco direto desta pesquisa, e a primeira, por ser deflagradora do modo populista de fazer política, trabalhada como meio de melhor entender as demais. Assim, sucedem o que se denominam "populismos clássicos", e para melhor entendê-los, a opção é valer-se de alguns de seus mais importantes personagens: Juan Perón, na Argentina e Getúlio Vargas, no Brasil. Chegando ao ponto central do estudo, que está no período de redemocratização regional, iniciado na década de 1980, dividem-se as três últimas ondas em: "populismos neoliberais", nos quais são analisados os governos de Carlos Menem, na Argentina, e Alberto Fujimori, no Peru; "populismos bolivarianos", oportunidade em que se investigam os governos de Hugo Chávez e de seu sucessor, Nicolás Maduro; Evo Morales, na Bolívia; Rafael Correa, no Equador; e, a última onda, que denomino de "populismos competitivos" em função de se posicionarem populistas de variados campos ideológicos, ao mesmo tempo, diferente das anteriores em que havia clara proximidade entre as lideranças. Neste caso, dada a pluralidade de perfis dos governantes, e por estarem em seus primeiros mandatos, são analisados os governos de Andrés Manuel López Obrador, no México; Nayib Bukele, em El Salvador; e Jair Bolsonaro, no Brasil.

Dito isto, é importante traçar alguns esclarecimentos a respeito das escolhas e suas razões no presente trabalho.

O primeiro deles é a opção por trabalhar com governos populistas, ou seja, não se dedicar a inquirir a respeito de regimes populistas. Estuda-se, apenas, o modo pelo qual tais lideranças em governos populistas costumam governar e, com isso, encontram-se padrões, ainda que tais pessoas tenham, ideologicamente, profundas distâncias a respeito daquilo que pensam sobre Estado e direitos fundamentais. Se progressistas ou conservadores, de esquerda ou de direita, agem e decidem a partir de recursos políticos que ostentam semelhanças, o que permite afirmar a existência de um *playbook* seguido por eles, independentemente da sua origem política, pois também são maleáveis a ondas e momentos políticos. São figuras que mudam conforme os ventos políticos, pois não têm base ideológica firme. Somente lutam por se manter no poder.

O segundo esclarecimento exige registrar o porquê da escolha destes líderes populistas, e não outros. Aqui, uma questão de recorte. A opção é pelos mais notáveis em razão da bibliografia a caminhar pelo tema dos populistas que, advinda essencialmente da Política, exigiu que o Direito Constitucional e o Direito Internacional fossem agregados como ferramentas explicativas. Ou seja, dá-se um passo a mais em direção a essas duas áreas do conhecimento jurídico, sempre com foco no objetivo do trabalho aqui desenvolvido, cuja sede está na Ciência Política e na Teoria do Estado. Essa é a razão das lideranças escolhidas. A principal ausência, por discordância, foi o caso de Fernando Collor de Mello entre os populistas neoliberais. Em função de se optar por governos populistas, e pelo pouco tempo em que esteve no poder no Brasil, não ter conseguido implementar suas propostas, deixa-se de dissecar o período do seu governo. Dito isso, a escolha desses líderes populistas não estabelece uma lista exaustiva, é dizer, se trata de escolhas ocorridas no decorrer da pesquisa. Outras lideranças também populistas como Daniel Ortega, Pedro Castillo, dentre outros.

Aliás, por se tratar de governos populistas e do modo personalista de se fazer política, usa-se o nome dessas lideranças em cada seção dedicada a descrever seu modo de fazer política e, por conseguinte, de governar, o que é feito sem maiores explicações para acentuar o caráter pessoal impresso em seus governos. Afinal, governos populistas têm nome, e esse nome é o do seu líder.

Outro aspecto a ser afirmado: em nenhum momento se pretendeu dedicar a pesquisa a uma análise dos casos brasileiros, pois, ao fazê-lo, convive-se sempre com os riscos de "desequilibrar" o trabalho. O uso do Brasil como espaço de pesquisa deve ser o mesmo dedicado aos demais países e suas lideranças populistas, ainda que fosse mais fácil trabalhar de outro modo, pois são casos com os quais se tem mais proximidade e sobre os quais se detém conhecimento mais apurado. Por essa razão, o capítulo dedicado aos populismos clássicos não se estende mais em direção a Getúlio Vargas e aquele dedicado à última onda populista, a atual, adota a mesma postura em relação ao governo de Jair Bolsonaro. É uma opção explícita para manter o eixo regional acentuado em relação ao nacional.

A análise do modo de governar utilizado pelos Presidentes populistas referidos, faz-se no intuito de usar exemplos de decisões políticas por eles tomadas, ou por sua base de apoio político, para mostrar sob que viés são promovidas, o uso de suas atribuições de governantes, o poder para erodir instituições democráticas e limitar ou violar direitos fundamentais, em prol de se fortalecerem como únicos legitimados, segundo o seu sentir, para a missão de governar aos demais, o que deve ocorrer sem as "amarras" das democracias constitucionais, entendidas por eles como a constranger suas decisões. Essas regras que contêm seu ímpeto personalista de governar, pensadas, juridicamente, para que as instituições não pereçam e os direitos fundamentais não se tornem mera declaração sem efetividade jurídica, revelam-se entraves à implementação de seus projetos políticos não dialogantes e excludentes da legitimidade dos seus adversários, com quem não entendem ser legítimo estabelecer negociação política. São projetos que atingem diretamente as bases de governos pretensamente democráticos.

Os resultados desses projetos de governo revelam um grau de identidade patente, em áreas similares, com decisões parecidas ou idênticas, a comprovar que agem de modos aproximados e com os mesmos fins políticos. O que se verifica, na presente pesquisa, é um agir semelhante, por ser antidemocrático, independentemente de diferenças ideológicas, que acaba erodindo as bases das democracias constitucionais de seus respectivos Estados nacionais, mas que, também, repercutem no seu modo de agir em âmbito internacional.

Diante disso, a pergunta desta pesquisa poderia ser assim formulada: é possível dizer que, na América Latina, a difícil consolidação da democracia constitucional promove o surgimento de governos populistas que, independentemente de apegos ideológicos, usam de modo de governar semelhante para erodir instituições e direitos fundamentais?

CAPÍTULO I

ENTRELAÇAMENTOS ENTRE CONSTITUCIONALISMO E DEMOCRACIA

Este capítulo incursiona sobre dois conceitos com ampla gama de modos de analisá-los e, consequentemente, de fixar conteúdos marcados: constitucionalismo e democracia. Apesar de acentuar a existência de uma relação direta entre eles, a busca por segurança nos seus conteúdos é tarefa árdua. Isso não significa que devem ser abandonados, mas que existe a necessidade de se apontar leituras e concepções para sua utilização conter posições firmes, no sentido científico, ainda que contestáveis.

A estratégia aqui é a de analisar os conceitos referidos e direcioná-los, depois, ao campo regional, à América Latina, de maneira a entender se incursões como estas fortalecem ou enfraquecem tentativas universalistas de estudos a respeito do Direito e do Estado.

A delicada relação entre a democracia e o constitucionalismo é analisada para saber se são conceitos que se estranham ou que se complementam. Adianta-se a possibilidade de algumas de suas características se complementarem, admitindo-se, inclusive, a adoção do conceito de democracia constitucional[8] como resultado, sempre com foco, ao final, na América Latina.

1.1 Democracia: em busca de elementos para um conceito

Os temas da democracia e de seu conceito serão trabalhados em dois momentos. Inicialmente, toma-se a democracia como um "conceito flutuante":

> Mas isto não autoriza uma babel conceitual. Em vez disso, exige propor definições que, ao serem tão precisas quanto possível, permitam aos discursos políticos e acadêmicos clareza de qual é o referente estipulado por cada um e, sobre esta base, articular os desacordos que as questões indecidíveis e os valores e prioridades divergentes de cada um deles se originam.[9]

Para enfrentar essa dificuldade, inicialmente, busca-se um conceito que se pretende desenvolver adiante. Em seguida, são referidos os problemas enfrentados pela democracia na América Latina e discute-se a necessidade de exigir sua "regionalização" e sua imprescindibilidade para se obter elementos que conformam a democracia como algo moldável a determinado ambiente ou se, simplesmente, é um conceito universal. Em tempos de enorme produção bibliográfica sobre a *crise das democracias*, faz-se um excurso por pesquisas que, neste momento, podem auxiliar no trabalho desta obra. A busca de um conceito para democracia está inserida neste labor hercúleo. Diante disso, os primeiros passos devem considerar algumas formas de se pensar o conceito.

---

8 Esse conceito será trabalhado mais à frente, no capítulo 2.

9 O'DONNELL, Guillermo. *Democracy, agency, and the state*: theory with comparative intent. Oxford: Oxford University Press, 2010, pp. 28/29.

A primeira delas, de cunho *minimalista*, relaciona o termo unicamente as eleições e respeito aos seus resultados, e pode ser entendido como

> arranjo político no qual as pessoas escolhem governos por meio de eleições e têm uma razoável possibilidade de remover governos que não gostem (...) é simplesmente um sistema no qual ocupantes do governo perdem eleições e vão embora.[10]

Certamente existem riscos ao seu bom funcionamento, logo abaixo enunciados, ou outros ligados à desigualdade social (democracia social), rupturas ao Estado de Direito, ameaças à independência judicial ou perda de confiança nas instituições representativas (democracia representativa) ou mesmo o uso da repressão para preservar a ordem pública (democracia liberal), mas são ameaças e não compõem tal conceito de democracia sob esta ótica minimalista.[11]

Por outro lado, essa busca pelo conceito pode estar focada em duas questões que somente podem ser formuladas se pensada a democracia em contrariedade a todas as formas de governo autocrático,[12] ou seja, um exercício para saber o que a democracia não é. Não deixa de ser um modo de conhecê-la melhor e entender que não se confunde com autocracia de modo algum.

---

10 PZEWORSKI, Adam. *Crises da democracia*. Rio de Janeiro: Zahar, 2020, p. 29.

11 PZEWORSKI, Adam. *Crises da democracia*. Rio de Janeiro: Zahar, 2020, p. 29.

12 O termo autocracia, nesta pesquisa, significa "qualquer estrutura governamental em que o princípio da separação e controle mútuo das diferentes agências do governo é substituída por uma concentração de poder supremo nas mãos de um homem ou um grupo de homens que são incontroláveis pela opinião pública livre e irrestrita, e que exerce um poder absoluto sobre os poderes executivo, legislativo e, geralmente, também judicial do governo". (LOEWENSTEIN, Karl. "Autocracy *versus* democracy in contemporary Europe". *American Political Science Review*, vol. 29, nº 4, 1935, pp. 571-593).

Pode-se, ainda, conceber a democracia a partir de alguns de seus elementos. O primeiro, ao considerá-la, ao mesmo tempo, um "conjunto de regras (primárias ou fundamentais) que estabelecem quem é autorizado a tomar uma decisão coletiva e com quais procedimentos".[13] Assim, as decisões que impliquem em efeitos coletivos só podem ser tomadas se considerados os procedimentos, estabelecidos pelo Direito, para essa finalidade. Ademais, a função destes procedimentos se desdobra em duas:

> permitir aos cidadãos jogar o jogo político e participar, direta e indiretamente, da tomada de decisões, e exigir e confiar que o jogo é honesto, pois se desenrola de acordo com regras e em condições iguais para todos, a todos tratando de forma igualitária.[14]

Entre as regras primárias de uma democracia, a regra da maioria seria "a regra fundamental" para a tomada de decisões coletivas, ainda que não se despreze, por evidente, a possibilidade de que também o alcance da unanimidade seja um bom indicador de legitimidade da decisão.[15] Isso acontece porque a decisão política depende de consensos e a regra da maioria demonstra esse consenso mínimo a conduzir o destino de vitoriosos e de derrotados em ambientes coletivos e heterogêneos, marcas das democracias contemporâneas. Consensos não significam a superação dos conflitos, que são ínsitos à democracia. Aliás, a democracia se refere a um "mecanismo de processar conflitos",[16] no qual instituições, utilizando regras jurídicas,

---

13 BOBBIO, Norberto. *Il futuro della democrazia*. Itália: Einaudi, 2014, p. 20.

14 URBINATI, Nadia. "Crise e metamorfoses da democracia". *Revista Brasileira de Ciências Sociais*, vol. 28, 2013, p. 6.

15 BOBBIO, Norberto. *Il futuro della democrazia*. Itália: Einaudi, 2014, p. 21.

16 PZEWORSKI, Adam. *Crises da democracia*. Rio de Janeiro: Zahar, 2020, p. 31.

usam seu poder para manter a ordem pública e as contrariedades em níveis suportáveis e na qual a ruptura ou o massacre de um dos grupos antagonistas possam levar à dissolução da convivência democrática. Significa dizer que este "bom funcionamento" não depende do desaparecimento da conflituosidade, mas que as instituições, como eleições, "sistemas coletivos de negociações, cortes e burocracias públicas"[17] usam do seu poder para manter os conflitos políticos em níveis controláveis de animosidade e, de outro lado, de acordo com e a partir da ordem jurídica.

A democracia, ainda, tem relação com o respeito e a preservação da autonomia pessoal. Cada pessoa é parte autônoma, ainda que sujeita ao convívio coletivo, mas deve ter senso e poder para decidir conforme seus desejos e interesses. Além disso, pressupõe-se que "o indivíduo singular, como pessoa moral e racional, é o melhor juiz dos seus interesses".[18] Assim, "a sociedade política é um produto artificial da vontade dos indivíduos"[19] e a "democracia moderna não pode ser separada do liberalismo político"[20] e da autonomia individual, no sentido de que nenhum governo pode interferir em certos espaços da individualidade, que deve ser protegida pela ordem constitucional como direito fundamental.

Em que pese os aspectos individuais, a democracia é também um *potere in pubblico*, no sentido de que, diversamente das autocracias, que admitem somente o silêncio e o sentimento de uma sociedade limitada a meramente ouvir e aclamar suas lideranças,

---

17 PZEWORSKI, Adam. *Crises da democracia*. Rio de Janeiro: Zahar, 2020, p. 32.

18 BOBBIO, Norberto. *Teoria generale della politica*. Torino: Einaudi, 1999, p. 378.

19 BOBBIO, Norberto. *Il futuro della democrazia*. Itália: Einaudi, 2014, p. 23.

20 KELSEN, Hans. "Foundations of democracy". *Ethics*, vol. 66, nº 1, 1995, p. 27.

nas democracias, o público deve ser "ativo e informado",[21] deve sujeitar suas lideranças ao seu controle mediante o exercício dos direitos fundamentais, como a liberdade de expressão, que deve ser exaustivamente protegida, e a liberdade de informação, ou seja, o direito de saber ou ter tido a possibilidade de saber sobre as coisas públicas, para poder participar, direta ou indiretamente, da formação das decisões coletivas,[22] dentre outros direitos, a exemplo da igualdade. Isto porque, nas democracias, a igualdade deve ser conferida para que todos possam integrar o processo de

> formação e expressão de opiniões políticas no exercício de sua influência política sobre as instituições representativas e a qualidade do fórum público de ideias (que) são componentes interligados e essenciais da sua liberdade política.[23]

Significa dizer que, mesmo quando o debate público forte gera decisões equivocadas, é pedra fundamental de democracias sãs, embora não "garanta que tomemos decisões corretas e racionais; e *ainda que* a informação não se traduza em conhecimento".[24] Afinal, o pluralismo de ideias é uma força que movimenta as democracias a partir de escolhas pensadas e debatidas.

A democracia não pode, também, ser confundida com a expressão conhecida do "governo para o povo". Em primeiro lugar, porque não se exime a possibilidade de as autocracias também governarem

---

21 BOBBIO, Norberto. *Teoria generale della politica*. Torino: Einaudi, 1999, p. 341.

22 BOBBIO, Norberto. *Teoria generale della politica*. Torino: Einaudi, 1999, p. 346.

23 URBINATI, Nadia. "Crise e metamorfoses da democracia". *Revista Brasileira de Ciências Sociais*, vol. 28, 2013, pp. 15/16.

24 URBINATI, Nadia. "Crise e metamorfoses da democracia". *Revista Brasileira de Ciências Sociais*, vol. 28, 2013, p. 16.

para o povo.[25] Democracia é um "governo DO povo", ou seja, em que a legitimidade democrática daqueles que decidem pelo povo, ou mesmo do povo decidindo por si, mostra que o próprio povo é fonte desta legitimação. Governar para o povo, buscando melhorar seu padrão de vida e aprofundar a igualdade em sentido econômico, não é característica necessária de democracias, dado que ela também pode ser alcançada em uma "forma de Estado autocrática-ditatorial tal qual em uma forma democrática de Estado".[26] Significa dizer que o "governo para o povo" não tem relação necessária com ser o governo DO povo. Isso não pode significar que o "governo do povo" seja ilimitado, pois, tanto a regra da maioria quanto a regra da unanimidade devem ser controladas juridicamente, ou seja, o povo não pode tudo, e é por esta razão que o constitucionalismo se assenta como exigência contemporânea.[27]

A contradição do "governo para o povo" e do "governo do povo", na verdade, esgota-se em um jogo de palavras que, ao final, deve ter uma solução para se converter em governo ou em regime democrático.[28] É que o "governo para o povo" somente pode ser admitido se coexiste ao "governo do povo" para tê-lo como democrático. Do contrário, seja uma autocracia ou um governo limitado a uma elite, mesmo usando expressões como "verdadeira democracia"

---

25 KELSEN, Hans. "Foundations of democracy". *Ethics*, vol. 66, nº 1, 1995, p. 2.

26 KELSEN, Hans. *The essence and value of democracy*. Lanham/ Maryland: Rowman & Littlefiled, 2013, p. 97.

27 Kelsen chega ao mesmo resultado, mas adotando o liberalismo como elemento limitador da democracia. KELSEN, Hans. "Foundations of democracy". *Ethics*, vol. 66, nº 1, 1995, p. 4.

28 O conceito de regime que se adota está de acordo com O'Donnel: "(...) o regime é a mediação entre a sociedade e o Estado, e os une providenciando os canais para acessar as altas posições do último, o governo". (O'DONNELL, Guillermo. *Democracy, agency, and the state*: theory with comparative intent. Oxford: Oxford University Press, 2010, p. 20).

ou que o povo deve estar representado por esta elite, não apontam para uma democracia em sentido material. Suportar o contrário seria se fundar em uma doutrina política que "enfatize (que) o ponto de essência da democracia está em um governo (que age) no interesse da generalidade do povo, (e) que a participação do povo no governo seria de secundária importância".[29]

Por outro lado, a aposta em uma democracia não pode prescindir de elementos materiais, dados os limites de uma democracia procedimental. Isso porque a

> ordem social (...) precisa ser democrática, (e) tem que garantir algumas liberdades intelectuais, como a liberdade de consciência, a liberdade de imprensa etc., porque a democracia necessariamente, sempre e em todos os lugares, serve ao ideal da liberdade intelectual.[30]

Os problemas derivados da ausência de garantia, na verdade, não são propriamente da democracia, mas da garantia destes direitos, ou seja, do constitucionalismo. A proteção das minorias, não somente as políticas, é uma forma de proteção contra o uso arbitrário da regra da maioria, que pode reverberar em *majoritarianismo*, e é por essa razão que as "liberdades" referidas também se assentam sobre a liberdade científica, "baseada na crença da possibilidade de cognição objetiva".[31] Portanto, os direitos fundamentais cumprem um papel central para estabilizar democracias.

Exige-se, ainda, que os legitimados pelo Direito para decidirem por suas próprias escolhas, ou que estejam a decidir quem o fará por

---

29 KELSEN, Hans. "Foundations of democracy". *Ethics*, vol. 66, nº 1, 1995, p. 5.

30 KELSEN, Hans. "Foundations of democracy". *Ethics*, vol. 66, nº 1, 1995, p. 4.

31 KELSEN, Hans. "Foundations of democracy". *Ethics*, vol. 66, nº 1, 1995, p. 28.

eles, possam ser colocados perante "alternativas reais e sejam postos em condição de poder escolher entre uma e outra".[32] Aqui entra a ordem constitucional que deve outorgar e garantir, aos que detém capacidade de decidir no processo de escolha referido, a proteção de seus direitos "de liberdade, de opinião, de expressão da própria opinião, de reunião, de associação etc., os direitos que são base para o Estado liberal e da construção do Estado de Direito forte".[33] Para tanto, é necessário existir uma ordem constitucional a assegurar esses direitos fundamentais, pois, além das regras do jogo, deve haver estas "regras preliminares que permitem o desenvolvimento do jogo".[34] Logo, "normas e procedimentos (regras do jogo) são bens primários e que temos que considerar numa concepção normativa de democracia".[35]

Descendo um pouco mais à concretude dos direitos fundamentais, importa afirmar também a existência de condições prévias à democracia, ou seja, anteriores ao próprio exercício da democracia e, nestas, os direitos fundamentais acima referidos exercem um papel importante.[36] Neste âmbito em que a concretude se apresenta, Norberto Bobbio elenca seis regras centrais, ou universais, do jogo democrático, para se compreender o funcionamento das democracias:

> 1) todos os cidadãos que atingiram a maioridade sem distinção de raça, religião, situação econômica, sexo, devem gozar de

---

32 BOBBIO, Norberto. *Il futuro della democrazia*. Itália: Einaudi, 2014, p. 21.

33 BOBBIO, Norberto. *Il futuro della democrazia*. Itália: Einaudi, 2014, p. 22.

34 BOBBIO, Norberto. *Il futuro della democrazia*. Itália: Einaudi, 2014, p. 22.

35 URBINATI, Nadia. "Crise e metamorfoses da democracia". *Revista Brasileira de Ciências Sociais*, vol. 28, 2013, p. 8.

36 Sobre este aspecto, ver: UGARTE, Pedro Salazar. *La democracia constitucional*: una radiografia teórica. México: Fondo de Cultura Economica Carretera Picacho-Ajusco, 2006, pp. 34/35.

> direitos políticos, ou seja, todos devem gozar dos direitos de expressar a sua opinião ou de escolher quem a expressa por ele;
>
> 2) o voto de todos os cidadãos deve ter igual peso;
>
> 3) todos os que gozam de direitos políticos devem ser livres para votar de acordo com a própria opinião formada tanto quanto possível, livremente, isto é, em uma competição livre entre grupos políticos organizados, em concorrência uns com outros;
>
> 4) devem ser livres no sentido de que devem ser colocados em uma posição de escolha entre soluções diferentes, isto é, entre partidos que têm programas diferentes e alternativos;
>
> 5) tanto para eleições quanto para decisões coletivas, a regra da maioria numérica deve ser aplicada, no sentido de que deve ser considerado eleito ou considerar válida a decisão, de quem obtém o maior número dos votos;
>
> 6) nenhuma decisão tomada pela maioria deve restringir os direitos da minoria, particularmente o direito de se tornar maioria em igualdade de condições.[37]

De outro lado, Robert Dahl, ao ajustar regras por ele afirmadas anteriormente, atualizando-as, propõe cinco critérios necessários para aferir se os membros de uma comunidade política estão de fato capacitados a participar das suas decisões. Em que pese muitos países adotarem Constituições democráticas, há uma variedade de fórmulas de execução, e, ademais, uma regra que sujeita a todos ao mesmo regime jurídico da igualdade de qualificação para participar do processo decisório sobre os rumos da comunidade política:

> *Participação efetiva*. Antes de ser adotada uma política pela associação, todos os membros devem ter oportunidades iguais e efetivas para fazer os outros membros conhecerem suas opiniões sobre qual deveria ser esta política.

37 BOBBIO, Norberto. *Teoria generale della politica*. Torino: Einaudi, 1999, p. 381.

> *Igualdade de voto.* Quando chegar o momento em que a decisão sobre a política for tomada, todos os membros devem ter oportunidades iguais e efetivas de voto e todos os votos devem ser contados como iguais.
>
> *Entendimento esclarecido.* Dentro de limites razoáveis de tempo, cada membro deve ter oportunidades iguais e efetivas de aprender sobre as políticas alternativas importantes e suas prováveis consequências.
>
> *Controle do programa de planejamento.* Os membros devem ter a oportunidade exclusiva para decidir como e, se preferirem, quais as questões que devem ser colocadas no planejamento. Assim, o processo democrático exigido pelos três critérios anteriores jamais é encerrado. As políticas da associação estão sempre abertas para a mudança pelos membros, se assim estes escolherem.
>
> *Inclusão dos adultos.* Todos ou, de qualquer maneira, a maioria dos adultos residentes permanentes deveriam ter o pleno direito de cidadãos implícito no primeiro de nossos critérios.[38]

Assim, estas regras podem ser aproximadas, visando a garantir a participação das pessoas como elemento definidor de decisões democráticas. Ao se somar e fundir os dois conjuntos apresentados, parece que poderiam assim ser formuladas em atendimento ao exercício de conformá-las:

a) Adultos, em sua maioria, e independentemente de critérios de raça, religião, situação econômica e gênero devem gozar de livre expressão para sua escolha política direta ou escolherem seus representantes para tanto;

b) O sufrágio deve ser periódico e ter o mesmo peso, com oportunidades efetivas e iguais de escolha política;

---

38 DAHL, Robert. *Sobre a democracia*. Brasília: UNB, 2001, pp. 49/50.

c) O processo de escolha deve ser antecipado da possibilidade de melhor informação a respeito das opções distintas existentes, em que o confronto de propostas deve ser viabilizado como meio de melhor formação da opinião daquele que escolhe. Tal processo deve existir para a busca da melhor decisão, e não da única (complexidade), e deve se manter aberto a solução diversa em outro momento (contingência);

d) A regra da maioria deve ser a fórmula usada para definir quem passa a ter legitimidade de escolher por quem detém o direito de definir suas opções políticas, desde que não seja usada para aniquilar as expectativas da minoria de, eventualmente, se tornar maioria. Neste último caso, o controle judicial ou administrativo deve ser o meio hábil para controlar excessos;

Como prosseguimento desta obra, pensa-se em outras manifestações sobre a democracia de modo que, adiante, seja possível entender melhor se são aplicáveis e em que medida, ao contexto latino-americano. Dentre estes aspectos, as "quatro grandes liberdades dos modernos"[39] serão objeto de avaliações: liberdade pessoal, de expressão, de reunião e de associação, pois assumem um papel importante na própria definição de democracia, e são assim conceituadas:

> liberdade pessoal, ou seja, o direito de não ser preso arbitrariamente e de ser julgado de acordo com as leis criminais e julgamentos bem definidos, liberdade de imprensa e opinião, a liberdade de reunião, que vimos ser conquistada pacificamente, mas contestada na Praça da Paz Celestial e, finalmente, o mais difícil de obter, a liberdade de associação, da qual surgem sindicatos livres e partidos livres, e com sindicatos

---

39 UGARTE, Pedro Salazar. *La democracia constitucional*: una radiografia teórica. México: Fondo de Cultura Economica Carretera Picacho-Ajusco, 2006, p. 34.

> livres e partidos livres a sociedade plural, sem a qual não há democracia.[40]

Adianta-se que qualquer concepção minimalista de democracia, entendida como mero procedimento, não será adotada para fundamentar os pontos desenvolvidos neste livro, dado que, contemporaneamente, toda democracia necessita de direitos sociais para ser preservada em seu aspecto qualitativo. Este ponto será desenvolvido mais à frente.

1.1.1 Crise democrática ou crise de confiança na democracia

Conceber a democracia exige pensar nos seus limites e no impacto produzido naquele sob a sua influência: o povo. O sentimento popular sobre a democracia, não podendo ser desprezado, precisa ser conhecido e analisado acuradamente, pois, quando este povo não vê na democracia um regime ou um modo legítimo de governar, tem-se uma hipótese de crise a ser observada com receios. E uma crise democrática pode se instaurar por diversas razões: perda de apoio e de confiança dos partidos políticos tradicionais; conflitos sobre instituições democráticas; governos que não dispõem de capacidade para manter a ordem pública ou; diminuição da confiança do povo nas instituições democráticas e nos políticos.[41] Sente-se, em razão disso, um processo de erosão democrática, é dizer, de uma derrocada vagarosa e gradual dos alicerces das democracias. Trata-se da

> erosão como um processo de decadência incremental, mas em última análise, ainda substancial, nos três predicados básicos

---

40 BOBBIO, Norberto. *Teoria generale della politica*. Torino: Einaudi, 1999, pp. 304/305.

41 PZEWORSKI, Adam. *Crises da democracia*. Rio de Janeiro: Zahar, 2020, p. 37.

da democracia – eleições competitivas, direitos liberais de expressão e associação e o Estado de Direito.[42]

A erosão democrática difere dos "colapsos autoritários", havidos com golpes de Estado ou outros meios violentos e abruptos de mudança do poder. Em que pese os dois casos resultarem em afastamento das democracias em direção a regimes autoritários, as erosões têm tempo e modos distintos de ocorrência.

Ademais das usuais rupturas democráticas, os dados apresentados adiante mostram "uma deterioração imperceptível das instituições e normas democráticas, a subversão sub-reptícia da democracia",[43] o uso dos mecanismos legais existentes de modo limítrofe, em que se os busca para ampliar a legalidade contra convenções, costumes ou interpretações sedimentadas, para dar coro aos que almejam governos de índole autocrática, ainda que eleitos.[44] Esse período tem características marcantes e, por outro lado, é imperceptível para muitos, pois não há um "golpe, declaração de lei marcial ou suspensão da Constituição – em que o regime obviamente 'ultrapassa o limite' para a ditadura, nada é capaz de disparar os dispositivos de alarme na sociedade".[45] Neste processo, o uso da "ordinarização da Constituição",[46] mutilando-a ou instrumentalizando-a em direção contrária a seus conteúdos mais fundamentais, como a democracia e o Estado Democrático de Direito, é também meio de promover a

---

42 HUQ, Aziz; GINSBURG, Tom. "How to lose a constitutional democracy". *UCLA Law Review*, Chicago, 78, 2018, p. 39.

43 PZEWORSKI, Adam. *Crises da democracia*. Rio de Janeiro: Zahar, 2020, p. 39.

44 TUSHNET, Mark. "Constitutional hardball". *The John Marshall Law Review*, Georgetown, vol. 37, 2004, p. 523.

45 LEVITSKY, Steven; ZIBLATT, Daniel. *Como as democracias morrem*. Rio de Janeiro: Zahar, 2018, p. 17.

46 CLÈVE, Clèmerson Merlin. "Direito Constitucional, novos paradigmas, Constituição global e processos de integração". *Crítica Jurídica Nueva Época*, nº 25, 2006, p. 314.

erosão democrática. Aqueles que denunciam tal crise, muitas vezes, são chamados de antidemocráticos ou alarmistas.

Os informes do instituto V-DEM vêm demonstrando, ano a ano, um acentuado processo global de debilitação democrática. Na edição publicada em 2021,[47] esse processo fica claro e revela o atual aprofundamento da crise das democracias. Segundo o índice de Democracia Liberal, que captura o cenário global dos Estados nacionais, desde 1972, *quantitativamente*, os números atuais são mais favoráveis em relação aos daquela época. Já no que diz respeito à quantidade de países configurados como *democracias liberais*, ou seja, um estágio avançado de estabilização e funcionamento das democracias, ou seja, qualitativo, nos últimos dez anos, o que se tem visto é a deterioração constante das democracias pelo mundo e, se comparados, já são menores que os encontrados na década de 1990. Entre estes resultados, há assimetrias interessantes.

Nos planos regionais, Ásia-Pacífico, Leste Europeu, Ásia Central e América Latina estão entre os lugares nos quais o processo erosivo é mais acentuado.[48] Entre 2010 e 2020, as democracias liberais decresceram de 41 países para 32, alcançando somente 14% da população mundial. Por outro lado, 68% ainda vive sujeita a autocracias. Na América Latina, o caso brasileiro mostra essa erosão de forma acentuada, tendo em vista que entre os dez países, no mundo, que mais viram enfraquecer sua democracia, o Brasil ocupa a quarta colocação, atrás somente de Polônia, Hungria e Turquia.[49]

---

47 ALIZADA, Nazifa *et al. Democracy Report 2021* – autocratization turns viral. Gothenburg: V-Dem Institute, mar. 2021, p. 19. Disponível em: https://www.v-dem.net/media/filer_public/c9/3f/c93f8e74-a3fd-4bac-adfd-ee2cfbc0a375/dr_2021.pdf. Acessado em: 12.12.2021.

48 ALIZADA, Nazifa *et al. Democracy Report 2021* – autocratization turns viral. Gothenburg: V-Dem Institute, mar. 2021, p. 19. Disponível em: https://www.v-dem.net/media/filer_public/c9/3f/c93f8e74-a3fd-4bac-adfd-ee2cfbc0a375/dr_2021.pdf. Acessado em: 12.12.2021.

49 ALIZADA, Nazifa *et al. Democracy Report 2021* – autocratization turns viral. Gothenburg: V-Dem Institute, mar. 2021, p. 19. Disponível em:

Os números da crise das democracias na América Latina têm sido analisados pelo Latinobarómetro, que vem investigando desde 1995 o "humor" democrático da sociedade latino-americana. Em 2018, ao apresentar seu informe bianual, verificou-se, em alguns dados, o pior apanhado de informações sobre democracia e instituições desde o seu primeiro Informe. Marta Lagos, diretora-executiva da instituição, afirma o fim da "terceira onda" de democracias na região, em um contexto no qual alguns países da região já não cumprem, minimamente, as regras básicas de um regime democrático.[50] A queda de apoio dos governos tem sido uma constante e a insatisfação cidadã, nas ruas, mesmo na maior pandemia dos últimos cem anos, é sentida constantemente. De acordo com o Informe 2018, a região vive uma "diabetes democrática", na qual a democracia, tal qual a evolução da doença, vai morrendo pouco a pouco, pois "se trata de uma doença que não é visível a olhos nus, onde tudo parece igual, mas que, sem embargo, existe e tem consequências".[51]

Os dados a respeito do apoio à democracia vêm sendo, a cada período, mais afrontados, e a preocupação com seus resultados, menos tranquilizante. A partir de 2010, a cada ano, observam-se resultados

---

https://www.v-dem.net/media/filer_public/c9/3f/c93f8e74-a3fd-4bac-adfd-ee2cfbc0a375/dr_2021.pdf. Acessado em: 12.12.2021.

50 "El año 2018 es un *annus horribilis* para América Latina. La región retrocede a los niveles donde se encontraba en los años de la crisis asiática, en calidad de sus democracia y aumento en corrupción y violencia y pierde la condición de democracia en dos países: Venezuela y Nicaragua. Estos dejan de cumplir con las características mínimas para ser llamadas democracias, y son fustigadas por Naciones Unidas por su violación a los Derechos Humanos. Son verdaderos autoritarismos electorales". (LAGOS, Marta. "El fin de la tercera ola de democracias". *Informe Latinobarómetro*, Santiago de Chile, 2018, p. 4. Disponível em: http://www.latinobarometro.org/latdocs/Annus_Horribilis.pdf. Acessado em: 05.12.2021).

51 LAGOS, Marta. "El fin de la tercera ola de democracias". *Informe Latinobarómetro*, Santiago de Chile, 2018, p. 12. Disponível em: http://www.latinobarometro.org/latdocs/Annus_Horribilis.pdf. Acessado em: 05.12.2021.

piores, com a confiança na democracia em queda vertiginosa. São sete anos seguidos de queda. A indiferença à democracia também cresce fortemente, saindo de 16%, em 2010, para 28%, em 2018.[52] Mas não é só, porque estes dados são acompanhados do "afastamento da política, não identificação (cidadão) na escala esquerda-direita, da diminuição dos votos em partidos, e enfim, na própria ação de exercer o direito de voto".[53] São dados que merecem ser tomados como referência para o desenvolvimento desta pesquisa, visto que o elemento eleitoral aparece profundamente afetado. A confiança nas instâncias eleitorais, por exemplo, caiu de 51%, em 2016, para 29%, em 2017.[54]

Além disto, enquanto Igreja (65%) e Forças Armadas (46%) ocupam a dianteira na confiança nas instituições, parlamentos e partidos políticos estão na traseira, com 22% e 15%, respectivamente. A confiança nos parlamentos oscilou de 34%, em 2009, para 22%, em 2017. Os partidos políticos, nesta esteira, saíram de 35%, em 2010, para 22%.[55]

A conjugação dos dados e sua análise em comparação permite entender a relação de confiança entre governados e seus governantes e entre aqueles e as instituições que desempenham tanto funções de Estado quanto de governo. Percebe-se não somente uma queda dos

---

52 LAGOS, Marta. "El fin de la tercera ola de democracias". *Informe Latinobarómetro*, Santiago de Chile, 2018, p. 14. Disponível em: http://www.latinobarometro.org/latdocs/Annus_Horribilis.pdf. Acessado em: 05.12.2021.

53 INFORME LATINOBARÓMETRO. *Corporación Latinobarómetro*. 2018. Disponível em: https://www.latinobarometro.org/lat.jsp. Acessado em: 17.01.2023.

54 INFORME LATINOBARÓMETRO. *Corporación Latinobarómetro*. 2018. Disponível em: https://www.latinobarometro.org/lat.jsp. Acessado em: 17.01.2023.

55 INFORME LATINOBARÓMETRO. *Corporación Latinobarómetro*. 2018. Disponível em: https://www.latinobarometro.org/lat.jsp. Acessado em: 17.01.2023.

níveis de confiança tanto nos governantes quanto nas instituições que desempenham função decisória. Diante desse cenário, é necessário conhecer algumas dessas razões para a melhor compreensão dos dados aqui apresentados.

1.1.2 Participação e legitimação

Democracia e eleições andam de mãos dadas como referências essenciais da sanidade legitimadora das decisões coletivas tomadas por agentes em nome dos governados e, neste contexto, o fenômeno da deslegitimação das eleições também precisa ser analisado. No entanto, há outras causas, conforme será visto, para esse processo. A crise de representação vem acompanhada de uma crise das próprias eleições, que têm "menor capacidade de representação por razões institucionais e sociológicas"[56] e se fizeram "menos efetivas para legitimar os poderes",[57] ainda que sejam a pedra fundamental das democracias. Passaram a ser um momento de expressão da vontade e das frustrações, que aumentam, e são o combustível para o modo de fazer política típico dos populismos atuais. As democracias, quando resumidas a eleições, transformam-se em ferramentas "legitimadoras" de lideranças autoritárias que as resumem, deste modo, a democracias meramente eleitorais.[58] Eleições como momentos ápice da expressão democrática acabam se convertendo em realidades parciais no que diz respeito à legitimação democrática daqueles que decidem pelo povo. Mas as consequências da escolha política, muitas vezes, terminam por se manifestar em frustração quando a soberania se limita a escolher, e não a participar ativamente, seja decidindo, fiscalizando ou compartilhando decisões:

---

56 ROSANVALLON, Pierre. "La democracia del siglo XXI". *Nueva Sociedad*, nº 269, mai.-jun. 2017, p. 150.

57 ROSANVALLON, Pierre. "La democracia del siglo XXI". *Nueva Sociedad*, nº 269, mai.-jun. 2017, p. 149.

58 ROSANVALLON, Pierre. "La democracia del siglo XXI". *Nueva Sociedad*, nº 269, mai.-jun. 2017, p. 157.

> A voz do povo tem sido tradicionalmente a das urnas, embora possa assumir outras formas de expressão, como petições ou manifestações de rua. Mas na era da democracia de exercício, também é o olho do povo que parece desempenhar um papel significativo. Ao lado do cidadão-eleitor, a figura do cidadão-controlador assumirá então uma importância crescente.[59]

Isso porque se exige, neste processo de resgate da legitimação democrática, que se complexifique a democracia, com outros momentos de manifestação da soberania popular que não somente as eleições, mas que condigam com uma realidade plural a exigir participação diversificada em vários momentos dos variados grupos que são atores do(s) processo(s) democrático(s).[60] Esgotar a participação em eleições faz com que o povo se sinta pouco representado, aumentando sua frustração. Mesmo porque, de outro modo, limitando a democracia à participação eleitoral, poder-se-ia permitir que o "governo de plantão facilmente manipule ou cancele eleições". Daí porque a "efetividade do direito de participar de eleições, ademais de outras atividades, como financiar partidos políticos ou participar de comícios (...)", além de outros direitos, precisam ser protegidos entre as eleições.[61]

A qualidade das democracias depende da permanência do "povo soberano" na vida pública.[62] Isso exige que ao lado da "representação-delegação" se fortaleça uma "representação narrativa",

59 ROSANVALLON, Pierre. "La democracia del siglo XXI". *Nueva Sociedad*, nº 269, mai.-jun. 2017, p. 160.

60 ROSANVALLON, Pierre. "La democracia del siglo XXI". *Nueva Sociedad*, nº 269, mai.-jun. 2017, p. 154.

61 O' DONNELL, Guillermo. *Democracy, agency, and the state*: theory with comparative intent. Oxford: Oxford University Press, 2010, p. 20.

62 ROSANVALLON, Pierre. "La democracia del siglo XXI". *Nueva Sociedad*, nº 269, mai.-jun. 2017, p. 154.

visando a ampliar a representação da figuração para se apresentar a partir de uma "dimensão ativa e multiforme".[63]

Nas sociedades democráticas, o que se vê atualmente caminha em sentido oposto, deslegitimando ainda mais tais democracias. Ao lado da perda de protagonismo da pessoa em detrimento da representação e das instituições, o processo de declínio das ideologias políticas e da política partidária – tanto no sentido da política interna nos partidos quanto dos partidos como atores políticos centrais das democracias – tem sido razão para o aumento da

> política do personalismo, das afiliações religiosas e da onipresença da *videocracia*,[64] a englobar, hoje, também, a internet. Se eleitores atomizados não conseguem ter uma participação ativa como cidadãos, também não conseguem fazer as eleições exercerem a função de controle.[65]

Importa que o povo "retenha um *poder negativo* para investigar, julgar, influenciar e censurar"[66] seus representantes. Isso porque essa democracia de cunho representativo pode ser descrita como "um governo que mostra a natureza dual da soberania popular como diretriz para, e limites sobre, o poder político como Poder Legislativo".[67]

---

63 ROSANVALLON, Pierre. "La democracia del siglo XXI". *Nueva Sociedad*, nº 269, mai.-jun. 2017, p. 154.

64 URBINATTI, Nadia. *Representative democracy*: principles and genealogy. Chicago: University of Chicago Press, 2006, p. 221.

65 URBINATTI, Nadia. *Representative democracy*: principles and genealogy. Chicago: University of Chicago Press, 2006, p. 221.

66 O'DONNELL, Guillermo. *Democracy, agency, and the state*: theory with comparative intent. Oxford: Oxford University Press, 2010, p. 30.

67 O'DONNELL, Guillermo. *Democracy, agency, and the state*: theory with comparative intent. Oxford: Oxford University Press, 2010, p. 221.

Esta deslegitimação, que toca a representação política e majora a crise de credibilidade da política, já era evidente com o surgimento e o avanço da participação de novos atores sociais. Se, anteriormente, partidos e sindicatos no Estado Social monopolizavam a representação societal, ingressaram, agora, outros grupos organizados, como movimentos sociais, grandes corporações e transnacionais,[68] além dos diversos movimentos e outras formas de representação a conviver com os partidos políticos na seara da política profissional. Importa destacar que todos eles dependem de um fortalecimento de sua participação na disputa pela realização de seus interesses nessa sociedade em constante mudança.[69]

Outros valores imateriais também foram incorporados à luta política, fazendo com que as benesses materiais entregues pelo Estado diretamente às pessoas, e aos trabalhadores principalmente, perdessem o monopólio de interesse no debate político-jurídico, e fossem incorporados outros interesses sociais a exemplo da "defesa dos direitos humanos, da paz ou do ambiente físico defendida pelos novos movimentos sociais, que reduziram o protagonismo dos partidos políticos tradicionais".[70] Nesse "novo ambiente", partidos políticos, sociedade civil organizada e os próprios particulares são elementos de uma rede a tutelar e fiscalizar a ação estatal, inclusive judicialmente,[71] para uma distribuição mais eficiente dos bens previstos pela Constituição Federal.

---

68 CAMPILONGO, Celso Fernandes. "Os desafios do Judiciário: um enquadramento teórico". *In*: FARIA, José Eduardo. *Direitos humanos, direitos sociais e justiça*. São Paulo: Malheiros, 2002, pp. 32 e 34/35.

69 FIGUEIREDO, Marcelo. "Os desafios do Direito Constitucional brasileiro: continuar a ser um instrumento efetivo de cidadania". *Revista Latino-Americana de Estudos Constitucionais*, nº 1. São Paulo: Del Rey, 2003, p. 577.

70 LARA, Maria Josefa Rubio. "Los fundamentos políticos del Estado de bienestar". *Revista de Ciências Sociales Sistema*, nº 107. Madrid: Fundación Sistema, 1992, p. 81.

71 KUNTZ, Rolf; FARIA, José Eduardo. *Qual o futuro dos direitos?* Estado, mercado e justiça na reestruturação capitalista. São Paulo: Max Limonad, 2002, pp. 18/19.

1.1.3 Erosão democrática e novos meios de comunicação[72]

Como vimos, a necessidade de que, nas democracias, o povo tenha acesso à informação para fazer suas escolhas e que se mantenha "ativo e informado",[73] no sentido de poder controlar suas lideranças é uma exigência contemporânea. Todavia, não somente a quantidade de informação disponível, mas a sua qualidade[74] são imprescindíveis para o jogo democrático ocorra em uma realidade racional e que a participação política aconteça de modo qualitativamente livre, é dizer, que o acesso à informação também seja igualitário demanda canais livres de acesso e discussão.

Nesse sentido, a mediação comunicativa entre a pessoa e o Estado, feita por corpos intermediários, ocupou um papel relevante no funcionamento das democracias liberais e teve a função de "estabilizar os governos representativos nos últimos dois séculos".[75] Esses corpos sociais, como a mídia, os partidos políticos, as universidades e os sindicatos, entre outros, fizeram o trabalho de intermediar o processo de seleção da comunicação, de organizá-lo e de levar às instâncias estatais de decisão esse material com mais organicidade e sistematicidade. Tem-se aí um importante mecanismo de articulação da política em termos coletivos, e não individualmente. São esses grupos, e sua comunicação, que, historicamente, protagonizaram

---

72 A discussão central desta parte da obra foi objeto de debate no trabalho desenvolvido em parceria com José Guilherme Maia Lopes. CONCI, Luiz Guilherme Arcaro; LOPES, José Guilherme Maia. "Processos de escolha política, mediação antidemocrática e ambientes digitais". *Revista Direito Público*, vol. 18, nº 99, 2021.

73 BOBBIO, Norberto. *Teoria generale della politica*. Torino: Einaudi, 1999, p. 341.

74 URBINATI, Nadia. "Crise e metamorfoses da democracia". *Revista Brasileira de Ciências Sociais*, vol. 28, 2013, pp. 15/16.

75 URBINATI, Nadia. "A revolt against intermediary bodies". *Constellations*, nº 22, vol. 4, 2015. Disponível em: https://doi.org/10.1111/1467-8675.12188. Acessado em: 26.09.2021.

a vida política nas sociedades democráticas,[76] em que pese importantes e verdadeiras críticas ao seu modo de agir com relação às democracias.[77]

O debate sobre o papel das mídias na formação das opiniões políticas na sociedade não é um tema novo, ao contrário, existe uma longa tradição de questionamentos sobre como a mídia é elemento central nas democracias, podendo tanto fomentar o debate plural de ideias quanto restringir a possibilidade de um debate público baseado em fatos aferíveis a partir de critérios mínimos de racionalidade, a ponto de colocar em risco o próprio processo democrático. Nesse sentido, o papel da mídia sempre foi fundamental para a construção de conhecimentos comuns, e como espaço privilegiado para os embates em torno dos conhecimentos em disputa.[78]

O processo de escolha democrática deve ser conduzido pela necessidade de que o cidadão tenha acesso permanente à informação clara e correta, de maneira que a consciência para a efetivação da escolha seja construída racionalmente. A informação correta não pressupõe uma única possibilidade ou um único resultado a ser buscado, mas, de forma patente, exige que a construção da percepção do cidadão ocorra a partir da argumentação coerente, e não a partir da mentira manipuladora. Um modo de enfrentar esse problema é o conflito de ideias, a liberdade de emaná-las e sua ampla disseminação para que quem decide tenha acesso a pontos de vista diversos e forme sua concepção livremente, dado que a informação tem, nesse sentido, também uma vertente coletiva, de escolhas que possam afetar grupos de pessoas, o que, claro, difere do campo da informação pessoal para a condução da vida privada.

---

76 BOBBIO, Norberto. *El futuro de la democracia*. Cidade do México: Fondo de Cultura Economica, 1986, p. 18.

77 VALIM, Rafael. *Estado de exceção*: a forma jurídica do neoliberalismo. São Paulo: Contracorrente, 2015, p. 34.

78 FARRELL, Henry; SCHNEIER, Bruce. "Common-knowledge attacks on democracy". *Berkman Klein Center Research Publication*, nº 2018-7, out. 2018. Disponível em: https://papers.ssrn.com/sol3/Delivery.cfm/SSRN_ID3273111_code727672.pdf. Acessado em: 20.04.2020.

Nas democracias, a própria igualdade deve ser conferida para que todos possam integrar o processo de "formação e expressão de opiniões políticas no exercício de sua influência política sobre as instituições representativas e a qualidade do fórum público de ideias".[79] Mesmo o debate público forte, ainda que gere decisões equivocadas, é pedra fundamental de democracias sãs, mesmo que não "garanta que tomemos decisões corretas e racionais; e, ainda, que a informação não se traduza em conhecimento".[80] O pluralismo de ideias é uma força que movimenta as democracias a partir de escolhas pensadas e debatidas.

A fragilização do debate público pelo uso da *desinformação* como parte da estratégia política não é nova, e sua propagação pelo uso do rádio como ferramenta de disseminação nazista ou fascista é conhecido.[81] Não é algo novo porque os regimes fascistas, a partir do rádio, já a utilizavam indiscriminadamente para colocar o aspecto emocional à frente do racional[82] e gerar perturbação ao invés de estabilidade nos processos de escolha. A intermediação, feita pela mídia tradicional, deixa de ser importante nesse processo de escolhas, pois "contrasta de modo radical com o espírito do tempo e com as novas tecnologias que tornam possível a desintermediação em todos os domínios".[83]

---

79 URBINATI, Nadia. "Crise e metamorfoses da democracia". *Revista Brasileira de Ciências Sociais*, vol. 28, nº 82, jul. 2013, pp. 5-16. Disponível em: https://doi.org/10.1590/S0102-69092013000200001. Acessado em: 16.06.2021.

80 URBINATI, Nadia. "Crise e metamorfoses da democracia". *Revista Brasileira de Ciências Sociais*, vol. 28, n 82, jul. 2013, pp. 5-16. Disponível em: https://doi.org/10.1590/S0102-69092013000200001. Acessado em: 16.06.2021.

81 FINCHELSTEIN, Federico. *Uma breve história das mentiras fascistas*. São Paulo: Vestígio, 2020, p. 28.

82 SNYDER, Timothy. *On tyranny*: twenty lessons from the twentieth century. Nova York: Tim Duggan Books, 2017, pp. 36-39.

83 DA EMPOLI, Giuliano. *Os engenheiros do caos*: como as *fake news*, as teorias da conspiração e os algoritmos estão sendo utilizados para

O surgimento da Internet e sua popularização ao longo da década de 1990 trouxe uma esperança de que o mundo digital emergente ofereceria a possibilidade de se superar os limites ao debate político plural que os "porteiros da informação"[84] da mídia de massa, os grandes grupos de mídia tradicional constituídos ao longo do século XX, em maior ou menor medida, sempre impuseram à sociedade.

Nesse primeiro momento da rede mundial de computadores, apontava-se a Internet como um espaço de comunicação livre e plural,[85] destacava-se seu caráter revolucionário ao trazer a possibilidade de que qualquer um com acesso à rede pudesse ser, ao mesmo tempo, consumidor e produtor de conteúdo digital. O surgimento da Internet como uma nova mídia ampliou de forma sem precedentes a possibilidade de uma comunicação em dois sentidos, a partir de e para cada indivíduo conectado à rede mundial de computadores. Ou seja, a Internet acaba por realizar uma mistura entre as figuras do emissor e do receptor no processo comunicacional; um mesmo indivíduo pode receber, produzir e compartilhar um conteúdo "para um único ponto ou para milhões de nós e assim se tornar um emissor de massas".[86]

No entanto, os fenômenos observados mundialmente ao longo da última década insistem em desmentir grande parte das expectativas libertárias dos pioneiros da Internet.[87] Sua definição

---

disseminar ódio, medo e influenciar eleições. Belo Horizonte: Vestígio, 2019, p. 97.

84 SILVEIRA, Sergio Amadeu da. *Democracia e os códigos invisíveis*: como os algoritmos estão modulando comportamentos e escolhas políticas. São Paulo: Sesc São Paulo, 2019, p. 33.

85 RUPPERT, Evelyn; ISIH, Engin. *Being digital citizens*. 2ª ed. Londres: Rowman & Littlefield, 2020, p. 3.

86 SILVEIRA, Sergio Amadeu da. *Democracia e os códigos invisíveis*: como os algoritmos estão modulando comportamentos e escolhas políticas. São Paulo: Sesc, 2019, p. 34.

87 PASQUALE, Frank. "A esfera pública automatizada". *Revista Líbero*, São Paulo, ano 20, nº 39, 2017, pp. 16-35. Disponível em: https://casperlibero.edu.br/wp-content/

como uma rede de redes, imagem que destaca seu caráter diverso e fomentador de contatos entre os diversos "nós" que a compõe, aos poucos foi dando lugar a outra: a Internet como uma rede de filtros e gargalos.[88] Paralelamente ao processo de grande expansão do número de usuários conectados à Internet, que hoje são mais de 4 bilhões, percebe-se um nítido processo de colonização do espaço digital pelo grande capital, resultando em gigantescos conglomerados econômicos, como o Google e o Facebook, que vêm mudando drasticamente o ambiente digital e a própria forma de acumulação do capital em uma economia cada vez mais baseada na extração de dados.[89]

O projeto de uma Internet como uma nova esfera pública[90] libertária, do digital como um espaço plural, livre e igualitário no

---

uploads/2017/10/A-Esfera-p%C3%BAblica-automatizada.pdf. Acessado em: 15.02.2020.

88 RUPPERT, Evelyn; ISIH, Engin. *Being digital citizens*. 2ª ed. Londres: Rowman & Littlefield, 2020, p. 3.

89 ZUBOFF, Shoshana. *The age of surveillance capitalism*: the fight for a human future at the new frontier of power. Nova York: Public Affairs, 2019, pp. 48-69.

90 A noção de uma esfera pública nas democracias contemporâneas remonta à obra de Jürgen Habermas, que a define como sendo o espaço onde se realiza a mediação entre a sociedade e o Estado, um espaço no qual algo próximo a uma opinião pública poderia ser formada. A noção habermasiana de esfera pública pode ser entendida como uma crítica à mídia de massas no capitalismo tardio que, dominada por interesses econômicos e governamentais, acabava por moldar uma opinião pública de forma verticalizada. Para Habermas, em uma sociedade democrática, a esfera pública ideal deve ser horizontalizada, ou seja, não deve ser moldada pela mídia de massas, mas facilitada por uma mídia que seja plural, capaz de possibilitar um maior acesso à informação e um debate de ideias mais robusto em sociedades democráticas. Muitas foram as críticas a esta concepção burguesa da esfera pública que Habermas nos apresenta, todas no sentido de apresentá-la como sendo uma idealização, algo que nunca se materializou historicamente. A visão da Internet como uma nova esfera pública, plural e libertária, com maior imunidade à vigilância, à censura e à retaliação pela exposição de ideias, também vem sendo seguidamente desmentida pela realidade que, apesar de ter

que se refere às possibilidades de falar e de ser ouvido no debate democrático, tem encontrado resistência em um outro projeto que entende a Internet não como um espaço para se aprofundar e ampliar a democracia, mas como uma ferramenta para ampliar os fluxos comerciais e financeiros e o controle algorítmico sobre o comportamento dos indivíduos.[91]

As plataformas digitais,[92] que hoje possuem boa parte dos internautas conectados a elas, foram construídas a partir de um modelo de negócio que tem como valor central a capacidade preditiva. Seu sucesso comercial vem do desenvolvimento de produtos algorítmicos capazes de inferir, a partir de um volume massivo de dados extraídos da realidade, como pessoas e ambientes irão se comportar em realidades futuras.[93] Essa capacidade preditiva baseada em dados, algoritmos e capacidade computacional em constante expansão,[94]

---

sido inquestionavelmente alterada pelas novas tecnologias digitais, nem sempre se deu no sentido da liberdade e da pluralidade de opiniões e debates que muitos desejariam. (CAPLAN, Robyn; BOYD, Danah. "Who controls the public sphere in an era of algorithms? Mediation, automation, power". *Data & Society*, Contemporary issues and concerns primer. 13 mai. 2016. Disponível em: https://datasociety.net/pubs/ap/MediationAutomationPower_2016.pdf. Acessado em: 14.05.2020, pp. 2/3 e 8).

91 BERNS, Thomas; ROUVROY, Antoinette. "Governamentalidade algorítmica e perspectivas de emancipação: o díspar como condição de individuação pela relação?" *In*: BRUNO, Fernanda *et al.* (Coord.). *Tecnopolíticas da vigilância*: perspectivas da margem. São Paulo: Boitempo, 2019, cap. 6, pp. 107-139.

92 SILVEIRA, Sergio Amadeu da. *Democracia e os códigos invisíveis*: como os algoritmos estão modulando comportamentos e escolhas políticas. São Paulo: Sesc, 2019, p. 24.

93 ZUBOFF, Shoshana. *The age of surveillance capitalism*: the fight for a human future at the new frontier of power. Nova York: Public Affairs, 2019.

94 Esta constante expansão do poder computacional é aquilo que usualmente vem se denominando *Big Data*, uma realidade que pode ser descrita a partir da lógica dos três Vs, ou seja, podemos descrever o *Big Data* a partir de três conceitos: volume, velocidade e variedade. O primeiro

que supera muito em acurácia as técnicas estatísticas tradicionais utilizadas para o mesmo fim,[95] levou, em poucos anos, empresas

---

deles, o volume, significa que a quantidade de dados em *bytes* capaz de ser armazenada, processada e transmitida seguem algumas "leis" da informática que fazem com que a disponibilidade destes recursos seja muito grande e sempre crescente. A lei de Moore estabelece que a cada 18 meses a capacidade de se gravar informações em uma placa de silício é dobrada e, consequentemente, o poder computacional dos processadores. A lei de Kryder determina que a capacidade de armazenamento em HDs dobra a cada 13 meses e a lei de Nielsen determina que a velocidade de conexão de Internet dobra a cada 21 meses. O segundo conceito definidor do *Big Data* é a variedade, ou seja, as fontes de dados devem ser as mais variadas possíveis. O terceiro, é o conceito da velocidade, pois no *Big Data* os dados devem ser captados em tempo real, possibilitando um monitoramento momento a momento dos indivíduos e da realidade física ao redor deles. (ROUVROY, Antoinette. "'Of data and men': fundamental rights and freedoms in a world of big data". *Council of Europe, Directorate General of Human Rights and Rule of Law*, 2016, pp. 5-9. Disponível em: https://rm.coe.int/16806a6020. Acessado em: 02.08.2020.

95 A capacidade preditiva de tais tecnologias é infinitamente superior às técnicas da estatística tradicional devido, especialmente, ao imenso volume de dados extraído pelo capitalismo de vigilância dos indivíduos e das realidades ao entorno destes. Diz-se que o "ser humano terá um prolongamento e projeção completa no ambiente digital, sendo todas as suas individualidades datificadas". (BIONI, Bruno R. *Proteção de dados pessoais*: a função e os limites do consentimento. Rio de Janeiro: Forense, 2019, p. 87). O ambiente físico ao redor dos indivíduos também passa a ser datificado em larga escala a partir do rápido desenvolvimento da Internet das Coisas (IoTs) (Weber, 2015). A partir deste processo vertiginoso de datificação da realidade, impulsionado pela Internet e pela crescente conexão de dispositivos os mais variados do nosso dia a dia à rede mundial de computadores, forneceu aos capitalistas de vigilância os meios para a realização de uma "mineração da realidade", que os possibilitam ter uma visão do mundo "a partir do ponto de vista de Deus". (ZUBOFF, Shoshana. "Big other: capitalismo de vigilância e perspectivas para uma civilização de informação". *In*: BRUNO, Fernanda *et al.* (Coord.). *Tecnopolíticas da vigilância*: perspectivas da margem. São Paulo: Boitempo, 2019, cap. 1, pp. 17-68; p. 57).

como o Google e o Facebook a se tornarem as maiores empresas de mídia e *marketing* digital do mundo.[96]

A capacidade de inferir gostos, preferências e desejos dos indivíduos a partir do seu comportamento nas redes digitais[97] possibilitou que as campanhas de *marketing* fossem muito mais bem-sucedidas, pois cada anunciante, sabendo manejar as ferramentas oferecidas pelas plataformas e possuindo os recursos financeiros suficientes para custear suas ações, percebeu-se capaz de resultados comerciais surpreendentemente positivos.[98] Mas não foram só os comerciantes que passaram a se utilizar das ferramentas oferecidas pelas plataformas para impulsionar seus negócios, mas políticos e marqueteiros rapidamente perceberam que também poderiam se beneficiar significativamente dessa conformação do ambiente digital.[99]

---

96 PASQUALE, Frank. "A esfera pública automatizada". *Revista Líbero*, São Paulo, ano 20, nº 39, 2007, p. 17. Disponível em: https://casperlibero.edu.br/wp-content/uploads/2017/10/A-Esfera-p%C3%BAblica--automatizada.pdf. Acessado em: 15.02.2020.

97 Um exemplo interessante de como tais inferências podem ser feitas é o estudo publicado pela Academia Nacional de Ciências norte-americana em 2013, a demonstrar como registros digitais de comportamento, facilmente encontrados na Internet (no caso do estudo a base foram *likes* do Facebook), podem ser tratados algoritmicamente para inferir características individuais sensíveis, como orientação sexual, origem étnica, preferências políticas e religiosas, características de personalidade, inteligência, humor, uso de substâncias de abuso, situação familiar, idade e gênero. KOSINSKI, Michal; STILLWELL, David; GRAEPEL, Thore. "Private traits and attributes are predictable from digital records of human behavior". *Proceedings of the National Academy of Sciences*, vol. 110, nº 15, 2013, pp. 5.802-5.805. Disponível em: https://www.pnas.org/content/110/15/5802. Acessado em: 22.07.2020.

98 ZUBOFF, Shoshana. *The age of surveillance capitalism*: the fight for a human future at the new frontier of power. New York: Public Affairs, 2019, p. 67.

99 DA EMPOLI, Giuliano. *Os engenheiros do caos*: como as *fake news*, as teorias da conspiração e os algoritmos estão sendo utilizados para disseminar ódio, medo e influenciar eleições. Belo Horizonte: Vestígio, 2019.

As plataformas digitais podem ser entendidas como grandes filtros. São novos intermediários,[100] que se colocam entre produtores e consumidores de conteúdo digital e que contribuem para alterar negativamente a liberdade dos fluxos de informação na Internet. Como exemplos de intermediários, citam-se buscadores, como o Google; as redes sociais, como o Facebook e o Twitter; e os agregadores de notícias, como o Reddit e o Google News. Enquanto a possibilidade de ser um produtor de conteúdo no ambiente digital continua bastante grande na atual configuração do ambiente digital, a possibilidade de que os conteúdos produzidos atinjam um público relevante está cada vez mais condicionada à atuação das plataformas como intermediárias; na Internet, "o difícil não é falar, mas ser ouvido".[101]

As plataformas internalizaram todo um "mercado informacional",[102] sujeitando seus usuários a uma lógica de seleção de conteúdos definida unilateralmente. Em um mercado informacional aberto, como aquele ocupado pelas mídias de massa tradicionais (os jornais, as revistas e os canais de rádio e de televisão), existem regulações estatais e sociais voltadas a garantir algum grau de transparência e igualdade de condições entre os competidores, capazes de avaliar

---

100 STARK, Birgit *et al.* "Are algorithms a threat to democracy? The rise of intermediaries: a challenge for public discourse". *Governing platforms – algorithm watch*, 26 mai. 2020, p. 9. Disponível em: https://algorithmwatch.org/en/wp-content/uploads/2020/05/Governing-Platforms-communications-study-Stark-May-2020-AlgorithmWatch.pdf. Acessado em: 15.12.2022.

101 SILVEIRA, Sergio Amadeu da. *Democracia e os códigos invisíveis*: como os algoritmos estão modulando comportamentos e escolhas políticas. São Paulo: Sesc São Paulo, 2019, p. 34.

102 PATTERSON, M. "Antitrust, consumer protection, and the new information platforms". *Antitrust Magazine*, vol. 31, nº 3, 2017, pp. 97-103. Disponível em: https://www.americanbar.org/digital-asset-abstract.html/content/dam/aba/publishing/antitrust_magazine/anti_summer2017_fullissue.pdf. Acessado em: 08.04.2021.

uns aos outros com relativa transparência. Já os mercados de notícias internalizados pelas plataformas são opacos tanto para os indivíduos quanto para observadores institucionais. Os usuários destes novos intermediários recebem um conteúdo personalizado, mas os critérios utilizados pelas plataformas para essa seleção não podem ser facilmente acessados[103] nem pelos produtores de notícias que, cada vez mais, as utilizam para divulgar seus conteúdos.[104]

As plataformas vêm ocupando o lugar dos antigos porteiros da informação da mídia de massa tradicional no papel que a teoria democrática tem historicamente atribuído ao jornalismo: informar os cidadãos sobre os assuntos, os atores políticos e as opiniões que possuam relevância para a sociedade como um todo, de modo a possibilitar a ele os elementos para uma tomada de decisão embasada.[105] O Instituto *Reuters* para o Estudo do Jornalismo, na edição de 2020 do seu *Digital News Report* identifica a acentuada tendência, já observada há alguns anos, de os produtores de notícias das mídias tradicionais cada vez mais apostarem nos meios digitais,

---

103 PATTERSON, M. "Antitrust, consumer protection, and the new information platforms". *Antitrust Magazine*, vol. 31, nº 3, 2017, p. 100. Disponível em: https://www.americanbar.org/digital-asset-abstract.html/content/dam/aba/publishing/antitrust_magazine/anti_summer2017_fullissue.pdf. Acessado em: 08.04.2021.

104 STARK, Birgit *et al.* "Are algorithms a threat to democracy? The rise of intermediaries: a challenge for public discourse". *Governing platforms – algorithm watch*, 26 mai. 2020, p. 48. Disponível em: https://algorithmwatch.org/en/wp-content/uploads/2020/05/Governing-Platforms-communications-study-Stark-May-2020-AlgorithmWatch.pdf. Acessado em: 15.12.2022.

105 STARK, Birgit *et al.* "Are algorithms a threat to democracy? The rise of intermediaries: a challenge for public discourse". *Governing platforms – algorithm watch*, 26 mai. 2020, p. 10. Disponível em: https://algorithmwatch.org/en/wp-content/uploads/2020/05/Governing-Platforms-communications-study-Stark-May-2020-AlgorithmWatch.pdf. Acessado em: 15.12.2022.

especialmente nas plataformas, para conseguir manter o contato com seu público e sustentar suas receitas.[106]

A relevância crescente das plataformas no mercado informacional, especialmente das redes sociais, leva as empresas, ao realizarem o processo de agregação, seleção e apresentação de conteúdos para uma base de usuários gigantesca, a adquirirem um relevante poder de mobilizar a atenção dos usuários, tornando-se cada vez mais capazes de influenciar significativamente nas pautas das agendas políticas e na definição daquilo que será considerado de interesse público.[107] Ocorre que, na lógica da curadoria de conteúdos realizada pelas plataformas, o interesse público não é um elemento considerado por seus algoritmos; a lógica que preside a filtragem algorítmica destes intermediários é a da disputa pela atenção do usuário e a do interesse econômico.[108]

---

106 PASQUALE, Frank. "A esfera pública automatizada". *Revista Líbero*, São Paulo, ano 20, nº 39, 2017, p. 18. Disponível em: https://casperlibero.edu.br/wp-content/uploads/2017/10/A-Esfera-p%C3%BAblica-automatizada.pdf. Acessado em: 15.02.2020; STARK, Birgit *et al.* "Are algorithms a threat to democracy? The rise of intermediaries: a challenge for public discourse". *Governing platforms – algorithm watch*, 26 mai. 2020, pp. 17-21. Disponível em: https://algorithmwatch.org/en/wp-content/uploads/2020/05/Governing-Platforms-communications-study-Stark-May-2020-AlgorithmWatch.pdf. Acessado em: 15.12.2022.

107 STARK, Birgit *et al.* "Are algorithms a threat to democracy? The rise of intermediaries: a challenge for public discourse". *Governing platforms – algorithm watch*, 26 mai. 2020, pp. 44-46. Disponível em: https://algorithmwatch.org/en/wp-content/uploads/2020/05/Governing-Platforms-communications-study-Stark-May-2020-AlgorithmWatch.pdf. Acessado em: 15.12.2022.

108 SILVEIRA, Sergio Amadeu da. *Democracia e os códigos invisíveis*: como os algoritmos estão modulando comportamentos e escolhas políticas. São Paulo: Sesc, 2019, pp. 75-78; STARK, Birgit *et al.* "Are algorithms a threat to democracy? The rise of intermediaries: a challenge for public discourse". *Governing platforms – algorithm watch*, 26 mai. 2020, pp. 9-13. Disponível em: https://algorithmwatch.org/en/wp-content/uploads/2020/05/Governing-Platforms-communications-study-Stark-May-2020-AlgorithmWatch.pdf. Acessado em: 15.12.2022.

Seja para selecionar os resultados a serem exibidos a partir de uma busca feita por um usuário do Google, seja para selecionar quais postagens irão aparecer na linha do tempo de um usuário do Facebook ou do Twitter, os sistemas algorítmicos preditivos dessas plataformas irão utilizar os mais diversos dados relacionados ao usuário para inferir qual conteúdo deve ser apresentado para cada pessoa, de maneira a conseguir a maior parcela possível da sua atenção, ou seja, que ela passe o maior tempo possível conectada à plataforma.[109]

É sabido, já de longa data, que os seres humanos se sentem mais confortáveis quando em contato com informações que corroboram suas visões de mundo a outras dissonantes, capazes de confrontar suas percepções e seus entendimentos da realidade. Com base neste conhecimento, e na ambição de lucros incessantes por meio da venda de publicidade, as plataformas digitais utilizam seus sistemas algoritmos preditivos para selecionar e apresentar aos usuários apenas aqueles conteúdos que não gerarem neles a dissonância cognitiva,[110]

---

109 DA EMPOLI, Giuliano. *Os engenheiros do caos*: como as *fake news*, as teorias da conspiração e os algoritmos estão sendo utilizados para disseminar ódio, medo e influenciar eleições. Belo Horizonte: Vestígio, 2019, p. 90; STARK, Birgit *et al.* "Are algorithms a threat to democracy? The rise of intermediaries: a challenge for public discourse". *Governing platforms – algorithm watch*, 26 mai. 2020, pp. 10/11. Disponível em: https://algorithmwatch.org/en/wp-content/uploads/2020/05/Governing-Platforms-communications-study-Stark-May-2020-AlgorithmWatch.pdf. Acessado em: 15.12.2022.

110 STARK, Birgit *et al.* "Are algorithms a threat to democracy? The rise of intermediaries: a challenge for public discourse". *Governing platforms – algorithm watch*, 26 mai. 2020, p. 14. Disponível em: https://algorithmwatch.org/en/wp-content/uploads/2020/05/Governing-Platforms-communications-study-Stark-May-2020-AlgorithmWatch.pdf. Acessado em: 15.12.2022.

o atrito, que poderia afastá-los da plataforma e, assim, reduzir os lucros com a venda de anúncios.[111] [112]

Os efeitos potencialmente deletérios ao sistema democrático dessa configuração do ambiente digital, dominado pelos interesses econômicos das plataformas e pelo poder econômico dos anunciantes, destacam-se ainda mais quando estudos demonstram que os conteúdos pautados num discurso radicalizado, composto por mensagens direcionadas à desinformação[113] da opinião pública e discursos de

---

111 Observando o caso do Google, tem-se um exemplo da importância da presença constante dos usuários interagindo com as plataformas no processo de extração de dados realizados por estas empresas, assim como tais dados são o insumo para uma indústria de produtos algorítmicos preditivos altamente lucrativa. O Google desenvolveu um sistema de *marketing* digital inovador, baseado em uma ferramenta de leilão virtual em tempo real que leva em conta basicamente dois parâmetros: um índice preditivo que busca definir a probabilidade de alguém clicar em um determinado anuncio (*Click-Through Rate – CTR*) e o volume total de recursos que cada assinante estaria disposto a investir para que seu anúncio recebesse o clique. Nesse modelo de negócio, a lucratividade depende fortemente da escala mundial dos potenciais anunciantes e, principalmente, do poder preditivo atingido pelo CTR. Uma variação da precisão preditiva na casa dos 0,1% é capaz de produzir ganhos financeiros adicionais na casa das centenas de milhares de dólares. (ZUBOFF, Shoshana. *The age of surveillance capitalism*: the fight for a human future at the new frontier of power. Nova York: Public Affairs, 2019, p. 67).

112 ZUBOFF, Shoshana. *The age of surveillance capitalism*: the fight for a human future at the new frontier of power. Nova York: Public Affairs, 2019, p. 34.

113 A desinformação pode ser definida como a disseminação consciente e deliberada de informações falsas com interesse de prejudicar alguma pessoa específica, um grupo ou mesmo a sociedade como um todo, como nos casos em que as campanhas de desinformação têm como objetivo abalar a confiança dos cidadãos em instituição do sistema democrático, como a mídia e a política. (STARK, Birgit et al. "Are algorithms a threat to democracy? The rise of intermediaries: a challenge for public discourse". *Governing platforms – algorithm watch*, 26 mai. 2020, pp. 32/33. Disponível em: https://algorithmwatch.org/en/wp-content/

ódio,[114] são os que obtém os maiores índices de engajamento dos usuários nas plataformas. Exemplo interessante desse fenômeno é o relato do ativista e estrategista da campanha pró-Brexit, Nigel Farage, para quem quando eram feitas publicações mais sérias, como economia, e de uma forma mais reflexiva, "recebíamos três ou quatro mil curtidas no máximo. Mas, cada vez que incluíamos um fator emocional, tínhamos, sempre, ao menos quatrocentas ou quinhentas mil, às vezes dois ou três milhões de curtidas!"[115]

O aspecto emocional deste tipo de conteúdo leva os usuários a interagirem com ele muito mais do que com os outros, de qualidade superior no que se refere à racionalidade da informação, mas que, por não ter o mesmo volume de curtidas, "descurtidas", compartilhamentos e comentários, acabam sendo considerados menos relevantes pelos algoritmos, consequentemente, menos prováveis

---

uploads/2020/05/Governing-Platforms-communications-study-Stark-May-2020-AlgorithmWatch.pdf. Acessado em: 15.12.2022).

114 O discurso de ódio é considerado como espécie de um gênero: a incivilidade. O fenômeno pode ser caracterizado como o aumento de formas de comunicação que transgridem normas de relação e/ou de deliberação interpessoal que pode ser observado, em sua maioria, em discussões públicas *on-line* (como em mídias sociais, seções de comentários de *sites*, plataformas de vídeo e outras comunidades na Internet). Os discursos de ódio são caracterizados pelo uso de linguagem hostil e agressiva contra indivíduos por conta de sua origem étnica, gênero, idade, condição física, orientação sexual e convicção política, entre outros, e tem como objetivo insultar, assediar, intimidar ou, ainda, incitar a discriminação e a violência, podem ser considerados como um subfenômeno importante da incivilidade digital. (STARK, Birgit et al. "Are algorithms a threat to democracy? The rise of intermediaries: a challenge for public discourse". *Governing platforms – algorithm watch*, 26 mai. 2020, pp. 39/40. Disponível em: https://algorithmwatch.org/en/wp-content/uploads/2020/05/Governing-Platforms-communications-study-Stark-May-2020-AlgorithmWatch.pdf. Acessado em: 15.12.2022).

115 DA EMPOLI, Giuliano. *Os engenheiros do caos*: como as *fake news*, as teorias da conspiração e os algoritmos estão sendo utilizados para disseminar ódio, medo e influenciar eleições. Belo Horizonte: Vestígio, 2019, p. 52.

de serem disponibilizados para a visualização de mais usuários.[116] Nesse sentido, destaca-se que, quanto ao uso das plataformas para a disputa política, mais que persuadir os indivíduos, as campanhas de *marketing* político buscam utilizar essas características intrínsecas ao funcionamento algorítmico das plataformas para degradar o solo comum democrático[117] com pesadas campanhas de desinformação e discursos de ódio, gerando polarização e reduzindo as possibilidades da circulação de ideias na sociedade.[118]

No jogo político realizado por meio das plataformas, os marqueteiros desenvolvem um teste contínuo de narrativas para identificar aquelas capazes de gerar o maior engajamento dos usuários e, assim, serem consideradas relevantes pelos algoritmos que irão facilitar sua ampla difusão: os

> cliques darão a resposta em tempo real e, a partir deles, você pode fazer testes continuamente e ir modificando as mensagens,

---

116 STARK, Birgit *et al.* "Are algorithms a threat to democracy? The rise of intermediaries: a challenge for public discourse". *Governing platforms – algorithm watch*, 26 mai. 2020, p. 34. Disponível em: https://algorithmwatch.org/en/wp-content/uploads/2020/05/Governing-Platforms-communications-study-Stark-May-2020-AlgorithmWatch.pdf. Acessado em: 15.12.2022.

117 STARK, Birgit *et al.* "Are algorithms a threat to democracy? The rise of intermediaries: a challenge for public discourse". *Governing platforms – algorithm watch*, 26 mai. 2020, p. 33. Disponível em: https://algorithmwatch.org/en/wp-content/uploads/2020/05/Governing-Platforms-communications-study-Stark-May-2020-AlgorithmWatch.pdf. Acessado em: 15.12.2022.

118 STARK, Birgit *et al.* "Are algorithms a threat to democracy? The rise of intermediaries: a challenge for public discourse". *Governing platforms – algorithm watch*, 26 mai. 2020, pp. 41/42. Disponível em: https://algorithmwatch.org/en/wp-content/uploads/2020/05/Governing-Platforms-communications-study-Stark-May-2020-AlgorithmWatch.pdf. Acessado em: 15.12.2022.

> no conteúdo e na forma, mantendo as características que funcionam e descartando as menos eficazes.[119]

Estudos recentes evidenciam que esse uso político das plataformas conta também com a participação das "tropas digitais",[120] ou seja, contas automatizadas operadas por robôs ou contas mistas, chamadas "contas ciborgue"[121] operadas por robôs com eventuais intervenções humanas, para testar narrativas e influenciar as decisões dos sistemas algorítmicos de filtragem de conteúdo. Neste contexto, no qual novas tecnologias possibilitam que as contas automatizadas apresentem um comportamento cada vez mais semelhante ao humano, é fundamental a capacidade de distinção entre estas ações automatizadas e os debates surgidos organicamente nas plataformas.

A interação das tropas digitais com os conteúdos escolhidos pelos marqueteiros que as operam cria um falso engajamento, mas que termina sendo tratado pelos algoritmos das plataformas como se autêntico fosse, e assim, irão apresentar esses conteúdos para um número ainda maior de usuários.[122] Trata-se de um ciclo que se re-

---

119 DA EMPOLI, Giuliano. *Os engenheiros do caos*: como as *fake news*, as teorias da conspiração e os algoritmos estão sendo utilizados para disseminar ódio, medo e influenciar eleições. Belo Horizonte: Vestígio, 2019, p. 87.

120 BRADSHAW, Samantha; BAILEY, Hannah; HOWARD, Philip N. "Industrialized Disinformation, 2020. Global Inventory of Organized Social Media Manipulation". *Oxford Internet Institute*, jan. 2021. Disponível em: https://comprop.oii.ox.ac.uk/wp-content/uploads/sites/127/2021/02/CyberTroop-Report20-Draft9.pdf. Acessado em: 15.03.2021.

121 RUEDIGER, Marco Aurélio *et al. Robôs, redes sociais e política no Brasil*: estudo sobre interferências ilegítimas no debate público na *web*, riscos à democracia e processo eleitoral de 2018. Rio de Janeiro: FGV. Disponível em: https://bibliotecadigital.fgv.br/dspace/handle/10438/18695. Acessado em: 12.08.2019.

122 SILVEIRA, Sergio Amadeu da. *Democracia e os códigos invisíveis*: como os algoritmos estão modulando comportamentos e escolhas políticas. São Paulo: Sesc, 2019, pp. 55-58.

troalimenta, gerando um viés na percepção algorítmica da relevância dos conteúdos que circulam pelas plataformas e, consequentemente, fazendo com que aqueles indivíduos que têm nelas a fonte de informação principal, ou única, obtenham uma percepção distorcida do "humor" da opinião pública.[123]

Essa curadoria algorítmica dos conteúdos, ao selecionar as ofertas de informação e desinformação que são ou deixam de ser disponibilizadas para a visualização dos usuários, são capazes de modular[124] seus comportamentos e suas percepções sobre temas políticos. O *microtargeting*, partindo da segmentação extremamente detalhada do público-alvo de uma campanha de *marketing* político, possibilita que os marqueteiros enviem mensagens específicas para públicos-alvo distintos, definidos segundo suas preferências e

---

123 STARK, Birgit *et al.* "Are algorithms a threat to democracy? The rise of intermediaries: a challenge for public discourse". *Governing platforms – algorithm watch*, 26 mai. 2020, pp. 44-46. Disponível em: https://algorithmwatch.org/en/wp-content/uploads/2020/05/Governing-Platforms-communications-study-Stark-May-2020-AlgorithmWatch.pdf. Acessado em: 15.12.2022.

124 Diversamente da manipulação, bastante debatida nos estudos sobre o papel das mídias de massa tradicionais nas sociedades democráticas do capitalismo tardio, baseada "em discursos organizados para criar efeitos nas massas, em seus segmentos ou nos indivíduos", a modulação "está ligada à comunicação distribuída em rede e se organiza pela oferta de opções de visualização de conteúdos e pela orientação de possibilidades de ação, pelo controle das subjetividades, ou seja, pela variação contínua de sujeitos e objetos, pela modulação dos cérebros, pela captura da memória e da atenção". (SILVEIRA, Sergio Amadeu da. *Democracia e os códigos invisíveis*: como os algoritmos estão modulando comportamentos e escolhas políticas. São Paulo: Sesc, 2019, p. 55). Sobre as possibilidades de modulação comportamental por meio dos recursos oferecidos pelos códigos algorítmicos e pelo *Big Data*, é bastante relevante o trabalho de Berns e Rouvroy sobre a "governamentalidade algorítmica". (BERNS, Thomas; ROUVROY, Antoinette. "Governamentalidade algorítmica e perspectivas de emancipação: o díspar como condição de individuação pela relação?" *In*: BRUNO, Fernanda *et al.* (Coord.). *Tecnopolíticas da vigilância*: perspectivas da margem. São Paulo: Boitempo, 2019, cap. 6, pp. 107-139).

posições sobre os mais diversos temas. Utilizando-se das tecnologias preditivas baseadas no *Big Data*, as plataformas oferecem aos marketeiros políticos a possibilidade, condicionada ao empenho de vultosos recursos financeiros, de atingir por meio de conteúdos personalizados a um público que já se sabe receptivo.[125]

Nos processos de modulação comportamental propiciados pelas tecnologias preditivas das plataformas, os indivíduos têm a sensação de que estão tomando decisões livres e racionais, baseadas em um grande volume de informações. Na verdade, desconhecem uma gama de outras informações as quais essas empresas, por meio de filtragens algorítmicas, deixaram de disponibilizar para a visualização por considerá-las não relevantes àquele indivíduo.

Trata-se de uma liberdade controlada algoritmicamente, um discurso de concretização do ideal liberal de liberdade total do indivíduo e uma prática de sujeição às regras empresariais das plataformas, nas quais o cidadão dá lugar ao usuário,[126] e que a liberdade ocorre limitada por um número previamente determinado de liberdades possíveis.

---

125 DA EMPOLI, Giuliano. *Os engenheiros do caos*: como as *fake news*, as teorias da conspiração e os algoritmos estão sendo utilizados para disseminar ódio, medo e influenciar eleições. Belo Horizonte: Vestígio, 2019, pp. 82-95.

126 A ideia do cidadão, capaz de crítica, de alteridade e de capacidade política, se opõe à do usuário, consumidor dos serviços oferecidos pelas plataformas e submetido às suas regras sobre as quais não possui nenhuma influência. Em outras palavras, a oposição entre cidadão e usuário é aquela que Pérez Lunõ (2012) aborda como sendo a oposição entre uma *cibercidadania*, na qual as potencialidades do digital deveriam ser utilizadas para o aumento das liberdades e da participação democrática, e uma outra, a “cidadania.com”, na qual o ambiente digital é veículo dos interesses mercadológicos das grandes empresas de tecnologia.

1.1.4 Como a democracia se apresenta na América Latina contemporânea

Aproximar as discussões anteriores à região analisada permite a elaboração de uma boa análise instrumental, conforme se propõe nesta obra. Para isto, o recorte temporal adota uma preferência pelo que se conheceu a partir da década de 1980, quando se inicia um processo de redemocratização e de reconstitucionalização, que tem se mostrado um período largo de existência, embora imperfeito. Trata-se, historicamente, do maior período conhecido de democracias na América Latina que, embora imperfeito, apresenta aspectos renovados se comparados a momentos anteriores da história.

Houve transformações profundas na região desde o final do século XX, que, apesar das diferenças nacionais em matéria de cultura, sociedades e instituições, teve um papel central no Estado. Os modelos socioeconômicos adotados, o neoliberalismo e o neodesenvolvimentismo, carrearam estas mudanças[127] e se tornaram plataformas para governos democráticos e autocráticos. Mas o que se viu no que diz respeito às democracias constitucionais foi uma importante queda na confiança das pessoas em seu potencial de transformar, para melhor, a realidade existente.

Por outro lado, viu-se resiliência democrática em diversos regimes/governos que, em situações de crises geradas por afronta direta à democracia, acabaram por resistir; uma cidadania plural ser ampliada que, cada vez mais, percebe seu papel ativo de exigir direitos, mesmo fora das arenas institucionais. Por outro lado, observa-se a coexistência de regimes nacionais com governos subnacionais

---

127 Entendemos por neoliberalismo o modelo de crescimento e distribuição baseado essencialmente na dinâmica do mercado apoiado pelo Estado. Por outro lado, no neodesenvolvimento, o Estado é o motor do crescimento econômico e da repartição do produto, intervindo ativamente nos processos do mercado e na criação da infraestrutura, embora sem estatizar a economia. (CALDERÓN, Fernando; SCASTELLS, Manuel. *A nova América Latina*. Rio de Janeiro: Zahar, 2021, p. 23).

autoritários; um Estado que na maioria dos países continua a falhar em todas as suas dimensões; assimetrias persistentes, além da continuidade da pobreza e da indigência; a ampliação das desigualdades de direitos civis e culturais com poucos avanços e alguns retrocessos em matéria de direitos sociais.[128]

Observa-se, também, o surgimento de movimentos e de partidos populares, em um ambiente hostil no qual séculos de opressão, exclusão política e discriminação, deram as cartas. Verifica-se, assim, ao lado dos direitos típicos das democracias do "noroeste" global,[129] como as liberdades de associação e expressão, o aparecimento de outros direitos, culturais, por exemplo, que permitiram aumentar a participação política e as mobilizações e chegaram, inclusive, aos tribunais.[130] Ampliou-se a estabilidade democrática e poucos foram os momentos em que se viu governos de fato superarem governos de direito,[131] em que pese o recurso excessivo a processos de destituição presidencial, que se tornaram mecanismos de solução de crises políticas e/ou econômicas, deixando de estar limitados a momentos em que crimes eram praticados por Presidentes, para se tornarem ferramenta para a formação de novos governos.[132]

---

128 O'DONNELL, Guillermo. *Democracy, agency, and the state*: theory with comparative intent. Oxford: Oxford University Press, 2010, p. 165.

129 O'DONNELL, Guillermo. *Democracy, agency, and the state*: theory with comparative intent. Oxford: Oxford University Press, 2010.

130 O'DONNELL, Guillermo. *Democracy, agency, and the state*: theory with comparative intent. Oxford: Oxford University Press, 2010, pp. 165/166.

131 PRAELI, Francisco Jose Eguiguren. "El fortalecimiento de la democracia y del presidencialismo en la experiencia reciente de los países sudamericanos". *In*: CASTAÑEDA OTSU, S. Y. (Coord.). *Constitucionalismo y democracia en América Latina*: controles y riesgos. Lima: Adrus D&L Editores, 2014, p. 377.

132 PÉREZ-LIÑÁN, Aníbal. "Impeachment or backsliding? Threats to democracy in the twenty-first century". *Revista Brasileira de*

Há, ainda, um mal-estar acentuado com a democracia, conforme demonstram os dados quando nos revelam um paradoxo marcante, pois, nesta região, que consolida as eleições como regra e os golpes de Estado como exceção, existe "uma onda de mal-estar de um povo empoderado pela democracia com liberdade de expressão e maiores graus de educação",[133] além de alguns direitos sociais. Significa dizer que uma cidadania com mais acessos a bem constitucionais ligados ao bem-estar ficou também menos interessada na democracia.

Houve transformações econômicas, com a inserção das economias nacionais em mercados internacionais e a abertura dos domésticos, mudanças sociais – na maior parte da região, viu-se a redução da pobreza extrema e da desigualdade, ainda que limitada esta última. Trata-se de uma "crise de valores e uma crise de confiança generalizada, que levam ao conflito sórdido e permanente entre atores, à ruptura de qualquer consenso e à ausência de regras de jogo compartilhadas".[134] Desde a entrada do novo século, a região parecia ter chegado a um patamar de estabilidade democrática acentuado.

Todavia,

> a crise de legitimidade política e a corrupção do Estado na grande maioria dos países destruíram em apenas alguns anos o vínculo de confiança mínima entre governantes e governados, fragmentando a sociedade e colocando em questão tanto as

---

Ciências Sociais, vol. 33, nº 98, 2018. Disponível em: https://doi.org/10.1590/339801/2018. Acessado em: 22.03.2022.

133 LAGOS, Marta. "El fin de la tercera ola de democracias". *Informe Latinobarómetro*, Santiago de Chile, 2018, p. 2. Disponível em: http://www.latinobarometro.org/latdocs/Annus_Horribilis.pdf. Acessado em: 05.12.2021.

134 CASTELLS, Manuel. *Ruptura*: a crise da democracia liberal. Trad. Joana Angélica d'Avila Melo. São Paulo: Zahar, 2019, p. 56.

> lideranças neopopulistas quanto as enganosas fachadas de democracias eleitorais.[135]

Esta estabilidade democrática, paradoxalmente, reduziu a legitimidade da democracia. Apesar do aumento de países considerados democráticos, ocorrido desde o processo de redemocratização, instituições como os partidos políticos não conseguiram ganhar confiança proporcionalmente e se percebe um aumento da desconfiança na própria democracia e a apatia ou apoio a governos autocráticos aumentar, o que reforma o risco da despolitização,[136] em que temas importantes para a democracia acabam deixando o espaço público e sendo colocados em arenas privadas, sob a roupagem de que o "mercado", a "globalização" ou outro ator oculto passa a ter que decidir em vez do povo soberano.

Percebe-se uma crise que afeta o Estado e o sistema político, diretamente, colocando-os no centro desse processo.[137] A proeminência do Estado e a fragilidade das instituições políticas, como os partidos políticos, se tornam acessíveis à corrupção e ao patrimonialismo.[138] Os atores centrais da democracia constitucional, como os partidos políticos, sofrem, historicamente, com a dificuldade de institucionalização, dadas as irrupções de instabilidades políticas de base autoritária que, por vezes, "congela" o próprio funcionamento dos partidos.[139] Essenciais para a manutenção e para a consolidação das democracias, têm dificultado, constantemente, seu

---

135 CALDERÓN, Fernando; SCASTELLS, Manuel. *A nova América Latina*. Rio de Janeiro: Zahar, 2021, p. 20.

136 VALIM, Rafael. *Estado de exceção*: a forma jurídica do neoliberalismo. São Paulo: Contracorrente, 2017, p. 27.

137 CALDERÓN, Fernando; SCASTELLS, Manuel. *A nova América Latina*. Rio de Janeiro: Zahar, 2021, p. 26.

138 CALDERÓN, Fernando; SCASTELLS, Manuel. *A nova América Latina*. Rio de Janeiro: Zahar, 2021, p. 34.

139 ROBERTS, Kenneth M. "Parties, party systems, and political representation". *In*: KINGSTONE, Peter; YASHAR, Deborah. *Routledge*

fortalecimento. Seu papel de organismos intermediários, conforme será visto, de intermediação estratégica das demandas sociais, vem sendo ofuscado e, por conseguinte, a sua função de *guardiões das portas da democracia*,[140] enquanto instituições capazes de escolher seus candidatos e afastas os que não respeitam as regras das democracias constitucionais cada vez manos presente.

Por outro lado, percebe-se um processo de erosão democrática que vem se consolidando, ano a ano, acentuando o que se referiu como *diabetes democrática*.[141] Com isso, não estão, na maioria esmagadora dos casos, os países da região em estado de autocracias. O maior problema diz respeito aos retrocessos democráticos que podem levar democracias a deixarem de existir e, dentre os riscos existentes, o empoderamento do Poder Executivo continua a ser a ameaça mais acentuada para a região.[142] De outra banda, há riscos presentes que podem ser acentuados em um futuro não tão distante, que ganham corpo porque se percebe uma "deterioração de suas elites, a corrupção e a desconfiança cidadã nas instituições da democracia, somada à falta de condução democrática de seus líderes".[143]

Handbook of Latin American politics. Nova York: Routledge, 2012, p. 60.

140 LEVITSKY, Steven; ZIBLATT, Daniel. *Como as democracias morrem*. Rio de Janeiro: Zahar, 2018, p. 28.

141 LAGOS, Marta. "El fin de la tercera ola de democracias". *Informe Latinobarómetro*, Santiago de Chile, 2018, p. 6. Disponível em: http://www.latinobarometro.org/latdocs/Annus_Horribilis.pdf. Acessado em: 05.12.2021.

142 PÉREZ-LIÑÁN, Aníbal. "Impeachment or backsliding? Threats to democracy in the twenty-first century". *Revista Brasileira de Ciências Sociais*, vol. 33, nº 98, 2018.

143 LAGOS, Marta. "El fin de la tercera ola de democracias". *Informe Latinobarómetro*, Santiago de Chile, 2018, p. 7. Disponível em: http://www.latinobarometro.org/latdocs/Annus_Horribilis.pdf. Acessado em: 05.12.2021.

Percebe-se que a melhora nos níveis de pobreza, que saltou de "45,9% da população, em 2002, para 30,7%, em 2017, [e da] extrema pobreza, que também diminuiu, de 12,4 para 10,2% no mesmo período", demonstra que uma melhora do bem-estar das pessoas não implica, necessariamente, melhora da confiança na democracia, o que também se pode dizer, em que pese uma perda acentuada nos últimos anos, da diminuição dos níveis de desigualdade,[144] é dizer:

> A crise não é essencialmente econômica, graças à inserção dinâmica na globalização, nem social, posto que a maioria dos países reduziu a pobreza, a extrema pobreza e até a desigualdade. É uma crise de valores e uma crise de confiança generalizada, que levam ao conflito sórdido e permanente entre atores, à ruptura de qualquer consenso e à ausência de regras de jogo compartilhadas.[145]

Significa dizer que, ao mesmo tempo que existe um problema decorrente do modo como se instituem controles institucionais ao poder, há uma dinâmica social que passa por elites e classes populares que alimentam a diminuição do sentimento de que as democracias são necessárias para a manutenção da realidade em que se vive, o que abre espaço para lideranças populistas ocuparem, como veremos.

Os impactos dessa crise não somente afetam a democracia, mas, ainda, o constitucionalismo.

---

144 CALDERÓN, Fernando; SCASTELLS, Manuel. *A nova América Latina*. Rio de Janeiro: Zahar, 2021, p. 27.

145 CALDERÓN, Fernando; SCASTELLS, Manuel. *A nova América Latina*. Rio de Janeiro: Zahar, 2021, p. 56.

1.2 Constitucionalismo e seus reflexos na América Latina

Muitas vezes utilizados como referenciais por sua complementação recíproca, democracia e constitucionalismo, na verdade, têm elementos próprios. E própria também é a análise de diversos autores que, neles, percebem, entre suas características, diferenças a serem ressaltadas. Neste momento do trabalho, adota-se a estratégia de desenvolver o constitucionalismo com o objetivo de inter-relacioná-lo, mais à frente, com a democracia, de modo a utilizar a democracia constitucional como paradigma de análise.

Para a compreensão do constitucionalismo e de sua trajetória, uma forma de analisá-lo está no entendimento de sua *dimensão negativa*, ou seja, o controle do risco de abuso do poder pelas instituições estatais. Por outro lado, há também uma *dimensão positiva*, que diz respeito à necessidade de se construir instituições fortes, limitadas e efetivas para se alcançar o bem comum.[146]

Constitucionalismo, assim, é

> uma corrente de pensamento encaminhada a perseguir finalidades políticas concretas, essencialmente consistentes na limitação dos poderes públicos e na afirmação de esferas de autonomia garantidas normativamente.[147]

Surge e consolida seus dados a partir do Estado europeu moderno e pertence, totalmente, à modernidade, ainda que se faça referência a problemas anteriores, da antiguidade ou do medievo.[148] Isso por-

---

146 BARBER, Nicholas. "Constitutionalism: negative and positive". *Dublin University Law Journal*, vol. 38, 2015, p. 249.

147 FIORAVANTI, Maurizio. "Costituzionalismo: percorsi della storia e tendenze attuali". *Giuseppe Laterza Figli Spa*, 2009, p. 18.

148 FIORAVANTI, Maurizio. "Costituzionalismo: percorsi della storia e tendenze attuali". *Giuseppe Laterza Figli Spa*, 2009, p. 18.

que, é nesse período que o controle do poder político, existente em uma realidade renovada, de largos territórios, e a unidade do poder avançam concomitantemente à necessidade de controlá-los nos temas da guerra, da tributação e das exigências da administração pública.

O constitucionalismo, assim, tem razão de ser na contemporaneidade, pois se consolida com a transição do absolutismo para o Estado Liberal e depende de uma Constituição em sentido jurídico, o que ocorre justamente neste período.[149] Seu uso conceitual invoca alguns elementos, tais como a separação dos poderes, os direitos fundamentais e o Estado de Direito. Neste contexto, ainda que a relação entre democracia e constitucionalismo seja explorada neste capítulo, importante esclarecer que uma Constituição pode existir em ambientes autoritários, onde se afrouxa a separação dos poderes, onde o Estado de Direito inexiste ou onde os direitos fundamentais não sejam respeitados. Nesses casos, reconhece-se a possibilidade de que o Estado de Direito existe em uma versão estritamente formal (e.g., fascismo, nazismo) e os direitos humanos são reconhecidos "aos pedaços" (e.g., Estado teocrático), e não em senso de unidade. Mas a democracia, nestes ambientes, inexiste, por isso, deve ser tratada de modo autônomo, como será feito.

Analisa-se o tema do constitucionalismo para, posteriormente, estabelecer-se seus reflexos e suas relações com a democracia. Mais uma vez, utiliza-se leitura prevalente e geral sobre o tema, para, depois, aplicá-la à América Latina, dada ser essa a opção teórica neste trabalho. Repita-se, trata-se de uma mera opção, um recorte metodológico, e não de se perceber a superação ou o equívoco de outras visões.

Após a investigação do tema constitucionalismo, far-se-á uma aproximação com a proposta de um constitucionalismo para o Sul Global e, depois disso, de um constitucionalismo latino-americano.

---

149 GRIMM, Dieter. *Constitutionalism*: past, present, and future. Oxford: Oxford University Press, 2016, p. 44.

Para tanto, o constitucionalismo será analisado a partir de uma mirada do Norte Global (ou do noroeste)[150] e, depois, do Sul Global e, ainda, da América Latina, estratégia que pretende facilitar a compreensão do que será desenvolvido em seguida.

1.2.1 Constitucionalismo e suas características

Para o estudo do constitucionalismo deve-se partir de dois elementos fundamentais à compreensão do conceito: por um lado, a forma como se organiza e a maneira pela qual funciona o Estado a partir de uma Constituição, escrita ou costumeira, e, por outro, como este Estado se relaciona com as pessoas, é dizer, como os direitos fundamentais estão presentes nestas Constituições, se explícita ou implicitamente.

A estratégia pensada para o presente trecho da pesquisa é definir, inicialmente, que o constitucionalismo contemporâneo é fruto das transições liberais do século XVII, na Inglaterra, e do XVIII, nos Estados Unidos e na França[151] para, após, chegar à América Latina com o processo de descolonização, no século XIX. Assim, não se analisa a existência de constitucionalismo antes ou durante o medievo, ou mesmo durante a existência dos absolutismos. Isso porque um dos pilares do constitucionalismo é a existência de uma Constituição em sentido jurídico, o que não existia, da forma como a concebemos, antes das transições liberais. Neste sentido, a contribuição francesa, com a Declaração dos Direitos do Homem e do

---

150 O'DONNELL, Guillermo. *Democracy, agency, and the state*: theory with comparative intent. Oxford: Oxford University Press, 2010.

151 Para um excurso ao constitucionalismo ocorrido antes desse período: UGARTE, Pedro Salazar. *La democracia constitucional*: una radiografia teórica. México: Fondo de Cultura Economica Carretera Picacho-Ajusco, 2006, p. 72. Ver também: MCILWAIN, Charles Howard. *Constitutionalism*: ancient and modern. Indianápolis: Liberty Fund, 2005, cap. 2 a 5.

Cidadão, de 1789, em seu artigo 16, é marcante para o deslinde da opção que ora se faz para o conceito contemporâneo de Constituição.

Passa-se, assim, ao constitucionalismo a partir do seu surgimento e transformação, desde o período declinado, para, ao final, apontar-lhe um conceito funcional a ser utilizado no desenvolvimento desta obra. Para tanto, divide-se o estudo do surgimento e das transformações do constitucionalismo em três momentos: o constitucionalismo liberal, o constitucionalismo social e o constitucionalismo internacional. A intenção é mostrar que as teorias do constitucionalismo apresentadas para o Norte Global, para as famílias constitucionais inglesa, francesa e norte-americana, trazem importantes contribuições para se entender o constitucionalismo, mas, por outro lado, precisam de adaptações para determinadas regiões globais, como a América Latina. Não se trata de contestar a sua relevância, mas, somente, de acrescentar elementos relativos aos direitos e ao Estado para estes espaços.

1.2.2 Absolutismos e os antecedentes do constitucionalismo

O constitucionalismo, como movimento, só pode assim ser definido como uma resposta ao Estado Absoluto,[152] em que a concentração do poder estatal no monarca contrasta com a necessidade, advinda do povo, de contê-lo. Mas o surgimento dos Estados nacionais é um pressuposto lógico para se falar em constitucionalismo. Significa dizer que o constitucionalismo, tal qual propõe sua análise, só é possível ser pensado a partir da superação do policentrismo político, típico do medievo, que vai dando lugar a uma tensão em direção ao Estado

---

152 Aqui o ponto de partida é o absolutismo Ocidental. Para uma visão deste processo no Oriente, com suas caracterizações, ver: ANDERSON, Perry. *Linhagens do Estado Absolutista*. Trad. Renato Prelorentzou. São Paulo: Unesp, 2016.

territorial concentrado,[153] que, por sua vez, vai se transformando a partir do aprofundamento do processo de maximização da eficiência da administração com o aumento da participação na gestão de uma comunidade de burocratas. A necessidade de se concentrar forças nas mãos do soberano, de maneira a funcionar como uma instância neutral, por sobre os partidos políticos e súditos, e que a estes últimos outorgue tanto segurança em suas relações pessoais quanto econômicas – caminho oposto do ocorrido com o modelo feudal de gestão de pessoas e da economia – apodera esse líder, permitindo a centralização de funções que, em sua maioria, se tornam estatais. As antigas liberdades feudais, em processo de transformação para os direitos inatos, também estão no centro desse movimento de mudanças, que passa, igualmente, pela necessidade de se ampliar o poder de gestão sobre largos territórios.

O constitucionalismo é um movimento de redefinição de espaços e de funções a partir da superação da ordem descrita, logo, um fenômeno da idade moderna, ainda que seja possível encontrar alguns dos seus elementos anteriormente. É somente a partir do processo de centralização territorial e da concentração dos poderes públicos sobre

> o poder de fazer a guerra, de exigir impostos e de administrar justiça que se acompanhou desde o princípio da exigência de fixar regras e limites, inclusive de forma escrita e também através dos instrumentos das assembleias representativas (...), é dizer, de controlar o poder existente.[154]

---

153 BOBBIO, Norberto; MATTEUCCI, Nicola; PASQUINO, GianFranco. *Dicionário de política*. Brasília: Universidade de Brasília, 1998, p. 3 (verbete Absolutismo).

154 FIORAVANTI, Maurizio. "Costituzionalismo: percorsi della storia e tendenze attuali". *Giuseppe Laterza Figli Spa*, 2009, p. 17.

Entende-se o surgimento do constitucionalismo como um longo processo que depende de uma Constituição. E, a "Constituição", em períodos anteriores, discrepa muito daquele que se definirá a partir do artigo 16 da Declaração dos Direitos do Homem e do Cidadão. A Declaração, em realidade, impõe um paradoxo interessante que guiará especialmente o começo do processo de transição para o constitucionalismo liberal. Por um lado, "os direitos dos indivíduos se opõem ao poder político como direitos naturais, por outro, os indivíduos afirmam seus direitos como direitos positivos construindo poder político",[155] o que tende ao universalismo, com os direitos naturais e, de outra banda, leva ao Direito Positivo, local, dado que é da política e de decisões concretas que se constrói a proteção contra o abuso do poder a ser combatido a partir da concepção de que o Direito deve valer para todos igualmente e contra as mesmas autoridades.

Sobre a Constituição, naquele período anterior às transições liberais, ela não se define em função de sua legitimidade "desde *arriba*" ou "desde *abajo*", mas, "sua capacidade efetiva de garantir a paz e um equilíbrio razoável entre as forças existentes em seu território, ou na cidade, que compreenda o reconhecimento de seus direitos e de suas liberdades",[156] ou seja, não se está a falar em Constituição em sentido contemporâneo. Significa dizer que se compreende as razões que definem o período analisado como momento de transição, mas, definitivamente, constitucionalismo sem uma Constituição em que a organização dos poderes do Estado (separação dos poderes) e a proteção da pessoa contra este Estado (direitos fundamentais) se apresente, não é, ainda, momento para se falar em constitucionalismo. Esse processo só ocorre com as transições liberais, as quais serão analisadas em seguida.

155 FIORAVANTI, Maurizio. "Costituzionalismo: percorsi della storia e tendenze attuali". *Giuseppe Laterza Figli Spa*, 2009, p. 151.

156 FIORAVANTI, Maurizio. "Costituzionalismo: percorsi della storia e tendenze attuali". *Giuseppe Laterza Figli Spa*, 2009, p. 9.

1.2.3 O constitucionalismo liberal e seus elementos essenciais: Estado de Direito, separação dos Poderes, representação política limitada e os direitos individuais

O constitucionalismo, na sua vertente liberal, surge para enfrentar a ordem existente no período anterior. A conjugação de determinados arranjos institucionais, como a separação dos poderes, o Estado de Direito, a expansão da representação política, unidos à proteção dos direitos individuais, configura a síntese do que se afirma, a partir daí, como *constitucionalismo*, tendo em vista a exigência de uma nova ordem política e constitucional em que o poder, da forma como exercido até então, fosse controlado desde o povo, o qual passaria a ocupar o centro das decisões políticas.

Fruto do Estado Liberal, o constitucionalismo liberal se assenta sobre os dogmas deste Estado, é dizer:

> na ordem econômica, a livre empresa, a livre iniciativa; o *laissez faire*, *laissez passer*, a livre troca, a livre competição; na ordem política, o homem-razão, o homem governante, o homem-cidadão, o homem-sujeito, em substituição ao sub-homem ou sub-ser, que fora genericamente aquele súdito e servo das épocas da monarquia e do feudalismo.[157]

Neste cenário, desenvolve-se o que se convencionou chamar de constitucionalismo negativo, é dizer, fundado na perspectiva de controle do abuso do Estado, almejando proteger a liberdade contra suas excessivas investidas. Trata-se de uma vertente do constitucionalismo que apresenta o Estado como

> um exercício de poder puro, revestido de uma reivindicação de legitimidade; inicialmente, pelo menos, o Estado parece

---

157 BONAVIDES, Paulo. *Do Estado Liberal ao Estado Social*. 6ª ed. São Paulo: Malheiros, 1996, p. 92.

> uma ameaça aos indivíduos, como um perigo que precisa ser contido. O desafio do constitucionalismo, nesse modelo, é encontrar maneiras pelas quais o Estado possa ser limitado e a liberdade do indivíduo protegida; o papel da lei, aplicada pelos tribunais, é controlar o poder do Estado, limitar as capacidades perigosas dos poderes executivo e legislativo.[158]

A partir das transições liberais (inglesa, americana e francesa), assentaram-se as características mais marcantes do constitucionalismo, ainda que com suas diferenças decorrentes dos cenários nacionais, e, por conseguinte, Constituição, Estado de Direito, direitos fundamentais e separação de poderes passaram a integrar um capítulo central da história do Direito Público.

Os direitos fundamentais se impõem, a partir daí, no desenvolvimento intelectual da pessoa e de sua visão a respeito do papel do Estado. Para além dos direitos de liberdade, e sua importância para o constitucionalismo liberal, a igualdade começa a ser pensada para redefinir o próprio modelo de sociedade, dado que o Estado, que provia somente a nobres, clero e burocracia com privilégios, em um modelo de estratificação social que se pretendia superar,[159] transforma-se numa ferramenta para destruir o modelo anterior de privilégios, pois, para os demais excluídos desta sociedade, o Estado não passava de um tomador, de um espoliador.[160] Assim, no que toca os direitos da pessoa, a confirmação dos desígnios liberais resultou, quando se trata da relação entre Estado e pessoa, em um dever básico do primeiro: abster-se de invadir a órbita dos direitos individuais, estes caracterizados, principalmente, pelos direitos à propriedade, segurança, igualdade (formal), liberdade, legalidade

158 BARBER, Nicholas. "Constitutionalism: negative and positive". *Dublin University Law Journal*, vol. 38, 2015, p. 249.

159 CALMON, Pedro. *Curso de Direito Constitucional brasileiro*. Rio de Janeiro: Freitas Bastos, 1947, p. 275.

160 BONAVIDES, Paulo. *Do Estado Liberal ao Estado Social*. 6ª ed. São Paulo: Malheiros, 1996, p. 40.

e não opressão[161] ou, quando a limitá-los, fazê-lo exclusivamente a partir da lei.

Em verdade, no que diz respeito ao *constitucionalismo europeu liberal*, viu-se construir os dois valores mais caros do período para a superação da ordem anterior, quais sejam, o respeito à *resistência* e à *participação*, de modo a "construir limites e garantias para se opor ao poder soberano, em defesa de suas próprias esferas de autonomia e direitos, por outro participar da construção desse poder, com o elemento do consentimento".[162] Significa, portanto, instituir um mecanismo de proteção da pessoa contra o abuso do poder e, de outro lado, sedimentar uma realidade na qual os direitos de participação política são essenciais para o avanço da construção do modelo político liberal que começa a se desenhar.

Assim, o que passou a ser designado como Estado Liberal impôs, especialmente ao poder público, um dever de abstenção sobre a órbita jurídica dos direitos das pessoas, que estariam a buscar relações jurídicas travadas na base do ideal da liberdade, especialmente, para aqueles detentores do poder econômico. Para este constitucionalismo liberal, os direitos fundamentais se apresentam, por um lado, a partir da necessidade de proteção da pessoa singular em face do Estado e, por outro, da necessária abstenção do Estado para garantir a liberdade, ou a autonomia privada.[163]

A liberdade se fincaria, essencialmente, na lei, esta produzida pelos representantes eleitos em um cenário no qual a limitação dos requisitos constitucionais e legais para a distribuição da titularidade

---

161 DECLARAÇÃO dos Direitos do Homem e do Cidadão, 1789. Disponível para consulta na Biblioteca Virtual de Direitos Humanos da Universidade de São Paulo (USP), 2015.

162 FIORAVANTI, Maurizio. "Costituzionalismo: percorsi della storia e tendenze attuali". *Giuseppe Laterza Figli Spa*, 2009, p. 149.

163 PRATA, Ana. *A tutela constitucional da autonomia privada*. Coimbra: Almedina, 1997, p. 17.

dos direitos políticos era muito limitada. Diz-se que o Estado Liberal se confunde com um Estado Legislativo,[164] vez que seria o Poder Legislativo quem definiria, em última hipótese, o conteúdo jurídico desse ideal de liberdade.

Com o fim dos privilégios aristocráticos, marca da superação do Estado Absolutista pelo Estado Liberal, fez-se dos direitos políticos a pedra de toque para atingir as decisões do Estado, pois a distribuição desses direitos políticos também precisava ser conferida para se demonstrar quão poucos passaram a ser aqueles que participavam verdadeiramente da política. Tratava-se de um paradoxo do discurso oitocentista, em que as desigualdades civis e políticas se impõem em um ambiente no qual o discurso da liberdade e da igualdade se apresentam.

> Por um lado, o postulado igualitário e universalista, de matriz jusnaturalista e *iluminista*, permitiu, pelo seu elevado grau de generalidade e neutralidade (face à raça, gênero, estatuto socioeconômico...), omitir situações de desigualdade e de subordinação que eram problemáticas do ponto de vista daquele postulado. Por outro lado, a necessidade de fundamentar as desigualdades do presente favoreceu a multiplicação de discursos em que a diferença foi quantificada, o que contribuiu para reforçar a legitimidade da sua concretização normativa e, com isso, a sua reprodução social.[165]

Se recorrermos à primeira Constituição francesa, de 1791, veremos claramente essa perspectiva, em que se apresenta especialmente o critério econômico pessoal como exigência para a participação política, ao exigir que se faça pagar um valor em dinheiro, tenha renda superior a determinado valor, seja proprietário ou arrendatário

---

164 ZAGREBELSKY, Gustavo. *Il diritto mite*: legge diritti giustizia. Torino: Einaud, 1992, p. 38.

165 SILVA, Cristina Nogueira da. "Conceitos oitocentistas de cidadania: liberalismo e igualdade". *Análise Social*, 2009, p. 539.

de bens ou comerciante aquele que detém tais direitos, conforme especifica o artigo 7º, Seção II, Capítulo Primeiro, daquela Constituição.[166] Esse ambiente político restrito marca também os planos econômico e social, em que esta sociedade *burguesa* se posiciona sobre a:

> crença da "mão invisível" do mercado, que automaticamente conduziria ao melhor dos mundos possíveis. Para isso, tinha que evitar a interferência do Estado (do Executivo) na vida econômica e social, reduzir à abstenção essa mão visível, que apenas devia velar pela segurança pública, garantindo a autonomia da esfera privada e a liberdade e a propriedade dos indivíduos (os seus direitos fundamentais).[167]

Outro ponto importante para compreender o constitucionalismo nascente é entender o papel desempenhado pelo instituto da separação dos poderes nesta realidade. O Estado Liberal se constrói

---

166 "Ninguém pode ser dito eleitor se não reunir as condições necessárias para ser cidadão activo, designadamente: nas cidades com mais de seis mil almas, a de ser titular ou usufrutuário de um bem avaliado no registo fiscal e com renda igual ao valor local de 200 dias de trabalho, ou ser locatário de quarto neles avaliado; registros em renda igual ao valor de 150 dias de trabalho; nas cidades com menos de 6.000 habitantes, o de ser proprietário ou usufrutuário de imóvel lavrado nos registros fiscais com rendimento igual ao valor local de 150 dias de trabalho, ou ser locatário de quarto aludido, nos mesmos cadastros, em renda igual ao valor de 100 dias de trabalho; e no campo, o de ser proprietário ou usufrutuário de bem lavrado nos registros fiscais com rendimento igual ao valor local de 150 dias de trabalho, ou de ser senhorio ou locatário de bens lavrados nos mesmos registos com valor de 400 salários. No que respeita aos que são simultaneamente proprietários ou usufrutuários, por um lado, e arrendatários, senhorios ou arrendatários, por outro, os seus poderes nesses diversos títulos serão acumulados até à taxa necessária para estabelecer a sua elegibilidade".

167 ANDRADE, José Carlos Vieira de. *Os direitos fundamentais na Constituição Portuguesa de 1976*. 2ª ed. Coimbra: Almedina, 2001, p. 239, nota de rodapé nº 4.

a partir de definições estanques que, a seu modo, demonstravam que seu perfil busca atribuir tamanha objetividade aos seus ideais a ponto de colocar em xeque, por essa mesma razão, a fortaleza de seus objetivos. Entre esses pontos, colocamos as separações entre Estado e sociedade, de um lado, e a separação dos poderes, de outro, como referências da conformação do Estado Liberal.[168]

A separação dos poderes no Estado Liberal se define como divisão de competências estatais em órgãos independentes, ou separação marcada do exercício das funções do Estado em Poderes, tornando-se um dos pilares do constitucionalismo liberal, como definido na Declaração dos Direitos do Homem e do Cidadão que, em seu artigo 16, previa: toda sociedade na qual "a garantia dos direitos não é assegurada, nem a separação dos poderes determinada, não tem Constituição". Falar em separação dos poderes é falar em *divisão* das funções do Estado, em razão de não se reconhecer a necessidade de cooperação, por um lado, e de fiscalização, excessivamente tímida, por outro, no que diz respeito à relação entre os Poderes do Estado. Por isso, afirma-se que a separação dos poderes, na modalidade liberal, estava a dizer muito mais da necessidade de dividir claramente as funções exercidas pelo Estado a estipular uma atribuição de fiscalização recíproca entre os poderes do Estado. Trata-se de separar as funções do Estado em órgãos com maior independência e de construir o ideal da liberdade a ser reforçado pelo órgão de seus representantes, o Poder Legislativo, sobrando ao Poder Executivo cumprir as decisões legislativas e ao Poder Judiciário solucionar os conflitos privados advindos da aplicação da lei civil.[169]

---

168 PIÇARRA, Nuno. *A separação dos poderes como doutrina e princípio constitucional*: um contributo para o estudo das suas origens e evolução. Coimbra: Coimbra Editora, 1989, p. 45.

169 CAMPILONGO, Celso Fernandes. "Os desafios do Judiciário: um enquadramento teórico". *In*: FARIA, José Eduardo. *Direitos humanos, direitos sociais e justiça*. São Paulo: Malheiros, 2002, p. 38.

No constitucionalismo europeu, o Poder Legislativo, veiculador da vontade do cidadão, ascendeu muito forte e rapidamente, restando aos demais poderes constituídos o papel de fazer valer as decisões dos "representantes do povo". Sendo assim, a teoria dos freios e contrapesos, tão discutida desde a independência norte-americana, por meio de debates pré-constituintes, não exerceu papel importante no constitucionalismo francês, por exemplo, e consequentemente, europeu.[170] O Poder Executivo, embora tivesse à frente o rei, agora com competências definidas na Constituição, estaria subordinado ao Parlamento, que assume funções de governo mais presentes.[171]

Por outro lado, é inegável que a supremacia do legislador e a limitada outorga de direitos políticos a alguns poucos "cidadãos" informam uma estratégia de manutenção de poder, ao alijar das decisões os não titulares desses direitos. Os demais do povo, os despossuídos, não sendo titulares de direitos políticos, se transformaram em instrumentos da burguesia, pois não se entendia possível nem que participassem da criação das leis nem de sua aplicação (executivo e judiciário), pois não ocupavam posições estratégicas na estrutura estatal, exceto em situações excepcionais, quando chegavam a ocupar espaço na crescente burocracia estatal.

A adoção do Estado de Direito como elemento essencial do constitucionalismo fez da legislação o veículo da aproximação entre o Direito e a pessoa, levando à confusão entre lei e justiça.[172] Isso porque ao legislador fora conferido uma espécie de "cheque em branco" para construir a normatividade do sistema jurídico e, por conseguinte, dos próprios direitos fundamentais, que adquirem

---

170 PIÇARRA, Nuno. *A separação dos poderes como doutrina e princípio constitucional*: um contributo para o estudo das suas origens e evolução. Coimbra: Coimbra Editora, 1989, p. 150.

171 FIORAVANTI, Maurizio. *Constitucíon*: de la antiguedad a nuestros días. Madrid: Trotta, 2001, p. 115.

172 ZAGREBELSKY, Gustavo. *Il diritto mite*: legge diritti giustizia. Torino: Einaud, 1992, p. 127.

conteúdo jurídico completado, unicamente, pelo próprio legislador. É a lei como elemento de atribuição de segurança jurídica que importa ao constitucionalismo liberal, visto ser esta uma das bases construtoras do perfil conceitual do próprio Estado de Direito.

No cenário descrito, a Constituição adquire pouca normatividade para oferecer respostas aos litígios, mesmo aqueles havidos entre a pessoa e o Estado, vez que quase toda a sua formulação se dá a partir das decisões do legislador, o que, por decorrência, leva à conclusão de que os próprios direitos fundamentais, na ordem liberal, são amplamente conformados pelo legislador, quase sem limitações ao seu agir. Interessante perceber, inclusive, que com as transições liberais, a própria lei se "desvincula da imagem revolucionária. Assim, a doutrina liberal do Estado de Direito cuida deste aspecto quase para esconder a origem revolucionária da força das leis (...)".[173]

Pelo visto, o conceito de Estado de Direito está contido no Estado Liberal e no constitucionalismo nascente. Estar contido significa que o ideal da lei como instrumento de emancipação dos indivíduos, característica prevalente no conceito de Estado de Direito, é uma parte, apenas, do que se convencionou denominar Estado Liberal. Essa cultura jurídica individualista prevalece de forma estruturada, dado que

> o direito do indivíduo está acima do direito da comunidade, mesmo porque a comunidade propriamente dita deixou de existir, sendo substituída pelo mercado. (...) o individualismo e a propriedade são o pilar de sustentação da cultura jurídica.[174]

173 FIORAVANTI, Maurizio. "Costituzionalismo: percorsi della storia e tendenze attuali". *Giuseppe Laterza Figli Spa*, 2009, p. 96.

174 Estes efeitos se mantêm no tempo. LOPES, José Reinaldo de Lima. "Direito subjetivo e direitos sociais: o dilema do Judiciário no Estado Social de Direito". *In*: FARIA, José Eduardo. *Direitos humanos, direitos sociais e justiça*. São Paulo: Malheiros, 2002, pp. 82/83.

Neste ponto, é necessário um esclarecimento, ainda que sobre ele possam pairar discordâncias. Isso porque ainda existem diferenças, no caso europeu, entre as experiências nacionais, tanto políticas quanto constitucionais, da *Rule of Law* britânica, do *Rechtsstaat* alemão e da *República* dos franceses, mas há algo que as identifica, que é

> a afirmação em sentido monístico do princípio da soberania, que se torna então, com todas as diferenças do caso, a soberania do parlamento na Inglaterra, do Estado na Alemanha, das instituições republicanas na França.[175]

Outro aspecto importante para o constitucionalismo liberal diz respeito à relação entre os poderes do Estado e, por conseguinte, o seu desempenho como instância de controle recíproco. No que diz respeito ao Poder Judiciário, houve um receio de que passasse a ampliar seu espectro decisório, dado o medo decorrente das relações próximas com o poder preexistente, centralizado na mão do rei, que nomeava seus membros, e se impôs que esses agentes públicos fossem vistos com olhos de desconfiança pelos que obtiveram o prêmio da queda do Antigo Regime.[176] Daí a expressão "juiz boca da lei", ou seja, aquele a quem cabe unicamente aplicar o conteúdo trazido pela lei, retirando sentido de um texto perfeito produzido pelo Poder Legislativo. Não se admitia que fosse o juiz um participante ativo do processo de interpretação do Direito. Dado a lei ser fruto daquela racionalidade jurídica liberal, fincada na construção de códigos que apresentem clareza, coerência, completude, não redundância, simplicidade e fácil manejo,[177] verificou-se por esse meio a possibilidade

---

175 FIORAVANTI, Maurizio. "Costituzionalismo: percorsi della storia e tendenze attuali". *Giuseppe Laterza Figli Spa*, 2009, p. 166.

176 FIORAVANTI, Maurizio. "Costituzionalismo: percorsi della storia e tendenze attuali". *Giuseppe Laterza Figli Spa*, 2009, p. 71.

177 OST, François. "Júpiter, Hércules, Hermes: três modelos de juiz". *Revista DOXA*, nº 14, 1993, p. 174. Disponível em: http://cervantesvirtual.com/servlet/SirveObras/doxa/52586177762636009641157/

de conter qualquer ímpeto contrário aos desejos do ente detentor de maior parcela do poder, o Poder Legislativo.

Neste ambiente descrito, os direitos fundamentais, e seu caráter absoluto e irrestringível, oferecem instrumental jurídico a juízes que estariam submetidos a dois corolários: a pirâmide e a lei (códigos),[178] especialmente, consolidada a transição, quando o positivismo ganha potência como instrumento para facilitar a manutenção da ordem instaurada. Para isso, a organização estruturada a partir da supra ordenação do Direito resolveria os problemas de contradição entre leis de diversos graus, especialmente, por meio da utilização do critério hierárquico. Este está focado na validade de norma de grau inferior e sua relação lógica com a norma de mais alta hierarquia, ou seja, que tenha retirado fundamento de validade de norma hierarquicamente superior.[179] O código seria o resultado da sistematização almejada para dar coerência e encerramento ao Direito e o positivismo jurídico ganha força como o modo de fazer com que a lei, aqui utilizada em sentido lato, se imponha segundo uma realidade que tem como marca o monismo jurídico estatal.[180]

Verifica-se a existência de uma posição privilegiada do legislador no constitucionalismo liberal, frente aos demais atores políticos, pois compete a ele ser o veiculador da vontade das pessoas, fazendo-o a partir de leis. Pessoas essas que, na maior parte das vezes, são

---

cuaderno14/doxa14_11.pdf. Acessado em: 20.03.2022; QUEIROZ, Cristina. *Interpretação constitucional e poder judicial*: sobre a epistemologia da construção constitucional. Coimbra: Coimbra Editora, 2000, p. 128.

178 OST, François. "Júpiter, Hércules, Hermes: três modelos de juiz". *Revista DOXA*, nº 14, 1993, p. 173. Disponível em: http://cervantesvirtual.com/servlet/SirveObras/doxa/52586177762636009641157/cuaderno14 /doxa14_11.pdf. Acessado em: 20.03.2022.

179 KELSEN, Hans. *Teoria pura do direito*. São Paulo: Martins Fontes, 1997, p. 219.

180 FIORAVANTI, Maurizio. "Costituzionalismo: percorsi della storia e tendenze attuali". *Giuseppe Laterza Figli Spa*, 2009, p. 96.

pequenos grupos que compõem a *sociedade*, como os proprietários, do sexo masculino, com certa idade. O que importa para os ideólogos do Estado Liberal, no campo da normatividade jurídica, é permitir que o legislador seja o grande concretizador dos textos constitucionais e dos direitos fundamentais. Neste constitucionalismo liberal, o ideal democrático, que será discutido adiante nesta obra, estaria condicionado ao sujeito ativo de direitos políticos, ou ao sujeito do direito ao sufrágio, a ser homem, branco e proprietário ou arrendatário de bens com valor acima do requerido pelo Direito. Disso decorre que o trabalhador assalariado, por tudo, não era sujeito de direitos políticos, somente se fazendo objeto das decisões políticas, sem participar, diretamente ou por meio de seus representantes, das decisões políticas do Estado.[181]

Este ambiente começa a ser transformado, conforme será visto, a partir da metade do século XIX, quando os movimentos populares, especialmente de trabalhadores, ganham força na França, na Inglaterra e na Alemanha, e a ordem existente inicia um lento processo de reconhecimento de direitos para conter a massa unida, o que produzirá impactos profundos no constitucionalismo, em alguns anos.

1.2.4 O constitucionalismo social do século XX

O constitucionalismo social surge a partir da necessária redefinição de espaços políticos e, por consequência, de institutos jurídicos. É fruto, principalmente, das lutas entre trabalhadores e proprietários que ganhou tração durante todo o século XIX. Decorre dos processos de transformação constitucional havidos durante o período que ganham potência a partir, principalmente, dos anos

181 TRINDADE, José Damião de Lima. "Anotações sobre a história social dos direitos humanos". *In*: PROCURADORIA GERAL DO ESTADO (Coord.). *Direitos humanos*: construção da liberdade e da igualdade. São Paulo: Centro de Estudos da Procuradoria Geral do Estado de São Paulo, 2000, p. 113.

de 1880 até a década de 1930, quando "quase todos (Estados) de origem liberal realizaram as principais reformas legislativas e sociais que representaram as premissas essenciais para a instituição de um moderno 'Estado Social'".[182]

É interessante perceber que o constitucionalismo social, cuja base é o princípio da "solidariedade" como síntese entre o individualismo e o coletivismo, também surgiu nesse período. É verdade que não existe um conceito único de solidariedade, mas é clara a existência de um "um conteúdo ético-normativo, que visa formular uma alternativa nos planos social, econômico e político com um sentido consensual e universal".[183] Consequentemente, o Estado é necessário para que a solidariedade, como desejo do povo, e não como algo natural, estabeleça seu contorno por meio de "leis sociais".[184]

No final do século XIX, a "política social" tinha três significados que foram incorporados pelo Estado Social. Ou seja, tratava-se de uma política que exigia a integração entre a economia, a sociedade e a política. Além disso, devido ao conflito que caracteriza as relações de trabalho e capital, pretende fazer do Estado um mediador das tensões dele decorrentes. Para tanto, era necessário ao Estado promulgar leis de proteção aos trabalhadores assalariados, além de criar outras instituições de proteção a tal grupo.[185]

O constitucionalismo do Estado Social, ou constitucionalismo social, assim, se apresenta como uma resposta tanto aos interesses dos proprietários/empresários, que buscavam depositar no Estado

---

182 BALDASSARRE, Antonio. *Los derechos sociales*. Bogotá: Universidad Externado, 2001, p. 23.

183 WESTPHAL, Vera Herweg. "Diferentes matizes da ideia de solidariedade". *Revista Katálysis*, vol. 11, 2008, p. 45.

184 WESTPHAL, Vera Herweg. "Diferentes matizes da ideia de solidariedade". *Revista Katálysis*, vol. 11, 2008, p. 46.

185 WESTPHAL, Vera Herweg. "Diferentes matizes da ideia de solidariedade". *Revista Katálysis*, vol. 11, 2008, p. 48.

alguns compromissos assumidos com a classe trabalhadora para a manutenção da paz social quanto, para essa classe trabalhadora, a necessidade de ver os seus interesses incorporados pelo Estado. Tratava-se de um importante momento para a sua proteção em termos profissionais, com a regulação dos direitos sociais (*stricto sensu*). A partir dali, o Estado assumiria o papel de agente provedor das necessidades dos menos abastados a partir da constatação de que as Constituições incorporariam aos seus catálogos de direitos não somente direitos econômicos, culturais e, mais à frente, ambientais, além dos direitos sociais.

Ao fixar o século XIX como o momento em que se acirram as lutas pelos direitos sociais, não se despreza que esse processo tem raízes anteriores,[186] decorrentes da Revolução Industrial, aliás contemporânea da Revolução Francesa.[187] A luta por condições de vida digna, inclusive no trabalho, forja uma mentalidade associativista já no século XVIII, mas é no século XIX que essa luta é acirrada, deixando mais clara a oposição entre os interesses dos empregadores e seus empregados. A consciência da necessária coletivização desses trabalhadores explorados é fortalecida, de fato, no século XIX, quando os trabalhadores se organizam em posição de classe, ou de agrupamento mais ou menos homogêneo, e, a partir de então, começam a afrontar com mais potência as classes dominantes.[188]

Surge, então, um pacto político no qual o Estado Social é o resultado da luta entre a classe trabalhadora e os proprietários/ empresários frente à

186 COMPARATO, Fábio Konder. "Fundamentos dos direitos humanos". *In*: MARCÍLIO, Maria Luiza; PUSSOLI, Lafaiete. *Cultura dos direitos humanos*. São Paulo: LTR, 1998, p. 151.

187 HOBSBAWM, Eric. *A Era das Revoluções*: Europa 1789 – 1848. 19ª ed. São Paulo: Paz e Terra, 2005, p. 53.

188 HOBSBAWM, Eric. *A Era das Revoluções*: Europa 1789 – 1848. 19ª ed. São Paulo: Paz e Terra, 2005, p. 292.

> insegurança social crescente e objetiva, que constitui o subproduto, ao parecer dificilmente superável, tanto de desequilíbrios de poder que implicam o livre jogo das forças sociais e a incerteza implícita nos mecanismos espontâneos de mercado (com as consequentes crises cíclicas e as assim mesmo cíclicas reconvenções da organização produtiva e do trabalho) com a instabilidade dos valores implícita nas dinâmicas culturais aceleradas (rápida transformação dos valores) próprias de sociedades, como as regidas por regimes políticos democráticos e por sistemas econômicos capitalistas, que se caracterizam por uma crescente abertura recíproca (com um amplo intercâmbio de valores éticos) e por ritmos de desenvolvimento de condições de vida extraordinariamente velozes (com um aumento formidável das *cleavages* geracionais e o correlativo aumento para os indivíduos do risco de isolamento, quando não de abandono, por parte do social).[189]

Significa dizer que se exige uma mudança do modo de pensar os direitos fundamentais, surgido com o Estado Liberal, no qual a pessoa singular era o centro do sistema de proteção jurídica advindo dos ordenamentos nacionais, para concebê-la como parte de uma comunidade a compartilhar direitos e deveres fundamentais. Mesmo porque as promessas de liberdade do Estado Liberal, por se tornarem a proteção dos mais poderosos, frustraram a realização da liberdade tão proclamada naquele período, dentre outros, no princípio da autonomia privada, tão caro e absoluto no ideário liberal.[190] Para o Estado Social, a ampliação da liberdade individual somente é almejável em um contexto no qual se confira liberdade à sociedade como um todo, movimento esse unicamente direcionado do indivíduo-singular para o todo social, para a própria sociedade. Isso não significa desprezar a pessoa como sujeito de direitos e deveres fundamentais, mas, sim,

---

189 BALDASSARRE, Antonio. *Los derechos sociales*. Bogotá: Universidad Externado, 2001, pp. 27/28.

190 PRATA, Ana. *A tutela constitucional da autonomia privada*. Coimbra: Almedina, 1997, p. 17.

entender que está situada em uma comunidade na qual deveres e direitos são compartilhados e se entrecruzam mediante restrições constitucionais e legais de maneira que uns e outros são relevantes neste novo espaço jurídico dos Estados Sociais.

No plano jurídico, apresenta-se a transição de uma cultura jurídica resultante dessa perspectiva singular dos direitos fundamentais que só pode ser individualista e formalista. Neste diapasão, a lei, obra de um legislador advindo de uma elite de homens brancos, nacionais e com patrimônio, coroava um modelo centrado em poucos que precisava ser superado por uma nova ordem na qual a pessoa e a comunidade coexistam no plano constitucional, em que o Estado assuma a posição de moderador das relações conflitivas entre ambas.

A transição para o Estado Social passou a exigir a superação da lógica funcional binária do Estado Liberal, segundo a qual onde houvesse Estado não deveria haver sociedade. Disso decorria, até então, que Estado e sociedade em nada deveriam se confundir, visto que o próprio Direito teria a função de separá-los na construção do Estado Liberal. O próprio Direito funcionara, assim, como mediador das relações entre o Estado e as pessoas, fundado no critério da legalidade, a exigir lei formal para sua atuação. Por outro lado, as relações jurídicas entre particulares estavam fundadas no ideal da autonomia privada, restando lícito tudo que a lei não lhe proibia. Fazia-se, assim, da lei em sentido formal, o termômetro para delimitar os espaços da sociedade e da pessoa.

Entretanto, quando novos atores sociais, baseados em uma identidade coletiva, como trabalhadores, mulheres e outras minorias integram o "jogo político" e constitucional, fazendo dos seus interesses direitos fundamentais, passa-se a exigir uma atuação mais interventiva e prestacional na e para a vida das pessoas, por parte do Estado. Consequência disto é que Estado e sociedade em muito começam a cooperar, pois se aproximam seus campos de atuação. Por um lado, o Estado deu início a uma intervenção com maior intensidade em seara antes protegida pela ampla autonomia privada outorgada às pessoas, como, por exemplo, ao prever legal/constitucionalmente direitos sociais aos trabalhadores, antes regulados unicamente por contratos particulares, além de assumir atividades econômicas, a exemplo das atividades ferroviárias, ou tornando serviços públicos estritamente estatais, no caso da educação ou da saúde públicas.

Este processo de surgimento e de consolidação do constitucionalismo social, mais recentemente, também passou por transformações nos espaços de atuação do Estado. Nas últimas décadas, algumas atividades, antes estatais, tiveram sua regulação modificada mediante a outorga para particulares da sua prestação, por exemplo, os setores de siderurgia e de telecomunicações, admitindo, para alguns, uma remodelagem do Estado Social para um Estado Regulador,[191] conceito que não se adota. Outro aspecto importante destes movimentos é o surgimento do terceiro setor, híbrido de público e privado, no qual também a solidariedade aparece como "paradigma de ação social".[192]

Assim, a aproximação entre Estado e sociedade no Estado Social é recíproca: quanto mais se exige do Estado, mais sociedade civil organizada é necessária para cooperar com o próprio Estado. Interessante observar que a articulação entre Estado e sociedade depende da organização dos deveres de cada um deles em relação às pessoas, o que envolve, claramente, o princípio da solidariedade, o qual será tratado mais adiante.

Verifica-se a inexistência de uma ruptura profunda, tal qual a observada com as transições liberais, na passagem do Estado Liberal para o Estado Social. Trata-se de uma acomodação dos interesses conflitantes, dos antigos interesses da pessoa para com o Estado,

---

191 Apesar de não adotar tal conceito, ganhou espaço, principalmente entre os publicistas, com as transformações do Estado nas décadas de 1980 e 1990. Entre outros, ver: MATTOS, Paulo Todescan Lessa. "A formação do Estado regulador". *Novos estudos CEBRAP*, nº 76, 2006.

192 GIUFFRÈ, Felice. "I doveri di solidarietà sociale". *In*: BALDUZZI R.; CALVINO M.; GROSSO E.; LUTHER J. *I doveri costituzionali*: la prospettiva del giudice delle leggi. Torino: G. Giappichelli, 2006, p. 43.

em regra de abstenção deste último, com as novas demandas para com este mesmo Estado, agora, também prestacionais. Isso porque o Estado Social não se demonstra apto a anular os ganhos históricos do Estado Liberal que, no âmbito dos direitos fundamentais, desempenharam e continuaram a desempenhar função central na contenção de excessos por parte do Estado.

Ocorre, com a passagem referida, uma necessidade de que aqueles direitos fundamentais de perspectiva liberal, fundados, inicialmente, em direitos naturais, todavia positivados com o decorrer dos anos e da evolução do positivismo jurídico, sejam condicionados por outros direitos fundamentais, de perfil mais recente. Esses direitos fundamentais mais "recentes" são exigências de grupos que formavam grande parte da população, mas que estavam alijados das decisões sobre suas próprias vidas. Entre os grupos insatisfeitos com a relação entre Estado e sociedade liberais, os que mais se revelam atuantes são as associações de trabalhadores,[193] desprestigiadas com os rumos dos direitos fundamentais sob a órbita de suas vidas e, principalmente, com a ausência de leis protetivas de seus interesses, o que acabava por reservar ao contrato particular o papel de único intermediário do sistema jurídico nas relações jurídicas travadas com seus empregadores.

O que se renova, a partir dessas lutas, com a evolução para direitos fundamentais "coletivizados" é que o indivíduo singular – para quem a função de proteção dos direitos fundamentais contra os excessos do Estado exercia função principal, especialmente sob a ótica do desenvolvimento de suas atividades econômicas – passa a conviver, juridicamente, com a existência de outros direitos fundamentais a proteger grupos, coletividades, interessadas em dotes

---

193 TRINDADE, José Damião de Lima. "Anotações sobre a história social dos direitos humanos". *In*: PROCURADORIA GERAL DO ESTADO (Coord.). *Direitos humanos*: construção da liberdade e da igualdade. São Paulo: Centro de Estudos da Procuradoria Geral do Estado de São Paulo, 2000, p. 134.

materiais provindos do Estado. Neste contexto, são os movimentos dos trabalhadores havidos, principalmente, no decorrer do século XIX, mais ainda na sua segunda metade, que preveem e influenciam a formação de uma nova disposição de forças no terreno político que irá desembocar, primeiramente, em leis protetivas dos trabalhadores[194] e, na sequência, com as Constituições mexicanas, de 1917, e alemã, de 1919, como direitos sociais nas Constituições.

Todo esse processo remete à necessidade de se perceber essa nova ordem constitucional assentada no princípio da solidariedade, marca fundamental do constitucionalismo social.

1.2.4.1 Solidariedade e constitucionalismo social

O constitucionalismo social, e seu pacto fundamental entre os diferentes interesses instaurados em uma comunidade política, depende, para a consecução dos seus fins, da adoção do princípio da solidariedade como ferramenta para a adequação e a conformação de sociedades diversas e plurais, nas quais a diferença é fator essencial para se conceber a relação entre seus membros. Onde se deve respeitar tal heterogeneidade, como "reconhecimento das diferenças".[195] Ele apresenta os fundamentos da base comunitária proposta pelo Estado Social para as pessoas e o seu relacionamento, ou seja, os elementos para uma "convivência democrática".[196] O constitucionalismo do Estado Social, assim, se apresenta como "um constitucionalismo estruturalmente solidário, ou o que é o mesmo, a solidariedade aparece como um princípio constitucional definidor e fundante

194 LASKI, Harold J. *O liberalismo europeu*. São Paulo: Mestre Jou, 1973, pp. 174-182.

195 DE LUCAS, Javier. *El concepto de solidaridad*. México: Fontamara, 1993, p. 27.

196 DE LUCAS, Javier. *El concepto de solidaridad*. México: Fontamara, 1993, p. 29.

deste constitucionalismo do Estado Social",[197] pois se trata de um "constitucionalismo da diferença".[198] É sobre esta perspectiva que o constitucionalismo do Estado Social "pode desempenhar essa função de 'produzir' ordem através da possibilidade de atuar sobre os dois elementos básicos do conflito (capital e trabalho) referidos acima".

No plano jurídico, a realização da solidariedade deve ser concebida como um princípio constitucional, pois

> a realização da solidariedade social, entendida como princípio jurídico-constitucional, concebe-se, então, como um ato complexo, no qual concorrem tanto o Poder Público como a sociedade civil organizada e somente a Constituição, que acolhe a dignidade humana e o pluralismo social e político como princípios essenciais, pode fornecer as diretrizes ideológicas, políticas e jurídicas para sua otimização e implementação.[199]

Consequência do reconhecimento constitucional do princípio da solidariedade é que desempenha, no plano jurídico-constitucional, função estruturante no Estado Social, pois diz respeito a uma das bases jurídicas para a consecução dos seus fins. Trata-se da "solidariedade vertical ou feita a partir do Estado com a manifestação específica que supôs aquela desenvolvida pelo Estado Contemporâneo".[200] [201]

---

197 CABO MARTÍN, Carlos de. *Teoría constitucional de la solidariedad*. Madrid: Marcial Pons, 2006, p. 45.

198 CABO MARTÍN, Carlos de. *Teoría constitucional de la solidariedad*. Madrid: Marcial Pons, 2006, p. 45.

199 DINIZ, Marcio Augusto de Vasconcelos. "Estado social e princípio da solidariedade". *Revista de Direitos e Garantias Fundamentais*, nº 3, 2008, pp. 31-48.

200 CABO MARTÍN, Carlos de. *Teoría constitucional de la solidariedad*. Madrid: Marcial Pons, 2006, p. 58.

201 Em outro sentido, a expressão solidariedade vertical designaria aquele fundada nos direitos fundamentais e a solidariedade horizontal aquela fundada nos deveres. CASALTA NABAIS, José. "Algumas considerações

Assim, a solidariedade é elemento essencial para a estrutura do Estado Social, pois

> (...) Na medida em que o facto do Estado Social alterou o pressuposto material básico do Mercado como única esfera de mediação causadora de desintegração, por se basear em sentido oposto da articulação social e o que o Direito Constitucional registra, a inter-relação – pressuposto da Solidariedade como princípio constitucional – é o ingrediente legalmente definidor da nova forma de Constituição, a tal ponto que será o indicador fundamental do grau de cumprimento do Estado Social e, portanto, da normatividade constitucional.[202]

Ademais, o princípio da solidariedade também exerce uma importante função como fundamento dos deveres fundamentais e dos direitos fundamentais, configurando, simultaneamente, critério para sua interpretação, pois a solidariedade se impõe sobre a "organização jurídica da sociedade, (...) como fundamento dos direitos fundamentais, e também como critério para interpretá-los e não apenas aqueles que nele estão enraizados".[203]

Ao se estabelecer como substrato para os direitos fundamentais, o princípio da solidariedade impõe uma interpretação fundada na superação da lógica individualista dos direitos de caráter absoluto do Estado Liberal para entendê-los como elementos de uma inter-relação no âmbito da cidadania social,[204] construída mediante a sua interpretação jurídica apoiada na pessoa como parte de um ambiente

---

sobre a solidariedade e a cidadania". *Boletim da Faculdade de Direito da Universidade de Coimbra* (BFDUC), Coimbra, 1999, p. 150.

202 CABO MARTÍN, Carlos de. *Teoría constitucional de la solidariedad.* Madrid: Marcial Pons, 2006, p. 52.

203 PECEZ-BARBA, Gregório. *Lecciones de derechos fundamentales.* Espanha: Dykinson, 2005, p. 178.

204 CABO MARTÍN, Carlos de. *Teoría constitucional de la solidariedad.* Madrid: Marcial Pons, 2006, pp. 56/57.

coletivo no qual interesses e direitos compõem um ambiente jurídico e político plural, ou seja, no qual a diversidade se apresenta como valor fundamental. Outrossim, influi sobre o exercício dos direitos fundamentais, tendo em vista que a previsão constitucional

> impõe a todos os sujeitos do ordenamento, com o objetivo de que limitem espontaneamente a própria autonomia e mantenham o livre e pessoal controle do exercício dos próprios direitos frente àqueles de outras pessoas.[205]

Assim, o princípio da solidariedade é fundamento tanto dos deveres estatais quanto dos deveres fundamentais. Deduz existirem, por um lado, deveres determinados aos poderes públicos "que este atribui a terceiros, pessoas físicas ou jurídicas. Fundamenta, assim, direitos ambientais, das mulheres, das crianças e das pessoas portadoras de deficiência, dentre outros".[206] Indica pensar uma *cidadania solidária*, pela qual a pessoa se torna protagonista da vida pública e, com isso, assume "encargos, responsabilidades e deveres que derivam dessa mesma vida pública e que não podem ser encarados como tarefa a concretizar pelo Estado".[207]

O princípio da solidariedade representa o fundamento que objetiva intermediar, a partir de deveres extraídos da Constituição "aquele mínimo de homogeneidade sem o qual a vida política se reduz

---

205 GIUFFRÈ, Felice. "I doveri di solidarietà sociale". *In*: BALDUZZI R.; CALVINO M.; GROSSO E.; LUTHER J. *I doveri costituzionali*: la prospettiva del giudice delle leggi. Torino: G. Giappichelli, 2006, p. 41.

206 PECEZ-BARBA, Gregório. *Lecciones de derechos fundamentales*. Espanha: Dykinson, 2005, p. 180.

207 CASALTA NABAIS, José. "Algumas reflexões críticas sobre os direitos fundamentais". *In*: ______. *Algumas considerações sobre a solidariedade e a cidadania*. Coimbra, Boletim da Faculdade de Direito da Universidade de Coimbra (BFDUC), Coimbra, 1999, pp. 145-174.

ao *bellum monium contra omnes* de hobbesiana memória",[208] cuja relevante função é gerar alguma homogeneidade em uma realidade heterogênea, pois desempenha uma função de integração a funcionar como elemento de tolerância.[209]

1.2.4.2 Constitucionalismo social e as repercussões do pluralismo político

O avanço do constitucionalismo social passa pela necessidade de se perceber que a arena política ganha novos atores, levando o pluralismo e o conflito a ampliarem suas forças neste cenário. Isso fica mais claro na medida em que, enquanto o Estado Liberal se posicionava sobre a homogeneidade de interesses e sujeitos titulares de direitos fundamentais, ou seja, sobre indivíduos e interesses advindos da classe dominante, no Estado Social esses direitos fundamentais protegem, também, indivíduos de grupos distintos que não dispuseram, historicamente, do controle político sobre os demais. Fala-se na inserção de interesses de trabalhadores, primeiro, depois mulheres, crianças e idosos. Neste sentido, no Constitucionalismo Social, se

> incluem a proteção do indivíduo e seus direitos à participação política, e as relações de classe (...). O que é característico dessa forma de Estado é a ligação entre o conteúdo social e os princípios do pluralismo.[210]

Prevendo que seus interesses ganhem *status* jurídico de direitos fundamentais, exige-se que os parlamentos saibam responder

---

208 LOMBARDI, Guido. *Contributo allo studio dei doveri costituzionali.* Milano: Giuffré, 1967, p. 48.

209 LOMBARDI, Guido. *Contributo allo studio dei doveri costituzionali.* Milano: Giuffré, 1967, pp. 52-54.

210 VALADÉS, Diego. "Visión panorámica del constitucionalismo en el siglo XX". *Revista de Derecho Constitucional Europeo*, nº 12, 2009, p. 32.

a esses conflitos, pois, para adquirirem força normativa, exige-se a atuação do legislador a conformá-los. Todavia, isso não impede a identificação de alguns problemas relativos à nova configuração desses parlamentos, como, por exemplo, a multiplicação de grupos representados provocar, evidentemente, maior dificuldade de se obter consensos, reforçando, assim, a necessidade de se verificar o papel dos juízes neste cenário.

A participação política plural implica em entender que esses parlamentos assumem a exigência de tratar de assuntos mais variados, pois as limitações temáticas são claramente dispostas nas Constituições dos Estados nacionais, as quais, com a perspectiva social, ampliaram sobremaneira a participação do Estado não só como protetor dos direitos fundamentais, mas também, fomentador de suas previsões, aumentando, assim, sua participação na vida dos particulares. A política, destarte, possui ampla liberdade de temas a tratar e a decidir, passando a cuidar, cada vez mais, de áreas diferentes da "vida social". Essa diversificação de áreas afetas à política no Estado Social, dotado da obrigação de oferecer prestação positivas (direitos à prestação do Estado em prol dos cidadãos), a exemplo da educação e da saúde, reflete a necessidade de a política aumentar sua participação nas decisões do Estado. Essa ampla inclusão, se objetiva inserir grandes grupos da população, carentes da realização dos direitos fundamentais prestacionais, na arena política,[211] também exige que esses grupos se organizem a ponto de se fortalecerem e se revelarem verdadeiramente coesos.

Mantido, inicialmente, o papel da representação dos cidadãos, pelos partidos políticos nos parlamentos, as casas legislativas têm se tornado espaços plurais de representação nos quais se dificulta a obtenção de consensos para a tomada de decisões, vez que os grupos atuantes são cada vez mais diversificados e dependem, portanto,

---

211 MAUÉS, Antônio Gomes Moreira. *O pluralismo político na Constituição de 1988*. Porto Alegre: Síntese, 1999.

da aceitação e da negociação de seus interesses com outros grupos por vezes desafinados com seus programas. Disso deriva um sério problema: e os grupos que não querem ou não conseguem se organizar em partidos políticos? Sobre estes, ou dependem especialmente do sistema de justiça ou se mantém fora deste jogo e, neste caso, necessitam da boa vontade dos grupos organizados. Isto porque a política, mais que o Direito, está disposta ao aprendizado, ou seja, consegue captar com mais facilidade os desejos havidos no sistema social e, como consequência, tem goza de ampla liberdade para tomar decisões diversas que irão vincular a coletividade. Implementou-se, assim, um ritmo intenso de absorção desses desejos do sistema social que colocou à prova a estrutura do sistema político no Estado Social.

Sob este aspecto, a seletividade da Política em muito difere da seletividade do Direito, pois, ainda que se possibilite a ela resistir à tomada de decisões, seus programas são teleológicos, ou seja, tentam, sempre, prever o futuro,[212] quando, em regra, os do Direito são voltados a estabilizar conflitos passados. Ocorre que a política, ao tutelar cada vez mais temas, começou a ver nela depositada grande parcela de confiança por parte da cidadania. Como efeito, a perda da credibilidade em seus atores formais se agrava, também porque fica cada vez mais difícil obter consensos. Esse processo decisório condicionado pela Constituição exige que as decisões respeitem as regras formais de produção normativa, o devido processo legislativo. Devem respeitar, outrossim, as limitações materiais previstas na Constituição. Diante disso, questiona-se: como compatibilizar grande número de possibilidades de decisão, a falta de certeza quanto à decisão tomada ser a correta para o momento e, ao mesmo tempo, dado haver contrariado grande número de grupos organizados, a elevada frustração? Tudo isso, num ambiente em que a pressão pela tomada de decisões aumenta cada vez mais.

212 CAMPILONGO, Celso Fernandes. *Direito e democracia*. São Paulo: Max Limonad, 2000, p. 115.

Com a transformação na forma de pensar e o aumento dos atores participantes do jogo democrático, ou seja, com a entrada dos sindicatos, movimentos, coletivos e outras formas de representação da sociedade civil organizada, instaura-se um sério conflito sobre quem terá preferência na tutela de seus interesses pelas decisões coletivas vinculantes a serem tomadas pela Política, ou seja, qual é o espaço de cada um destes organismos intermediários. Cria-se uma situação no mínimo interessante: ao mesmo tempo que passa a participar do jogo democrático maior número de cidadãos/grupos, a pressionar o Estado para a realização de direitos fundamentais, tanto de proteção quando de prestações materiais, essas decisões do Estado, no Legislativo, passam a apresentar mais dificuldades para serem tomadas, pois os consensos parlamentares devem ser alcançados por atores políticos, em grande parte, representantes de conglomerados de interesses de grupos dos mais antagônicos possíveis. Aqui, os populismos, como se verá, desempenham um papel destrutivo.

Por fim, embora tomadas tais decisões, alguns grupos permanecem procrastinando sua implementação. Esses mesmos Parlamentos, que comportam os segmentos políticos dos mais variados, sofrem do risco da impopularidade de suas decisões, o que, para aqueles que exercem mandato condicionado ao sufrágio, é fator de grande apreensão. Como se não bastasse, esse mesmo Parlamento, povoado pelas mais diversas correntes de interesses, transformou-se também em um ambiente no qual os interessados na tutela de seus pleitos buscam refúgio diretamente. Grandes grupos financeiros, industriais, sociedade civil organizada, órgãos de classe, todos buscam decisões do Parlamento em seu benefício, ou seja, leis direcionadas com compromisso precário.[213]

---

213 OST, François. "Júpiter, Hércules, Hermes: três modelos de juiz". *Revista DOXA*, nº 14, 1993, p. 177. Disponível em: http://cervantesvirtual.com/servlet/SirveObras/doxa/52586177762636009641157/cuaderno14/doxa14_11.pdf. Acessado em: 20.03.2022.

Assim, a perda da credibilidade na política parece refletir, em grande parte, esse aumento despropositado e sem planejamento do seu objeto. Os Parlamentos, apesar de verem aumentado o número de temas que lhes são levados para a tomada de decisão, especialmente no decorrer do século XX, trabalham com um processo legislativo nascido e fundado na regra da maioria. As leis criadas pelo Poder Legislativo, que inicialmente garantiam em maior parte o desígnio liberal da segurança jurídica (conteúdo), com a construção de seus códigos, "obras perfeitas", são produzidas em quantidade cada vez maior. Essas mesmas leis, criadas sem um consenso fortalecido, traduzem uma linguagem não raro obscura e demasiadamente aberta, o que dificulta a ação do sistema jurídico que as utiliza como premissa decisória.

1.2.4.3 Separação de poderes e Poder Judiciário

Todo este processo de transformações afeta, diretamente, a separação dos poderes desenhada pelo Estado Liberal, pois demanda, a partir do constitucionalismo social, a ampliação das ferramentas de cooperação entre instituições, não mais voltadas a efetivar a mera divisão de funções, mas, sim, de construir decisões cada vez mais exigentes em termos de competência. Ao se falar em separação dos poderes no Estado Social, dadas as demandas pela realização dos direitos fundamentais positivados nas Constituições do século XX, há que se verificar que de cada um deles se exige, hoje, um esforço maior para esse fim. O conteúdo do princípio da separação dos poderes deve deixar de ficar estritamente baseado na sua divisão, como formulado pela doutrina liberal do Estado do século XVIII, para ser entendido no binômio cooperação e fiscalização recíproca.[214]

As funções que exercem os Poderes do Estado, destarte, se aproximam quanto ao seu conteúdo, mas não perdem suas características

214 QUEIROZ, Cristina. *Os actos políticos no Estado de Direito*: o problema do controle jurídico do poder. Coimbra: Almedina, 1990, p. 103.

essenciais. Trata-se, sim, de uma evolução das atribuições tradicionais para o cumprimento dos objetivos previstos nas Constituições contemporâneas. Significa dizer que, além das típicas, os poderes também devem ampliar suas funções atípicas, visto que o objetivo final é realizar os direitos fundamentais positivados nas Constituições contemporâneas,[215] cada vez mais conflitantes, e as leis produzidas pelo legislador, cada vez menos coerentes, pelas razões acima explicitadas. É o caso do juiz do Estado Social, ou o "juiz social"[216] que, cada vez mais atento ao conteúdo do direito, deve adequar seus instrumentos de decisão a reforçar a finalidade social do processo em detrimento dos meios para o seu alcance. Diante disso, busca-se, para além de sancionar as partes em conflito, arbitrá-lo, fortalecendo os esquemas de busca de composição das partes litigantes, ainda que uma delas seja o próprio Estado.[217] Trata-se de um verdadeiro "sujeito ativo do processo político".[218]

Essa composição deve permear tanto o momento pré-contencioso como o propriamente contencioso do processo, possibilitando ao juiz também ser tratado como um verdadeiro "engenheiro social".[219] Atribui-se mais importância à efetividade ante a validade do direito, tendo em vista a atividade do juiz ser de criação e, referida, com mais rigor, ao caso concreto. Com isso, abre-se a possibilidade de o

---

215 PIÇARRA, Nuno. *A separação dos poderes como doutrina e princípio constitucional*: um contributo para o estudo das suas origens e evolução. Coimbra: Coimbra Editora, 1989, p. 264.

216 BONAVIDES, Paulo. *Curso de Direito Constitucional*. São Paulo: Malheiros, 2000, p. 540.

217 LOPES, José Reinaldo de Lima. "A função política do Poder Judiciário". *In*: FARIA, José Eduardo (Coord.). *Direito e justiça*: a função social do Judiciário. 3ª ed. São Paulo: Ática, 1997, p. 140.

218 CAMPILONGO, Celso Fernandes. *Governo representativo versus governo dos juízes*: a autopoiese dos sistemas político e jurídico. Belém: UFBA, 1998, p. 46.

219 OST, François. *A natureza à margem da lei*: a ecologia à prova do direito. Lisboa: Instituto Piaget, 1997, p. 177.

Poder Judiciário, que depende de provocação, também adentrar na seara da realização dos direitos fundamentais, sociais, econômicos e culturais.

Frise-se: ainda que se mantenha no Legislativo a preferência na criação de políticas públicas para se realizar aqueles direitos que, *a priori*, devem ser implementados pelo Executivo, é o Poder Judiciário, neste momento, que também afirma sua prerrogativa de implementar esses direitos "sociais".

1.2.5 Constitucionalismo internacional

O que se afirma, até este momento, tem relação com temas que afetam o constitucionalismo, especialmente em ambiente interno, nacional. Se é possível dizer que o constitucionalismo doméstico apresenta e desenvolve o tema em debate, não se pode negar que seu foco exclusivamente nesse âmbito apresenta uma visão deturpada a respeito de discussões como o controle do abuso do poder, a proteção dos direitos fundamentais (ou humanos) e a relação entre as instituições e seus espaços de ação e de decisão.

Trabalhar com o constitucionalismo em "pedaços" é algo que ajuda a dissecar um tema tão amplo e dinâmico, mas não deixa de ser também algo com forte apelo didático. Isso porque, especialmente a partir do século XX, a partir do processo de internacionalização das instituições e dos direitos, percebe-se, especialmente com o fim da Segunda Guerra Mundial, que as transformações que atingiram o constitucionalismo não se limitaram ao ambiente nacional. Não significa abandonar o Estado nacional, mas aceitar que, por outro lado, é importante enfrentar o controle do abuso de poder no âmbito internacional. Essa afirmação precisa ser aprofundada, pois o compartilhamento ou a transferência de competências estatais a organismos internacionais não transfere também a identidade política.[220] No caso europeu, esse é um elemento central para melhor compreensão do arsenal de instituições e seu relacionamento com a cidadania. Ressalta-se que todo esse processo também leva a melhor percepção da primazia do Estado nacional como um valor a ser protegido.[221]

Por esta razão, o princípio da subsidiariedade intermedeia as relações entre organismos estatais e internacionais. De acordo com esta fórmula, os sistemas de proteção dos direitos fundamentais no plano interno – cujo desenho institucional tenha definido suas Constituições ou leis – devem ter primazia na proteção dos direitos da pessoa humana que se julgam violados,[222] restando aos sistemas internacionais estabelecerem o piso em matéria de direitos humanos a partir do qual os Estados nacionais devem avançar na proteção e na concretização desses direitos.[223]

Os Estados nacionais continuam tendo primazia na proteção e na realização dos direitos fundamentais em seu território, por meio de suas instituições. Importa entender que somente depois de esgotados os recursos internos existentes, salvo os mecanismos cautelares previstos no plano internacional, abre-se uma "porta" para os sistemas internacionais de proteção dos direitos humanos, conforme, por exemplo, o referido no artigo 46.2 da Convenção Americana de Direitos Humanos.

---

220 FIORAVANTI, Maurizio. "Costituzionalismo: percorsi della storia e tendenze attuali". *Giuseppe Laterza Figli Spa*, 2009, pp. 170/171.

221 FIORAVANTI, Maurizio. "Costituzionalismo: percorsi della storia e tendenze attuali". *Giuseppe Laterza Figli Spa*, 2009, p. 171.

222 LEDESMA, Héctor Faúndez. "El agotamiento de los recursos internos: en el sistema interamericano de protección de los derechos humanos". Centro de Estudios de Derechos Humanos. Univ. Central de Venezuela. *Revista IIDH*, nº 46, 2007, pp. 43-122.

223 LUGATO, Monica. "Sulla sussidiarietà in diritto internazionale". *Archivio Giuridico Filippo Serafini*, vol. 230, 2011, pp. 138/139.

Por conseguinte, os sistemas internacionais de proteção dos direitos humanos, nos planos global (ONU) ou regional (americano, africano e europeu), têm seu processo de controle iniciado somente quando os Estados nacionais deixam de cumprir suas obrigações jurídicas internacionais, internalizadas em seu ordenamento jurídico, decorrentes de compromissos internacionais assumidos e exigidos pelo princípio da subsidiariedade. Portanto, o Estado nacional deve ser entendido como o centro e a força primordial no processo de efetivação dos direitos humanos, apesar de todas as transformações que afetam o conceito de soberania impulsionado pela tendência, aprofundada no século XX, de aproximação entre Estados nacionais e organismos internacionais.

Note-se que, mais do que subsidiária, o entrelaçamento da ordem nacional e as ordens internacionais é realizado de forma complementar. Isso porque "as normas substantivas dos direitos humanos (como as consagradas nos tratados internacionais), passam a integrar, especificar e enriquecer o conteúdo dos direitos reconhecidos na Constituição",[224] uma vez que deve existir uma relação adequada entre o Direito interno e o Direito Internacional, que "devem ser articulados em um sistema em que não anulem um ao outro, nem estejam em conflito, mas devem ser aplicados de forma a alcançar uma congruência harmonizadora",[225] fazendo com que o Direito Internacional preencha as lacunas do Direito interno, tornando-se "uma fonte direta a ser aplicada na proteção dos direitos humanos".[226]

---

224 NASH ROJAS, Claudio *et al. Derecho Internacional de los Derechos Humanos en Chile*: recepción y aplicación en el ámbito interno. Chile: Facultad de Derecho Universidad de Chile, 2012.

225 NASH ROJAS, Claudio *et al. Derecho Internacional de los Derechos Humanos en Chile*: recepción y aplicación en el ámbito interno. Chile: Facultad de Derecho Universidad de Chile, 2012, p. 13.

226 NASH ROJAS, Claudio *et al. Derecho Internacional de los Derechos Humanos en Chile*: recepción y aplicación en el ámbito interno. Chile: Facultad de Derecho Universidad de Chile, 2012, p. 13.

A obrigação jurídica de cumprir com seus compromissos jurídicos internacionais já havia sido estabelecida no artigo 27 da Convenção de Viena sobre o Direito dos Tratados, que proibia a um Estado signatário de determinado tratado internacional utilizar o "(...) seu Direito interno para justificar a violação de um tratado". Também o artigo 2 da Convenção Americana sobre Direitos Humanos estabelece a necessidade de, caso os Estados Partes ainda não tenham adaptado seu ordenamento jurídico aos compromissos assumidos internacionalmente, façam-no por meio de medidas legislativas ou de outra natureza. Isso significa que não se admite, sob pena de responsabilidade internacional, que o Estado, sob a desculpa da insuficiência do ordenamento jurídico interno, deixe de cumprir essas obrigações no nível doméstico.

Importa afirmar, é verdade, que esta articulação entre o direito doméstico e o Direito Internacional tem nos juízes,[227] também, a obrigação de compor um conjunto coerente e articulado entre ordens jurídicas diversas, reforçada quando se fala em um Estado como parte de um sistema internacional de proteção de direitos humanos no qual regulações internacionais e domésticas se entrelaçam em uma rede de obrigações jurídicas. Dessa forma, o espaço nacional deve ser protegido; o Direito e as instituições internacionais devem entender esse espaço, procurando compreender que a diversidade de pontos de vista, em um ambiente democrático, deve ser preservada em detrimento de uma expansão desarrazoada do Direito Internacional sobre o nacional.

E essa intermediação tem, nas Constituições do segundo pós-guerra, a ruptura com a exigência até então presente de perceber a autolimitação do Estado soberano exclusivamente a partir do Direito nacional. O Estado não somente estava unicamente limitado por

---

227 WALKER, Neil. "Constitutional pluralism revisited". *European Law Journal*, vol. 22, nº 3, 2016, p. 336.

esses direitos, como rejeitava outras fontes concorrentes para sua limitação. Essas Constituições, deste modo,

> podem configurar-se como textos abertos, que, além de colocarem de forma direta e explícita uma série de princípios, colocam outros referidos por outras fontes, que se situam essencialmente no nível supranacional.[228]

Isso porque, também no plano histórico, após a queda de regimes totalitários, deve ocorrer "um processo de expansão progressiva e renovada das fronteiras do constitucionalismo, após a redução positivista ao lado único do direito estatal e nacional".[229]

Essa necessária intermediação normativa deve ser pensada em função de uma relação de "sobreposição normativa", pois, a partir dos avanços ocorridos com o constitucionalismo social até o momento em que o constitucionalismo internacional se expande (massificação da participação política, avanço das instâncias judiciais, reconformação da relação entre os poderes do Estado etc.) e, concomitantemente, os excessos havidos por governos e regimes autocráticos, acabou por exigir a criação ou transformação de organismos internacionais voltados à proteção dos direitos fundamentais, do Estado de Direito e da democracia.

O que se percebe, na verdade, é que após o final da Segunda Guerra o constitucionalismo viveu uma *bifurcação* que gerou *sobreposição* de instâncias e de catálogos de direitos. Se, por um lado, teve sua continuidade no âmbito interno, com o constitucionalismo social, por outro, abriu um novo espaço no ambiente internacional. A partir daí, tanto o Direito nacional quanto o Internacional passaram a regular os temas afetos ao constitucionalismo: o controle

---

228 FIORAVANTI, Maurizio. "Costituzionalismo: percorsi della storia e tendenze attuali". *Giuseppe Laterza Figli Spa*, 2009, p. 169.

229 FIORAVANTI, Maurizio. "Costituzionalismo: percorsi della storia e tendenze attuali". *Giuseppe Laterza Figli Spa*, 2009, p. 170.

do poder e a proteção dos direitos fundamentais. Assim, mesmo o Direito Internacional Público teve que se transformar, de um Direito dos Estados, para um Direito para a proteção da pessoa, o que levou ao surgimento do Direito Internacional dos Direitos Humanos.

Nesse processo todo, vê-se o nascimento de instituições internacionais voltadas à proteção dos direitos humanos, além da afirmação do Estado de Direito e da democracia, como a Organização das Nações Unidas, a Organização dos Estados Americanos, o Conselho da Europa e a União Africana, todos organismos internacionais de cunho global ou regional, decorrentes de compromissos internacionais assumidos pelos Estados nacionais que, uma vez descumpridos internamente, poderão sofrer penas decorrentes de sua responsabilidade jurídica internacional.

Como se vê, ingressa-se numa nova fase do constitucionalismo, que apresenta uma normatividade jurídica no campo internacional voltada à tutela e ao controle dos excessos e das omissões praticados pelos estados signatários, uma normatividade derivada de tratados internacionais, da jurisprudência internacional e de outras fontes que funcionam como se controlassem os Estados nacionais, impedindo-os de terem uma face doméstica diversa da internacional:

> As duas faces se unem de forma carinhosa e indissolúvel. Quando um Estado se torna parte de um ou mais tratados de direitos humanos, assume o compromisso, a obrigação e a responsabilidade internacionais de cumpri-los. Esse cumprimento internacionalmente exigível é, ao mesmo tempo e simultaneamente, internamente exigível em sua própria jurisdição, porque precisamente o não cumprimento internamente desencadeia responsabilidade internacional.[230]

230 BIDART CAMPOS, Germán José; HERRENDORF, Daniel. *Principios de derechos humanos y garantias*. Buenos Aires: Ediar, 1991, p. 250.

A normatividade sobreposta decorre de compromissos jurídicos assumidos especialmente mediante tratados internacionais, principais instrumentos de emanação da vontade pelos Estados nacionais, detentores de personalidade jurídica de Direito Público Internacional. A segunda metade do século XX acabou por fomentar o aumento da normatividade internacional e o aprofundamento do constitucionalismo internacional. Com isso, diversas matérias, especialmente no campo dos direitos, apresentam regulação jurídica para a proteção dos mesmos direitos, tanto em ambiente nacional (por exemplo, Constituições, leis) como em ambiente internacional (por exemplo, tratados, jurisprudência). Assim, serão encontrados a liberdade de expressão, a proibição da tortura, a liberdade de locomoção, a tutela do meio ambiente, os direitos das mulheres, entre inúmeros outros exemplos, tanto previstos em Constituições, leis e outros atos, quanto em tratados internacionais e demais fontes. Houve, portanto, uma sobreposição de fontes voltada, unicamente, à melhor proteção da pessoa humana.

Como visto, o final das duas grandes guerras ocorridas na primeira metade do século XX proporcionou um reavivamento da teoria constitucional, fruto dos equívocos e dos excessos ocorridos em um período marcado por violentas projeções autoritárias contra a dignidade humana, marcadas pela sólida construção de ordenamentos jurídicos habilitantes, fundadas em um positivismo normativista que apelava demasiadamente para uma análise meramente formal do direito, em detrimento de uma percepção prevalentemente substancialista do fenômeno jurídico. Essa virada do Direito Constitucional acabou criando a necessidade de uma abertura das Constituições para um ambiente internacional de direitos humanos, como meio de proteger o indivíduo para além de um direito projetado visando a produzir efeitos nos limites de territórios nacionais. Existe, desde então, ao menos uma normatividade internacional[231] vinculante,

---

231 Não se utiliza o conceito "supranacional", no caso, por não se tratar nem de inferioridade do direito interno nem de superioridade do

ao lado da já existente normatividade das Constituições em sede nacional, cruzando-se, reiteradamente, esses feixes de normas jurídicas de maneira a obrigar esse Estado nacional. Esse entrecruzamento de normas de direitos humanos leva a uma multiplicação de instituições exercendo funções próximas (legislativas, executivas e judiciais) ao mesmo tempo em que se multiplicam, em benefício da pessoa, tanto nacional quanto internacionalmente,[232] catálogos de direitos humanos com explícita semelhança, de modo a se perceber um entrelaçamento de ordens jurídicas voltadas à proteção da pessoa humana mediante direitos humanos.

Essa nova fase do constitucionalismo, voltada também à contenção do Estado e de seus excessos, mais à frente, apresenta-se com um viés inverso ao descrito até o momento. Se, primeiramente, vê-se a internacionalização dos direitos e das instituições como marca inicial deste processo, mais recentemente, temos visto que o Direito Internacional tem sido fonte para um processo de nacionalização, ou seja, desde o Direito Internacional vêm os ordenamentos domésticos adotando regulação antes existente no campo internacional, de modo que se consegue estabelecer "um denominador comum de mínimos inquebráveis ou direitos básicos inalienáveis e inderrogáveis, fazendo parte dos fundamentos da ordem fundamental ou constitucional de uma determinada nação (Estado nacional)".[233]

Direito Internacional (supranacionalidade). Para essa diferenciação, ver: PIZZOLO, Calogero. *Derecho e integración regional*: Comunidad Andina, Mercosur, SICA, Unión Europea. Buenos Aires: Ediar, 2010, pp. 389-391.

232 ALBANESE, Susana. "La internacionalización del derecho constitucional y la constitucionalización del derecho internacional". *In*: ALBANESE, Susana (Coord.). *El control de convencionalidad*. Buenos Aires: Ediar, 2008, p. 14.

233 QUIROGA LEON, Aníbal. "Relaciones entre el derecho internacional y el derecho interno: nuevas perspectivas doctrinales y jurisprudenciales en el ámbito americano". *Ius et Praxis*, Talca, vol. 11, nº 1, 2005.

Esse entrelaçamento de ordens não se resume à ordem jurídica de direito estatal, mas se estende às ordens jurídicas extraestatais, como aquelas referidas a comunidades tradicionais, à produção normativa e à aplicação desse direito na sua diversidade.[234] Isso também pode ser visto, sob outro aspecto, no plano jurídico nacional, ao se falar da abertura material dos direitos fundamentais aos direitos humanos, ou de uma proteção multinível dos direitos humanos,[235] firmando a obrigação de haver *interação*[236] *de ordens jurídicas nacionais e internacionais fundadas no princípio da subsidiariedade ou da complementaridade.*[237]

Significa dizer que há um processo de integração de ordens jurídicas que exige que seja organizada, a partir de fórmulas racionais, sua utilização. Os juízes, nesse ambiente, são as autoridades mais habilitadas para implementar esse processo de convergência normativa, especialmente, em matéria de direitos da pessoa humana, pois em "matéria de direitos humanos (...) as experiências de uma

---

234 NEVES, Marcelo. "Do diálogo entre as Cortes Supremas e a Corte Interamericana de Direitos Humanos ao transconstitucionalismo na América Latina". *Revista Informação Legislativa*, nº 201, ano 51, Brasília: Senado Federal, 2014, p. 201.

235 URUENA, Rene. "Luchas locales, cortes internacionales: una exploración de la protección multinivel de los derechos humanos en América Latina". *Revista Derecho del Estado*, nº 30, Bogotá: Universidad de los Andes, 2013, p. 30.

236 RIVADENEYRA, Alex Amado. *La emergencia del principio de interacción y el diálogo jurisprudencial a la luz del denominado derecho constitucional internacional*. Disponível em: http://www.revistajuridicaonline.com/index.php?option=com_content&task=view&id=785&Itemid=116. Acessado em: 20.03.2022.

237 ROCA, Javier García; FERNANDEZ, Pablo Antonio; SANTOLAYA, Pablo; CANOSA, Raul (Coord.). *El diálogo entre los sistemas europeo y americano de derechos humanos*. Madrid: Thomson Reuter, 2012, p. 70.

nação ou região devem inspirar, ou informar outras nações, ou regiões",[238] e as

> decisões judiciais de tribunais internacionais podem clarificar certas questões de direito interno, decisões judiciais de tribunais nacionais podem igualmente trazer uma importante contribuição ao discorrerem acerca de questões de Direito Internacional.[239]

Quer-se dizer que esse entrelaçamento pode ocorrer em uma variedade de planos: culturais, econômicos, políticos, e que, em âmbito jurídico, os campos de análise também podem ser diversos: normativos, doutrinários ou jurisprudenciais, sendo objetivo do presente capítulo pensar alguns dos problemas desse último. Para entender o entrelaçamento entre ordens jurídicas mencionado, é necessário compreender que a relação entre ordens jurídicas advindas dos Estados e/ou dos organismos internacionais não pode ser analisada segundo um olhar focado exclusivamente na hierarquia entre fontes e normas, tão comum no Brasil. Deve-se adotar uma leitura horizontal, em que redes normativas são formadas, fundando um processo de alimentação recíproca de ordens jurídicas, além de se perceber que há outros atores disputando o cenário nacional e internacional com os já tradicionalmente conhecidos. Enfrentar essa complexidade a partir de leituras meramente hierarquizadas para o relacionamento entre ordens jurídicas empobrece exageradamente o processo. Isso porque

> (...) os Estados não são mais o único *locus* da autoridade constitucional, mas agora, juntam-se a outros, locais, ou autoridades constitucionais de autoridade putativa, mais proeminentes (embora de forma alguma exclusivamente) e

---

238 SLAUGHTER, Anne-Marie. "A global community of courts". *Harvard International Law Journal*, vol. 44, nº 1, 2003, p. 199.

239 TRINDADE, Antônio Augusto Cançado. *A humanização do Direito Internacional*. Belo Horizonte: Del Rey, 2006, pp. 58/59.

> mais relevantes para os propósitos presentes, aqueles situados ao nível supraestatal, e a relação entre espaços estatais e não-estatais são mais bem vistas como heterárquicas do que hierárquicas.[240]

Neste sentido, os tribunais nacionais e internacionais passam a ser atores importantes neste cenário de entrelaçamento de ordens e de decisões jurídicas,[241] colocando os juízes em um papel de protagonistas da concretização dos direitos humanos previstos em tratados internacionais e Constituições nacionais. Significa que o processo de "integração por via dos direitos humanos" depende de dois outros, que devem ocorrer concomitantemente, mas que, na verdade, podem se distanciar. O primeiro deles diz respeito, como se viu, à assinatura e à ratificação dos tratados internacionais. O segundo, tão ou mais importante, diz respeito à adaptação do direito doméstico ao Direito Internacional, e enfrenta, primeiramente, a necessidade de alteração de leis, atos administrativos e, de algum modo, a própria Constituição. Mas, ainda neste, exige-se que não somente os textos dos tratados, mas também a jurisprudência[242] produzida pelos órgãos internacionais seja adotada. E é justamente nesse ponto que o tema do diálogo recobra forças. Significa, pois, afirmar que a interpretação jurídica depende da abertura ao Direito Internacional dos Direitos Humanos, no sentido de que lhe seja conforme:

> Não se trata, portanto, de integrar com novos direitos supostas lacunas originárias ou supervenientes dos textos constitucionais, mas de garantir uma interpretação dos direitos constitucionais por todos os operadores jurídicos que seja, no mínimo,

---

240 WALKER, Neil (Coord.). *Sovereignty in transition*. Oxford: Hart, 2003, p. 4.

241 GARLICKI, Lech. "Cooperation of courts: the role of supranational jurisdictions in Europe". *International Journal of Constitutional Law*, vol. 6, Issue 3-4, jul.-out. 2008, p. 512.

242 SLAUGHTER, Anne-Marie. "A global community of courts". *Harvard International Law Journal*, vol. 44, nº 1, 2003, p. 200.

> comparável internacionalmente, o que se convencionou chamar de interpretação, nunca abaixo do padrão internacional, embora naturalmente possa estar acima.[243]

A ocorrência da mera integração via tratados internacionais sem que o mesmo se dê pela jurisprudência, exige um intercâmbio entre as autoridades que decidem no plano doméstico, no sentido de utilizarem a jurisprudência de tribunais internacionais ou de órgãos quase-judiciais. E essa deve ser, no plano ideal, uma via de mão dupla, pela qual os tribunais internacionais também considerem, nas suas decisões, a maneira como tais questões vêm sendo tratadas em âmbito doméstico, pelos respectivos tribunais.

A contrariedade a esse processo de integração está bem definida nos denominados *tratados internacionais nacionais*, que significam formalizar a ratificação dos tratados e reconhecer a jurisdição de

> órgãos internacionais encarregados de interpretá-los; porém, subsequentemente, o Judiciário nacional continua a interpretar tais tratados nacionalmente, sem qualquer remissão ou lembrança da jurisprudência dos órgãos internacionais que os interpretam.[244]

O que se pretende esclarecer é que ordens jurídicas comunicantes, especialmente em matéria de direitos humanos, exigem que as autoridades responsáveis pela aplicação do Direito troquem

---

243 SANTOLAYA, Pablo. "La apertura de las constituciones a su interpretación conforme a los tratados internacionales". *In*: MARTIN, Lorenzo Retortillo Baquer; FERRER MAC-GREGOR, Eduardo; HERRERA GARCÍA, Alfonso (Coord.). *Diálogo jurisprudencial en derechos humanos*: entre tribunales constitucionales y cortes internacionales. Madri: Tirant lo Blanch, 2013, p. 453.

244 RAMOS, André de Carvalho. "Pluralidade das ordens jurídicas: uma nova perspectiva na relação entre o Direito Internacional e o Direito Constitucional". *Revista da Faculdade de Direito da Universidade de São Paulo*, vol. 106-107, jan.-dez. 2011-2012, p. 511.

experiências jurisprudenciais, pois, integram um sistema jurídico que se comunica reciprocamente. Esse processo, conforme descrito, também deve envolver a relação entre os tribunais de Estados nacionais diversos, o que definimos como uso da jurisprudência estrangeira.

Como se vê, o constitucionalismo internacional não apenas afeta as concepções de soberania, mas, também, a própria leitura existente da separação dos poderes, todos eles alimentados por instâncias e autoridades nacionais e internacionais.

A própria concepção de Estado de Direito recebe, por consequência, influxos diretos desta realidade e, para isto, devem ser afastas a superação das visões clássicas a respeito do monismo e do dualismo puros, em prol da proteção da pessoa humana, da democracia e do Estado de Direito. Neste ponto, o debate entre dualistas e monistas, especialmente após a Segunda Guerra Mundial, tornou-se distante da realidade, dado que as Cortes, como meio de enfrentar e de legitimar suas próprias decisões, passam a elaborar doutrinas fundadas tanto no Direito nacional quanto no Direito Internacional.[245] Significa dizer que o conflito entre ordens, na verdade, é um problema aparente, pois o sentido desta afirmação enfraquece a leitura *prima facie* entre o Direito Internacional e o nacional. Assim, deve prevalecer a previsão normativa que, caso a caso, proteja melhor a pessoa humana,[246] seja ela advinda do Direito Internacional ou nacional.[247]

245 KUMM, Mattias. "Constitutional democracy encounters international law: terms of engagement". *Public Law Research Paper*, nº 06-40, 2006.

246 ESCALANTE, Rodolfo Piza. "El valor del derecho y la jurisprudencia internacionales de derechos humanos en el derecho y la justicia internos: el ejemplo de Costa Rica". *In*: ZAMUDIO, Héctor Fix. *Liber Amicorum*. vol. I. San José: CIDH, 1998, p. 183.

247 TRINDADE, Antônio Augusto Cançado. "O legado da Declaração Universal de 1948 e o futuro da proteção internacional dos direitos humanos". *In*: FIX-ZAMUDIO, Hector. *México y las Declaraciones de Derechos Humanos*. México: UNAM, 1999, p. 45; TRINDADE, Antônio Augusto Cançado. "Desafíos de la protección internacional de los derechos humanos al final del siglo XX". *Seminario sobre Derechos Humanos*. Costa Rica: IIDH, 1997, p. 71.

CAPÍTULO II

A DEMOCRACIA CONSTITUCIONAL INCOMPLETA NA AMÉRICA LATINA

Um ponto de partida utilizado para a presente obra é o de que o constitucionalismo, como movimento, depende, para ser analisado, de que seus aspectos principais sejam adaptados à realidade circundante para a melhor conformação de seus possíveis conceitos, tendo em vista que, tal qual o termo "democracia", pode ser acompanhado de uma diversidade de outras referências: liberal, social, internacional etc.

Em diversos momentos, foram utilizadas questões afetas ao constitucionalismo que fizeram referência, especialmente, à Europa, neste trabalho. Significa que, para trazer o conceito e trabalhá-lo na América Latina, é necessário ocorrer a referida adaptação, sem desprezar seus elementos estruturantes, mas verificá-los no plano regional. Diante disso, tratar do constitucionalismo demanda analisar que, apesar de características pretensamente universais, há uma realidade concreta, subjacente, que demanda a adaptação de alguns de seus elementos não só ao espaço geográfico, mas também em seus âmbitos econômico, social, político e jurídico. É necessário trabalhar para decompor elementos e melhor adaptá-los à realidade concreta, a qual adere o constitucionalismo.

Trata-se de um olhar que demanda, primeiramente, refletir a partir do Sul Global, como meio de aproximação inicial, e, mais adiante, da América Latina, como ambientes político-constitucionais que precisam ser considerados desde a sua própria realidade. Adotar esta percepção a partir do Sul Global é perceber a necessidade de se apresentar uma "sensibilidade" a reforçar epistemologia, metodologia e diversidade institucional que caracterizam este espaço do globo terrestre e que afetam sua existência e seu funcionamento.[248]

A descrição do Sul Global tem origem em outra expressão, cunhada na década de 1950, o "Terceiro Mundo", cuja referência levava ao "terceiro Estado" descrito pelo Abade Sieyes durante a Revolução Francesa, que buscava reforçar o direito da maioria contra o governo aristocrático do período. Nos anos 1990, a noção do Sul Global surgiu nas ciências sociais e humanidades, especialmente nas relações internacionais, para apontar as desigualdades da distribuição de bem-estar em uma economia unificada e globalizada, sem pretender uma polarização norte-sul, mas apenas afirmar características de frágil desenvolvimento e assimetrias que marcam não só um pedaço do planeta, mas caracterizam espaços nos centros e nas periferias globais.

De outro lado, ocorre, consequentemente, um deslocamento de uma análise meramente geográfica para outra, de cunho qualitativo, é dizer, que se conforma desde o modo como cada espaço global, independentemente da sua localização, se relaciona com as assimetrias sociais, econômicas e políticas. Por esta razão, afirma-se que "áreas do Sul Global podem estar nos guetos racializados na América do Norte, tal como o Norte Global pode existir em comunidades

248 DANN, Philipp; RIEGNER, Michael; BÖNNEMANN, Maxim. *The Southern Turn in Comparative Constitutional Law*: an introduction. Oxford: Oxford Scholarship Online, 2020, p. 31.

ricas do Rio, Lagos ou Mumbai",[249] também denominado de "Sul Central", para tratar dos países centrais.[250]

Ainda que se parta de um referencial do Sul Global de cunho qualitativo, também, este trabalho está mais focado no estudo de uma região que dele deve ser parte. É por isto que estudar o Sul Global demanda mais pensar em tal sensibilidade que em uma região demarcada, e não se confunde com o modo de ver o mundo "como um todo" ou a partir de regiões específicas, como a Ásia, a África ou a América Latina e, por essa razão, oferece melhor campo de leitura que o termo "Terceiro Mundo".

Este refletir a partir do Sul Global, para o constitucionalismo, gera um receio alargado do excesso de utilização de transplantes ou da mera difusão de ideias, sem as devidas adaptações, do que se produz a partir do constitucionalismo liberal ocidental, pois

> epistemológica e politicamente, essas abordagens são altamente ambivalentes: ao estudar esses processos descritivamente, apesar de heuristicamente valiosos, defendê-los normativamente tem sido cada vez mais complicado, politicamente duvidoso e praticamente impossível, pois a transplantação é acompanhada por imposição violenta ou coerção econômica.[251]

Por outro lado, pensar a partir do Sul Global demanda um conjunto reflexivo próprio, de maneira a afastá-lo daquele eurocêntrico. Isto não deve significar "descartar a rica tradição crítica eurocêntrica

---

249 DANN, Philipp; RIEGNER, Michael; BÖNNEMANN, Maxim. *The Southern Turn in Comparative Constitutional Law*: an introduction. Oxford: Oxford Scholarship Online, 2020, pp. 5/6.

250 DANN, Philipp; RIEGNER, Michael; BÖNNEMANN, Maxim. *The Southern Turn in Comparative Constitutional Law*: an introduction. Oxford: Oxford Scholarship Online, 2020.

251 DANN, Philipp; RIEGNER, Michael; BÖNNEMANN, Maxim. *The Southern Turn in Comparative Constitutional Law*: an introduction. Oxford: Oxford Scholarship Online, 2020, p. 11.

e jogá-la no lixo da história, ignorando assim as possibilidades históricas de emancipação social na modernidade eurocêntrica",[252] mas demanda, na verdade, adotar também uma perspectiva regional como espaço do pensar, prestando atenção especial às pequenas "tradições suprimidas ou marginalizadas" pela tradição ocidental.[253]

Faz-se exigível, segundo esta forma de olhar, que

> experiências, produtos, historicamente descontínuos, diferentes, distantes e heterogêneos possam ser articulados conjuntamente, apesar de suas incongruências e conflitos, no tecido comum que os une em uma estrutura conjunta,[254]

de modo que pontos de partida incontestáveis (dogmas) sejam pensados e repensados, continuamente, e, para isso, faça-se uso de uma hermenêutica distinta que suspeite de "verdades fundamentais".[255] No plano epistêmico, assim, esse "giro em direção ao sul" no Direito Constitucional Comparado, demanda uma *reflexividade epistêmica* que analise conceitos básicos, como os que afetam o constitucionalismo, por exemplo, quanto ao controle do poder e à proteção dos direitos fundamentais e, assim, que se acredite em "um *ethos* de

---

252 MENESES, Maria Paula; SANTOS, Boaventura de Sousa *et al.* (Coord.). *Construyendo las epistemologías del sur*: para un pensamiento alternativo de alternativas. vol. 1. Buenos Aires: Clacso/Coimbra: Centro de Estudos Sociais, 2018, p. 304.

253 MENESES, Maria Paula; SANTOS, Boaventura de Sousa *et al.* (Coord.). *Construyendo las epistemologías del sur*: para un pensamiento alternativo de alternativas. vol. 1. Buenos Aires: Clacso/Coimbra: Centro de Estudos Sociais, 2018, p. 304.

254 QUIJANO, Aníbal. "Colonialidad del poder y clasificación social". Buenos Aires: Clacso. *Journal of World-Systems Research*, vol. 6, nº 2, 26 ago. 2000, p. 348.

255 MENESES, Maria Paula; SANTOS, Boaventura de Sousa *et al.* (Coord.). *Construyendo las epistemologías del sur*: para un pensamiento alternativo de alternativas. Buenos Aires: Clacso/Coimbra: Centro de Estudos Sociais, vol. 1, 2018, p. 304.

pesquisa particular que não se apressa em encontrar *soluções* para *problemas* pré-definidos, mas repensa as perguntas que fazemos, as categorias que usamos, as perspectivas que adotamos".[256]

Com isso não se pretende abandonar os temas centrais do constitucionalismo, como aqueles que

> afetam a relação entre Estado e a nação (*sic*) e a diversidade cultural, os critérios que se deve usar para determinar a legitimidade do Estado, quais indivíduos podem se considerar parte do corpo político, as distinções e limites entre as esferas públicas e privadas, as diferenças entre comunidades autônomas e heterônomas (que) fazem sentido para nós porque surgem de regras e princípios do constitucionalismo moderno.[257]

Por decorrência, o constitucionalismo latino-americano, como parte desta realidade, pode, a seu modo, ser entendido com seus graus de autonomia, dado que é possível perceber um processo de estabelecimento de novas Constituições ou de reformas das então existentes em períodos similares e em cenários políticos e econômicos marcados por forte semelhança, o que atribui um grau de unidade à região e a seu modo de se regular constitucionalmente, ainda que com diferenças entre essas regulações.[258] Há padrões que merecem ser descritos e pensados a partir da sua própria realidade histórica, política, constitucional e econômica. Para dele tratar, dividiremos este trecho da obra em duas partes: na primeira, será apresentada

---

256 DANN, Philipp; RIEGNER, Michael; BÖNNEMANN, Maxim. *The Southern Turn in Comparative Constitutional Law*: an introduction. Oxford: Oxford Scholarship Online, 2020, p. 31.

257 BONILLA, Daniel Maldonado *et al.* (Coord.). *Constitucionalismo del sur global*. Trad. Carlos Morales de Setién Ravina. Bogotá: Siglo del Hombre, 2015, p. 14.

258 GARGARELLA, Roberto. *Constitutionalism in the Americas*: a comparison between the U.S. and Latin America, 23 February 2018. Category: Monograph Chapter, 2018, pp. 111-139.

uma referência histórico-constitucional do constitucionalismo regional, de maneira a dele extrair similaridades; na segunda, será feita uma análise crítica a partir de temas como o controle do poder e dos direitos fundamentais, com o objetivo de caracterizar com mais clareza o constitucionalismo latino-americano.

2.1 Constitucionalismo latino-americano: análise histórica e crítica

Dar identidade ao constitucionalismo latino-americano exige, como já afirmado, a existência de proximidade, nos campos da história constitucional e política, entre as transformações havidas nacionalmente e, mais recentemente, no âmbito internacional. Ou seja, descobrir a existência de características do constitucionalismo liberal, do constitucionalismo social e do constitucionalismo internacional em uma região marcada por realidades que se assemelham.

Este trecho do trabalho pretende dialogar com os capítulos anteriores, de modo a se verificar que elementos estruturantes das democracias constitucionais do *noroeste global*, apesar de não deverem ser desprezados por serem úteis à boa análise regional, precisam ser adequados a outros elementos próprios de uma região tão marcada pela desigualdade, pela violência, pela baixa qualidade da proteção às suas instituições e pelo acentuado *déficit* de concretização aos direitos fundamentais das pessoas.

Observa-se, na América Latina, tanto na política quanto na análise constitucional, semelhanças em alguns aspectos relativos a crises institucionais, direitos fundamentais, sistemas de governo (bastante fundadas em um modelo de presidencialismo forte ou hiperpresidencialismo), separação de poderes, proliferação da corrupção dos agentes estatais, desigualdades sociais e econômicas marcantes, entre outros temas. Percebe-se a existência de ondas de autoritarismo, com governos militares ou lideranças que, apesar de eleitas, têm perfil populista, e outras de democracia, ainda que permeada pelos seus limites.[259] Isso porque podem advir influências externas – a exemplo da Guerra Fria, de intervenções armadas de potências e golpes de Estado – ou internas, que resultam

> da miséria de amplos setores sociais e da desigualdade social insultante, além de fatores como o efeito dominó ou mau exemplo, solidariedade e apoio mútuo entre autocracias, escassez de divisas, explosão demográfica, desperdício econômico, falta de cultura cívica e desprezo marcado pelo Estado de Direito, entre outros. Além disso, as peculiaridades dos países da região não podem ser ignoradas, nem que esses fatores pesem mais sobre alguns do que sobre outros. Esses fatores externos e internos são aproveitados por pessoas sedentas de poder.[260]

O que se pretende demonstrar é que encontrar a identidade constitucional no constitucionalismo latino-americano exige aferir que aspectos não somente do texto constitucional, mas, também, da realidade constitucional geram padrões analíticos, pois, seja a partir dos textos ou da realidade constitucional[261] que circunda as Constituições, há meios para se descobrir tal identidade. Não se trata, porém, de uma tarefa simples.

Para tanto, a busca da identidade constitucional exige, além das Constituições, que se analise: (a) a história constitucional e (b)

---

259 CARPIZO, Jorge. "Tendencias actuales del constitucionalismo latinoamericano". *In*: CARBONNEL, Miguel; CARPIZO, Jorge; ZOVATTO, Daniel (Coord.). *Tendencias del Constitucionalismo en Iberoamérica*. México: Universidad Nacional Autonoma de México. Instituto de Investigaciones Jurídicas, 2009, p. 9.

260 CARPIZO, Jorge. "Tendencias actuales del constitucionalismo latinoamericano". *In*: CARBONNEL, Miguel; CARPIZO, Jorge; ZOVATTO, Daniel (Coord.). *Tendencias del Constitucionalismo en Iberoamérica*. México: Universidad Nacional Autónoma de México. Instituto de Investigaciones Jurídicas, 2009, p. 10.

261 NEVES, Marcelo. *A constitucionalização simbólica*. São Paulo: Editoria Académica, 1994, p. 77.

os objetivos da Constituição, para descobrir sua identidade.[262] Outro ponto importante diz respeito às (c) reformas constitucionais e ao seu procedimento. As reformas e a elaboração de novas Constituições, revelam, em perspectiva comparativa, o que se pretende alterar a partir do que já existe. Esse é um bom meio para, por exemplo, conhecer objetivos. Mas há outra questão que está (d) nas barreiras instituídas pela Constituição à reforma constitucional,[263] seja em cláusulas dificultadoras das mudanças, seja em cláusulas que proíbem mudanças como meio de enfrentar a identidade, pois quando contrárias à identidade constitucional, inclusive, podem ser tidas como atos de revolução e não de mera emenda e a (e) interpretação da Constituição feita pelas Cortes.[264] Alguns desses aspectos auxiliam no encontro e avaliação de elementos reveladores para as conclusões almejadas nesta pesquisa.

2.2 Surgimento do constitucionalismo na América Latina: o século XIX

Este constitucionalismo surge com o processo de independência dos Estados nacionais da região, movimento típico do século XIX, no qual vai sendo realizada, paulatinamente, a sua descolonização e surgindo, a partir de então, os Estados nacionais independentes, a partir de um movimento de fragmentação das antigas colônias espanholas e da manutenção territorial da antiga colônia portuguesa nas Américas. Observa-se, então, um processo seguido do outro, marcando claramente a constitucionalização da nova ordem política.

---

262 JACOBSOHN, Gary Jeffrey. "Constitutional identity". *The Review of Politics*, vol. 68, 2006, pp. 361-397.

263 JACOBSOHN, Gary Jeffrey. "Constitutional identity". *The Review of Politics*, vol. 68, 2006, pp. 361-397.

264 JACOBSOHN, Gary Jeffrey. "Constitutional identity". *The Review of Politics*, vol. 68, 2006, pp. 361-397.

O regime de governo republicano, majoritário na região, foi acompanhado de duas exceções. A primeira delas, mais conhecida, no Brasil, entre 1822 e 1889, país que ostentou seu processo de constitucionalização a partir de uma Constituição outorgada, em 1824, pelo então regente imperial, a ostentar a criação de uma monarquia nacional. A segunda, mais fugaz, ocorrida no México, com o Império de Iturbide, fomentada por Napoleão Bonaparte e pela oligarquia local mexicana e acompanhada de certos setores do clero. Dois processos que recebem das elites nacionais, agrárias, e da Igreja, apoio político. Mas a corrente republicana foi vencedora e se alastrou pela região. Nos dois casos (República ou Monarquia Constitucional), não houve rupturas profundas entre a realidade anterior e as elites então dominantes, agrárias e rurais, que foram sendo, aos poucos, acompanhadas de uma minoria urbana.[265]

Este processo histórico foi conformado, então, por um conjunto social reduzido, uma elite política pouco adepta dos ideais democráticos radicais de expansão do sufrágio para além de *suas mãos*. A repercussão dessa escolha nas *Constituições fundacionais* ganhou força com o pacto firmado entre liberais e conservadores, que afastou os radicais e seu desejo de ampliar a participação política, pois se organizam para fortalecer seu ímpeto contramajoritário.[266] Esses grupos, vindos das elites econômicas já existentes, surgiram, assim, no "vértice da pirâmide social",[267] sem que se pudesse falar em movimentos verdadeiramente populares.

---

265 ESPIELL, Héctor Gros. "El constitucionalismo latinoamericano y la codificación en el siglo XIX". *Anuario Iberoamericano de Justicia Constitucional*, nº 6, 2002, p. 145.

266 GARGARELLA, Roberto. "Apuntes sobre el constitucionalismo latinoamericano del siglo XIX: una mirada histórica". *Revista del Instituto de Ciencias Jurídicas de Puebla*, nº 25, 2010, p. 32.

267 ZANATTA, Loris. *Historia de América Latina*: de la colonia al siglo XXI. Buenos Aires: Siglo Veintiuno, 2012, p. 55.

É verdade que nem sempre essas forças políticas estiveram unidas, o que revelam as lutas sangrentas, ocorridas especialmente na primeira metade do século XIX, que só arrefeceram com a necessidade de se protegerem das forças radicais que buscavam conduzir a política a um cenário político de mais participação. O receio das ideias radicais e de uma massa em busca de participação política e novos direitos foi o bastante para a consolidação desse pacto entre diferentes.[268] Trata-se de uma união que pode ser vista

> na Argentina, em 1853, no México em 1857, em países como Peru e Venezuela por volta dos anos sessenta, e – já no final do século – no Chile (com as reformas liberais de ordem conservadora) e na Colômbia (com a reformas conservadoras da ordem liberal).[269]

Unia-os a proteção da propriedade privada para a sua projeção política e econômica conjunta, ainda que, para isso, tivessem que pactuar diferenças, por exemplo, quanto às liberdades religiosas e ao poder a ser outorgado aos governantes nestes estados independentes que se constitucionalizavam. Neste ponto, aliás, foi construído aos poucos um dos pilares do constitucionalismo latino-americano, relativo ao excesso de poder do governo nacional, fruto da centralização, no plano, territorial, e do empoderamento, no plano governamental. Seja em monarquias constitucionais, como no Brasil ou no México, ou no modelo presidencial adotado, há um fomento claro ao reforço do poder daqueles que governam.

Os modelos territoriais adotados, fossem Estados unitários ou federais, empoderavam as oligarquias regionais. O desacordo entre

---

268 GARGARELLA, Roberto. "Apuntes sobre el constitucionalismo latinoamericano del siglo XIX: una mirada histórica". *Revista del Instituto de Ciencias Jurídicas de Puebla*, nº 25, 2010, p. 34.

269 GARGARELLA, Roberto. "Apuntes sobre el constitucionalismo latinoamericano del siglo XIX: una mirada histórica". *Revista del Instituto de Ciencias Jurídicas de Puebla*, nº 25, 2010, pp. 33/34.

liberais, que sustentavam especialmente os ideais do federalismo e do parlamentarismo, acreditando que substituiriam a ordem anterior, e conservadores, por outro lado, que fomentaram o centralismo e governos fortes, de forma a manter, segundo seus olhares, a ordem estável,[270] era resolvido, de um modo ou outro, sem permitir que novas elites encontrassem espaço nesse cenário.

O resultado, nos textos constitucionais que foram sendo construídos, foi a incorporação de valores caros às elites de então, que buscavam estar de acordo com os processos constituintes que brotaram anteriormente desde *afuera*, mas que marcavam os interesses deste projeto de poder, como "independência, liberdade, Estado confessional católico, governo representativo republicano, sufrágio limitado e ausência de caracterização democrática"[271] entre os mais notórios, tomando, naquele primeiro momento, a liberdade como algo inerente à pessoa humana, nos moldes jusnaturalistas.

As declarações de direitos, assim, incluídas nestas Constituições, não cumpriam funções constitutivas, mas, como o próprio nome diz, meramente declaratórias, sem esgotar os catálogos de direitos da pessoa humana. Paradoxalmente, a titularidade destes direitos fundamentais estabelecidos em Constituições se fez pouco afeta à inclusão dos mais humildes, aliás, o que não ocorria somente com os dos direitos políticos, limitados a uma pequena parcela de ocupantes de postos mais elevados no quadro social de cada Estado nacional. No que toca aos direitos políticos, estava limitado aos cidadãos, é dizer, condicionada por critérios de nacionalidade, gênero, idade e renda/patrimônio.

---

270 ZANATTA, Loris. *Historia de América Latina*: de la colonia al siglo XXI. Buenos Aires: Siglo Veintiuno, 2012, p. 56.

271 ESPIELL, Héctor Gros. "El constitucionalismo latinoamericano y la codificación en el siglo XIX". *Anuario Iberoamericano de Justicia Constitucional*, nº 6, 2002, p. 150.

Outro aspecto interessante deste desenvolvimento foi a consolidação da soberania fora do espectro divino ou natural. Seguindo "a ideologia predominante no Iluminismo francês, nos modelos constitucionais norte-americanos e, mesmo, em um setor importante da doutrina política espanhola e nas Constituições de Bayona e Cádiz",[272] que pensava o poder a partir da

> ideia de soberania nacional ou popular (que) foi a grande força motriz por trás da mudança política produzida pela Revolução e Independência, que se projeta legalmente nos textos constitucionais latino-americanas nascidos após 1810.[273]

Isso não deve ser visto como uma estratégia para a contenção do poder e do seu abuso por parte das elites dominantes, como se a soberania popular pudesse ser uma ferramenta para instituir controles efetivos ao poder constituído, pois já naquele momento, se consolidava um dos pilares do constitucionalismo latino-americano, relativo ao fortalecimento exagerado do Poder Executivo.

---

272 ESPIELL, Héctor Gros. "El constitucionalismo latinoamericano y la codificación en el siglo XIX". *Anuario Iberoamericano de Justicia Constitucional*, nº 6, 2002, p. 150.

273 [199] Espiell elenca um rol de textos para o período: Constituição do Império do Brasil, de 1824, as das Províncias Unidas do Rio da Prata de 1819 e 1826, a do Uruguai de 1830, a do Chile de 1833, as do Paraguai em 1813, 1844 e 1870, as da Bolívia de 1826, 1831, 1834, 1839, 1843, 1851, 1861, 1868, 1871, 1876 e 1880; da Argentina de 1853 (reformada em 1860), as do México de 1824 e 1857, os do Peru de 1823, 1828, 1834, 1839, 1854, 1860, 1867 e 1879; os do Equador de 1812, 1830, 1835, 1843, 1845, 1851, 1852, 1861, 1869, 1878 e 1884; os da Colômbia de 1819, 1821, 1831, 1858, 1863 e 1886; os da Venezuela de 1811, 1819, 1830, os da América Central de 1824; os da Costa Rica de 1823, 1825, 1844, 1847, 1848, 1859, 1869 e 1871; El Salvador de 1841 e 1864, de Honduras de 1825, 1831 e 1838, da Nicarágua, de 1826, 1838, 1854, 1858 e 1893, de Guatemala de 1825 e 1851; da República Dominicana (1844, 1854, 1858 e 1865) e do Haiti (1801, 1805, 1806, 1807, 1811, 1816)".

Afirmar o empoderamento do Poder Executivo significa negligenciar a construção de mecanismos efetivos de "freios e contrapesos", que surgem desbalanceados. Isso, na verdade,

> no que diz respeito à organização dos poderes, representou um desvio significativo do modelo original de "freios e contrapesos" dos EUA. Mais radicalmente – se poderia acrescentar – a decisão de empoderar o Executivo de tal forma implicava colocar em risco todo o sistema de "freios e contrapesos".[274]

Esta escolha, que estabelece a matriz do constitucionalismo latino-americano, aponta uma de suas características mais marcantes, pois, ainda que a maioria das Constituições restringisse reeleições imediatas, como se verá, a política no campo da ordem fática se impunha, com uma sucessão de expedientes como fraudes, coações e golpes de Estado, que foram se tornando modos usuais de luta pela manutenção no poder por parte de determinadas forças políticas, inclusive usando da reforma constitucional ou da elaboração de novas Constituições, pois comum a utilização da expressão *la Constitución sirve para todo*, característica da vida política latino-americana, personificada em Gaspar Rodrigues, no Paraguai; Juan Manuel Rosas, nas Províncias Unidas do Rio da Prata; Porfírio Diaz, no México; Juan Vicente Gomez, na Venezuela ou Rafael Trujillo, na República Dominicana.

Esse processo acabou levando às Constituições do final do século XIX e do começo do século XX novas regras não somente para limitar a reeleição, mas, inclusive, para proibi-la.[275] Essas Constituições estiveram desprovidas de força normativa para controlar

---

274 GARGARELLA, Roberto. *Constitutionalism in the Americas*: a comparison between the U.S. and Latin America, 23 February 2018. Category: Monograph Chapter, 2018, p. 124.

275 ESPIELL, Héctor Gros. "El constitucionalismo latinoamericano y la codificación en el siglo XIX". *Anuario Iberoamericano de Justicia Constitucional*, nº 6, 2002, pp. 152/153.

os ímpetos políticos destas oligarquias e seu poder conquistado momentaneamente, daí a necessidade de serem moldadas a esses períodos e às suas lideranças.

> [Foram] meros instrumentos políticos para legitimar poderes conquistados pela força e mantidos através de métodos muito distintos dos que sustentavam os princípios liberais, até o ponto de que, em um mesmo país, diversas Constituições se sucediam uma a outra, com alto grau de frequência e na verdade não foram mais que textos elegantes desprovidos de toda consequência prática.[276]

O modelo oligárquico e rural se fortalecia e o poder político era mais provinciano, no sentido de ser mais regional. Essas oligarquias, conduzidas por coronéis ou *criollos*, exerciam seu poder mais imediato, de forma que o exercício do poder pelas instituições estatais fosse mera simulação ou, de outro modo, a representação dos interesses dessas elites.[277]

Já os modos de organização territorial dos Estados nacionais aparecem fundados em dois modelos: os federalismos, que marcam os casos de Argentina, México, Colômbia e Venezuela, para alcançar as terras brasileiras quando da Proclamação da República (1889), ou seja, já com quase 70 anos de Estado independente; e os unitarismos, no caso de Chile, Uruguai, Paraguai, Bolívia, Peru, Equador e os países da América Central.[278] Diferentes na forma de distribuírem competências e atribuições estatais no plano territorial,

---

276 ZANATTA, Loris. *Historia de América Latina*: de la colonia al siglo XXI. Buenos Aires: Siglo Veintiuno, 2012, pp. 56/57.

277 ZANATTA, Loris. *Historia de América Latina*: de la colonia al siglo XXI. Buenos Aires: Siglo Veintiuno, 2012, p. 57.

278 ESPIELL, Héctor Gros. "El constitucionalismo latinoamericano y la codificación en el siglo XIX". *Anuario Iberoamericano de Justicia Constitucional*, nº 6, 2002, p. 151.

não se distanciam da necessidade de que as oligarquias regionais tenham o poder político em suas mãos.

O federalismo adotado na Argentina, no México, na Colômbia e na Venezuela, foi um notável exemplo de manutenção de poder político, ainda que com uma nova ordem sendo constituída, "pois ajudou a acomodar as tradições de autonomia regional e municipal dentro do império espanhol e serviu como um modelo atraente para as elites rurais temerosas da dominação dos centros urbanos".[279]

Aqui parece interessante verificar que este constitucionalismo regional tem origem na mistura de influências estrangeiras. No caso da norte-americana, foi muito saliente no século XIX, entre outras, na Constituição da Venezuela, de 1811, do México, de 1824 e do Equador, de 1830. Inclusive, em casos como os da Argentina, de 1853-1856, essa foi ainda maior, tendo os seus juízes usado o referencial jurisprudencial dos EUA por mais de 100 anos,[280] fenômeno ocorrido também no Brasil, quando da transição para a Constituição de 1891, especialmente a partir das lições de Rui Barbosa,[281] e conscientemente, na Constituição da Venezuela, de 1811.

Mesmo em lugares nos quais não se adotou o modelo institucional dos EUA, como no Chile, foi utilizado o pensamento federalista, o que também aconteceu para a criação da Federação Centro Americana, entre 1823-1840, e com a Grande Colômbia, que tomaria, hoje, territórios da Colômbia, Venezuela, Panamá e

---

279 CHEIBUB, José Antonio; ELKINS, Zachary; GINSBURG, Tom. "Latin American presidentialism in comparative and historical perspective". *Tex. L. Rev.*, vol. 89, 2010, p. 1.710.

280 CHEIBUB, José Antonio; ELKINS, Zachary; GINSBURG, Tom. "Latin American presidentialism in comparative and historical perspective". *Tex. L. Rev.*, vol. 89, 2010, pp. 1.709/1.710.

281 COSTA, Emília Viotti da. *O Supremo Tribunal Federal e a construção da cidadania*. São Paulo: IEJE, 2001, p. 21.

Equador, entre 1819-1831.[282] Por outro lado, também a Constituição de Cádiz e o modelo napoleônico angariavam simpatia de setores civis, especialmente das cidades, e de militares, respectivamente, com o objetivo maior de manutenção da ordem. Diante disso, princípios liberais cediam às tradições e às realidades locais, num cenário em que a ordem superava os direitos, especialmente os políticos, no qual o abandono do Estado laico vai ficando cada vez mais patente e governos centralizadores e fortes se espraiam.[283]

Neste primeiro momento do constitucionalismo latino-americano, o pacto político fundamental, que permeou esta fase inicial, também apresentou dissidências no campo material. No que diz respeito aos direitos individuais, os liberais tinham uma visão muito mais acentuada se comparada aos conservadores, sobre a autonomia individual ou, por exemplo, no que diz respeito às liberdades religiosas, a respeito das quais os conservadores, que se posicionavam contra este "muro" que os liberais pretendiam construir para conter o Estado, pois, esses conservadores entendiam ser seu labor escolher a *moral correta*. Isso significa, por outro lado, que convergiam quanto à proteção dos direitos civis como direitos individuais, sem espaço para direitos sociais,[284] e, entre aqueles, o direito à propriedade era tido como centro de suas atenções, além dos direitos de participação política, cuja titularidade deveria ser voltada, exclusivamente, a uma elite econômica, única habilitada a estabelecer os rumos do Estado e, por consequência, da sociedade.

Tais Constituições convergiam também quanto à

---

282 CHEIBUB, José Antonio; ELKINS, Zachary; GINSBURG, Tom. "Latin American presidentialism in comparative and historical perspective". *Tex. L. Rev.*, vol. 89, 2010, p. 1.709.

283 ZANATTA, Loris. *Historia de América Latina*: de la colonia al siglo XXI. Buenos Aires: Siglo Veintiuno, 2012, p. 59.

284 GARGARELLA, Roberto. *La sala de máquinas de la Constitución*: dos siglos de constitucionalismo en América Latina (1810-2010). Buenos Aires: Katz, 2015, pp. 61/62.

> tolerância de cultos, sem com isso afirmar necessariamente a neutralidade estatal (...); um sistema de freios e contrapesos desequilibrado em favor do presidente(...); uma organização centro-federal; (...) resistem que se inclua, sejam fortes compromissos sociais a favor de grupos mais afastados da Constituição, sejam compromissos políticos favoráveis a uma maior intervenção cidadã na esfera pública.[285]

Conforme se verifica, a formação do constitucionalismo regional esteve marcada por questões que uniam os diferentes (liberais e conservadores), especialmente contra uma terceira corrente que pretendia ampliar a participação política(radicais), algo que prevaleceu, pois não tolerado por aqueles que detiveram, no período, o Poder em suas mãos.

2.3 Constitucionalismo social regional

O primeiro momento no qual esse constitucionalismo será submetido a transformações acentuadas tem relação com a inclusão política, em massa, da classe trabalhadora, em conjunto com outras minorias, como as mulheres, em alguns lugares. Trata-se da segunda fase do constitucionalismo regional, iniciada no começo do século XX, e que avança nas décadas seguintes, pois é "neste segundo momento (que) a América Latina define sua organização de direitos, o que marca suas Constituições desde então".[286]

Isso não significa que as marcas do primeiro período analisado tenham deixado de produzir efeitos políticos ou que o constitucionalismo latino-americano tenha perdido identidade. Significa, na

---

285 GARGARELLA, Roberto. *La sala de máquinas de la Constitución*: dos siglos de constitucionalismo en América Latina (1810-2010). Buenos Aires: Katz, 2015, pp. 69-71.

286 GARGARELLA, Roberto. *La sala de máquinas de la Constitución*: dos siglos de constitucionalismo en América Latina (1810-2010). Buenos Aires: Katz, 2015, p. 68.

verdade, que o pacto político do período anterior deverá se reconstituir para agregar outros interesses até então excluídos das Constituições. É o que ocorrerá a partir das mudanças econômicas enfrentadas pela região na segunda metade do século XIX, que mobilizarão um conjunto alargado de nacionais e estrangeiros a ampliarem sua participação como atores econômicos, especialmente como mão de obra, tanto no campo quanto na cidade.

Ganha força a luta pela melhora dos níveis sociais, o que impõe, perante a ordem instituída, alguns novos desafios, dado que o constitucionalismo fundado na propriedade privada precisará conviver com outros interesses a serem, posteriormente, transformados em direitos. Em razão disso, a estratégia de postergar a proteção de direitos sociais, própria da primeira fase do constitucionalismo regional, começa a ser fortemente contestada, o que não significa que os direitos sociais entrarão suavemente em Constituições para eles forjadas, mas, sim, que serão incluídos em Constituições que guardam características pouco amistosas ao advento político das massas urbanas de trabalhadores, que angariavam espaço político em alguns países. Assim, o projeto inicial do século XIX, já no século seguinte, foi amplamente reformado. A primeira dessas intervenções foi

> não permitir o avanço do socialismo ocorrido na Europa, (que) acontece próxima da década de 30, com a criação de modelos de Estados provedores, de perfil social. A segunda, (...), busca um fortalecimento da participação popular, o fortalecimento da mecânica dos freios e contrapesos e o fortalecimento dos instrumentos de distribuição de bens constitucionais ligados ao bem-estar.[287]

---

287 GARGARELLA, Roberto. "Injertos e rechazos: radicalismo politico y transplantes constitucionales en America". *In*: ______. *Teoría y crítica del derecho constitucional*. tomo I. Buenos Aires: Abeledo Perrot, 2010, p. 506.

O cenário de restrições democráticas e a inserção de direitos sociais, econômicos, culturais foi ganhando força. O constitucionalismo social ganhou potência na região e teve, na Constituição mexicana, de Querétaro (1917), seu primeiro expoente não apenas regional, mas, verdadeiramente, mundial, pois promoveu a incorporação, ao constitucionalismo regional, de direitos econômicos, sociais e culturais, como a proteção dos trabalhadores e o reconhecimento dos sindicatos, o direito à greve, do acesso à água, da limitação da propriedade a alguns deveres e da restrição da livre iniciativa pelos direitos sociais. Além disso, ocorreram outras importantes mudanças, dentre elas, a ampliação da titularidade dos direitos políticos, inicialmente, abolindo critérios censitários e, depois, paulatinamente, de gênero. Vê-se, aí, também, os primeiros ímpetos estatais para a intervenção na economia e o estabelecimento de serviços públicos com caráter universalizante para as áreas de educação e saúde, além da proteção da família e do lazer. A influência da Constituição de Querétaro pode ser vista, alguns anos depois, nas Constituições brasileira (1934), cubana (1940), boliviana (1938), uruguaia (1942), dentre outras tantas.

Ainda que diversos os momentos econômicos da região – alguns países, como Brasil e Argentina, estavam em processo mais avançado de industrialização, enquanto Peru, Bolívia e Guatemala, por exemplo, ainda mantinham uma economia agrária com raros exemplos de industrialização –, todos incorporam as questões sociais como padrão para esse novo momento do constitucionalismo latino-americano.

O enfrentamento entre o desenvolvimento nacional a partir de uma elite progressista, nacionalista e industrial, por um lado, e outra conservadora, associada à exportação de bens primários, que havia prevalecido até meados de 1930, marca o seu período inicial. Julgava-se que "o Estado deveria fazer investimentos diretos em infraestrutura e em certas indústrias de base cujos riscos e necessidades de capital eram grandes".[288] Trata-se da primeira fase do nacional desenvolvimentismo, que teve Getúlio Vargas como o primeiro estadista a crer nesta visão de Estado.[289] Esse processo econômico, que se exaure na década de 1980, quando esses países encerram seu ciclo de industrialização e começam a competir internacionalmente, quando o modelo de substituição de importações se torna agônico. Interessante perceber, neste cenário, que mesmo a ruptura com a democracia na maioria dos países da região, caso de Brasil e Argentina, por exemplo, não rompeu com esse modelo de economia política.

Por outro lado, em que pese a expansão dos direitos econômicos, sociais e culturais, a fragilidade na proteção dos direitos políticos – que, embora tenham visto não apenas a incorporação da classe dos trabalhadores, mas também da participação feminina – os levou a seguidas violações, por atitudes autocráticas que proliferaram na região. Golpes de Estado, cassações ilegais de adversários políticos, captura das instituições eleitorais, dentre outros, marcam diversos períodos do constitucionalismo regional latino-americano no século XX. A história Constitucional latino-americana vem sendo, assim, construída por fatores como "o (a) caudilhismo, transformado nos últimos vinte e cinco anos em uma forma de populismo adaptada a esses países, (b) militarismo; e (c) oligarquia",[290] que aparecem e desaparecem em situações de democracia ou ditaduras.

---

288 BRESSER-PEREIRA, Luiz Carlos. *Do antigo ao novo desenvolvimentismo na América Latina*. 2010. Disponível em: http://bresserpereira.org.br/papers/2010/10.01.Do_velho_novo_desenvolvimentismo.CCF.pdf. Acessado em: 10.12.2021.

289 BRESSER-PEREIRA, Luiz Carlos. *Do antigo ao novo desenvolvimentismo na América Latina*. 2010. Disponível em: http://bresserpereira.org.br/papers/2010/10.01.Do_velho_novo_desenvolvimentismo.CCF.pdf. Acessado em: 10.12.2021.

290 LA ROCHE, Humberto J. "Veinticinco años de evolución en la organización política y constitucional de Venezuela". *In*: VALDIVIA, Gerardo Gil; TAPIA, Jorge A. Chávez (Coord.). *Evolución de la organización*

A partir daqui, consolida-se outra característica marcante da região, que diz respeito, por um lado, a um avanço progressivo dos direitos fundamentais e, por outro, a resistência a instituir mecanismos de controle do abuso do poder. Foram incluídos os mais vulneráveis com rigor e constância, mas se "descuidou", seguidamente, dos mecanismos de freios e contrapesos, ainda que se faça reiterados compromissos formais com a democracia. Significa afirmar que todo o feito para a inclusão de mais direitos foi enfrentado e posto em risco por características que refletem o constitucionalismo regional do século XIX, e

> pela insistência irracional em manter uma organização de poderes orientados por objetivos opostos (...) caracterizada pelo seu verticalismo e sua hostilidade à democracia e à participação popular na política.[291]

Outro aspecto percebido na região diz respeito à expansão da atividade judicial sobre os direitos sociais. Em sociedades altamente desiguais, próprias do Sul Global, na América Latina, especialmente, viu-se um reajuste do espectro de atuação judicial, tal qual ocorrido com os tribunais e Cortes constitucionais da Índia e da África do Sul e, no plano regional, da Colômbia, da Costa Rica, do Brasil ou da Argentina, e, que se as vê atuando fortemente para a proteção de tais direitos, marcando uma importante transformação tanto no cenário dos direitos quanto no plano institucional.[292]

---

político-constitucional en América Latina. vol. 2. México: Universidad Nacional Autônoma do México, 1979, p. 243.

291 GARGARELLA, Roberto. *Constitutionalism in the Americas*: a comparison between the U.S. and Latin America, 23 February 2018, pp. 111-139. Category: Monograph Chapter, 2018, p. 126.

292 RODRÍGUEZ-GARAVITO, César. "Beyond the courtroom: the impact of judicial activism on socioeconomic rights in Latin America". *Texas Law Review*, vol. 89, 2010, pp. 1.672/1.673.

Esse todo ganhou força com o que se convencionou chamar de *terceira onda de redemocratização*[293] regional, um processo que vai sendo representado por diversos movimentos concomitantes a produzirem um padrão no que diz respeito à proteção de direitos e ao controle do poder. O caminho para a redemocratização na América Latina foi aberto na década de 1980, com o restabelecimento de ordens constitucionais, seja mediante a promulgação de novas Constituições (como ocorrido em Brasil, Colômbia, Venezuela, Bolívia, Nicarágua, dentre outros), seja mediante reformas às Constituições históricas existentes (como na Argentina e no México). Igualmente, nos campos político e constitucional, existem semelhanças em crises institucionais, direitos fundamentais, sistemas de governo (com modelos de presidencialismo forte, ou hiperpresidencialismo), separação de poderes, corrupção dos agentes estatais, desigualdades sociais e econômicas marcantes, entre outros temas.[294]

Esse ciclo aberto pela redemocratização visando superar o autoritarismo precedente e as desigualdades acentuadas trouxe catálogos de direitos fundamentais ampliados, em alguns casos, com previsões desconhecidas, e a afirmação do Estado de Direito e da democracia como tripé de sustentação da nova ordem democrática que se pretendia instaurar depois de um ciclo de regimes civis e militares autoritários. Além disto, criam-se instituições novas ou renovadas

> como ouvidorias, defensores públicos, comissões de direitos humanos e ministérios públicos, para monitorar o cumprimento

293 LAGOS, Marta. "El fin de la tercera ola de democracias". *Informe Latinobarómetro*, Santiago de Chile, 2018. Disponível em: http://www.latinobarometro.org/latdocs/Annus_Horribilis.pdf. Acessado em: 05.12.2021.

294 GARGARELLA, Roberto. *La sala de máquinas de la Constitución*: dos siglos de constitucionalismo en América Latina (1810-2010). Buenos Aires: Katz, 2015.

> do Estado de Direito e proteger os direitos constitucionais de indivíduos e grupos vulneráveis.[295]

Os exemplos acima afirmam o expediente de ampliar os catálogos de direitos fundamentais, agora, também com direitos humanos, ou seja, direitos previstos em tratados internacionais de direitos humanos, e outras fontes do Direito Internacional. Mais uma vez, o que se viu foi o avanço da previsão da proteção de direitos da pessoa humana, e mecanismos pouco eficientes de controle do poder daqueles que exercem a liderança de governos eleitos. Aliás, esse acentuado referimento aos direitos tem um aspecto interessante, que diz respeito a algo muito característico do constitucionalismo regional, com a sua tendência enaltecedora dos textos constitucionais, tão própria do formalismo do Direito regional, que vem acompanhada da

> invocação aos valores proclamados no texto constitucional (que) desempenha(m) relevante papel simbólico. Por exemplo, a retórica político-social dos "direitos humanos", paradoxalmente, é tanto mais intensa quanto menor o grau de concretização normativa do texto constitucional.[296]

Resgata-se o que se acredita ser o último movimento pelo qual o constitucionalismo regional vem passando, também marcado por fórmulas autoritárias, mas, principalmente, sem ruptura da ordem constitucional, ainda que alguns deles estejam fundados em democracias meramente eleitorais. Esse processo, que pressupõe o reforço do pluralismo nas suas mais variadas apresentações (político, étnico,

---

295 VIEIRA, Oscar Vilhena. "Desigualdad estructural y Estado de Derecho". *In*: GARAVITO, César Rodríguez *et al*. (Coord.). *El derecho en América Latina*: un mapa para el pensamiento jurídico del siglo XXI. Buenos Aires: Siglo Veintiuno, 2011, p. 43.

296 NEVES, Marcelo. "Constitucionalização simbólica e desconstitucionalização fática: mudança simbólica da Constituição e permanência das estruturas reais de poder". *Revista de Informação Legislativa*, vol. 132, nº 33, 1996, pp. 321-330.

religioso, jurídico), pretende se assentar em conflitos existentes e fortalecer as diversidades existentes em cada Estado nacional, o que significa, também, afetar diretamente populações negras e indígenas, historicamente excluídas, que ganham espaço em Constituições. Este ponto será tratado mais adiante.

Viu-se a ampliação de antigos e de novos direitos econômicos, sociais e culturais, nos novos textos constitucionais, com importantes reforços para o constitucionalismo, a exemplo da democratização do constitucionalismo social, a abertura ao constitucionalismo internacional e o aumento das ferramentas de acesso à justiça, inclusive, com a ampliação da autonomia da justiça constitucional e a autonomia da justiça indígena, em alguns Estados nacionais.

O fortalecimento da independência judicial, com o alargamento da sua participação como protetor e garantidor de direitos, aumentou seu papel de controle das arbitrariedades dos demais órgãos e marca, indelevelmente, esse momento do constitucionalismo regional.[297] Todavia, não se deve desprezar que o Poder Judiciário também pode ser fonte de decisões com alto grau de politização, ou de exceção, o que pode ocorrer nos casos em que suas decisões resulta na interrupção da normalizada institucional democrática ou nos casos em que o processo judicial tem um enredo conhecido antes do seu desenvolvimento, independentemente do que nele se produza.[298]

---

297 UPRIMNY, Rodrigo. "Las transformaciones constitucionales recientes em América Latina: tendências y desafios". *In*: GARAVITO, César Roberto (Coord.). *El derecho em América Latina*: um mapa para el pesamiento jurídico del siglo XXI. Buenos Aires: Siglo Veintiuno, 2011, p. 119.

298 FERREIRA DA ROCHA, Silvio Luis. "El juez, la construcción de los hechos y el estado de excepción: un análisis del caso Lula". *Derechos en Acción*, vol. 7, 2018, p. 480.

Saem fortalecidos, também, os mecanismos de participação democrática direta,[299] com o aumento das ferramentas de consulta e manifestação popular, inclusive, em matéria orçamentária, em função da necessidade de se reduzir as desigualdades em sociedades altamente desiguais,[300] em que pese a sua distorcida utilização, no mais das vezes, por governos populistas, como veremos.

Outra referência, sobre este processo, relaciona-se às questões atuais envolvendo as mais novas Constituições regionais. Trata-se das Constituições equatoriana e boliviana, muito referidas como parte de um "Novo Constitucionalismo Latino-Americano (NCLA)".[301] Importa, aqui, antecipar que não convencem quanto a se definirem como parte de algo novo, pois fazem parte, no que diz respeito às Constituições e reformas constitucionais, da "terceira onda" referida, tal qual fruto das transições ocorridas a partir da década de 1980, passando por Brasil (1988), Colômbia (1991), Peru (1993), Reforma Constitucional argentina (1994) etc. Isso porque as "novidades" do NCLA já estavam presentes, em grande parte, nas anteriormente referidas ou no desenvolvimento de uma jurisprudência transformadora, fruto da maior independência judicial mencionada, como é caso marcante o colombiano.

---

299 UPRIMNY, Rodrigo. "Las transformaciones constitucionales recientes em América Latina: tendências y desafíos". *In*: GARAVITO, César Roberto (Coord.). *El derecho em América Latina*: um mapa para el pesamiento jurídico del siglo XXI. Buenos Aires: Siglo Veintiuno, 2011, p. 117.

300 VICIANO, Roberto; MARTINEZ, Rubén. "Aspectos generales del nuevo constitucionalismo latinoamericano". *Corte Constitucional de Ecuador para el período de transición*, Quito, 2010, p. 34.

301 VICIANO, Roberto; MARTINEZ, Rubén. "Aspectos generales del nuevo constitucionalismo latinoamericano". *In*: *El Nuevo constitucionalismo en América Latina*: memorias del encuentro internacional el nuevo constitucionalismo: desafíos y retos para el siglo XXI. Corte Constitucional del Ecuador, Quito, 2010, p. 34.

Não despontam como novidades em função de remarcarem características já existentes, ainda que com algumas novidades, o que, aliás, é próprio de cada uma das Constituições regionais, se olhadas mais a fundo. Diferenças podem ser vistas entre

> processos constitucionais mais fundacionais, que foram considerados em aberta ruptura com o passado – como o paraguaio, venezuelano, equatoriano ou boliviano –, e outros mais transacionais ou de ajuste ou consenso, que buscavam corrigir defeitos no quadro institucional existente, mas também valorizavam muitas das tradições anteriores e preservavam partes de seus elementos, como parece ter sido o caso argentino, mexicano ou costarriquenho.[302]

É o caso da extensão dos textos constitucionais, sua complexidade (institucional) e rigidez que acabariam apontando não apenas para a manutenção de longos textos, já existentes, não diferindo do que se poderia chamar de *constitucionalismo clássico latino-americano*. É verdade que, quanto às novidades, há algumas importantes, como a formação e a eleição de componentes da magistratura superior ou do Tribunal Constitucional Plurinacional (Constituição Boliviana, arts. 194 e 198); ou mesmo a "simplicidade linguística", que objetiva popularizar essas Constituições,[303] dentre outros. Mas tal constitucionalismo renovado também está inserido em ordens constitucionais que anteriormente fizeram transições, como a guatemalteca, hondurenha, a colombiana, entre outras, que, dentre

---

302 UPRIMNY, Rodrigo. "Las transformaciones constitucionales recientes em América Latina: tendências y desafíos". *In*: GARAVITO, César Roberto (Coord.). *El derecho em América Latina*: um mapa para el pesamiento jurídico del siglo XXI. Buenos Aires: Siglo Veintiuno, 2011, p. 127.

303 PASTOR, Roberto Viciano; DALMAU, Rúben Martinez. "Aspectos generales del nuevo constitucionalismo latinoamericano". *Corte Constitucional de Ecuador para el período de transición*, Quito, 2010, p. 31.

outras, também expandiram o caráter plurinacional de seu ambiente nacional, reforçaram os pluralismos com participação ativas dos diversos grupos nacionais em sua política doméstica etc.

Outro aspecto interessante diz respeito ao tema da rigidez constitucional confundida com grau de imutabilidade, defendida claramente como uma solução importante, de maneira que não se conheça a figura do poder constituinte reformador e se preservem intocáveis os textos constitucionais, como no caso da Bolívia (art. 411) e do Equador (art. 441). Na verdade, no entanto, trata-se apenas de discussão antiga sobre a legitimidade democrática de uma geração limitar a outra em termos ideológicos, proibindo alterações ou, de outro lado, mantendo o "equilíbrio e a proximidade entre a Constituição formal (a legalidade) e a Constituição real (quando operam os efetivos pressupostos de legitimação de qualquer ordenamento constitucional)".[304] Significa que a defesa da vinculação à vontade do poder constituinte como meio de se preservar decisões altamente transformadoras,[305] tem suas limitações no campo da legitimidade democrática, especialmente no caso de Constituições que se estabelecem, como as duas referidas, se aproveitando da popularidade de seus governantes recém-eleitos.

O NCLA, assim, cai na tentação daquilo que já se conhece na região, é dizer, de matéria afeta ao simbolismo constitucional, que se refere "à discrepância entre a função hipertroficamente simbólica e a insuficiente concretização jurídica de diplomas constitucionais",[306] algo

---

304 DE VEGA, Pedro. *La reforma constitucional y la problemática del poder constituyente*. Madrid: Tecnos, 2007, p. 255.

305 UPRIMNY, Rodrigo. "Las transformaciones constitucionales recientes em América Latina: tendências y desafíos". *In*: GARAVITO, César Roberto (Coord.). *El derecho em América Latina*: um mapa para el pesamiento jurídico del siglo XXI. Buenos Aires: Siglo Veintiuno, 2011, pp. 109-137.

306 NEVES, Marcelo. *A constitucionalização simbólica*. São Paulo: Acadêmica, 1994, p. 1.

que não inova o cenário regional. A proposta da novidade, surgida na primeira década deste século, acabou por reiterar característica tão presente na tradição regional: largos catálogos de direitos e pouco controle do poder,[307] gerando, conforme será visto adiante, um quadro de abertura a novos populismos na região.[308]

Percebe-se que as novas Constituições do período

> introduziram uma nova e crucial tensão em seu *corpus*: começaram assim a combinar a organização centralizada e vertical dos poderes com declarações de direitos "democráticas" e socialmente orientadas. Como consequência, as novas Constituições passaram a refletir a principal tensão/inconsistência interna que ainda caracteriza o constitucionalismo latino-americano: a tensão que emerge entre uma organização de poderes retrógrada e uma organização de direitos progressista ou voltada para o futuro.[309]

Não se pode negar um padrão regional de atestar força jurídica intensa às Constituições, de forma que se projetem em direção a uma sociedade desigual em vários níveis e violenta. São estratégias para um constitucionalismo cujas ordens jurídicas

> não se limitam a estabelecer limites ao Estado ou a projetar as instituições, mas que reconhecem uma ampla gama de

---

307 GARGARELLA, Roberto. *La sala de máquinas de la Constitución*: dos siglos de constitucionalismo en América Latina (1810-2010). Buenos Aires: Katz, 2015.

308 PATIÑO, Luis Guillermo Aristizábal; RESTREPO, Porfirio Cardona. "El neopopulismo: una aproximación al caso colombiano y venezolano". *Estudios Políticos*, nº 34, 2014, pp. 163-184. Disponível em: http://www.erevistas.csic.es/ficha_articulo.php?url=oai:ojs.aprendeenlinea. Acessado em: 20.03.2022.

309 GARGARELLA, Roberto. *Constitutionalism in the Americas*: a comparison between the U.S. and Latin America, 23 February 2018. Category: Monograph Chapter, 2018, p. 136.

> direitos e de princípios, impõem metas ao governo e estabelecem formas de justiça constitucional mais ou menos fortes para que esses mandatos se cumpram.[310]

De outro lado, percebe-se que as diversidades culturais e étnicas, além das questões de gênero, começam a integrar a agenda constitucional regional. É possível, inclusive, verificar diferenças quando se procede a uma *microcomparação* entre as Constituições. Isto porque, é possível verificar estados constitucionais (Chile, Uruguai ou Costa Rica) mais apegados a um modelo liberal de democracia, enquanto a Colômbia, a partir, principalmente, de sua Corte Constitucional, reconhece com mais vigor o pluralismo étnico e cultural e, por fim, os casos de Equador e Bolívia, os quais se propõem um Estado Plurinacional e Intercultural.[311]

O problema, no cenário descrito, é que democracias constitucionais cujas estruturas estatais enfrentam uma realidade de poucos controles institucionais afetam a própria concretização desses direitos fundamentais, visto que maculam a construção de sociedades participativas e atuantes nas decisões estatais, tornando os direitos, em muitos momentos, benefícios parciais àqueles que apoiam os governos de plantão ou que são usados como meios de controle da insatisfação das massas de despossuídos existentes na América Latina.

---

310 UPRIMNY, Rodrigo. "Las transformaciones constitucionales recientes em América Latina: tendências y desafios". *In*: GARAVITO, César Roberto (Coord.). *El derecho em América Latina*: um mapa para el pesamiento jurídico del siglo XXI. Buenos Aires: Siglo Veintiuno, 2011, p. 154.

311 UPRIMNY, Rodrigo. "Las transformaciones constitucionales recientes em América Latina: tendências y desafíos". *In*: GARAVITO, César Roberto (Coord.). *El derecho em América Latina*: um mapa para el pesamiento jurídico del siglo XXI. Buenos Aires: Siglo Veintiuno, 2011, p. 166.

Diz-se que o reforço da participação direta do povo nos processos de consulta popular, multiplicados neste período, são marcados pela inscrição, no caso boliviano e equatoriano, de mecanismos de democracia comunitária.[312] Ou no México, mais recentemente, com Andrés Manuel Lopez Obrador. Mas, não se pode deixar de ver o quanto, em determinadas situações, foram usados como meio de redução da importância de instâncias centrais para as democracias, como os parlamentos, os partidos políticos ou outras instituições eleitorais, reforçando a personalização da política em lideranças pouco afetas aos debates e à negociação política. O uso de tais instrumentos "eleitorais e democráticos diretos que reforçam o governo majoritário ou plebiscitário, (fazem-no) muitas vezes em detrimento da oposição política".[313] É o que se viu, recorrentemente, acontecer.

O último aspecto do constitucionalismo regional a merecer reflexão diz respeito à recepção do constitucionalismo internacional na América Latina, analisado a seguir.

2.4 O constitucionalismo internacional na América Latina[314]

Como visto, os primeiros passos desse processo pelo qual o constitucionalismo, na América Latina, se apresenta, acontecem

---

312 UPRIMNY, Rodrigo. "Las transformaciones constitucionales recientes em América Latina: tendências y desafíos". *In*: GARAVITO, César Roberto (Coord.). *El derecho em América Latina*: um mapa para el pesamiento jurídico del siglo XXI. Buenos Aires: Siglo Veintiuno, 2011, p. 154.

313 BLOKKER, Paul. "Populist constitutionalism". *International Journal of Constitutional Law*. Oxford: Oxford University Press, vol. 17, nº 2, 2019, p. 120.

314 Far-se-á uso da expressão direitos humanos, como sinônimo de direitos fundamentais, justificando tal escolha somente por tratar de direitos que advém do Direito Internacional, sem qualquer relação com diferenças entre a sua força normativa.

especialmente em âmbito nacional e, com o mais recente movimento de redemocratização ocorrido na região, revelou-se, também, a previsão, nas Constituições nacionais, e a instituição de cláusulas de abertura para o Direito Internacional dos direitos humanos. A continuidade desse processo se relaciona com o avanço da reflexão sobre a necessidade de se pensar o Direito como uma "rede transversal construtiva"[315] e, com isso, pensar as soluções para os problemas constitucionais como a depender do entrelaçamento de ordens jurídicas, implicando se entender os limites de cada uma das ordens, o que depende de se envolver "instâncias estatais, internacionais, supranacionais e transnacionais (arbitrais), assim como instituições jurídicas locais nativas, na busca da solução de problemas tipicamente constitucionais".[316]

Na América Latina, a proteção do indivíduo, desde há muito, deixou de ser prerrogativa dos Estados nacionais em seu plano doméstico para avançar para o Direito Internacional dos direitos humanos e, consequentemente, para as instituições internacionais. A abertura constitucional ao Direito Internacional dos direitos humanos, após o processo de redemocratização regional, foi o primeiro passo para essa caminhada, como se vê nas Constituições regionais. Isso porque

> além dos Tratados e Convenções Internacionais agregam-se normas de caráter consuetudinário tidas como obrigatórias pela comunidade internacional qualificadas como *jus cogens* e aceitas como de grande transcendência nos ordenamentos internos em várias regiões do mundo. Todo esse conjunto

---

315 NEVES, Marcelo. "Do diálogo entre as Cortes Supremas e a Corte Interamericana de Direitos Humanos ao transconstitucionalismo na América Latina". *Revista Informação Legislativa*, nº 201, ano 51, Brasília: Senado Federal, 2014, pp. 198, 207 e 211.

316 NEVES, Marcelo. "Do diálogo entre as Cortes Supremas e a Corte Interamericana de Direitos Humanos ao transconstitucionalismo na América Latina". *Revista Informação Legislativa*, nº 201, ano 51, Brasília: Senado Federal, 2014, p. 194.

> de normas apresenta uma grande importância nos diversos ordenamentos jurídicos constitucionais de nossa região e sem dúvida protegem mais e melhor (na maioria das vezes) os direitos humanos de seus cidadãos.[317]

Na Constituição Argentina, desde a reforma de 1994, previu-se o art. 75, inciso 22, segundo o qual os tratados internacionais têm hierarquia supralegal, ou superior às leis e, ademais, deu hierarquia constitucional a mais de uma dezena de tratados expressamente, sujeitando, inclusive, sua denúncia à aprovação por dois terços dos membros das Câmaras do Congresso Nacional. A Constituição venezuelana, de 1999, em seu art. 23, atribuiu hierarquia constitucional aos tratados, pactos e convenções de direitos humanos e, ademais, afirmou que prevalecem sobre o Direito interno se forem mais favoráveis à pessoa humana que as disposições da Constituição e leis nacionais, desde que ratificados. Na Colômbia, a Constituição de 1991, em seu art. 93, acentua:

> os tratados e convênios internacionais ratificados pelo Congresso, que reconhecem os direitos humanos e que proíbem sua limitação nos estados de exceção, prevalecem na ordem interna. Os direitos e deveres consagrados nesta Carta se interpretarão em conformidade com os tratados internacionais sobre direitos humanos ratificados pela Colômbia.

Ou seja, atribui hierarquia constitucional a ditos tratados. No México, desde a reforma de 2011, que alterou o art. 1º da Constituição, afirma-se que o princípio *pro persona* regula a relação entre tratados internacionais e Direito interno. Ou seja, surgindo eventual conflito, prevalecerá a norma mais favorável à pessoa humana. Já a Constituição brasileira, de 1988, previu, em seu art. 5º, § 2º, que os direitos decorrentes dos tratados internacionais dos quais o

317 FIGUEIREDO, Marcelo. *O Direito Constitucional Transnacional e algumas de suas dimensões*. Belo Horizonte: D'Plácido, 2019, p. 50.

Brasil é signatário compõem o seu catálogo de direitos. Em 2004, após a Emenda Constitucional n. 45, foi incluído o § 3º ao art. 5º da Carta, instituindo um novo procedimento para alguns obterem formalmente hierarquia constitucional, ou seja, um trâmite mais exigente em relação ao procedimento da Emenda, no qual não existe participação do Presidente da República. Deste ponto, inicia-se um novo debate sobre normas formal e materialmente constitucionais ou unicamente materialmente constitucionais.[318]

Trata-se de um novo ciclo também no tema dos direitos humanos, o que permite que se contemple um novo ambiente internacional, especialmente no Sistema Interamericano de Direitos Humanos com sede na Organização dos Estados Americanos. O modo pelo qual os tratados de direitos humanos são referidos pelas Constituições latino-americanas também revela um processo de aproximação, pois outro tema a surgir no constitucionalismo dos países latino-americanos desde a década de 1980 é a abertura constitucional para o Direito Internacional dos direitos humanos. Por isso a existência de um novo *status* no Direito Constitucional da região fruto da onda de democracia e de centralização da pessoa humana, nos sistemas constitucionais, como fonte e destinatários de proteção.

Assim, as Constituições também são parte deste ciclo, responsável por transformar o tratamento dedicado aos direitos humanos, num movimento regional, que permite contemplar um novo ambiente internacional para esses direitos.[319] Por um lado, tratam de forma generosa dos tratados internacionais de direitos humanos nos textos constitucionais. Por outro, promovem, em âmbito regional

---

318 PIOVESAN, Flávia. *Direitos humanos e justiça internacional*. 2ª ed. São Paulo: Saraiva, 2011, p. 135.

319 UPRIMNY, Rodrigo. "Las transformaciones constitucionales recientes em América Latina: tendências y desafios". *In*: GARAVITO, César Roberto (Coord.). *El derecho em América Latina*: um mapa para el pesamiento jurídico del siglo XXI. Buenos Aires: Siglo Veintiuno, 2011, p. 114.

internacional, um processo de ratificação intensa da Convenção Americana de Direitos Humanos pelos Estados nacionais[320] por meio do Sistema Interamericano de Direitos Humanos.

Com isso, avançou-se na necessidade de que não apenas os textos internacionais, mas também a jurisprudência internacional e comparada passasse a ser analisada por juristas e juízes, principalmente. Em alguns países – Argentina, Chile e Colômbia – a questão avançou de modo satisfatório. Já nos casos de Brasil e Uruguai, o processo seguiu mais lentamente. Sobre os últimos, muito se fez em trabalhar, equivocadamente, o Direito Internacional a partir do Direito nacional, ou seja, a partir da estratégia de dar interpretação *ilusionista* ao Direito Internacional,[321] de maneira que o Poder Judiciário também deu interpretação fundada no direito doméstico aos tratados internacionais, desprezando a jurisprudência internacional.

Isso deu aos órgãos do Sistema Interamericano de Proteção de Direitos Humanos, é dizer, tanto à Comissão Interamericana de Direitos Humanos, quanto à Corte Interamericana de Direitos Humanos (Corte IDH), um protagonismo jurídico e político, na região, com potencial transformador,[322] por um lado, e de levantar conflitos com Estados nacionais, que buscam a sua contenção, por outro, o que pode ser visto, especialmente, em duas oportunidades: a primeira, na tentativa de alterar o regimento da Comissão Interamericana, na

---

320 Ratificaram a Convenção Americana de Direitos Humanos: Argentina (1984); Brasil (1992); Chile (1990); Colômbia (1973); México (1981); Peru (1978); Uruguai (1985), dentre outros.

321 RAMOS, André de Carvalho. "Responsabilidade internacional do Estado por violação de direitos humanos". *Revista CEJ*, vol. 9, nº 29, 18 jun. 2005, p. 53.

322 PIOVESAN, Flávia. "Direitos humanos e constitucionalismo regional transformador: o impacto do Sistema Interamericano". *Cadernos de Pós-Graduação em Direito da USP*. São Paulo: Saraiva, vol. 36, nº 1, 2016, p. 10.

reunião da Assembleia Geral da OEA, em Cochabamba, em 2012,[323] e a segunda, na manifestação feita por Paraguai, Brasil, Argentina, Chile e Colômbia, em 2020, buscando conter a expansão judicial da Corte Interamericana.[324]

Percebe-se, assim, que o papel do Sistema Interamericano, especialmente o da Corte IDH, tem sido persistente na consolidação da democracia na região. Sua jurisprudência tem se tornado mais substanciosa e aprofundado elementos relevantes para o constitucionalismo regional ao estabelecer o piso em matéria de proteção de direitos e de controle do poder.

Este papel desempenhado pela Corte IDH, de realizar uma leitura progressiva dos direitos humanos, revela sua função auxiliar de configurar, em uma relação dialógica, em conjunto com os estados partes do Sistema Interamericano, a conformação dos direitos capitulados na Convenção Americana de Direitos Humanos, dando-lhes interpretação que se coadune com o contexto regional. Isso não significa entender a Corte IDH como um Tribunal Constitucional, função desempenhada exclusivamente por tribunais nacionais, mas, sim, como parceira destes tribunais na construção interpretativa dos direitos, da democracia e do Estado de Direito. É um processo forjado a partir do diálogo que tanto leva a Corte a olhar em grau de igualdade para os tribunais nacionais que devem fazer o mesmo sobre a jurisprudência interamericana.

---

323 CEJIL. *¿Que pasó en la Asamblea General de Cochabamba?* Disponível em: https://www.cejil.org/es/que-paso-asamblea-general-cochabamba. Acessado em: 13.05.2021.

324 PARAGUAY. Ministerio de Relaciones Exteriores. *Gobiernos de Argentina, Brasil, Chile, Colombia y Paraguay se manifiestan sobre el Sistema Interamericano de Derechos Humanos*. Disponível em: https://www.mre.gov.py/index.php/noticias-de-embajadas-y-consulados/gobiernos-de-argentina-brasil-chile-colombia-y-paraguay-se-manifiestan-sobre-el-sistema-interamericano-de-derechos-humanos. Acessado em: 14.07.2020.

Trata-se de entender o paradigma da pessoa humana, e não o Estado-parte, a suportar juridicamente esta relação dialógica, pois é ela que se configura o fundamento e é destinatária de todo o aparato doméstico e internacional de proteção dos direitos humanos,[325] pois, conforme decidiu a Corte IDH:

> Os tratados modernos de direitos humanos, em geral, e a Convenção Americana, em particular, não são tratados multilaterais do tipo tradicional, celebrados com base na troca recíproca de direitos, em benefício mútuo dos Estados contratantes. Seu objeto e finalidade são a proteção dos direitos fundamentais do ser humano, independentemente de sua nacionalidade, tanto contra seu próprio Estado quanto contra aos outros contratantes. Ao aprovar esses tratados de direitos humanos, os Estados se submetem a uma ordem jurídica na qual, para o bem comum, assumem diversas obrigações, não em relação a outros Estados, mas em relação aos indivíduos sob sua jurisdição.[326]

Não se fala, assim, em uma relação jurídica de supranacionalidade, em que a posição do Estado nacional e seus órgãos se submete, hierarquicamente, àquela dos organismos internacionais. O que se avista é uma relação horizontal entre instâncias judiciais e quase-judiciais, sendo a tutela dos direitos fundamentais o fim último de qualquer sistema jurídico. Significa que importa mais o *como* se protege, a intensidade da proteção, do que o *locus* ou a fonte de onde deriva a proteção, devendo prevalecer a proteção mais ampla ou menos restritiva dos direitos, seja ela provinda do direito

325 MAC-GREGOR, Eduardo Ferrer. "El control difuso de convencionalidad en el Estado Constitucional". *Biblioteca Virtual del Instituto de Investigaciones Jurídicas de la UNAM*. Disponível em: http://biblio.juridicas.unam.mx/libros/6/2873/9.pdf. Acessado em: 10.02.2022.

326 A Corte IDH desde há muito assim decidiu em Corte Interamericana de Derechos Humanos. *Opinión Consultiva OC-1/82 del 24 de setiembre de 1982*. OEA, 1982.

doméstico ou do Direito Internacional, conforme o princípio *pro persona*, que "coincide com a característica fundamental do direito dos direitos humanos, isto é, estar sempre a favor do homem".[327]

Não existe, assim, relação vertical entre tribunais internacionais ou órgãos quase judiciais e os tribunais nacionais, pois parte-se do pressuposto da inexistência de supremacia hierárquica automática das decisões tomadas em detrimento daquelas nacionais, conforme muito bem capturado pelo Tribunal Constitucional do Peru, ao afirmar:

> O exposto, é claro, não faz alusão a uma relação hierárquica formalizada entre tribunais internacionais de direitos humanos e tribunais nacionais, mas a uma relação de cooperação na interpretação *pro homine* dos direitos fundamentais. Não se pode esquecer que o artigo 29.b da Convenção proíbe qualquer tribunal, inclusive o próprio Tribunal, de limitar o gozo e o exercício de qualquer direito ou liberdade que possa ser reconhecido de acordo com as leis de qualquer dos Estados Partes ou em acordo com outra convenção da qual um desses Estados seja parte. Isso significa, por exemplo, que os direitos reconhecidos no ordenamento jurídico interno e a interpretação otimizada que a jurisprudência desta Corte faz deles também são observados pela Corte.[328]

Significa que a existência de uma soberania compartilhada somente se justifica em função da melhor proteção da pessoa humana, pois não há que se falar em soberania quando o centro do sistema protetivo está no indivíduo e não no próprio Estado. Não há

327 PINTO, Monica. "El principio pro homine: criterios de hermenêutica y pautas para la regulación de lós derechos humanos". *In*: ABREGÚ, Martín; COURTIS, Christian. *La aplicación de lós tratados de derechos humanos por lós tribunales locales*. Buenos Aires: Editorial del Puerto, 1997, p. 163.

328 Tal qual decidido pelo Tribunal Constitucional do Peru no caso EXP. N2730-2006-PA/CT, 21 de julho de 2006 – Caso De Arturo Castillo Chirinos.

soberania bastante para proteger com *déficit* os direitos fundamentais ou humanos da pessoa humana,[329] dado que se institui uma relação de cooperação entre instituições e não se superioridade entre umas sobre outras. Eis a função da Corte IDH:

> complementar as garantias estabelecidas no ordenamento jurídico interno em prol dos direitos constitucionais com as previstas nos Tratados Internacionais de Direitos Humanos. O exposto supõe, evidentemente, a aplicação do princípio *pro homine*, ou seja, as normas devem ser complementadas de tal forma que a proteção prevista no ordenamento jurídico interno seja sempre ampliada e não diminuída. Caso a norma decorrente do tratado internacional seja mais restritiva, aplicar-se-á preferencialmente a norma do Direito interno.[330]

Trata-se de uma questão cara ao constitucionalismo porque restringe, inclusive, a centralidade do poder constituinte, por um lado, e da própria Constituição, por outro, já que ambos, simultaneamente, estão condicionados pelo Direito Internacional dos direitos humanos, visto que as soluções constitucionais internas "não podem contrariar os parâmetros de garantia dos direitos humanos fixados

329 LANDA, César. "Sentencias fundamentales del Tribunal Constitucional Peruano". *In*: BAZÁN, Víctor; NASH, Claudio (Coord.). *Justicia constitucional y derechos fundamentales*: aportes de Argentina, Bolívia, Brasil, Chile, Peru, Uruguay y Venezuela, 2009. Montevideu: Programa Estado de Derecho de la Fundación Konrad Adenauer y Centro de Derechos Humanos de la Facultad de Derecho de la Universidad de Chile, 2010, p. 77.

330 COLOMBIA. "Sentencia de la Corte Constitucional de 5 de junio de 2008". *Revista Diálogos Jurisprudenciales*, nº 7, jul.-dez. 2009. Corte Interamericana de Derechos Humanos. Instituto Interamericano de Derechos Humanos. Instituto de Investigaciones Jurídicas. Universidad Nacional Autónoma de México. Fundación Konrad Adenauer México, 2010, p. 117.

pelo Direito Internacional geral ou comum",[331] mas é este processo que pretende promover a proteção da pessoa humana de modo mais efetivo e inclusivo. Por outro lado, acentua-se a "a natureza constitucional da CIDH e, consequentemente, a natureza constitucional do direito americano de direitos humanos".

Esse movimento, na América Latina, vem aproximando ordens constitucionais, com seus direitos e instituições, de forma a se poder falar na formação de um *ius comunne* latino-americano,[332] fundado, especialmente, na realidade constitucional aproximada de cada Estado nacional e no desenvolvimento de decisões por instituições habilitadas, que intensificam a observação dos problemas e das soluções de outros Estados nacionais ou organismos internacionais.

No caso latino-americano, como se viu, há clara identidade de movimentos e momentos. A interação entre ordens nacionais e internacionais, entre cortes e direitos existentes nestas ordens passa a ser um processo contínuo de retroalimentação.[333] Com isto, se confirma o Direito Internacional a partir do Direito doméstico dos Estados nacionais, o Direito dos Estados nacionais a partir do Direito Internacional, e o Direito dos Estados nacionais a partir do Direito dos demais Estados nacionais, produzindo a circularidade contínua da comunicação jurídica.

A partir de então, alimentam-se ordens jurídicas a partir de um sistema internacional, deixando aos Estados partes estabelecerem

331 OTERO, Paulo. *Instituições políticas e constitucionais*. vol. 1. Coimbra: Almedina, 2007, p. 377.

332 CAVALLO, Gonzalo Aguilar. "¿Surgimiento de un derecho constitucional común en América? (Parte II)". *Revista Derecho del Estado*, Bogotá, nº 26, 2011, p. 52.

333 VON BOGDANDY, Armin. "Ius Constitutionale Commune na América Latina: uma reflexão sobre um constitucionalismo transformador". *Revista de Direito Administrativo*, Rio de Janeiro, 2015, pp. 13-66. Disponível em: https://bibliotecadigital.fgv.br/ojs/index.php/rda/article/view/57594. Acessado: 15.12.2022.

decisões para além do piso em matéria de direitos humanos. Não é possível, dada a interação entre essas ordens, desprezar toda uma realidade normativa de vários Estados nacionais que enfrentaram movimentos políticos, econômicos, sociais e jurídicos semelhantes e, no caso da América Latina, que têm um passado autoritário ainda a desfazer nas ordens que se pretendem democráticas.

O projeto do Sistema Interamericano funda-se na sua interação tanto com a ordem internacional dos direitos humanos, e seus sistemas global e regional interamericano, quanto, especificamente sobre o último, com a alimentação de *standards* internacionais e nacionais, produzindo constantemente a circulação de conteúdos jurídicos. Observa-se que esta ordem jurídica está envolvida em um cenário de progressiva proteção de direitos fundamentais (art. 26 CADH), no qual, aos Estados nacionais, se exige avançar a partir do piso estabelecido no cenário internacional, observando os movimentos legislativos e jurisprudenciais produzidos na região, em um cenário de reconstrução e de aprofundamento de democracias, tão vilipendiadas por períodos autoritários.

Do contrário, a responsabilidade internacional dos Estados nacionais será resultado da violação de padrões jurídicos firmados nessa nova conformação da ordem jurídica e do Estado de Direito, que, neste cenário comunicante, tem repercussão internacional, por tratar-se, especificamente, de normas jurídicas que, em seu teor, exigem: os "destinatários do Direito Internacional, os Estados em particular, devem obedecer à lei. Eles deviam tratá-lo como obrigatório e deixá-lo guiar e restringir suas ações".[334]

No plano histórico, viu-se o aumento dos mecanismos de proteção judicial de direitos como meio de superar a realidade autoritária que permeava a região no período anterior, quando

334 KUMM, Mattias. "International law in national courts: the international rule of law and the limits of the internationalist model". *Virginia Journal of International Law*, vol. 44, 2003, p. 22.

> certos movimentos sociais e organizações de direitos humanos da América Latina recorreram aos mecanismos internacionais de proteção destes direitos, como a Comissão ou a Corte Interamericana, a fim de obter decisões ou contribuir com a formação de padrões, que depois usariam no plano interno,[335]

utilizando o recurso estratégico dos litígios internacionais como meio de alimentar futuros processos em âmbito doméstico. Mas também é possível afirmar que se pretendeu ir além, pois ficou claro que "os processos constitucionais tiveram propósitos mais amplos, pois buscaram também ampliar a democracia e combater as exclusões e iniquidades sociais, étnicas e de gênero",[336] o que se apontava interna e internacionalmente.

2.4.1 A Corte Interamericana como instância de proteção da democracia constitucional

A Corte IDH tem avançado no esforço de sedimentar *standards* internacionais, de cunho regional, sobre o princípio democrático. Em um conjunto de casos, desenvolve seu olhar sobre a democracia na região e, como instância judicial competente para proteger não somente a democracia, mas o Estado de Direito e dos direitos, vem avaliando e construindo posições próprias sobre os temas. Isso porque os tribunais internacionais estão a fomentar o papel do Direito Internacional para

335 UPRIMNY, Rodrigo. "Las transformaciones constitucionales recientes em América Latina: tendências y desafíos". *In*: GARAVITO, César Roberto (Coord.). *El derecho em América Latina*: um mapa para el pesamiento jurídico del siglo XXI. Buenos Aires: Siglo Veintiuno, 2011, p. 157.

336 UPRIMNY, Rodrigo. "Las transformaciones constitucionales recientes em América Latina: tendências y desafíos". *In*: GARAVITO, César Roberto (Coord.). *El derecho em América Latina*: um mapa para el pesamiento jurídico del siglo XXI. Buenos Aires: Siglo Veintiuno, 2011, p. 150.

> resolver os mais distintos tipos de controvérsias internacionais, nos planos tanto interestatal como intraestatal, e (contribuem) à prevalência do *rule of law* (*preéminence du droit*) nos planos nacional e internacional (uma justa preocupação das Nações Unidas em nossos dias).[337]

Mais adiante, serão estudados alguns casos nos quais esse labor construtivo vem sendo elevado. Um deles é a Opinião Consultiva n. 28/21,[338] em que se analisava o tema da reeleição indefinida, tema que ganhou espaço na região. Primeiramente, afirma-se que "a interdependência entre a democracia, o Estado de Direito e a proteção dos direitos humanos é a base de todo o sistema do qual a Convenção faz parte (...) (§ 46)"; em seguida, que o princípio democrático se assenta sobre o respeito das minorias e que este respeito "se garante pela proteção do Estado de Direito e dos direitos humanos (...)" (§ 45), é dizer, claramente se posiciona como parte de um constitucionalismo no qual sua posição, como ator, deve ser reconhecida.

Ao afirmar que a democracia é uma obrigação jurídica internacional, define a si, e aos tribunais domésticos, como seus guardiões (§ 55), além de entender que o princípio democrático norteia uma pauta interpretativa, é ferramenta para a proteção dos direitos humanos e funciona, também, como "orientação clara para sua observância

---

337 TRINDADE, Antônio Augusto Cançado. "O papel dos tribunais internacionais na evolução do Direito Internacional contemporâneo". *In*: ______. *Os tribunais internacionais contemporâneos*. Brasília: FUNAG, 2013, p. 84.

338 Corte IDH. La figura de la reelección presidencial indefinida en Sistemas Presidenciales en el contexto del Sistema Interamericano de Derechos Humanos (Interpretación y alcance de los artículos 1, 23, 24 y 32 de la Convención Americana sobre Derechos Humanos, XX de la Declaración Americana de los Derechos y Deberes del Hombre, 3.d de la Carta de la Organización de los Estados Americanos y de la Carta Democrática Interamericana). *Opinión Consultiva OC-28/21 de 7 de junio de 2021*. Serie A, n. 28. OEA. 2021. Disponível em: https://www.corteidh.or.cr/docs/opiniones/seriea_28_esp.pdf. Acessado em: 10.02.2022.

por meio da divisão de poderes e do bom funcionamento das instituições democráticas dos Estados Partes no âmbito do Estado de Direito (...)" (§ 56),[339] articulando, assim, o tribunal, aspectos do constitucionalismo, como os direitos humanos, a divisão de poderes e o Estado de Direito, com outros da democracia, sedimentando a necessidade de que as democracias constitucionais estejam fundadas nestes princípios jurídicos.

Sobre o princípio democrático e o pluralismo político que o compõe, afirma, se valendo dos direitos referidos como essenciais a uma democracia constitucional, desde a Convenção Americana de Direitos Humanos,

> (...) [que] o pluralismo político é fomentado pela Convenção Americana ao estabelecer o direito de todos os cidadãos de serem eleitos e de terem acesso, em condições gerais de igualdade, a funções públicas em seu país, liberdade de pensamento e expressão, direito de assembleia, o direito de associação e a obrigação de garantir direitos sem discriminação (§ 77).[340]

---

339 Corte IDH. La figura de la reelección presidencial indefinida en Sistemas Presidenciales en el contexto del Sistema Interamericano de Derechos Humanos (Interpretación y alcance de los artículos 1, 23, 24 y 32 de la Convención Americana sobre Derechos Humanos, XX de la Declaración Americana de los Derechos y Deberes del Hombre, 3.d de la Carta de la Organización de los Estados Americanos y de la Carta Democrática Interamericana). *Opinión Consultiva OC-28/21 de 7 de junio de 2021*. Serie A, n. 28. OEA. 2021. Disponível em: https://www.corteidh.or.cr/docs/opiniones/seriea_28_esp.pdf. Acessado em: 10.02.2022.

340 Corte IDH. La figura de la reelección presidencial indefinida en Sistemas Presidenciales en el contexto del Sistema Interamericano de Derechos Humanos (Interpretación y alcance de los artículos 1, 23, 24 y 32 de la Convención Americana sobre Derechos Humanos, XX de la Declaración Americana de los Derechos y Deberes del Hombre, 3.d de la Carta de la Organización de los Estados Americanos y de la Carta Democrática Interamericana). *Opinión Consultiva OC-28/21 de 7 de junio de 2021*. Serie A, n. 28. OEA. 2021. Disponível em: https://www.corteidh.or.cr/docs/opiniones/seriea_28_esp.pdf. Acesso em: 10 fev. 2022.

No mesmo texto, estabelece a relação de proximidade entre Estado de Direito, separação de poderes e sistema de freios e contrapesos; e sobre a estabilidade das regras jurídicas, corolário do Estado de Direito, afirma:

> (...) o pleno respeito do Estado de Direito implica que as modificações das regras relativas ao acesso ao poder de forma a beneficiar o detentor do poder e colocar em desvantagem as minorias políticas, não são susceptíveis de serem decididas pelas maiorias ou seus representantes (par. 70 supra). Dessa forma, governos autoritários são impedidos de se perpetuarem no poder alterando as regras do jogo democrático e, dessa forma, erode-se a proteção dos direitos humanos (...) (§ 79)
>
> (...) a separação e independência dos poderes públicos pressupõe a existência de um sistema de controlo e fiscalização, como regulador constante do equilíbrio entre os poderes públicos. Esse chamado modelo de *checks and balances* não pressupõe que a harmonia entre os órgãos que cumprem as funções clássicas do poder público seja consequência espontânea de uma delimitação funcional adequada e da ausência de interferência no exercício de seus poderes. Ao contrário, o equilíbrio de poderes é um resultado que se realiza e se reafirma continuamente, por meio do controle político de alguns órgãos nas tarefas correspondentes a outros e das relações colaborativas entre os diversos ramos do poder público no exercício de suas competências. (...) (§82)
>
> (...) Por sua vez, todos os critérios acima estão intimamente relacionados. Com efeito, a separação de poderes, o pluralismo político e a realização de eleições regulares são também garantias para o respeito efectivo dos direitos e liberdades fundamentais (...) (§83).[341]

---

341 Corte IDH. La figura de la reelección presidencial indefinida en Sistemas Presidenciales en el contexto del Sistema Interamericano de Derechos Humanos (Interpretación y alcance de los artículos 1, 23, 24 y 32 de la Convención Americana sobre Derechos Humanos, XX de la Declaración Americana de los Derechos y Deberes del Hombre, 3.d de la Carta de

Sensível ao momento em que a democracia constitucional se encontra na região, a Corte IDH percebe que o tempo dos golpes de Estado corriqueiros se foi e que

> o maior perigo atual para as democracias da região não é um colapso abrupto da ordem constitucional, mas uma erosão gradual das garantias democráticas que pode levar a um regime autoritário, mesmo que seja eleito por meio de eleições populares (...) (§ 145).[342]

O tema será retomado adiante quando da discussão sobre o populismo e seus impactos para a democracia constitucional.

É sempre bom lembrar que já o preâmbulo da Convenção Americana de Direitos Humanos aborda seu principal objetivo como a consolidação democrática no continente, sendo o único regime possível para o respeito e garantia dos direitos humanos previsto por este documento. Ainda sobre os documentos regionais, a Carta da OEA também apresenta esse objetivo como um princípio, considerado o elemento constitutivo e fundamental da organização, como uma condição indispensável para a estabilidade, a paz e o desenvolvimento regional. Esse princípio democrático, na opinião

---

la Organización de los Estados Americanos y de la Carta Democrática Interamericana). *Opinión Consultiva OC-28/21 de 7 de junio de 2021*. Serie A, n. 28, 2021. Disponível em: https://www.corteidh.or.cr/docs/opiniones/seriea_28_esp.pdf. Acessado em: 10.02.2022.

342 Corte IDH. La figura de la reelección presidencial indefinida en Sistemas Presidenciales en el contexto del Sistema Interamericano de Derechos Humanos (Interpretación y alcance de los artículos 1, 23, 24 y 32 de la Convención Americana sobre Derechos Humanos, XX de la Declaración Americana de los Derechos y Deberes del Hombre, 3.d de la Carta de la Organización de los Estados Americanos y de la Carta Democrática Interamericana). *Opinión Consultiva OC-28/21 de 7 de junio de 2021*. Serie A, n. 28, 2021. Disponível em: https://www.corteidh.or.cr/docs/opiniones/seriea_28_esp.pdf. Acessado em: 10.02.2022.

consultiva OC-6/86,[343] levou a Corte IDH a afirmar que a democracia representativa é "(...) decisiva em todo o sistema do qual a Convenção faz parte. É um 'princípio' reafirmado pelos Estados Americanos na Carta da OEA, instrumento fundamental do Sistema Interamericano (...)" e, depois, em Yatama *vs.* Nicarágua,[344] ao reafirmar a relação entre democracia, Convenção Americana e Carta da OEA, ao declarar: "os direitos políticos protegidos na Convenção Americana, bem como em diversos instrumentos internacionais, propiciam ou fortalecem a democracia e o pluralismo político. (...) (§ 192)". A Corte IDH, assim, não somente estabelece a relação entre os documentos internacionais e o princípio democrático, mas entende que os direitos de participação política fomentam tanto a democracia quanto o pluralismo, um de seus marcos jurídicos mais importantes.

Deste modo, o Estado tem a obrigação de assegurar que todo indivíduo titular de direitos políticos tenha a oportunidade efetiva de exercê-los, pois são direitos que não podem restar inoperantes sem uma conjuntura institucional, econômica e humana para sua efetivação. Portanto, deve gerar condições e instrumentos para seu exercício conforme o princípio da igualdade e não discriminação, relacionando-os, diretamente, com o conceito de democracia, pois os direitos de participação política "estão intimamente relacionados com outros direitos (...) como a liberdade de expressão, a liberdade de reunião e a liberdade de associação e que, juntos, tornam possível o jogo democrático".[345]

---

343 CIDH. La expresión *Leyes* en el artículo 30 de la Convención Americana sobre Derechos Humanos. *Opinión Consultiva OC-6/86 de 9 de mayo de 1986*. Serie A, n. 6, OEA, 1986. Disponível em: https://www.corteidh.or.cr/docs/opiniones/seriea_06_esp.pdf. Acessado em: 20.03.2022.

344 CIDH. *Caso Yatama vs. Nicarágua*. Sentença de 23 de junho de 2005. Trad. Conselho Nacional de Justiça. Disponível em: https://www.cnj.jus.br/wp- content/uploads/2016/04/b3b2dcefe29f27b2984178160015c3ba.pdf. Acessado em: 19.03.2022.

345 CIDH. *Caso Castañeda Gutman vs. Estados Unidos Mexicano*. Sentencia de 6 de agosto de 2008. OEA. 2008. Disponível em: https://

Ao lado da democracia representativa, a Corte IDH conceitua a democracia participativa como um instrumento contínuo, pela cidadania, de afirmação política de seus interesses, que tem como elemento constitutivo a proteção do Estado de Direito, ao afirmar tanto a dimensão individual quanto a coletiva dos direitos de participação política. Agrega, ainda que a "eliminação de todas as formas de discriminação (...) e as diversas formas de intolerância (...) contribuem para o fortalecimento da democracia e da participação cidadã (...) (§ 115)",[346] ou seja, avança, sobretudo, sobre o aprofundamento de uma democracia mais substantiva.

Esse fato também pode ser observado no caso *López Lone y otros vs. Honduras*[347] através do direito à resistência face a rupturas institucionais pois, na situação de ilegitimidade internacional, reconhece-se atitudes das vítimas como ações constitucionais em favor do Estado de Direito e da democracia, prevista na Carta Democrática Interamericana como um exercício de participação.

Na esfera da participação das minorias éticas, a democracia participativa perpassa pela elaboração de normas facilitadoras de setores minoritários na sociedade, a exemplo dos indígenas. Neste contexto, os Estados podem definir padrões mínimos de participação política, devendo garantir, principalmente, eleições periódicas, livres, justas e baseadas no sufrágio universal, como reflexão da soberania popular. Por consequência, o efetivo exercício dos direitos políticos é, para além de um fim em si mesmo, um meio para garantir os demais

---

www.corteidh.or.cr/docs/casos/articulos/seriec_184_esp.pdf. Acessado em: 19.03.2022.

346 CIDH. *Caso San Miguel Sosa y otras vs. Venezuela*. Sentencia de 8 de febrero de 2018. OEA. 2018. Disponível em: https://www.corteidh.or.cr/docs/casos/articulos/seriec_348_esp.pdf. Acessado em: 10.03.2022.

347 CIDH. *Caso López Lone y otros vs. Honduras*. Sentencia de 5 de octubre de 2015. Disponível em: https://www.corteidh.or.cr/docs/casos/articulos/seriec_302_esp.pdf. Acessado em: 19.03.2022.

direitos humanos protegidos, afirmando, com isto, a indivisibilidade destes direitos, pois o

> exercício efetivo dos direitos políticos constitui um fim em si mesmo e, às vezes, também um meio fundamental para garantir os demais direitos humanos previstos na Convenção em sociedades democráticas (...) (§ 107).[348]

O pluralismo político é tido como o direito de todos os cidadãos a serem eleitos, de terem acesso em igualdade de condições a funções públicas, liberdade de pensamento, expressão, direito de associação, reunião e garantia dos direitos sem discriminação. São direitos básicos que tornam a democracia possível. Nesse viés, o pluralismo manifesta-se na possibilidade de alternância efetiva de poder, pela qual diversas forças políticas tenham espaço:

> (...) vale ressaltar que as vozes da oposição são essenciais para uma sociedade democrática, sem a qual não é possível chegar a acordos que contemplem as diferentes visões que prevalecem em uma sociedade. Por isso, a efetiva participação de pessoas, grupos e organizações e partidos políticos de oposição em uma sociedade democrática deve ser garantida pelos Estados, por meio de normas e práticas adequadas que possibilitem seu acesso real e efetivo aos diferentes espaços deliberativos em igualdade de condições, mas também adotando as medidas necessárias para garantir seu pleno exercício, atendendo à situação de vulnerabilidade em que se encontram os membros de determinados setores ou grupos sociais (...) (§ 174).

---

348 CIDH. *Caso Chitay Nech e outros vs. Guatemala*. Sentença de 25 de maio de 2010 (exceções preliminares, mérito, reparações e custas). OEA. Disponível em: https://www.corteidh.or.cr/docs/casos/articulos/seriec_212_por.pdf. Acessado em: 12.03.2022.

Desta forma, no caso Chitay Nech e Outros *vs*. Guatemala,[349] a Convenção considerou os impactos da perseguição de vozes de oposição sobre a representatividade popular como uma clara intenção do Estado em desarticular expressões políticas contrárias as suas, o que resulta numa violação ao exercício pleno da participação direta de um líder político. O maior agravante é que a participação de grupos minoritários é um elemento essencial para a efetivação de princípios democráticos básicos, desdobrando-se tanto no direito do mandato, quanto no direito coletivo à representação.

Nota-se, assim, que o tribunal, como instância conformadora do Estado de Direito na região, entende que a preservação da democracia nos Estados-membros é uma obrigação jurídica internacional assumida sobre um assunto que perpassa as barreiras domésticas. Desta forma, a Convenção afirma que o princípio democrático inspira e orienta a aplicação da Convenção de forma transversal, ou seja, é um vetor de interpretação para o principal conjunto normativo do Sistema Interamericano de Proteção de Direitos Humanos e deve ser pensado como marco para a consecução da proteção também do Estado de Direito, pois como "pauta interpretativa, fornece uma orientação clara para a sua observância através da divisão de poderes e do bom funcionamento das instituições democráticas dos Estados Partes no âmbito do Estado de Direito (§ 56)".[350] Neste sentido, fica

---

349 CIDH. *Caso Chitay Nech e outros vs. Guatemala*. Sentença de 25 de maio de 2010 (exceções preliminares, mérito, reparações e custas). OEA. Disponível em: https://www.corteidh.or.cr/docs/casos/articulos/seriec_212_por.pdf. Acessado em: 12.03.2022.

350 CIDH. La figura de la reelección presidencial indefinida en Sistemas Presidenciales en el contexto del Sistema Interamericano de Derechos Humanos (Interpretación y alcance de los artículos 1, 23, 24 y 32 de la Convención Americana sobre Derechos Humanos, XX de la Declaración Americana de los Derechos y Deberes del Hombre, 3.d de la Carta de la Organización de los Estados Americanos y de la Carta Democrática Interamericana). CIDH. *Opinión Consultiva OC-28/21 de 7 de junio de 2021*. Serie A, n. 28. OEA. 2021. Disponível em: https://www.corteidh.or.cr/docs/opiniones/seriea_28_esp.pdf. Acessado em: 10.02.2022.

claro que a Corte IDH adota uma concepção ampliada do princípio democrático, muito além do marco das eleições periódicas ou do devido procedimento para sua realização. Trata-se de entender que o princípio albergado no Sistema Interamericano é o de uma democracia constitucional.

O efetivo respeito a direitos e liberdades fundamentais advém da separação de poderes, do pluralismo político e da realização de eleições periódicas, considerados igualmente princípios da democracia representativa pela Convenção. São ações e obrigações estatais para evitar a perpetuação de um governo autoritário e assegurar a alternância de poder, medidas que variam do sistema político de cada país. Por isso, o Estado de Direito, e seu elemento estabilidade, garante que não sejam suscetíveis alterações legislativas que beneficiem a pessoa no poder e prejudique seu acesso às minorias políticas, evitando que governos autoritários se perpetuem através da mudança normativa face à democracia e a proteção dos direitos humanos.

Outrossim, a separação dos poderes, corolário do constitucionalismo, deve equilibrar a relação entre os poderes públicos e o sistema de freios e contrapesos, fórmula própria de um constitucionalismo que não nega o conflito, ou seja, que adota o pluralismo como referencial, depende da manutenção deste embate de ideias e ações, no sentido de que

> o equilíbrio de poderes é um resultado que se realiza e se reafirma continuamente, por meio do controle político de alguns órgãos nas tarefas correspondentes a outros e das relações colaborativas entre os diversos poderes públicos no exercício de suas competências (§ 82).[351]

---

351 CIDH. La figura de la reelección presidencial indefinida en Sistemas Presidenciales en el contexto del Sistema Interamericano de Derechos Humanos (Interpretación y alcance de los artículos 1, 23, 24 y 32 de la Convención Americana sobre Derechos Humanos, XX de la Declaración Americana de los Derechos y Deberes del Hombre, 3.d de la Carta de la Organización de los Estados Americanos y de la Carta Democrática

Ao situar o princípio democrático a partir das suas vertentes procedimental e substancial, afirma que o Direito Internacional dos direitos humanos desempenha um papel importante na proteção do jogo democrático e que o Poder Judiciário, para esta proteção, também desempenha um papel central:

> (...) A simples existência de um regime democrático não garante, *per se*, o permanente respeito do Direito Internacional, incluindo o Direito Internacional dos Direitos Humanos, o que foi assim considerado inclusive pela própria Carta Democrática Interamericana. A legitimação democrática de determinados fatos ou atos numa sociedade está limitada pelas normas e obrigações internacionais de proteção dos direitos humanos reconhecidos em tratados como a Convenção Americana, de modo que a existência de um verdadeiro regime democrático está determinada por suas características tanto formais como substantivas, motivo pelo qual particularmente em casos de graves violações às normas do Direito Internacional, a proteção dos direitos humanos constitui um limite intransponível à regra de maiorias, isto é, à esfera do "suscetível de ser decidido" por parte das maiorias em instâncias democráticas, nas quais também deve primar um "controle de convencionalidade" (par. 193 supra), que é função e tarefa de qualquer autoridade pública e não apenas do Poder Judiciário.[352]

Por fim, sensível ao momento vivido pelas democracias, o qual será tratado mais adiante, o tribunal adverte:

Interamericana). CIDH. *Opinión Consultiva OC-28/21 de 7 de junio de 2021*. Serie A, n. 28. OEA. 2021. Disponível em: https://www.corteidh.or.cr/docs/opiniones/seriea_28_esp.pdf. Acessado em: 10.02.2022.

352 CIDH. Caso Gelman *vs*. Uruguay. *Sentencia de 24 de febrero de 2011*. Trad. Conselho Nacional de Justiça. Disponível em: https://www.cnj.jus.br/wp-content/uploads/2016/04/09b4d396111fe41e886a744a9f8753e1.pdf. Acessado em: 12.02.2022.

> [o] maior perigo atual para as democracias da região não é um colapso abrupto da ordem constitucional, mas uma erosão gradual das salvaguardas democráticas que pode levar a um regime autoritário, mesmo que seja eleito por meio de eleições populares (...) (§145).

Importa perceber que a crise das democracias, que é também do constitucionalismo, tem, na América Latina, características que permitem encontrar padrões para, além de serem estudadas a partir dos Estados nacionais, também o sejam desde a perspectiva regional, tendo em vista que a região apresenta características e momentos que aproximam realidades. A seguir, passa-se a analisar essa crise acoplada a outro tema caro à realidade latino-americana, que diz respeito aos populismos e seus impactos nas democracias desta área política.

2.5 Constitucionalismo latino-americano e pluralismos[353]

Um último aspecto a ser desenvolvido diz respeito ao reconhecimento dos pluralismos jurídicos por Constituições e ordens jurídicas regionais. Em que pese apoiar-se o Estado de Direito, na sua versão clássica, no monopólio do Estado em definir o Direito a ser aplicado, o Estado de Direito na região tem sido alimentado não somente pelo Direito Internacional, mas também pelo Direito Consuetudinário, seja ele indígena, principalmente, ou das comunidades de afrodescendentes, por exemplo. Isso porque, desde a década de 1980, as Constituições da América Latina vêm reconhecendo o caráter multicultural de sua população e incluindo os direitos indígenas em seu texto, ainda que de modos diversos. Com a introdução pioneira de

---

353 Alguns destes temas foram discutidos em nosso artigo CALIXTO, Angela Jank; CONCI, Luiz Guilherme Arcaro. "Pluralismo Jurídico y Justicia Indígena: propuestas para la nueva Constitución Chilena". *Estudios constitucionales*, vol. 20, nº especial, 2022, pp. 350-380.

direitos indígenas na Constituição nicaraguense de 1987, uma onda de novas Constituições introduziu disposições específicas sobre tais direitos, no Brasil (1988), Colômbia (1991), Peru (1993), Venezuela (2000), Equador (2008) e Bolívia (2009).

Assim, ao lado da abertura ao constitucionalismo internacional, já referido, fundado essencialmente nos tratados internacionais de direitos humanos e na sua incorporação contínua a partir do processo de redemocratização, que expandiu a importância dos juízes e outras autoridades nacionais na aplicação do Direito "interamericano", ocorre um processo de aprofundamento do reconhecimento da multiculturalidade e da plurinacionalidade, além

> das competências próprias da jurisdição indígena, (...) traduzida em um pluralismo jurídico acentuado na América Latina, que desgastou o sistema tradicional de fontes jurídicas e o papel central que tinha no passado a lei e a regulamentação governamental nos ordenamentos jurídicos nacionais.[354]

Merece destaque a contribuição da Constituição Equatoriana (2008) para esse fenômeno, ao consagrar os Direitos de *Pacha mama*, "de onde se reproduz e se realiza a vida" (art. 71), e, ainda, celebra, em seu preâmbulo, tanto as "nacionalidades indígenas" como a natureza, "de que somos parte e que é vital para nossa existência", invocando a "sabedoria de todas as culturas que nos enriquecem como sociedade" para "construir uma nova forma de convivência cidadã, em diversidade e harmonia com a natureza, para alcançar o bem viver, o *sumak kawsay*". Para efetivar o art. 71 da Carta Fundamental, o Equador promulgou um novo Código Orgânico Geral de Processos (2015), destinando um capítulo inteiro à Representação

354 UPRIMNY, Rodrigo. "Las transformaciones constitucionales recientes em América Latina: tendências y desafíos". *In*: GARAVITO, César Roberto (Coord.). *El derecho em América Latina*: um mapa para el pesamiento jurídico del siglo XXI. Buenos Aires: Siglo Veintiuno, 2011, pp. 143/144.

da Natureza, ao dispor que esta poderá ser processualmente tutelada por qualquer pessoa natural ou jurídica.

Por sua vez, a Constituição Política do Estado da Bolívia (2009) consagrou o direito das nações e povos indígenas, originários e campesinos de exercer seus sistemas políticos, jurídicos e econômicos conforme suas cosmovisões (art. 30.II.14). Esses sistemas jurídicos foram reconhecidos como parte da função judicial, sob o nome de Jurisdição Indígena Originária Campesina (arts. 179, 190 e 192). Além disso, consagrou

> princípios ético-morais da sociedade plural: *ama qhilla, llulla ama, ama suwa* (não sejas preguiçoso, não mintas, não sejas ladrão), *suma qamaña* (viver bem), *ñandereko* (vida harmoniosa), *teko kavi* (vida boa), *ivi maraei* (terra sem mal) e *qhapaj ñan* (caminho ou vida nobre) (art. 8.1).

No preâmbulo da Carta Fundamental, que descreve com profundeza poética e histórica o passado ecológico da Bolívia, os constituintes afirmam: "Povoamos esta sagrada Mãe Terra com rostos diferentes, e compreendemos desde então a pluralidade vigente de todas as coisas e nossa diversidade como seres e culturas". A Constituição prevê outra evidência de "plurinacionalismo": o direito de voto a estrangeiros. Conforme a Carta, o Tribunal Constitucional Plurinacional é composto mediante sufrágio universal, garantindo-se a representação indígena na Corte.

Frisa-se que essas novas Constituições, como já salientado, nascem das lutas de movimentos indígenas, campesinos e afrodescendentes, no contexto da crise ecológica[355] e capitalista enfrentada atualmente. Diante disso, alguns autores argumentam que, ao propor

---

355 OSORIO, Martín Bazurco; RODRÍGUEZ, José Luis Exeni. "Bolivia: justicia indígena en tiempos de plurinacionalidad". *In*: SANTOS, Boaventura de Sousa *et al*. *Justicia indígena, plurinacionalidad e interculturalidad en Bolivia*. La Paz: Ediciones Abya-Yala, 2012, pp. 54-56.

uma "plurinacionalidade", as Constituições da Bolívia e do Equador, de fato, rompem com o modelo de Estado que buscou "homogeneizar, assimilar a cultura indígena, bem como a cultura dos imigrantes negros, que vieram escravizados para as Américas".[356] Portanto, essas novas Constituições, "justamente por terem como origem um processo de lutas populares, podem emancipar, bem como libertar politicamente as culturas minoritárias até então reprimidas".[357]

Evidencia-se que as Constituições plurinacionais referidas avançam no reconhecimento do pluralismo e da autonomia do direito indígena, de forma a superar a concepção estatalista do direito, ante o reconhecimento da capacidade de organização jurídica própria das comunidades tradicionais. Contudo, nem todas as Constituições na região avançam no sentido de reconhecerem o pluralismo e, como consequência, a autonomia indígena, questão que deve ser evitada quando da elaboração da Constituição chilena.

No quadro abaixo, são apresentadas algumas previsões relativas a direitos dos povos indígenas nas Constituições da região a partir do reconhecimento da justiça indígena, com foco mais preciso na América do Sul. O intuito é discuti-las para, ao final, apresentar-se uma proposta.[358]

---

356 VIEIRA, José Ribas; DYNIEWICZ, Letícia Garcia Ribeiro. "Estado plurinacional na América Latina: diálogo conceitual entre multiculturalismo canadense e teoria pós-colonial". *In*: MORAIS, José Luiz Bolzan; BARROS, Flavianne Magalhães de. *Novo constitucionalismo latino-americano*: o debate sobre novos sistemas de justiça, ativismo judicial e formação de juizes. Belo Horizonte: Arraes, 2014, p. 33.

357 VIEIRA, José Ribas; DYNIEWICZ, Letícia Garcia Ribeiro. "Estado plurinacional na América Latina: diálogo conceitual entre multiculturalismo canadense e teoria pós-colonial". *In*: MORAIS, José Luiz Bolzan de; BARROS, Flavianne Magalhães de. *Novo constitucionalismo latino-americano*: o debate sobre novos sistemas de justiça, ativismo judicial e formação de juízes. Belo Horizonte: Arraes, 2014, p. 33.

358 No referido quadro usamos a língua espanhola como meio de melhor conferir os conteúdos para, posteriormente, apontar uma proposta. Os negritos são escolhas para o que será indicado mais adiante.

Bolívia
Articulo 2 de la Constitución Política del Estado del Bolivia
Dada la existencia precolonial de las naciones y pueblos indígena originario campesinos y su dominio ancestral sobre sus territorios, se garantiza su libre determinación en el marco de la unidad del Estado, que consiste en su derecho a la autonomía, al autogobierno, a su cultura, **al reconocimiento de sus instituciones** y a la consolidación de sus entidades territoriales, conforme a esta Constitución y la ley. Artículo 179. I. La función judicial es única. La jurisdicción ordinaria se ejerce por el Tribunal Supremo de Justicia, los tribunales departamentales de justicia, los tribunales de sentencia y los jueces; la jurisdicción agroambiental por el Tribunal y jueces agroambientales; la jurisdicción indígena originaria campesina se ejerce por sus propias autoridades; existirán jurisdicciones especializadas reguladas por la ley. II. La jurisdicción ordinaria y la jurisdicción indígena originario campesina gozarán de igual jerarquía. Artículo 190. I. Las naciones y pueblos indígena originario campesinos ejercerán sus funciones jurisdiccionales y de competencia a través de sus autoridades, y aplicarán sus principios, valores culturales, normas y procedimientos propios. II. La jurisdicción indígena originaria campesina respeta el derecho a la vida, el derecho a la defensa y demás derechos y garantías establecidos en la presente Constitución. Artículo 191. I. La jurisdicción indígena originario campesina se fundamenta en un vínculo particular de las personas que son miembros de la respectiva nación o pueblo indígena originario campesino. II. La jurisdicción indígena originario campesina se ejerce en los siguientes ámbitos de vigencia personal, material y territorial: 1. Están sujetos a esta jurisdicción los miembros de la nación o pueblo indígena originario campesino, sea que actúen como actores o demandado, denunciantes o querellantes, denunciados o imputados, recurrentes o recurridos. 2. Esta jurisdicción conoce los asuntos indígenas originario campesinos de conformidad a lo establecido en una Ley de Deslinde Jurisdiccional. 3. Esta jurisdicción se aplica a las relaciones y hechos jurídicos que se realizan o cuyos efectos se producen dentro de la jurisdicción de un pueblo indígena originario campesino. Artículo 192. I. Toda autoridad pública o persona acatará las decisiones de la jurisdicción indígena originaria campesina.

II. Para el cumplimiento de las decisiones de la jurisdicción indígena originario campesina, sus autoridades podrán solicitar el apoyo de los órganos competentes del Estado. III. El Estado promoverá y fortalecerá la justicia indígena originaria campesina. La Ley de Deslinde Jurisdiccional, determinará los mecanismos de coordinación y cooperación entre la jurisdicción indígena originaria campesina con la jurisdicción ordinaria y la jurisdicción agroambiental y todas las jurisdicciones constitucionalmente reconocidas.
Colômbia
Artículo 246 de la Constitución Política de Colombia
Las autoridades de los pueblos indígenas podrán ejercer funciones jurisdiccionales dentro de su ámbito territorial, de conformidad con sus propias normas y procedimientos, *siempre que no sean contrarios a la Constitución y leyes de la República.* ***La ley establecerá las formas de coordinación de esta jurisdicción especial con el sistema judicial nacional.***
Equador
Articulo 57, fraccion X de la Constitución de la República del Ecuador
Art. 57. Se reconoce y garantizará a las comunas, comunidades, pueblos y nacionalidades indígenas, ***de conformidad con la Constitución y con los pactos, convenios, declaraciones y demás instrumentos internacionales de derechos humanos***, los siguientes derechos colectivos: X – **Crear, desarrollar, aplicar y practicar su derecho propio o consuetudinario,** ***que no podrá vulnerar derechos constitucionales, en particular de las mujeres, niñas, niños y adolescentes.***

Art. 171. Las autoridades de las comunidades, pueblos y nacionalidades indígenas ejercerán funciones jurisdiccionales, con base en sus tradiciones ancestrales y su derecho propio, dentro de su ámbito territorial, con garantía de participación y decisión de las mujeres. Las autoridades aplicarán normas y procedimientos propios para la solución de sus conflictos internos, y que no sean contrarios a la Constitución y a los derechos humanos reconocidos en instrumentos internacionales. El Estado garantizará que las decisiones de la jurisdicción indígena sean respetadas por las instituciones y autoridades públicas. Dichas decisiones estarán sujetas al control de constitucionalidad. La ley establecerá los mecanismos de coordinación y cooperación entre la jurisdicción indígena y la jurisdicción ordinaria.
Peru
Artículo 149 de la Constitución Política
Las autoridades de las Comunidades Campesinas y Nativas, con el apoyo de las Rondas Campesinas, pueden ejercer las funciones jurisdiccionales dentro de su ámbito territorial de conformidad con el derecho consuetudinario, *siempre que no violen los derechos fundamentales de la persona.* La ley establece las formas de coordinación de dicha jurisdicción especial con Juzgados de Paz y con las demás instancias del Poder Judicial.
Venezuela
Artículo 260 de la Constitución de la República Bolivariana de Venezuela
Las autoridades legítimas de los pueblos indígenas podrán aplicar en su hábitat instancias de justicia con base en sus tradiciones ancestrales y que sólo afecten a sus integrantes, según sus propias normas y procedimientos, *siempre que no sean contrarios a esta Constitución, a la ley y al orden público.* ***La ley determinará la forma de coordinación de esta jurisdicción especial con el sistema judicial nacional.***

Do quadro, percebe-se que o reconhecimento constitucional da justiça indígena se apoia em dois elementos: a) o primeiro, diz respeito à interação entre as instituições indígenas de distribuição de justiça e a Constituição; b) o segundo, aos limites jurídicos para o exercício da jurisdição indígena.

Nas Constituições analisadas, a organização das justiças indígenas é ponto de inflexão não somente para um pluralismo institucional, mas, também, para um pluralismo jurídico, no sentido da coexistência entre ordens jurídicas em um mesmo território.

Observa-se, sobretudo, vários modos de se tratar esse pluralismo. No caso da Constituição da Bolívia, em seu art. 2º, a linguagem constitucional utiliza a palavra "reconhecer", é dizer, trata-se de um modo de olhar a justiça indígena como algo já existente, a ser entendida por instituições em funcionamento. O mesmo ocorre com o artigo 57 da Constituição equatoriana, que não se dispõe a autorizar a existência dessa jurisdição, mas de reconhecer a sua existência. Não é o que ocorre nos arts. 246 da Constituição da Colômbia, 149 da Constituição do Peru, e 260 da Venezuela, nos quais o texto constitucional estabelece uma autorização para o seu funcionamento, ou seja, utiliza uma mirada hierarquizada da ordem estatal sobre essas ordens fragmentárias, pois se deduz que somente no caso de existência de uma autorização estatal é que se legitima o funcionamento de instituições que se regulam especialmente por seu Direito Consuetudinário, alguns deles anteriores ao próprio processo de colonização na região.

A tabela abaixo, elaborada a partir de texto de Rodrigo Uprimny e Luz María Sánchez,[359] sintetiza o ocorrido, no constitucionalismo regional nos últimos 40 anos, e tem a pretensão essencialmente descritiva, dado que as críticas a respeito serão tecidas no decorrer da obra.

---

359 UPRIMNY, Rodrigo; SÁNCHEZ, Luz María. "Transformação constitucional e democracia na América Latina". *In*: VIEIRA, Oscar Vilhena; GLEZER, Rubens *et al.* (Coord.). *Três décadas de transformações constitucionais na América Latina*: balanços e perspectivas. São Paulo: FGV Direito, 2017.

	tendências comuns	breve explicação
parte dogmática	reconhecimento do pluralismo, seja no âmbito cultural ou político;	modificação do entendimento da unidade nacional; reconhecer e valorizar o pluralismo; definição de nações pluriétnicas e pluriculturais.
	forte compromisso com a igualdade e a superação de tipos distintos de discriminação;	compromisso com a igualdade e proibição de discriminação; proteção especial a grupos historicamente marginalizados.
	incorporação de direitos especiais a grupos étnicos;	reconhecimento de diversidade étnica e de línguas oficiais.
	abertura ao Direito Internacional dos direitos humanos;	ocorreu na maior parte das Constituições grande abertura ao Direito Internacional dos direitos humanos com tratamento especial dos direitos humanos e aplicação nacional por juízes nacionais dos direitos humanos.
	mecanismos judiciais para proteção dos direitos;	formas judiciais diretas de proteção de direitos; instituições de promoção e proteção dos direitos humanos.
	mecanismos de democracia direta.	tentativa de criar novos espaços de participação cidadã, como consultas populares e referendos.

parte orgânica	fortalecimento da independência judicial;	criação de conselhos superiores de magistratura, ação pública de inconstitucionalidade.
	tentativas de moderar o presidencialismo;	ampliação dos poderes legislativos sobre o executivo, maior autonomia ao Banco Central, impedimento da reeleição imediata.
	características da descentralização;	ampliação dos funcionários locais eleitos por voto popular, atribuição de novas competências de gasto social, mecanismos de fortalecimento econômico de autoridades locais e transferências de recursos do governo central aos locais.
	criação de órgãos anticorrupção;	criação ou fortalecimento de órgãos autônomos orientados par aumentar a transparência no acesso e exercício da função pública.

2.6 A difícil consolidação da Democracia Constitucional na América Latina

Após explorar os temas dos constitucionalismos e das democracias, sem qualquer pretensão de esgotá-los, mas tão somente de demonstrar que são ferramentas para o bom desenvolvimento deste trabalho, busca-se, agora, aproximá-los, de forma que suas vertentes procedimentais e materiais conformem outro conceito operacional, o de democracia constitucional.

Trata-se de um conceito que convive com outros, como democracia liberal, por exemplo, que, muitas vezes, são tomados como sinônimos, apesar das múltiplas possibilidades de conceitos de democracia. Mas, como um conceito instrumental, é preciso encontrá-lo num mar de ideias políticas, que ganha números cada vez mais amplos. Essa união de conceitos é uma exigência, pois, tendo em vista a possibilidade de se conceber a democracia, unicamente, a partir dos seus aspectos eleitorais, intenciona-se mostrar que esse conceito minimalista não se coaduna com o que se trabalha nessa obra, pois "mesmo uma concepção minimalista (de democracia) precisa de um contexto institucional",[360] por um lado, e social, por outro. Por esta razão, recorre-se ao conceito de democracia constitucional como:

> uma ordem política que promete proteger os direitos básicos (essenciais ao processo democrático) limitando o poder da maioria no governo, proporcionando oportunidades estáveis e regulares para mudar maiorias e governos, garantindo mecanismos sociais e processuais que permitam à maior parte da população que participe do jogo da política, influenciando as decisões e mudando quem toma as decisões. Fá-lo através da separação de poderes e da independência do judiciário.[361]

Em uma democracia constitucional, elementos relativos aos processos de escolha democrática, com a possibilidade de efetiva participação popular, devem conviver com a necessidade de que não só existem regras estáveis para o jogo democrático, como também direitos fundamentais devem ser protegidos, para que minorias e maiorias possam, embora potencialmente, mudar seu posicionamento no espaço político fático. Esses direitos referidos, conforme será visto mais adiante, que devem conviver com os direitos sociais, dizem respeito àqueles ínsitos ao Estado liberal, que funcionam não como regras do jogo, mas "regras preliminares que permitem o desenvolvimento do jogo".[362] São eles a liberdade de expressão, de

---

360 HUQ, Aziz; GINSBURG, Tom. "How to lose a constitutional democracy". *UCLA Law Review*, Chicago, 78, 2018, p. 92.

361 URBINATI, Nadia. *Me the people*: how populism transforms democracy. Cambridge: Harvard University Press, 2019, p. 7.

362 BOBBIO, Norberto. *Il futuro della democrazia*. Itália: Einaudi, 2014, p. 22.

reunião, de associação e, institucionalmente, a regra do Estado de Direito, todos com o devido assento constitucional.

Esses direitos

> são necessários para a manutenção de um nível razoável de responsividade democrática e eleições imparciais. Na ausência de todos os três predicados institucionais, anteciparíamos níveis de capacidade de resposta democrática vacilantes,[363]

tendo em vista se exigir não somente a existência de eleições periódicas livres e justas, mas a existência de competição que, por sua vez, só pode ser garantida em função da proteção dos direitos fundamentais citados e da estabilidade, certeza e integridade do Direito, das instituições que conduzem diretamente o pleito eleitoral, e daquelas que interpretam o Direito em situação de conflito, como a jurisdição judicial ou administrativa, a depender do modelo de fiscalização eleitoral escolhido.

Percebe-se que uma democracia constitucional está vinculada à ideia do conflito como "uma condição permanente da liberdade política e de participação, e não uma condição opcional ou acidental".[364] Assim, é condição para a democracia constitucional, de acordo com o que se constrói, que não somente o embate entre grupos com posicionamentos políticos distintos esteja presente, mas que, por outro lado, existam instituições habilitadas, constitucionalmente, para mediar este conflito, dada a exigência de que a separação dos poderes e o Estado de Direito condicionam o embate.[365]

---

363 HUQ, Aziz; GINSBURG, Tom. "How to lose a constitutional democracy". *UCLA Law Review*, Chicago, 78, 2018, p. 87.

364 URBINATI, Nadia. *Me the people*: how populism transforms democracy. Cambridge: Harvard University Press, 2019, p. 53.

365 URBINATI, Nadia. *Me the people*: how populism transforms democracy. Cambridge: Harvard University Press, 2019, p. 7.

Uma democracia constitucional, portanto, não pode ser reduzida à competição eleitoral em sentido formal, dado que poderá não haver concorrência justa:

> Para que a competição eleitoral genuína seja sustentada, portanto, é necessário algo mais do que um mínimo de arranjos legais e institucionais. Além disso, há a necessidade dos direitos civis e políticos empregados no processo democrático, da disponibilidade de uma máquina eleitoral neutra e da estabilidade, previsibilidade e publicidade de um regime jurídico geralmente capturado no termo "Estado de Direito".[366]

O processo eleitoral que compõe todas as concepções de democracia não pode ser unicamente organizado ou regulado. Em um regime democrático, as eleições devem ser

> razoavelmente competitivas, livres, igualitárias, decisivas, inclusivas e institucionalizadas (...). Além disso, os (pelo menos dois) partidos concorrentes devem ter uma chance razoável de fazer com que seus pontos de vista sejam conhecidos por todos os eleitores (potenciais e reais). Para ser uma escolha real, a eleição deve ser livre, na medida em que os cidadãos não são (pelo menos fisicamente) coagidos ao tomar suas decisões de voto e votar de fato. Além disso, para que a eleição seja igualitária, cada voto deve contar igualmente e não ser falsificado. (...): elas devem ser decisivas, em vários sentidos. Em primeiro lugar, aqueles que se tornarem vencedores alcançam a incumbência dos respectivos papéis governamentais. Em segundo lugar, os eleitos, com base na autoridade atribuída a essas funções, podem efetivamente tomar as decisões vinculantes que o quadro legal/constitucional normalmente autoriza. Em

366 HUQ, Aziz; GINSBURG, Tom. "How to lose a constitutional democracy". *UCLA Law Review*, Chicago, 78, 2018, pp. 87/88.

> terceiro lugar, os eleitos terminam seus mandatos nos termos e/ou nas condições estipuladas por essa mesma estrutura.[367]

Essas democracias constitucionais precisam não só de instituições públicas, mas, ainda, de outras de diversa natureza, como a sociedade civil organizada, por exemplo, que, para existirem, demandam regras jurídicas e seu cumprimento. Os direitos fundamentais referidos, de índole liberal, aperfeiçoam o grau de autonomia individual e coletiva necessário para a participação política não se reduzir unicamente aos momentos em que o Estado está presente. Além disso, fomenta a percepção de que o jogo político se desenvolve para que a sociedade civil assuma o seu espaço nas estruturas democráticas visando a conduzi-la a partir de suas próprias decisões. A democracia constitucional depende de uma delicada relação entre Estado, suas instituições, e as instituições da sociedade civil, além dos direitos liberais e do seu cumprimento.[368]

As democracias constitucionais surgem, após a Segunda Guerra Mundial, para contrastar com os regimes autoritários que abusaram, ignoraram ou violaram o Estado de Direito e foram necessárias, principalmente, em sociedades heterogêneas, pluralistas, nas quais tolerância, instituições independentes e Estado de Direito se tornaram indispensáveis para alcançar uma coesão política com um mínimo de opressão. Em ambientes nos quais o pluralismo étnico, religioso, linguístico, cultural ou ideológica persiste, a concepção de bem comum deve ser mediada por essas concepções.[369]

---

367 O'DONNELL, Guillermo. *Democracy, agency, and the state*: theory with comparative intent. Oxford: Oxford University Press, 2010, pp. 18/19.

368 HUQ, Aziz; GINSBURG, Tom. "How to lose a constitutional democracy". *UCLA Law Review, Chicago*, 78, 2018, p. 90.

369 ROSENFELD, Michel. "The rule of law and the legitimacy of constitutional democracy". *S. Cal. L. Rev.*, vol. 74, 2000, pp. 7/8.

Além disso, as democracias constitucionais, se efetivas, levam à implementação da vontade da maioria, além de reforçarem a necessidade de a minoria política aceitar e cumprir com o que se posiciona contrariamente no campo político, mas que, dada a existência de regras fundamentais, deve ser cumprido para a própria preservação da democracia constitucional.

A proteção de direitos fundamentais leva a maioria a não se convencer de que pode tudo o que lhe satisfaz, pois pode ser coagida a regredir, para o que o princípio do Estado de Direito cumpra uma função essencial também quanto ao consentimento.[370] O princípio do Estado de Direito parte da ideia de que o Estado detém o monopólio não somente do uso da força, mas também é ele que decide as regras jurídicas impostas à sua própria atuação, segundo o princípio da legalidade/constitucionalidade/convencionalidade. Isso engloba tanto o Direito interno quanto o Direito Internacional.

No constitucionalismo latino-americano, percebe-se o avanço da recepção dos pluralismos jurídicos, especialmente do reconhecimento do Direito Consuetudinário indígena e quilombola. É o caso, por exemplo, das ordens constitucionais do Peru, da Bolívia, do Equador, da Colômbia, da Nicarágua, e da Guatemala, por exemplo, em que as regras jurídicas despontam como essenciais não somente para a regulação de um sistema de justiça próprio, mas, também, para que a sua representatividade, no cenário político, fomente a sua participação política.

O Estado de Direito exige um compartilhamento, por parte da população, dos partidos políticos ou do Estado, do sentimento de necessidade de cumprir o Direito, ponto débil para a concretização do Estado de Direito regional. Todavia, há um grupo expressivo da população, na região, não disposta a respeitar o Direito se suas normas jurídicas não lhes convêm. E isto se agrava quando "as instituições

---

370 ROSENFELD, Michel. "The rule of law and the legitimacy of constitutional democracy". *S. Cal. L. Rev.*, vol. 74, 2000, pp. 9-11.

do Estado, que devem aplicar as regras, e os representantes políticos que devem garantir o cumprimento, são facilmente motivados a não aplicar a lei, dependendo de sua conveniência",[371] algo que afasta a realidade constitucional do texto constitucional.[372]

A implementação do Estado de Direito enfrenta problemas regionais acentuados, além dos já afirmados, dentre eles: a) a qualidade do Direito produzido ser deficiente, existindo vazios normativos e contradições entre normas, que muitas vezes contrariam a própria Constituição; b) intensos conflitos entre órgãos de justiça, seja no campo jurisprudencial ou administrativo; c) desenvolvimento insuficiente, pela ordem legal, dos direitos previstos nas Constituições e nos tratados e jurisprudência internacional; c) aplicação inadequada das normas jurídicas pelas instituições estatais, muitas vezes em consonância com interesses outros que não o interesse público; d) problemas de cumprimento de sentenças pelo próprio Estado e o uso reiterado da falta de recursos para deixar de cumpri-las; e) dificuldade de acesso qualitativo à justiça, seja pela falta de órgãos habilitados para litigar, no que diz respeito aos mais excluídos, seja pelo emaranhado de normas jurídicas conflitantes produzidas; f) fragilidade da independência judicial e a politização das carreiras estatais; g) ausência de previsibilidade do Direito e coordenação entre as instituições de justiça.[373]

A assimetria colocada sobre a aplicação do Direito em função de diferenças sociais é acentuada na região. Os excluídos são pouco

---

371 SCHÖNBOHM, Horst. "Reflexiones sobre el Estado de derecho en América Latina". *In*: AHRENS, Helen. *El Estado de Derecho de Hoy en América Latina*. Montevideo: Mastergraf 2012, p. 49.

372 NEVES, Marcelo. *A constitucionalização simbólica*. São Paulo: Académica, 1994, p. 77.

373 Esta relação está baseada, com algumas mudanças, na proposta de SCHÖNBOHM, Horst. "Reflexiones sobre el Estado de derecho en América Latina". *In*: AHRENS, Helen. *El Estado de Derecho de Hoy en América Latina*. Montevideo: Mastergraf 2012, p. 51.

respeitados pelas instituições e acabam naturalizando esta relação subalterna no campo da cidadania. Além disso, as elites estatais ou sociais também não se veem parte do mesmo sistema jurídico, pois o Direito é aplicado de modo diverso em função destas diferenças de cunho pessoal. O Estado negligencia o princípio da igualdade na lei em função dessas diferenças e trata os excluídos com violência e os "amigos" com doçura e

> mesmo quando existe um ordenamento jurídico que abarque as diversas "excelências" relacionadas à formalidade da lei, a falta de um mínimo de igualdade social e econômica inibirá a reciprocidade, perturbando o Estado de Direito.[374]

Existe, também, na América Latina, um sentimento de que suas burocracias são ineficientes e com isso, o Estado de Direito não se impõe segundo critérios de igualdade, e os sistemas jurídicos se apresentam tendenciosos conforme critérios sociais. Ademais, "é baixa e, em alguns casos, decrescente (a) credibilidade desses Estados e seus governos como realizadores do bem comum de sua população e como filtros dispostos e razoavelmente qualificados".[375]

Mas há outros aspectos revelados desde o surgimento destes estados independentes, na região, e que, apesar do tempo decorrido, acentuaram questões relevantes a serem analisadas para se verificar o impacto insuficiente das democracias constitucionais na América Latina. É o caso da percepção, por aqueles que integram a população, e que não se reconhecem "como membros de uma mesma nação ou

---

374 VIEIRA, Oscar Vilhena. "Desigualdad estructural y Estado de Derecho". *In:* GARAVITO, César Rodríguez. *et al.* (Coord.). *El derecho en América Latina*: un mapa para el pensamiento jurídico del siglo XXI. Buenos Aires: Siglo Veintiuno, 2011.

375 O'DONNELL, Guillermo. *Democracy, agency, and the state*: theory with comparative intent. Oxford: Oxford University Press, 2010, p. 146.

país",[376] o que aumenta a desconfiança entre si, produzindo uma ausência de coesão social nacional. Trata-se de um aspecto até hoje saliente, tendo em vista a contínua exclusão de minorias étnicas, a exemplo das populações indígenas, em vários países da região. O Estado acaba precedendo à formação dos laços culturais entre as pessoas que, ao invés de criá-lo, acabavam sendo criados por ele.

Outro aspecto importante diz respeito às Constituições que, apesar de "formalmente democráticas (ou liberais), (...) em suas premissas contradiziam concepções coletivistas ou organicistas muito difundidas",[377] acentuando a distância entre a integração política necessária entre os membros daquelas novas comunidades políticas em gestação e expedientes personalistas ou individualistas exacerbados.

Além disso, quanto ao respeito à necessária consolidação do Estado de Direito, viu-se a assimetria se acentuar quanto à aplicação do Direito de forma igualitária. Na verdade, os

> centros políticos que, em vez de impor a homogeneização legal e política geral alcançada no Noroeste, acabou pactuando a coexistência de seus padrões mais ou menos constitucionais com a subsistência de tipos patrimoniais de governo muitas vezes em grandes parcelas de seu território.[378]

Contemporaneamente, apesar da evolução havida em alguns campos importantes para as democracias constitucionais, como é o caso das eleições justas e livres, uma realidade relativamente posta

---

376 O'DONNELL, Guillermo. *Democracy, agency, and the state*: theory with comparative intent. Oxford: Oxford University Press, 2010, p. 147.

377 O'DONNELL, Guillermo. *Democracy, agency, and the state*: theory with comparative intent. Oxford: Oxford University Press, 2010, p. 148.

378 O'DONNELL, Guillermo. *Democracy, agency, and the state*: theory with comparative intent. Oxford: Oxford University Press, 2010, p. 147.

na região, embora com alguns sobressaltos e dos dados socioeconômicos deficitários se comparados ao restante do planeta, não se viu o mesmo ocorrem, com tamanha presença, com a incorporação, ao conceito de democracia constitucional, dos direitos econômicos, sociais e culturais, o que afeta, ainda, um dos pilares das democracias constitucionais, o Estado de Direito, que apresenta características regionais altamente influenciadas pelas desigualdades referidas.

Quer-se dizer da necessidade de que exista um acordo a respeito da impossibilidade de se confundir democracia com democracia minimalista, pois as democracias constitucionais envolvem não somente a necessária calibragem dos mecanismos de freios e contrapesos, por um lado, mas a proteção dos direitos fundamentais, por outro. Esses direitos, em países centrais, ou do noroeste global, que efetivamente vivenciaram o Estado Social, alcançando razoável patamar de proteção dos direitos sociais, econômicos e culturais, faz essa discussão não ser essencial. Mas, na periferia do capitalismo, na qual as assimetrias sociais são intensas, ela é prioritária.

Há que se afirmar que, embora se possa chamar a democracia constitucional de democracia liberal, não se quer dizer com isto que se defenda um projeto liberal de Estado para realizá-la, no qual somente os direitos civis e políticos estipulam um piso para que esta democracia seja sã. Nem, por outro lado, que seja um projeto socialista, no qual o indivíduo singular deixa de ser substrato para as decisões do Estado. A concepção de democracia constitucional que se defende deve ter um conjunto mínimo de *direitos sociais*, ao lado daqueles tratados anteriormente (quatro grandes liberdades dos modernos, para Bobbio).

Faz-se necessário, deste modo, "um certo conjunto de princípios e valores da tradição socialista (particularmente equidade na distribuição de recursos primários) (que) constitui a pré-condição dessa pré-condição",[379] ou seja, sem a proteção de direitos "sociais",

---

379 MICHELANGELO, Bovero. *Una gramática de la democracia*: contra el gobierno de los peores. Madrid: Trotta, 2002, p. 51.

> as liberdades individuais ficam vazias, os direitos fundamentais de liberdade se transformam, de fato, em privilégios para poucos e sua garantia perde, desta maneira, o valor de pré-condição da democracia.[380]

Este referencial para a democracia constitucional, acima deduzido, remete ao tema da indivisibilidade dos direitos, ou seja, à impossibilidade de compartimentar os direitos da pessoa humana, deixando de integrá-los, ou de perceber que somente se concretizam em conjugação com outros direitos. Nunca foram tão atuais as seguintes perguntas:

> A pobreza extrema é, em última análise, a negação de todos os direitos humanos. Como falar de direito à liberdade de expressão, sem direito à educação? Como conceber o direito de entrar e sair (liberdade de circulação), sem o direito à moradia? Como contemplar o direito à livre participação na vida pública, sem o direito de se alimentar? Como se referir ao direito à assistência jurídica, sem ter presente, ao mesmo tempo, o direito à saúde?[381]

Tais questões ficam ainda mais sensíveis se perquiridas em um ambiente regional tão desigual e excludente como a América Latina.

Ao final, reitera-se, o Estado de Direito, atualmente, ainda tem a sua repercussão em âmbito internacional, de onde seus atores, como os tribunais, participam para conformá-lo. E, no que toca ao tema da democracia constitucional, na região, a Organização dos Estados Americanos, deu importantes passos. O primeiro deles diz

---

380 MICHELANGELO, Bovero. *Una gramática de la democracia*: contra el gobierno de los peores. Madrid: Trotta, 2002, p. 50.

381 TRINDADE, Antônio Augusto Cançado. "La justiciabilidad de los derechos económicos, sociales y culturales en el plano internacional". *Lecciones y ensayos*. Ciudad de Buenos Aires: Abeledo-Perrot, 1998, p. 96.

respeito à aprovação da alteração do artigo 9º da Carta da OEA, que instituiu uma cláusula democrática. O expediente, prevê que em um Estado parte no qual "um governo democraticamente constituído (...) deposto à força" possa ter seus direitos de participação suspensos

> nas sessões da Assembleia Geral, da Reunião de Consulta, dos Conselhos da Organização e das Conferências Especializadas, bem como das comissões, grupos de trabalho e demais órgãos que tenham sido criados.

Embora parta de uma modalidade de retrocesso democrático tradicional, na qual a força é usada para destituir governo eleito, trata-se de um movimento importante para o constitucionalismo regional. Outro passo foi dado com a aprovação da Carta Democrática da OEA, em 2001, que embora seja uma *soft law*, funciona como "vetor de interpretação de como promover a democracia prevista na Carta da OEA".[382]

A existência de cláusulas democráticas[383] demonstra que, apesar da variedade de interesses que pautam os processos integracionistas, há um mínimo material que informa esses processos. Exige-se como condição para negociações e decisões que, em âmbito interno dos Estados Partes, exista um ambiente democrático: significa dizer que há um dever para os Estados nacionais participantes dos processos referidos que a democracia seja respeitada e aperfeiçoada. Impõe-se, com isso, dentre outros resultados, ao menos, como um conteúdo mínimo para sua concretização, que se institua mecanismos claros e eficientes de proteção de minorias. Esse elemento faz parte de qualquer conceito mínimo que se apresente sobre democracia. Por

---

382 RAMOS, André de Carvalho. "Novos tempos, velho remédio? Os riscos da cláusula democrática no Sistema Interamericano de Direitos Humanos". *Revista Direitos Fundamentais & Democracia*, vol. 25, nº 3, 2020, p. 14.

383 Ver PIZZOLO, Calogero. *Derecho e integracion regional*. Buenos Aires: Ediar, 2010, pp. 664 e ss.

sua vez, não é possível falar em proteção de minorias sem falar em concretização de direitos humanos, pois são os *escudos* atribuídos aos pouco fortalecidos ou representados contra os estados, ou outros atores privados que se coloquem em relações assimetricamente estabelecidas. Desse modo, os direitos humanos informam esses processos de integração.

Referidas cláusulas democráticas são encontradas tanto na Comunidade Andina de Nações, quanto na UNASUL e no Mercosul. São cláusulas que informam os processos de integração, ainda que a tônica destes seja mais econômica, de infra-estrutura, cultural, política etc.

Isso quer dizer que quaisquer que sejam os interesses momentâneos dos Estados nacionais envolvidos, há uma base material comum que deve perpassar não somente os textos constitucionais nacionais, mas, ainda, a realidade político-constitucional de cada um dos estados partes destes processos. É dizer, há uma exigência de que a democracia seja uma opção não somente teórica, mas uma realidade no âmbito destes Estados nacionais.

Isso ocorria na União de Nações Sul Americanas (Unasul), uma tentativa de se formar um bloco regional maior em relação ao Mercosul e que, por ter o Brasil como um dos propulsores, exigiu uma cláusula democrática, prevista no art. 1º do Protocolo Adicional para a Defesa da Democracia, a integrar suas normas constitutivas:

> o presente Protocolo será aplicado em caso de ruptura ou ameaça de ruptura da ordem democrática, de uma violação da ordem constitucional ou em qualquer situação que ponha em risco o legítimo exercício do poder e a vigência dos valores e princípios democráticos.

No âmbito da Comunidade Andina de Nações foi assinado o "*Protocolo Adicional al Acuerdo de Cartagena 'compromiso de la Comunidad Andina por la Democracia*'" que dispõe, em seu artigo 1º, que:

> *La plena vigencia de las instituciones democráticas y el estado de derecho son condiciones esenciales para la cooperación política y el proceso de integración económica, social y cultural en el marco del Acuerdo de Cartagena y demás instrumentos del Sistema Andino de Integración.*

Por fim, no âmbito do Mercosul, o Protocolo de Ushuaia sobre Compromisso Democrático no Mercosul, a República da Bolívia e a República do Chile (Protocolo de Ushuaia) em seu art. 1º, estabelece a plena vigência das instituições democráticas como requisito para o desenvolvimento dos processos de integração entre os estados-partes,[384] exigência para a manutenção e avanço do processo integrativo.[385] Ademais, estabelece-se um procedimento em casos de ruptura democrática, no qual após consultas recíprocas, os estados-partes poderão, por consenso, aplicar as seguintes penalidades ao faltoso: suspensão do direito de participar dos órgãos dos respectivos processos de integração até a suspensão dos direitos e obrigações emergentes dos referidos processos. O dispositivo referido dispõe que: "*La plena vigencia de las instituciones democráticas es condición esencial para el desarrollo de los procesos de integración entre los Estados Partes del presente Protocolo*".

Dessa forma, nos espaços de integração regional existe uma exigência substancial de concomitância entre democracia, direitos humanos e decisões integradoras. Verifica-se, assim, que ainda que

---

384 "La plena vigencia de las instituciones democráticas es condición esencial para el desarrollo de los procesos de integración entre los Estados Partes del presente Protocolo" (Artigo 1º do Protocolo de Ushuaia).

385 Aguarda aprovação e consequente ratificação pelos estados partes o Protocolo de Montevidéu, assinado em 20 de dezembro de 2012, por todos os membros do Mercosul, mais Bolívia, Chile, Pere, Equador e Colômbia, estados associados do Mercosul.

se admita divergir a respeito do conceito de democracia, tenha-se uma perspectiva mais formal ou substancial, mais de meio ou de fim, está presente em qualquer deles a necessidade de concretização dos direitos humanos, principalmente, como trunfos para a proteção das minorias.

CAPÍTULO III

CRISE DAS DEMOCRACIAS CONSTITUCIONAIS COMO GATILHO PARA O SURGIMENTO DOS POPULISMOS

Adotar um ponto de partida em uma "crise" é algo que eleva o risco de flexibilização da fortaleza factual na qual se apoia uma pesquisa acadêmica. Todavia, a palavra *crise* conjugada à *democracia* vem tomando não somente o noticiário, mas, também, a bibliografia que se multiplica na matéria. O que se pode dizer, de modo peremptório, é que a confiança nas democracias vem sendo abalada por propostas e por manifestações que se multiplicam pelo mundo e, definitivamente, colocam-nas, sejam como regimes ou governos, em linha de fragilização. Como a presente pesquisa está focada em governos, é a partir deles que se desenvolvem os argumentos seguintes.

Surgidas no século XX, como dito, principalmente com o final da Segunda Guerra Mundial, as democracias constitucionais têm demonstrado fraquezas que as põem em xeque em muitos lugares do mundo, porém, esse não é um fenômeno desconhecido, historicamente. A ascensão dos fascismos, tendo o italiano como protagonista, no final de década de 1910, e o alemão, algum tempo depois, têm relação direta com uma crise, ostentada por algumas democracias, naquele momento, em que parlamentarismos instáveis, lutas fratricidas entre liberais e comunistas e outras questões políticas abriram espaço para o seu surgimento. O fenômeno, naquele período, ocupou não somente a Europa, mas ganhou potência também na América Latina.

Lideranças europeias e latino-americanas surgiram e ganharam força naquele momento que, em muito, tem características semelhantes, mas não idênticas, ao que se vê atualmente. Os fascismos, daquela época, e os populismos, que se multiplicaram depois, têm origens muito aproximadas. Isso porque populismos e fascismos são dois conceitos altamente imbricados. E, neste sentido, se alimentam, como ferramentas que buscam destruir ou desgastar as democracias, agem como parasitas, dado que têm seu nascedouro em momentos de descompasso entre a representação política e a legitimidade democrática: elementos tão centrais para entender o funcionamento das democracias.

A superação dos fascismos e os receios a respeito dos populismos mostram que o século XX, na verdade, exigiu um grande esforço para o enfrentamento dos dois modelos de fazer política e de governar. Acreditou-se que, uma vez superados, não voltassem a ocorrer. Por essa razão, aqueles que viveram o final da Segunda Guerra e a (re)construção de uma ordem democrática, na verdade, não lutaram pelas escolhas entre capitalismo e comunismo ou sobre "o fim da história *versus* a volta da história, mas, sim, por uma política de coesão social sobre propostas coletivas *versus* a erosão da sociedade em função da política do medo".[386]

Compreende-se, assim, o surgimento dos fascismos, como modo de fazer política com características próprias, para analisar a sua transformação em populismos, de maneira a se adaptar às mudanças advindas especialmente da Segunda Guerra Mundial. Para

---

386 JUDT, Tony. *Pensando o século XX*. São Paulo: Objetiva, 2014, p. 348.

tanto, em primeiro lugar, resgata-se, historicamente, o surgimento e a evolução tanto dos fascismos quanto dos populismos para, em seguida, enfrentar-se a questão relativa à busca de conteúdo para o desenho de um conceito, problema que retoma o ponto da pluralidade de conceitos existentes para os temas com os quais se trabalha.

A erosão democrática, para além da América Latina, se assenta, também, na expansão dos populismos. Significa que os colapsos autoritários,[387] advindos de golpes militares ou civis, além de outras formas de acesso ao poder com o uso da força, que demandam uma ruptura da ordem vigente e, muitas vezes, dependem de declarações de emergência constitucional, vão sendo substituídos por regimes autoritários que acedem ao poder mediante eleições. A partir daí, com o poder decisório do Estado em suas mãos, tais forças políticas eleitas capturam as instituições públicas e privadas, consolidando o seu poder em detrimento das bases das democracias constitucionais, o que ocorre seja por decisões políticas, seja por decisões jurídicas, mediante leis e Constituições, criadas, reformadas ou renovadas, dificultando perceber em que momento um regime deixa de ser democrático e passa a ser autocrático.

Nas "democracias liberais constitucionais", em sentido contrário aos golpes de Estado e às formas de enfrentamento de crises constitucionais (estado de emergência, estado de sítio etc.), "a força que desvenda a contestação à democracia, em curso, muitas vezes, se não necessariamente, é interna ao sistema democrático",[388] promovida por um partido, uma liderança ou uma coalizão de partidos que alcançaram o poder mediante eleições.

Esse caminho, ainda que possa levar a colapsos futuros, em regra, é capaz de criar regimes híbridos, nos quais alguns aspectos

387 HUQ, Aziz; GINSBURG, Tom. *How to save a constitutional democracy*. Chicago: The University of Chicago Press, 2018, pp. 39-43.

388 HUQ, Aziz; GINSBURG, Tom. *How to save a constitutional democracy*. Chicago: The University of Chicago Press, 2018, p. 77.

das democracias constitucionais são mantidos, a exemplo de eleições periódicas ou do funcionamento do Poder Judiciário, mas, por outro lado, aponta que "as instituições democráticas estão comprometidas até certo ponto e a competição política é restrita".[389]

O trabalho aqui desenvolvido está focado, espacialmente, na América Latina, e seu desenvolvimento demanda a apresentação de elementos próprios ou adaptados para essa região, de modo analisar os impactos dos populismos em variados momentos. Antes, exige-se esclarecer alguns conceitos, tal como o que se quer dizer com populismo e suas diferenças em relação aos fascismos.

3.1 Fascismos e seu desenvolvimento como etapa para o surgimento dos populismos: da Europa para a América Latina

O surgimento dos fascismos, na primeira metade do século XX, está ligado ao sentimento majoritário, no campo político, de que as instituições e os representantes do povo já não convinham ao bom funcionamento do Estado, e de seus governos, para um eleitorado que aumentava, numericamente, mas não se via representado pelo *status quo* e que, apesar de apoiado em regimes democráticos, não apresentava repercussão direta na confiança que o povo deveria ter no funcionamento das democracias então existentes. Esta crise de legitimidade acaba levando ao surgimento de movimentos autoritários defensores da derrocada das instituições democráticas para a sua reformulação ou, mais claramente, a sua substituição por novas formas de representação popular e corporativa.

Esse processo antissistema deixa claro, naquele momento, que a violência, não tolerada em democracias, passaria a desempenhar um aspecto relevante nesta nova ordem. Os fascismos, surgidos

389 HUQ, Aziz; GINSBURG, Tom. *How to save a constitutional democracy*. Chicago: The University of Chicago Press, 2018, p. 3.

como regime na Itália, dão origem a uma forma de representação na qual a violência é justamente um dos seus elementos centrais. A ideologia da violência foi um dos seus atributos mais importantes e diferenciadores,[390] visto tratar-se de um recurso da política e "através da política" se levaria a "uma renovação radical do ser".[391]

Além do uso da violência, propugnava-se pela fórmula da democracia autoritária como saída, que seria um modelo organizado e centralizado, fruto do fascismo,[392] no qual a ditadura era a *forma mais avançada de democracia*. Além dela, o corporativismo (Estado Corporativo) se apresentava como a sua melhor face e o ditador como sua melhor representação, pois só o ditador "podia arbitrar (conflitos) entre setores diferentes da sociedade, e também na qual o povo podia obedecer aos ditos de um Poder Executivo autocrático".[393] Isso porque os

> fascistas acreditavam que o corporativismo fornecia legitimidade substancial a uma forma ditatorial de representação enraizada na soberania, senão eleitoral, popular (...) para os fascistas, a verdadeira democracia, de fato, era uma ditadura corporativista.[394]

A destruição da democracia eleitoral, tal qual pensada desde as transições liberais, focada em partidos e pessoas, para os fascismos, é uma medida nuclear para se compreender a sua própria noção de

---

390 FINCHELSTEIN, Frederico. *Do fascismo ao populismo na história*. São Paulo: Vestígio, 2019, p. 104.

391 FINCHELSTEIN, Frederico. *Do fascismo ao populismo na história*. São Paulo: Vestígio, 2019, p. 109.

392 MUSSOLINI, Benito; TROTSKI, Leon. *Fascismo*. 2ª ed. Rio de Janeiro: Nova Fronteira, 2019, p. 25.

393 FINCHELSTEIN, Frederico. *Uma breve história das mentiras fascistas*. São Paulo: Vestígio, 2020, p. 104.

394 FINCHELSTEIN, Frederico. *Uma breve história das mentiras fascistas*. São Paulo: Vestígio, 2020, p. 114.

povo. Sua extinção permitiria que um povo homogeneizado, no qual o pluralismo não podia ser um valor a ele associado, vingasse, pois todos os inimigos imaginários desapareceriam.[395]

Para sua ascensão, constituiu-se, também, uma estética própria, pois, "sem ser uma ideologia, era uma fé, que não pode ser explicada em termos racionais",[396] e, por isso, aquela religião política entendeu a importância de construir seus próprios referenciais. Essa estética "contribui, de forma notável, para a construção de um consenso nacional, e um poder político próprio".[397] Fomentar a existência histórica de ritos e de símbolos foi uma estratégia importante para consolidar a transformação e atestar a nova ordem, na qual o poder de decidir teria sua legitimidade, na história, ainda que pouco fundada na racionalidade ou nos fatos atestados pelo conhecimento racional. O Direito, neste sentido, deve servir como estabilizador dessa realidade construída.

Ainda que se perceba, na Itália, a ascensão do fascismo, e que se possa datá-lo ao final da década de 1910, suas origens podem ser vistas anteriormente, levando-se a crer que o seu surgimento vinha de longa data. Na verdade, as transformações da sociedade italiana, já no final do século XIX, a partir do processo de industrialização e de crescimento da política de massas é o que aumenta a pressão sobre o modelo de política existente naquele momento. Têm papel importante o nacionalismo, o sindicalismo revolucionário e o

---

395 FINCHELSTEIN, Frederico. *Uma breve história das mentiras fascistas*. São Paulo: Vestígio, 2020, p. 125.

396 MOSSE, George. "Estetica fascista e società: alcune considerazioni". *In*: BOCA, Angelo Del; LEGNANI, Massimo; ROSSI, Mario G. *Il regime fascista*: storia e storiografia. Roma: Laterza, 1995, p. 107.

397 MOSSE, George. "Estetica fascista e società: alcune considerazioni". *In*: BOCA, Angelo Del; LEGNANI, Massimo; ROSSI, Mario G. *Il regime fascista*: storia e storiografia. Roma: Laterza, p. 108.

futurismo, que abrem portas para a contestação da ordem existente e para o aprofundamento das diferenças entre os grupos políticos.[398]

Com a Primeira Guerra Mundial e o reforço do mito do "italianismo", além do avanço dos movimentos radicais de direita e de esquerda, que favorecem a "fé em um novo primado da Itália" como potência,[399] ganha força esse processo de *estressamento democrático*, ou seja, a disseminação de estratégias e de acontecimentos que põem à prova as estruturas das democracias, a exemplo das eleições periódicas, dos partidos políticos e da proteção das minorias.

A crise do Estado Liberal e a consequente transformação da sociedade italiana fomentou o avanço das correntes antiparlamentaristas, de direita e de esquerda, que ampliavam a crise democrática favorecendo a luta por novas ordens políticas. A fragilidade do sistema parlamentar, em razão da fragilidade política de sucessivos governos, ampliava o descontentamento da classe operária e dos camponeses, que começam a ver a revolução bolchevique com olhos de admiração, dado que nem a classe política, nem a classe média conseguiam perceber a força deste projeto de massas.[400]

O movimento fascista surgiu em 1915, com as bases do antipartidarismo formado por "espíritos livres"[401] que refutavam o modelo de organização partidária e suas doutrinas. Segundo eles, o modelo deveria ser fortemente enfrentado, pois travar este embate com os partidos políticos existentes era a forma de atestar, no campo da vida política, o fascismo como "antipragmático e antidogmático; anticlerical e republicano; (pois) propunha reformas institucionais,

---

398 GENTILE, Emilio. *Il fascinio del persecutore George L. Mosse e la catastrofe dell'uomo moderno*. 2ª ed. Roma: Carocci, 2018, p. 11.

399 GENTILE, Emilio. *Il fascinio del persecutore George L. Mosse e la catastrofe dell'uomo moderno*. 2ª ed. Roma: Carocci, 2018, p. 13.

400 GENTILE, Emilio. *Il fascinio del persecutore George L. Mosse e la catastrofe dell'uomo moderno*. 2ª ed. Roma: Carocci, 2018, p. 14.

401 GENTILE, Emilio. *Il fascinio del persecutore George L. Mosse e la catastrofe dell'uomo moderno*. 2ª ed. Roma: Carocci, 2018, p. 18.

econômicas e sociais muito radicais",[402] praticando a violência contra o bolchevismo e o Partido Socialista, por um lado, e desprezando o Parlamento e a política liberal, pois o liberalismo e a mentalidade liberal confrontavam com as bases do fascismo, para quem o Estado devia assumir a direção dos desígnios da pessoa. Nas palavras de Mussolini, o fascismo era "anti-individualista", pois:

> (...) a concepção fascista da vida enfatiza a importância do Estado e aceita o indivíduo apenas na medida em que seus interesses coincidam com os do Estado, que representa a consciência e a vontade universal do homem como uma entidade histórica. Opõe-se ao liberalismo clássico, que surgiu como uma reação ao absolutismo e exauriu sua função histórica quando o Estado se tornou a expressão da consciência e da vontade do povo. O liberalismo negava o Estado em prol do indivíduo; o fascismo reafirma os direitos do Estado como expressão da essência verdadeira do indivíduo. E se a liberdade é o atributo de homens vivos e não de fantoches abstratos inventados pelo liberalismo individualista, então o fascismo defende a liberdade, a única liberdade válida, a liberdade do Estado e do indivíduo dentro do Estado. A concepção fascista do Estado é totalmente abrangente; fora dele inexistem valores humanos ou espirituais, nada disso tem valor. Nesse sentido, o fascismo é totalitário, e o Estado fascista – uma síntese e uma unidade inclusiva de todos os valores – interpreta, desenvolve e potencializa a vontade de um povo.[403]

A polarização com o sindicalismo e com o comunismo também se mostrava patente, pois, como polos opostos do fascismo, se entrecruzam com alguns valores que se "adaptavam" dentro da própria estrutura fascista, pois se entendia como "o oposto do socialismo,

---

402 GENTILE, Emilio. *Il fascinio del persecutore George L. Mosse e la catastrofe dell'uomo moderno*. 2ª ed. Roma: Carocci, 2018, p. 18.

403 MUSSOLINI, Benito; TRÓTSKI, Leon. *Fascismo*. 2ª ed. Rio de Janeiro: Nova Fronteira, 2019, p. 12.

para o qual a unidade dentro do Estado (que funde as classes em uma única realidade econômica e ética) é desconhecida e que vê na história tão somente a luta de classes".[404] O mesmo pode-se dizer quanto ao sindicalismo.

Em que pese algumas bases conceituais que se apresentavam naquele momento, e mesmo depois, há outro aspecto importante para compreender os fascismos, que diz respeito à sua "maleabilidade", pois a leitura pragmática da realidade em seu favor e sem restrições quanto aos seus "valores" se consolida como meio de manutenção no poder. Este aspecto marca o funcionamento dos regimes fascistas e, mais à frente, influencia diretamente os populistas. Sobre o tema da maleabilidade, a biografia de Mussolini é um bom exemplo, dado que antes da Primeira Guerra se transforma de um socialista ferrenho em uma "borboleta patriótica".[405] Esta maleabilidade, por exemplo, fica expressa quando se busca manipular valores dos seus inimigos em seu favor. É o que acontece com o socialismo e com o sindicalismo, pois, para Mussolini,

> quando trazidos para a órbita do Estado, o fascismo reconhece as necessidades reais que deram origem ao socialismo e ao sindicalismo, atribuindo-lhes o devido peso no sistema corporativo, em que interesses divergentes são coordenados e harmonizados

sempre a depender do próprio Estado corporativo a soma de todas as manifestações "da vida moral e intelectual do homem".[406]

---

404 MUSSOLINI, Benito; TRÓTSKI, Leon. *Fascismo*. 2ª ed. Rio de Janeiro: Nova Fronteira, 2019, p. 14.

405 ALBRIGHT, Madeleine. *Fascism*: a warning. Nova York: Harper Collins, 2018, p. 18.

406 MUSSOLINI, Benito; TRÓTSKI, Leon. *Fascismo*. 2ª ed. Rio de Janeiro: Nova Fronteira, 2019, p. 14.

O crescimento do fascismo como movimento, em verdade, se deu no começo da década seguinte, quando os socialistas ocupavam um lugar privilegiado na política italiana. É aí que o movimento se aproxima dos desempregados para organizar suas milícias e recorrer ao uso da violência como instrumento de enfrentamento. Criam-se os *Fasci di Combatimento*, com o objetivo de matar os líderes sindicais, arrebentar com os jornais e espancar trabalhadores e camponeses.[407] Esta institucionalização da violência como arma política é aspecto central para compreender os fascismos do período. É a partir dela que, em 1924, as hordas fascistas sequestram o deputado e líder dos socialistas, Giacomo Matteotti, e o assassinam. O uso da violência como estratégia política, marcante para os fascismos, estava ancorado em manifestações de suas lideranças. Sobre o tema, Mussolini afirma que o pacifismo é o

> manto para a renúncia covarde e complacente, em contraste com o autossacrifício. Somente a guerra leva toda a energia humana à sua tensão máxima e apõe o selo da nobreza naqueles povos que têm a coragem de encará-la.[408]

A partir de 1926, com maioria, aprovam lei abolindo os partidos rivais, a liberdade de imprensa e o controle dos movimentos sindicais.[409] O fascismo se estabelece no poder e adquire amplos poderes de governo. Sedimenta-se o golpe às instituições (imprensa, partidos políticos, instâncias estatais de controle), que caminha lado a lado com os mitos do povo homogêneo e do antissistemismo, fortalecidos pelo uso da violência, agora estatal, já que incorporadas tais milícias ao poder do Estado e ao abandono das eleições como

---

407 ALBRIGHT, Madeleine. *Fascism*: a warning. Nova York: Harper Collins, 2018, p. 21.

408 MUSSOLINI, Benito; TRÓTSKI, Leon. *Fascismo*. 2ª ed. Rio de Janeiro: Nova Fronteira, 2019, p. 20.

409 ALBRIGHT, Madeleine. *Fascism*: a warning. Nova York: Harper Collins, 2018, p. 23.

meio de escolha dos líderes, tendo em vista que o enfrentamento do "eleitoralismo ocidental" era também uma das suas estratégias.[410]

As semelhanças como o que ocorreria na Alemanha, alguns anos depois, ainda que com suas particularidades, vai demonstrando que o fascismo não tinha nacionalidade, mas era um modo de fazer política sem qualquer ideologia. O modo do uso, no discurso político, da violência como estratégia política fica claro com a ascensão do nazismo. Hitler, já no começo da década de 1930, em seus pequenos comícios, em cervejarias e restaurantes, usava amiúde os termos "amassar, destruir, aniquilar, matar" em sua oratória a fomentar a violência.[411]

Em 1932, ao formar governo, os nazistas já tinham ascendência sobre grande parte da população e contavam com o apoio voluntário de boa parte dela, que adota um olhar sobre a política segundo os ditames da "obediência antecipada",[412] importante meio de afastar a contestação das decisões do líder e afirmar o fortalecimento do regime. É um modo de fincar, também, o anti-pluralismo, marca notável dos fascismos.

A destruição definitiva do restante das bases da democracia alemã se deu com a abolição das assembleias regionais e a substituição de governadores por agentes nazistas escolhidos pelo governo nacional. Além disto, utilizou-se a milícia nazista (as) para brutalizar oponentes e mandá-los aos novos campos de concentração, impôs-se o fechamento dos sindicatos, baniu-se, dos serviços públicos, os opositores políticos, proibiram-se os judeus de exercerem atividades econômicas, dentre outras ações. Ainda, neste período,

---

410 FINCHELSTEIN, Federico. *Do fascismo ao populismo na história*. Trad. Jaime Araújo. São Paulo: Almedina, 2019, p. 58.

411 ALBRIGHT, Madeleine. *Fascism*: a warning. Nova York: Harper Collins, 2018, p. 29.

412 SNYDER, Timothy. *On tyranny*: twenty lessons from the twentieth century. Nova York: Penguin Random House, 2017, p. 11.

consolidaram-se as "funções políticas, de inteligência e policiais em uma nova organização, a Gestapo".[413]

Corria, assim, a "revolução nazista" sobre as instituições. O uso da expressão, pelo que se verá, é um elemento importante dos processos fascistas, de transformação da ordem existente em favor de outra, nova, e moldada às suas necessidade e interesses. Novas instituições devem aparecer para substituir as anteriores.

Hitler, tal qual Mussolini, era antiliberal e anticomunista, e com as duas ideologias disputava espaço, o que é próprio das forças políticas fascistas.[414] Isso mostra que o surgimento e o avanço do fascismo dependeram da ruptura com as opções existentes, para que uma terceira via surgisse visando a acomodar os ímpetos revolucionários exigidos pelos fascismos, pois propunham um modernismo antidemocrático baseado em novas tecnologias (rádio, por exemplo) e em uma nova estética, forjada a partir da antiguidade clássica no caso da arquitetura,[415] sempre a partir da exaltação da virilidade masculina, dos gregos, dentre outras características.

Um tema, no entanto, merece ser revisitado. Trata-se da "adaptabilidade fascista", ou seja, seus líderes não tinham um *playbook* definido e o trabalho foi sendo feito na ação política,[416] o que se define, aqui, como maleabilidade. Eram ideias que mudavam com a experimentação, a partir da sua concepção de erro e acerto. Por esta razão, quando se pensa na Alemanha nazista, ou na Itália fascista, percebe-se que apesar de uma base rígida de características, há

---

413 ALBRIGHT, Madeleine. *Fascism*: a warning. Nova York: Harper Collins, 2018, p. 32.

414 FINCHELSTEIN, Federico. *Do fascismo ao populismo na história*. Trad. Jaime Araújo. São Paulo: Almedina, 2019, p. 57.

415 ARQUITETURA DA DESTRUIÇÃO. Direção: Peter Cohen, 1989. 1h50min.

416 FINCHELSTEIN, Federico. *Do fascismo ao populismo na história*. Trad. Jaime Araújo. São Paulo: Almedina, 2019, p. 58.

sempre um espaço para sua adaptabilidade. O resgate da antiguidade grega, na Alemanha, ou da romanidade, no caso italiano, são modos de tornar esta adaptabilidade menos discricionária, apesar do uso recorrente de farsas históricas para tais adaptações. É um processo de uso da ficção, que deve se deslocar para a realidade de modo a torná-la realidade, ainda que contrafática.[417]

Outro aspecto interessante destes fascismos é a adoção dos corporativismos[418] para mitigar o modelo liberal de democracia. O corporativismo está situado, nas primeiras décadas do século XX, especialmente no período entreguerras, como um

> conjunto de instituições criadas pela integração forçada de interesses organizados (principalmente sindicatos independentes) dentro do Estado como um tipo orgânico-estatista de representação política, alternativa à democracia liberal.[419]

A inserção dos círculos corporativos, ao lado da participação popular, quando existentes eleições, também é um modo de apontar as deficiências do modelo, inserindo fórmula renovada. Trata-se de mais um expediente "revolucionário", considerada a concepção de revolução antes analisada.

---

417 FINCHELSTEIN, Frederico. *Uma breve história das mentiras fascistas*. São Paulo: Vestígio, 2020, p. 38.

418 O conceito de corporativismo adotado é o de Costa Pinto: "O corporativismo político pode ser definido como um sistema de representação política baseado em uma visão 'orgânico-estatista' da sociedade em que suas unidades orgânicas (famílias, poderes locais, associações profissionais e organizações e instituições de interesse) substituem o modelo eleitoral de representação centrado no indivíduo de representação e legitimidade parlamentar, tornando-se o órgão legislativo ou consultivo primário e/ou complementar do governo do executivo". (PINTO, Antonio Costa. *Latin American dictatorships in the era of fascism*: the corporatist wave. Nova York: Routledge, 2019).

419 PINTO, Antonio Costa. *Latin American dictatorships in the era of fascism*: the corporatist wave. Nova York: Routledge, 2019, p. 3.

O recurso ao corporativismo mostra que, naquele momento não apresentava

> um desejo pelo orgânico – isto é, para dizer, apenas – participação de todos os grupos vocacionais no governo. Em vez disso, é mais provável que reflita uma luta pelo poder por certos interesses, a quem uma Constituição democrática já não parece (parecia) oferecer muita esperança de sucesso político. Não é estranho que clamor pelo corporativismo é levantado pela burguesia precisamente no momento quando o proletariado, que antes era minoria, parece provável que se torne a maioria, e quando o parlamentarismo democrático ameaça se voltar contra o próprio grupo, cuja política de domínio estava até então assegurado?[420]

Para estes regimes autoritários, assim, o Estado Corporativo era uma nova marca da democracia, no qual o liberalismo, o comunismo e o judaísmo seriam enfrentados sem o apoio da representação eleitoral livre e universal.[421] O corporativismo, naquele período, apresentou um conjunto de instituições autoritárias que se espraiou pela Europa e foi instrumento de consolidação dos estados fascistas daquele período,[422] inclusive na América Latina.

3.2 A recepção dos fascismos na América Latina

A chegada dos fascismos, na América Latina, foi carregada de temas próprios do seu congênere europeu, mas precisou de adaptações. A região, a partir da década de 1930, enfrentava uma intensa

---

420 KELSEN, Hans. *The essence and value of democracy*. Lanham/Maryland: Rowman & Littlefiled, 2013, pp. 65/66.

421 FINCHELSTEIN, Frederico. *Uma breve história das mentiras fascistas*. São Paulo: Vestígio, 2020, p. 114.

422 PINTO, Antonio Costa. *Corporatism and fascism*: the corporatist wave in Europe. England: Taylor & Francis, 2017, p. 4.

onda autoritária e, naquele momento, dezenas de partidos fascistas apareceram na região para trazer e sedimentar o fascismo. Esse movimento de novos partidos fez surgir algumas personalidades, a exemplo de Plínio Salgado, no Brasil (Ação Integradora Brasileira) e Luis Flores, no Peru (União Revolucionária), ambos ostentando a criação de partidos políticos de cunho fascista e participaram, ativamente, da vida política dos respectivos países a partir daí.

Todavia, dos partidos políticos criados para difundir o fascismo, muitos não tinham poder político ou eram marginais ao sistema político. Buscavam influência no fascismo italiano ou, uma minoria, no nacional-socialismo alemão e se aproveitaram da "imigração anterior para a América Latina, vinda da Espanha, Itália e Alemanha (que) assegurou que a cultura política extremista desses países"[423] chegasse a essas terras. O tema da "importação de ideias políticas" revela que no início de 1930, várias mudanças políticas tomaram a região, em sentido contrário à democracia, com propostas de ruptura da ordem política e constitucional, e foram utilizadas como meio de acesso, em alguns casos, de manutenção do poder político.

O período está marcado por colapsos autoritários, especialmente pela proliferação de golpes de Estado, na sua maioria militares, com o apoio das classes conservadoras, objetivando elidir eleições, e a representação política, geralmente adotando modelos corporativistas. A partir dessas rupturas, assumem o poder, nos variados países da região, governos autocráticos.[424] É o que ocorre na Argentina, com a deposição de Hipolito Yrigoyen, e, após um golpe militar, a assunção do governo pelo General Felix Uriburu; no Brasil, com Getulio Vargas, que realiza uma transição entre o começo de seu governo e do Estado Novo, em 1937; no Peru, o Presidente Augusto Leguia foi substituído pelo General Luis Miguel Sánchez Cerro; no

423 PINTO, Antonio Costa. *Populismo*: teoria e casos. Fortaleza: Edmeta, 2020, p. 19.

424 PINTO, Antonio Costa. *Latin American dictatorships in the era of fascism*: the corporatist wave. Nova York: Routledge, 2019.

Uruguai, o Presidente Gabriel Terra estabelece uma ditadura em 1933; na Bolívia, em 1936, ocorre o golpe de Estado em que assume o Coronel David Toro; no Paraguai, outro golpe de Estado promove a ascensão de Rafael Franco.

Esses fascismos latino-americanos, com suas origens europeias, carregam as bases do nacionalismo exaltado, da antipolítica, do uso da violência institucionalizada e do antipluralismo como referenciais próprios, em que pese a necessidade de se implementar "adaptações". Para atestar a maleabilidade dos fascismos, eles se apresentam também, como anti-imperialistas,[425] por exemplo, ainda que referenciais usados pelos fascismos europeus, como o retorno à Grécia Clássica pensada para rejeitar as democracias existentes, também tenham sido trazidos para o debate regional.[426]

No que diz respeito ao processo de reescrever a história de modo funcional, para fortalecer a "legitimidade" dos fascismos, também foram vistas estratégias adaptadas. Foi o caso de Jose de Vasconcellos, mexicano radicado por um tempo na Argentina, que defendia a necessidade de se escrever "a história da Argentina ao avesso, isto é, segundo a verdade, retificando todas as mentiras do liberalismo".[427] A figura de Vasconcellos também aponta para algo desta adaptação, pois, católico, tal qual Plínio Salgado ou Luis Lopes, apostou na íntima relação entre a igreja católica e a doutrina

425 FINCHELSTEIN, Frederico. *Uma breve história das mentiras fascistas*. São Paulo: Vestígio, 2020, p. 41.

426 FINCHELSTEIN, Frederico. *Uma breve história das mentiras fascistas*. São Paulo: Vestígio, 2020, p. 43.

427 FINCHELSTEIN, Frederico. *Uma breve história das mentiras fascistas*. São Paulo: Vestígio, 2020, p. 49.

fascista.[428] Vasconcelos não só se converteu ao catolicismo, como acabou se tornando um porta-voz atuante.[429]

Os fascismos latino-americanos nutrem essa proximidade com o "catolicismo", aliás, como modo de adaptá-los à realidade regional, em decorrência da "maleabilidade" fascista, ou seja, da necessidade de inscrever no modo de fazer política, características locais que facilitem sua difusão e recepção pelo povo. Contrariamente a Hitler, que se via, ele próprio, um representante de Deus, por aqui, o fascismo clerical ganhava força com apoio majoritário da Igreja Católica, o que promove uma aproximação, inclusive, institucional. Na Argentina, por exemplo, acreditava-se que o líder supremo do movimento fascista era Jesus Cristo.[430]

O movimento de hierarquização eclesiástica na região teve como exponente, dentre as correntes católicas, a "Ação Católica", que se pôs em oposição aos partidos políticos e simpatizava com o Estado Corporativo.[431] E fez seu movimento contra o liberalismo, que a enfraquecera, e contra o comunismo, que a enfrentava, de modo a lutar contra as fraturas sociais e políticas que essas ideologias revolucionárias carregavam.[432]

No caso brasileiro, o Integralismo se fez a voz dos ideais fascistas, unindo a contrariedade com o liberalismo e com o comunismo e a institucionalização do movimento com o uso da violência. Além disto, a proximidade com a Igreja Católica foi patente. Em que pese

---

428 PINTO, Antonio Costa. *Latin American dictatorships in the era of fascism*: the corporatist wave. Nova York: Routledge, 2019, pp. 5-7.

429 ZANATTA, Loris. *Historia de América Latina*: de la colonia al siglo XXI. Buenos Aires: Siglo Veintiuno, 2012, p. 123.

430 FINCHELSTEIN, Frederico. *Uma breve história das mentiras fascistas*. São Paulo: Vestígio, 2020, p. 55.

431 ZANATTA, Loris. *Historia de América Latina*: de la colonia al siglo XXI. Buenos Aires: Siglo Veintiuno, 2012, p. 124.

432 ZANATTA, Loris. *Historia de América Latina*: de la colonia al siglo XXI. Buenos Aires: Siglo Veintiuno, 2012, p. 126.

se admitirem integralistas espíritas e protestantes, a preponderância católica era clara, especialmente com os "batinas verdes", padres militantes do movimento.[433] A inspiração fascista do Integralismo, os encontros entre Mussolini e Plínio Salgado e as características do movimento mostram a tendência fascista que ganha corpo no Brasil a partir da década de 1930 e, em outros momentos posteriores, fazendo-se aparecer como tentativas de resgatar seus "áureos tempos".[434]

Os fascismos latino-americanos, ao adaptarem características de seus congêneres europeus, se projetaram pela região e, somente a partir de meados da década de 1940, perderam espaço na arena política.

3.3 Os populismos: da América Latina para o mundo

Entender a relação entre fascismos e populismos é um mister exigente e importa bastante para o desenvolver deste livro. Com o pós-guerra, diversos movimentos fascistas tiveram que se adaptar à nova realidade, que desprezava o passado antidemocrático recente. Surgiu, de forma muito semelhante ao ocorrido com os fascismos, como "resposta pós-fascista à esquerda e ao liberalismo. Todavia, não constituiu uma ruptura radical com o passado e o populismo não se engendrou fora de um *continuum* histórico".[435]

---

433 GONÇALVES, Leandro Pereira; CALDEIRA NETO, Odilon. *O fascismo em camisas verdes*: do integralismo ao neointegralismo. São Paulo: FGV, 2020, pp. 19/20.

434 GONÇALVES, Leandro Pereira; CALDEIRA NETO, Odilon. *O fascismo em camisas verdes*: do integralismo ao neointegralismo. São Paulo: FGV, 2020, p. 115.

435 FINCHELSTEIN, Federico. "Para una historia global del populismo: rupturas y continuidades". *Conhecer: debate entre o público e o privado*, vol. 10, nº 24, 2020, p. 15.

Na América Latina, local em que os populismos surgem neste processo de adaptação dos fascismos às transformações políticas, seja na Argentina, Brasil, Colômbia, Peru ou Bolívia, eles assumem a função de desempenhar um modelo autoritário de fazer política e de governar que, se por um lado, aceita e concorre em eleições, por outro, tem características próprias não tidas por democráticas. Faz-se, assim, uma transição em direção à democracia, todavia, uma democracia almejada pelos populismos que possa ser limitada por suas ações. Neste contexto, a história latino-americana é uma excelente fonte para se perceber tal processo de transformação.[436] Mas, o que se concebe como populismos? A questão será enfrentada para, logo depois, traçar-se uma análise do tema a partir da América Latina, lugar no qual surgem e se transformam. Apesar disso, dado o foco da presente pesquisa estar mormente centrado no período denominado "terceira onda de redemocratização", nele será depositado mais vigor investigativo.

Na análise dos populismos regionais, enfatiza-se, inicialmente, temas centrais para se compreender como funcionam e como atacam, por um lado, os direitos fundamentais e, por outro, a independência das instituições, estatais ou não. Ao se perceber, pelos dados afirmados, que vem se consolidando, na região, um processo de erosão democrática, em que uma onda de expansão democrática é seguida por outra de retrocesso, observa-se, mais uma vez, a dificuldade de se consolidar as democracias constitucionais latino-americanas.

Pretende-se demonstrar que esse *democratic backsliding* vem se consolidando como um modo de fazer política, que dificulta a consolidação das democracias constitucionais. Por isso, os populismos são o centro da atenção, ao carregarem consigo estratégias de enfraquecimento de instituições políticas para sua consolidação. Esse

---

436 DE LA TORRE, Carlos. "Populism in Latin America". *The Oxford Handbook of Populism*, Oxford, 2017, p. 251.

processo de erosão democrática, no plano constitucional, acaba por apresentar os seguintes mecanismos referenciais:

> o uso de emendas constitucionais para alterar os arranjos básicos de governança; a eliminação dos meios de controle que operam entre os diferentes poderes; a centralização e politização do poder executivo exercido por meio de uma burocracia; a contração ou distorção de uma esfera pública compartilhada na qual os direitos liberais de expressão e associação podem ser exercidos; e a eliminação ou supressão da competição política partidária efetiva e a perspectiva relacionada com a alternância dos cargos eletivos.[437]

Outro aspecto recorrente é o *court-packing*, ou a captura do Poder Judiciário, especialmente das cortes superiores, para não se imporem contra os desejos autoritários dos populistas regionais. O uso das remoções ou do *packing* são os meios usados, normalmente, para o processo de tomada política das cortes em prol de um ramo político no governo.[438] Outra estratégia que se verá diz respeito à mudança dos critérios de seleção de juízes, que também pode servir para o fim de dominar politicamente os tribunais. Esse fenômeno foi encontrado em governos populistas clássicos, como Perón, nos neoliberais; Fujimori e Menem, nos bolivarianos; Chávez, Correa, Morales e Maduro, e tem sido visto, recentemente, em Bukele e Bolsonaro.

Importa dizer, ainda, que algumas das ocorrências referidas podem se concretizar em governos autoritários que não exploram o *modus* populista, mas, no caso da natureza populista, integram

---

437 HUQ, Aziz; GINSBURG, Tom. *How to save a constitutional democracy*. Chicago: The University of Chicago Press, 2018, pp. 72/73.

438 ARATO, Andrew. "Populism, constitutional courts, and civil society". *In*: LANDFRIED, Christine. *Judicial power*: how constitutional courts affect political transformations. Cambridge: Cambridge University Press, 2019, p. 318.

uma cartilha que, ao unir com outras ações, dão a eles características próprias e marcantes como representação da dinâmica político-constitucional nestes governos. Isto ocorre, pois fomentam seu modo de ver a democracia constitucional como meramente instrumental aos seus objetivos e, em caso de confronto com seus desejos autoritários, é a democracia constitucional que deve ser reduzida para abrir caminho, reafirmando a condição dos populismos como um "primo disfuncional da democracia",[439] ostentando a ênfase em um líder personalista e na busca no desmantelamento das regras democráticas para seu ganho político.[440]

No que diz respeito aos direitos, a análise mostrará, essencialmente, como esses governos populistas usam seu potencial político, e jurídico para anular ou restringir, excessiva e especialmente, os direitos às liberdades de expressão, associação e reunião. Por outro lado, no que diz respeito ao controle do Poder, aos mecanismos de *checks and balances*, foca-se nas experiências de ações contra as instituições estatais (Poder Judiciário, Parlamentos, Universidades) e não estatais (imprensa, partidos políticos). Diante disso, pretende-se demonstrar que a distância ideológica destas lideranças, oferece um modo de fazer política pautada em padrões e num modo de governar que envolve, necessariamente, a reforma das instituições e a restrição a direitos.

Dar-se-á continuidade ao desenvolvimento dessas questões de cunho conceitual para facilitar a análise das suas particularidades mais adiante.

---

439 HUQ, Aziz; GINSBURG, Tom. *How to save a constitutional democracy*. Chicago: The University of Chicago Press, 2018, p. 78.

440 HUQ, Aziz; GINSBURG, Tom. *How to save a constitutional democracy*. Chicago: The University of Chicago Press, 2018, p. 78.

3.3.1 Populismos e suas variações conceituais

Inicialmente, é importante salientar a existência de diversos "populismos". Quer-se com isso dizer que a tentativa de conceituá-los, como ocorre com a democracia e o constitucionalismo, pelo que se viu, apresenta dificuldades decorrentes da heterogeneidade de possibilidades de leitura não apenas a respeito do seu impacto político e jurídico, mas, também, do modo de entendê-lo no cenário das democracias constitucionais.

O primeiro ponto, fundamental, é o de que o aparecimento dos populismos é um dos sintomas de uma crise de legitimidade das democracias constitucionais que, de tempos em tempos, sofrem com o espaçamento agravado entre os representantes e o povo, que, por sua vez, também não se vê acolhido pelas instituições públicas e privadas.[441] Por essa razão os populistas são parasitas das democracias constitucionais, pois precisam de ambiente democráticos para chegarem ao poder, mas agem, a todo custo, no sentido de fragilizarem os seus elementos básicos.[442]

Apesar disso, vê-se, nas últimas décadas, importantes transformações nos sistemas políticos em diversas partes do mundo. A crise de representação política, marcada pela "ruptura" entre governantes e governados, é um dos principais sintomas desse quadro.[443] Mais recentemente, desde o fim da Primavera Árabe, percebe-se que o processo de recessão das democracias ganhou força e passou a ser observado mais claramente no cenário mundial,[444] o que não elide o

---

441 HUQ, Aziz; GINSBURG, Tom. *How to save a constitutional democracy*. Chicago: The University of Chicago Press, 2018, p. 78.

442 MARTINICO, Giuseppe. "Between Mimetism and Parasitism: Italian Populism in a Comparative Perspective". *European Public Law*, vol. 26, nº 4, 2020.

443 CASTELLS, Manuel. *O poder da comunicação*. Rio de Janeiro: Paz e Terra, 2017.

444 LEVITSKY, Steven; ZIBLATT, Daniel. *Como as democracias morrem*. Rio de Janeiro: Zahar, 2018.

entendimento de que a consolidação das democracias constitucionais precisa ser pensada sempre a partir dos contextos regionais e locais, como é o caso latino-americano, em que se vive um processo de consolidação que não atingiu grau acentuado de resultados, em que pese alguns avanços havidos nos últimos 40 anos. Há quem perceba, neste sentido, uma crise da ordem existente,[445] que pode ser moral, política, econômica, social, dentre outras possibilidades, pois tal ordem estaria dominada por uma elite que deve ser afrontada, uma vez que também é sua causadora. A narrativa utiliza "emoções populistas", que podem ser negativas ao se referirem "aos sentimentos de ódio, ressentimento, fúria, desprezo contra as elites, às minorias ou aos estrangeiros";[446] ou podem ser "positivas", quanto dizem respeito às "utopias e revoluções, ao orgulho popular-nacional, à esperança messiânica sobre o líder carismático, à confiança nas virtudes do povo";[447] ou a emoções mistas, como "o desfrute rancoroso, a humilhação com o júbilo aos estrangeiros e minorias ou o prazer vingativo".[448] Esse excesso de apelo emocional, advindo da centralidade política de um líder carismático e mobilizador que propõe uma política redentora ("nova política"), traz consigo um discurso carregado de mensagens simples para problemas complexos, e não ideias complexas e racionais de difícil compreensão. Para isso, é comum apelarem contra uma linguagem polida, para serem concebidos como "um de nós",[449] não se confundindo com aqueles que detém as boas maneiras da elite.

---

445 LACLAU, Ernesto. *La razón populista*. Mexico: Fondo de Cultura Económica, 2012, p. 222.

446 GRATIUS, Susanne; RIVERO, Ángel. *Populismo y política exterior en Europa y America*. Madrid: Tecnos, 2021, p. 24.

447 GRATIUS, Susanne; RIVERO, Ángel. *Populismo y política exterior en Europa y America*. Madrid: Tecnos, 2021, p. 24.

448 GRATIUS, Susanne; RIVERO, Ángel. *Populismo y política exterior en Europa y America*. Madrid: Tecnos, 2021, p. 24.

449 OSTIGUY, Pierre. "The high and the low in politics: a two-dimensional political space for comparative analysis and electoral studies". Working Paper, *Kellogg Institute For International Studies*, jul. 2009, p. 5.

Percebe-se, dos movimentos mencionados, a propagação do sentimento de que a questão deixa de ser a mera participação política, ou o gozo dos direitos ao sufrágio como algo marcante para que uma democracia se apresente como tal. Existe, sim, um sentimento de que a responsabilidade daqueles que decidem não se relaciona com os interesses daqueles que os escolhem e se dissemina um sentimento de que tais direitos de participação política se encontram limitados pela

> monopolização da arena eleitoral e das instituições governamentais por um conjunto conivente de atores estabelecidos. Sob algumas condições, no entanto, esse tipo de crise representacional é propenso à mobilização dos alienados e descontentes, de cima, por populistas *outsiders*, ou de baixo, por movimentos de protesto social.[450]

Os populismos são um sintoma do sentimento de corrosão da legitimidade democrática das instituições e da sua representatividade, e significam

> um desconforto profundo, (com o) mau funcionamento das instituições democráticas existentes. (...) indica que um mero fortalecimento do Estado liberal democrático-constitucional pode não ser suficiente ou eficaz,[451]

segundo os representados, para a sua satisfação. Isso porque as democracias constitucionais carregam consigo, sempre, como se viu, certo grau de conflitos e de incertezas. A erosão da confiança se fez mais presente com um

---

450 ROBERTS, Kenneth M. "Populism, political mobilizations, and crises of political representation". *In*: DE LA TORRE, Carlos. *The promise and perils of populism*: global perspectives. Lexington: University of Kentucky Press, 2015, p. 150.

451 BLOKKER, Paul. "Populist constitutionalism". *International Journal of Constitutional Law*. Oxford: Oxford University Press, vol. 17, nº 2, 2019, p. 115.

> mundo onde informações e desinformação, revelações e escândalos consequentes surgem a cada momento, enquanto a suspeita contra o poderoso encontra neles um suprimento constantemente renovado. E ainda mais porque o velho *a priori* de confiança nas instituições entrou em colapso.[452]

No âmbito conceitual, os populismos podem ser definidos como uma ideologia, um discurso, uma lógica ou um estilo particularmente performático de fazer política.[453] [454] Em que pese haver leituras positivas sobre os populismos,[455] no sentido de terem o potencial de resgatar a legitimidade das democracias constitucionais, são como um remédio que pode matar as democracias constitucionais, as quais pretendem desestabilizar.[456]

Outro aspecto importante, referido brevemente, é o de que os populismos coexistem com ideologias distintas e conflitante, ou seja, com características que vão dos pontos mais variados do espectro político: das esquerdas às direitas, pois, esse "pêndulo ideológico"[457] permite a adaptação ao quadro político existente. Esse ponto será

---

452 ROSANVALLON, Pierre. *El siglo del populismo*. Barcelona: Galaxia Gutenberg, 2020, p. 57.

453 TORMEY, Simon. *Populismo*: uma breve introdução. São Paulo: Cultrix, 2019.

454 MOFFIT Benjamin; TORMEY, Simon. "Rethinking populism politics: mediatisation and political style". *Political Studies*, vol. 62, 2014, p. 382.

455 Neste sentido, discorda-se de que os populismos têm uma função corretora das democracias, conforme exposto por alguns autores, mais fortemente por Laclau e Mouffe, em diversas obras, para quem democracia é um conceito contingente. MOUFFE, Chantal. *For a left populism*. Londres: Verso, 2018; LACLAU, Ernesto. *On populist reason*. Londres: Verso, 2005.

456 MOFFIT Benjamin; TORMEY, Simon. "Rethinking populism politics: mediatisation and political style". *Political Studies*, vol. 62, 2014, p. 382.

457 FINCHELSTEIN, Federico. *Do fascismo ao populismo na história*. Trad. Jaime Araújo. São Paulo: Almedina, 2019, p. 42.

trabalhado mais à frente, especialmente quando da apresentação dos populismos em ação na América Latina.

Na tentativa de buscar um conceito definitivo para populismos, há uma variedade de possibilidades. Uma delas apresenta os populismos como uma ideologia "rasa", que pode se adequar à variedade de formas existentes no espectro ideológico referida e que

> considera a sociedade definitivamente separada em dois grupos antagonistas e homogêneos, o 'povo verdadeiro' *versus* a 'elite corrupta', e aponta que a política deveria ser a expressão da *volonté générale* (vontade geral) do povo.[458]

Entende que a "distinção crucial no populismo está entre "o" povo e "a" elite e, igualmente importante, a essência desta distinção é moral. Em outras palavras, o populismo é uma forma de política moral".[459] Não se entende, nesta obra, os populismos como ideologia, mas como modo de fazer política, ficando para este trabalho a importância da oposição entre povo verdadeiro e elite como essencial para o tema.

Esta dicotomia entre o povo e a elite, em que pese a maleabilidade com que se recorre a estes conceitos, é da natureza dos populismos, pois o povo verdadeiro e homogêneo é a negação do pluralismo, fundamental para a sanidade de democracias constitucionais. Essa ideologia rasa, na verdade, pode ser vista como um amplo potencial que detém os populistas para moldar o seu modo de fazer política a qualquer ideologia forte, seja ela liberal, desenvolvimentista, ou uma terceira. Nesse sentido, os populismos estão assentados sob

---

458 MUDDE, Cas. "The populist zeitgeist". *Government and opposition*, vol. 39, nº 4, 2004, p. 543.

459 MUDDE, Cas. "Conclusion: some further thoughts on populism". *In:* DE LA TORRE, Carlos (Coord.). *The promise and perils of populism*: global perspectives. Kentucky: University Press of Kentucky, 2015, p. 433.

> uma retórica maniqueísta que coloca o povo contra as elites. A noção de "povo" incorpora a ideia de conflito antagônico entre dois grupos, com a visão romântica da pureza da população excluída, entendida como "o povo". Aqueles que não concordam com sua interpretação da vontade popular são retratados como seus inimigos.[460]

Outro aspecto a ser trabalhado é a contrariedade com as instituições das democracias constitucionais, pois concebem a necessidade de desfazer a ordem existente pelo embate com as instituições e desconstruí-las, mediante a criação de outras mais novas e a captura das existentes para o seu enfraquecimento. Os populistas são contrários às instituições que desempenham funções de controle e, com elas, mantém uma relação de combate. O populismo é

> inerentemente hostil aos mecanismos (*checks and balances*) e, em última análise, os valores comumente associados ao constitucionalismo: restrições à vontade da maioria, freios e contrapesos, proteções para minorias e até mesmo direitos fundamentais.[461]

Isso porque os controles da política não são admitidos, pois os populistas não "aceitam os limites das instituições e normas existentes. Seu objetivo é romper instituições que excluem o povo para criar uma nova ordem".[462] Esses populistas insistem em afirmar que

> as maiorias – reais ou aparentes – que os levaram ao poder podem justificar qualquer coisa que eles façam, que os direitos

460 DE LA TORRE, Carlos. "Populism in Latin America". *The Oxford Handbook of Populism*, Oxford, 2017.

461 MÜLLER, Jan-Werner. *What is populism?* Philadelphia: University of Pennsylvania Press, 2016, p. 60.

462 DE LA TORRE, Carlos. "Populism in Latin America". *The Oxford Handbook of Populism*, Oxford, 2017, p. 9.

> das minorias apenas refletem uma correção política ilegítima, que poderes controlados e equilibrados dão força injustificada a seus oponentes que (afinal de contas) foram perdedores, e que a responsabilidade constitucional e o governo limitado são desnecessários quando tanto tem que ser feito.[463]

O antipluralismo, que também caracteriza os populismos, pode ser visto tanto sob a ótica estrutural, é dizer, como modo de pensar uma política voltada somente para aqueles que são melhores que os outros, ou de forma pragmática, pois pluralismos, em democracias constitucionais, demandam compromissos, mas "é difícil aceitar compromisso se um grupo ou parte acredita que o outro encarna o mal. Como pode ser bom se comprometer com eles? Melhor nenhuma ação do que concessões desonrosas às forças das trevas",[464] ou seja, aceitar o debate e a negociação com aqueles tidos como inimigos, e não adversários, é jogar o jogo da democracia, o que tais populistas não estão dispostos ou lutam contra essa demanda que ocorre, somente, em casos de extrema fragilidade política.

Entretanto, os populismos, tal qual os fascismos, são revolucionários, no sentido de transformarem as instituições e suas regras que somente favorecem a uma "elite", seja ela econômica, religiosa, internacional, étnica ou qualquer proposta de lideranças populistas para reduzir o pluralismo e asseverar o poder decisório dos seus. E o "constitucionalismo" que propõem acaba gerando desafios tanto para

> o constitucionalismo liberal quanto para a democracia representativa, (e) reside em sua conexão com a tradição constitucional revolucionária, que, no entanto, é interpretada de maneiras distorcidas e problemáticas, conforme expresso na

---

463 SCHEPELLE, Kim Lane. "Autocratic legalism". *The University of Chicago Law Review*, Chicago, vol. 85, nº 2, mar. 2018, p. 85.

464 GALSTON, William A. *Anti-pluralism*. Yale: Yale University Press, 2018, p. 39.

abordagem populista distinta da vontade popular, da vontade da maioria, do Estado de Direito e do Constitucionalismo.[465]

Por essa razão, o seu povo verdadeiro, que teria sido excluído dos benefícios da democracia constitucional por esta elite, pode legitimar que essas lideranças populistas busquem, nestes excluídos, apoio para "eliminar o caráter pluralista da esfera pública e até acabar com a embate democrático,[466] o que, certamente, reduz "a complexidade da política democrática a uma luta entre dois campos antagônicos. O líder populista (...) salvador e redentor, transformando a política em luta semelhante às religiosas".[467]

Antipluralismo e antielitismo são, deste modo, impactantes para se compreender o *modus operandi* dos populismos. Não se trata, unicamente, de negar a legitimidade dos diferentes, sejam eles política, étnica, religiosa ou nacionalmente diferentes. Trata-se de negar que a diferença e o dissenso integram o jogo político e que devem ser anulados em função da suposta legitimidade eleitoral obtida a partir do sufrágio, inclusive, quando estes inimigos foram também referendados pela escolha popular. É por isso que o majoritarianismo acompanha o modo de agir dos populistas, dado que minorias, sejam elas quais forem para estas lideranças, simplesmente não devem fazer parte do jogo político. Ao se apresentarem como fruto de sentimentos majoritários, ou da "democracia", dado que há uma confusão clara entre majoritarianismo e democracia nessas narrativas, na verdade, demonstram um descaso com o conjunto de aspectos substanciais das democracias, pois não admitem "minorias, pluralismo ou tolerância. Eles não acreditam que o poder público

465 BLOKKER, Paul. "Populist constitutionalism". *International Journal of Constitutional Law*, vol. 17, nº 2. Oxford: Oxford University Press, 2019, p. 114.

466 HUQ, Aziz; GINSBURG, Tom. *How to save a constitutional democracy*. Chicago: The University of Chicago Press, 2018, p. 83.

467 DE LA TORRE, Carlos. "Populism in Latin America". *The Oxford Handbook of Populism*, Oxford, 2017.

deve ser responsabilizado ou limitado. Seus oponentes políticos devem ser esmagados",[468] a imprensa deve ser desacreditada, a sociedade civil organizada deslegitimada. Fortalecem um agir segundo o qual um modelo antidemocrático de puro majoritarianismo, em que os direitos das minorias não são reconhecidos e em que tais "líderes convertem maiorias transitórias em autorizações permanentes para governar",[469] ou seja, populistas confundem democracia com majoritarianismo e, para isso, transformam a democracia representativa e alguns de seus valores, como princípio da maioria e o povo, de modo a desfigurá-los e desfigurar, assim, a própria democracia, pois o povo se torna parcial e o majoritarianismo a regra, pois, "populismo no poder é um extremo majoritarianismo".[470]

Fomentam, ainda, um regime baseado na intolerância,[471] desprezando a complexidade e a diversidade que compõem o tecido social, no qual a variedade de etnias, religiões, nacionalidades, convicções políticas e gêneros se impõem. Ao usar da simplicidade discursiva para enfrentar problemas complexos, explora dificuldades ostentadas pelas democracias constitucionais, pois:

> Onde esta última não fornece critérios para a identificação de suas próprias fronteiras demográficas e políticas, o populismo estipula essas fronteiras pela força bruta da vontade. Onde a democracia requer procedimentos elaborados para resolver problemas cíclicos, refinar a qualidade da deliberação e proteger os interesses das minorias, o populismo oferece

---

468 SCHEPELLE, Kim Lane. "Autocratic legalism". *The University of Chicago Law Review*, vol. 85, nº 2, Chicago, mar. 2018, pp. 545-583.

469 SCHEPELLE, Kim Lane. "Autocratic legalism". *The University of Chicago Law Review*, vol. 85, nº 2, Chicago, mar. 2018, pp. 545-583.

470 URBINATI, Nadia. "Political theory of populism". *Annual Review of Political Science*, vol. 22, 2019, p. 113. Disponível em: https://www.annualreviews.org/journal/polisci. Acessado em: 20.03.2022.

471 MÜLLER, Jan-Werner. *What is populism?* Philadelphia: University of Pennsylvania Press, 2016.

> apelos estridentes à parcimônia e simplicidade: vote em mim e a voz real do povo será realizada. O populismo, em suma, tira proveito das profundas dificuldades teóricas incrustadas nos procedimentos democráticos modernos como meio de desmantelar a legitimidade da competição política, o Estado de Direito e os direitos liberais.[472]

Por isso, o inimigo político contra quem lutar (elite corrupta) – que se apropria do que é do verdadeiro povo – que é homogêneo (antipluralismo) está sempre a integrar o imaginário populista. Existe, inclusive um paradoxo muito interessante na leitura de "povo" proposta pelos populistas. Isso porque, ainda que estejam seguidamente a defender a "liberdade" como valor, depreciam o indivíduo como fundamento da democracia, para promover, tal qual nos fascismos, o *povo* como um bloco para o qual o indivíduo deve sempre ceder. Isso ocorre, também, porque se "prioriza a vida coletiva e é estrategicamente planejado em função da maioria. O indivíduo perde a sua prevalência como unidade mais importante do sistema político",[473] afrontando regra basilar das democracias constitucionais.[474]

A configuração deste povo (verdadeiro) somente comporta aquelas pessoas que compartilham os mesmos valores, que podem ser, a depender do que se analisa, valores sociais, morais, religiosos, étnicos, políticos, dentre outros, é dizer, seria o povo uma massa única de seres que se identificam, a não admitir divergências ou diferenças entre ele. Verifica-se, mais uma vez, que a construção do povo "verdadeiro" também recorre à maleabilidade já referida, pois é somente uma ferramenta do processo de tomada e manutenção do poder. A construção de práticas e de discursos populistas gira sempre

---

472 HUQ, Aziz; GINSBURG, Tom. *How to save a constitutional democracy*. Chicago: The University of Chicago Press, 2018, p. 80.

473 GOUVÊA, Carina Barbosa; CASTELO BRANCO, Pedro Hermílio Villas Bôas. *Populismos*. Belo Horizonte: Casa do Direito, 2020, p. 92.

474 BOBBIO, Norberto. *Il futuro della democrazia*. Itália: Einaudi, 2014. p. 23.

em torno da atenção a certos valores identitários que legitimariam seus líderes, a uma busca do que é, verdadeiramente, representação do povo, segundo as diversas narrativas, voltadas para "purificar a sociedade".[475]

Como meio, esses populismos podem surgir como um novo partido formado por uma liderança populista ou um partido existente que por ela é capturado, pois isso depende dos arranjos político-constitucionais de cada país. Não significa também que qualquer narrativa antissistema possa ser caracterizada como populista, pois não ocorre em situações quando outros candidatos aceitam a "arquitetura geral da democracia, incluindo uma mídia nominalmente livre, tribunais, eleições livres e justas e um aparato burocrático distinto das formações partidárias".[476]

No mesmo sentido, a elite corrupta se configura como o grupo formado pelos inimigos do povo, aqueles que se apropriam de seus ganhos, benefícios sociais, que tentam impor sua cultura, ou seu modo de olhar a política, ou o mundo, construção também alimentada pela maleabilidade pragmática. Os inimigos podem ser os imigrantes (Hungria, Polônia, Áustria, dentre outros), os comunistas, esquerdistas ou liberais (EUA, Brasil etc.), os muçulmanos (Índia, França etc.), homossexuais (Brasil, Filipinas etc.), as elites históricas (Bolívia, Equador, Venezuela etc.), as elites financistas (Grécia, Espanha etc.) dentre tantos outros. Importa, assim, que sejam tidos como inimigos do povo verdadeiros, e não adversários.[477] O recorrente uso da narrativa antielitista serve, desde as campanhas até o modo de governar, de forma a direcionar seus esforços contra

---

475 PIRES, Luis Manuel Fonseca. *Estados de exceção*: a usurpação da soberania popular. São Paulo: Contracorrente, 2021, pp. 71/72.

476 HUQ, Aziz; GINSBURG, Tom. *How to save a constitutional democracy*. Chicago: The University of Chicago Press, 2018, p. 80.

477 Os exemplos citados por país servem somente para mostrar a extensão geográfica da expansão dos populismos. Não significa que eles sejam unanimidade entre os que vivem nestes países.

essa elite ilegítima, composta por "traidores ou sanguessugas que se interpõem no caminho do povo verdadeiro e as impedem de realizar todo o seu potencial".[478]

Esses populistas, ao afirmarem representar a verdadeira soberania popular, defendem manter uma relação mais direta "entre o povo e o complexo constitucional de normas e valores". Também por isso, neste antielitismo por eles forjado, "criticam o constitucionalismo judicial elitista e endossam a participação dos cidadãos comuns na política constitucional".[479]

Ao pretenderem monopolizar a veiculação das vontades do "povo verdadeiro", fazem com que somente este povo ao qual se referem mereça ser prestigiado por políticas públicas, por exemplo, o que comprova o caráter antipluralista[480] dos discursos populistas. Por conseguinte, negar o *status* de cidadãos livres e iguais aos imigrantes, aos de diversa etnia, orientação sexual, nacionalidade, dentre outras diferenças, é fórmula típica destes populismos. Embora não excluídos oficialmente, muitas vezes, seus valores individuais ou materiais são desconsiderados.[481] O povo, nesses contextos, é formado por uma massa homogênea que ganha forma quando consideramos outro grupo importante nos populismos: a elite.[482] Ambos os grupos são colocados como verdadeiros antagonistas na sociedade. Os

---

478 HUQ, Aziz; GINSBURG, Tom. *How to save a constitutional democracy*. Chicago: The University of Chicago Press, 2018, pp. 78/79.

479 BLOKKER, Paul. "Populist constitutionalism". *International Journal of Constitutional Law*, vol. 17, nº 2. Oxford: Oxford University Press, 2019, pp. 116/117.

480 MÜLLER, Jan-Werner. *What is populism?* Philadelphia: University of Pennsylvania Press, 2016, p. 101.

481 MÜLLER, Jan-Werner. *What is populism?* Philadelphia: University of Pennsylvania Press, 2016, p. 82.

482 MUDDE, Cas; KALTWASSER Cristóbal Rovira. *Populism*: a very short introduction. Oxford; Nova York: Oxford University Press, 2017; TORMEY, Simon. *Populismo*: uma breve introdução. São Paulo: Cultrix, 2019.

populistas desenvolvem em seu discurso a ideia de que o povo está sendo vítima das atitudes de um grupo reduzido, a elite, muitas vezes representada pelo *establishment* político, ou financeiro, acusada de interferir no exercício do poder político em benefício próprio. Com isso, ampliam as críticas à democracia constitucional, afirmando ser ela apolítica, universalista e desprezar os aspectos internos em favor de questões internacionais que não interessam ao povo verdadeiro.[483]

Na prática, observa-se que o "verdadeiro povo" ao qual o populista se refere é, na verdade, um recorte específico do que representa, de fato, o povo, formado apenas pelos seus seguidores. A elite, por sua vez, é composta por membros da oposição política ou social, vistos como inimigos que merecem destruição ou anulação, pois não devem ser merecedores da convivência nas sociedades nas quais os populistas pretendem cada vez menos plural. Significa a necessidade de se substituir o

> povo errado (não autêntico com são os "poucos") pelo povo certo (o único povo autêntico, na verdade) e isso só pode ser feito se a representação se transformar em um ato de fé e identificação emocional, sem relação com a *accountability*, que poderia dilacerar o corpo político com solicitações e reivindicações conflitantes. Claramente, este não é um chamado revolucionário ou um chamado pela soberania (ou uma nova forma de governo), e não é nem mesmo um apelo ao governo direto pelo povo moral (ou governo não representativo). É um chamado para uma mudança da elite no poder e uma nova forma de representação como encarnação.[484]

---

483 BLOKKER, Paul. "Populist constitutionalism". *International Journal of Constitutional Law*, vol. 17, nº 2. Oxford: Oxford University Press, 2019, p. 121.

484 URBINATI, Nadia. "Antiestablishment and the substitution of the whole with one of its parts". *In*: *Handbook of global populism*. United Kingdom: Routledge, 2018, p. 87.

Um líder populista sempre pretende se dirigir diretamente ao seu povo, o povo verdadeiro, afirmando estar ali para respeitar e fazer valer essa vontade, ainda que parcial e, por isso, busca fazê-lo sem a intermediação de outras instituições, pois acusa a captura do sistema pelas elites de ser responsável por permitir que o poder político seja por elas tomado. Trata-se de mais uma estratégia de personificação pelo líder, que age pelo e para o seu povo. Assim, a representação do povo vai sendo substituída pela transferência de autoridade para o líder, que se "autolegitima" em suas práticas autoritárias, na medida que representa a vontade popular, independentemente do conteúdo a ser dado a esta expressão, o que, *per se*, permite afirmar que os populismos somente admitem uma "forma de democracia autoritária".[485] Significa proceder a uma redefinição do que se entende por "povo", pois se verifica

> uma fenomenologia de substituição do todo por uma de suas partes, mas não uma pretensão de universalidade. O sucesso de seu plano implicaria a substituição do sentido procedimental de povo e, portanto, a generalidade principiológica da lei (*erga omnes*) por uma socialmente substantiva que é a expressão de apenas uma parte (*ad personam*). Neste processo de solidificação (etnicização) do *populus* jurídico-político podemos detectar a tentativa do populismo de alcançar uma identificação do "povo" com a parte (eros) que um líder e seus seguidores proclamam encarnar.[486]

Em razão desse contato direto com o povo verdadeiro, não há necessidade, para populistas, de outras instituições intermediárias, como partidos políticos, imprensa e universidades. Por isso, também,

485 FINCHELSTEIN, Federico. *Do fascismo ao populismo na história*. Trad. Jaime Araújo. São Paulo: Almedina, 2019, p. 27.

486 URBINATI, Nadia. "Antiestablishment and the substitution of the whole with one of its parts". *In*: *Handbook of global populism*. United Kingdom: Routledge, 2018, p. 79.

instituições que objetivam controlar essas lideranças populistas são tidas como instrumentos da elite corrupta, e não como referência para uma democracia constitucional. Se esse líder tem a "capacidade única de intuir os desejos das pessoas, então, não há necessidade de nenhuma outra instituição para ajudar a articular ou representar as pessoas, ou ficar no caminho".[487] Nesse sentido, os populismos admitem

> uma forma de participação que não rejeita as formas indiretas, como o sufrágio eleitoral e a competição pela representação parlamentar, mas as modifica, adapta e as sacode principalmente eliminando – ou tentando eliminar – os dois órgãos intermediários que possibilitaram a atuação da democracia representativa até hoje: os partidos políticos e o jornalismo profissional.[488]

Para tanto, é necessária a debilitação dos mecanismos *checks and balances* e o enfrentamento dos instrumentos de controle do poder, característicos do constitucionalismo e do Estado de Direito. Isso porque os populismos se assentam sobre a necessidade de concentração do poder decisório nas mãos de lideranças "abençoadas" pelo voto popular e reticentes quanto ao espectro de contenção das instituições públicas e privadas. Desde sua eleição "iniciam um processo de debilitação do maquinário institucional das da democracia em nome do chamado povo *verdadeiro*".[489] Realizar "intensas reformas (e abusos) dos arranjos constitucionais existentes, (indicam) a

---

487 HUQ, Aziz; GINSBURG, Tom. "How to lose a constitutional democracy". *UCLA Law Review*, Chicago, 78, 2018, pp. 80/81.

488 URBINATI, Nadia. "Between hegemony and distrust". *Representative democracy in the internet era*. 2014. Disponível em: https://www.resetdoc.org/story/between-hegemony-and-distrust-representative-democracy-in-the-internet-era/. Acessado em: 24.03.2022.

489 MÜLLER, Jan-Werner. *What is populism?* Philadelphia: University of Pennsylvania Press, 2016, p. 57.

dimensão crucial do poder estatal em projetos populistas",[490] e para entendê-lo como um fenômeno também no governo, e não somente na oposição ou em campanha".

Controlá-las é parte do *playbook* populista desde sempre, processo que ganha corpo não apenas com a narrativa da representação populista, mas, também, com a falsa afirmação de que os mecanismos de freios e contrapesos estão tomados por aqueles contra quem se deve lutar, é dizer, uma elite contrária à vontade do povo, podendo ela ser eleita ou composta por burocratas[491] e outros "traidores da nação".[492] Há sempre na narrativa populista esta dicotomia entre poderosos e aqueles que não detêm poder, e por conseguinte, são representados.[493]

Neste caminho entre a política e a Constituição, que desempenha a função de fixar as regras para o exercício das decisões majoritárias, o Direito e a sua transformação para acomodar e "legitimar" estas narrativas é uma constante nestes movimentos e governos. Populistas tendem a mudar as Constituições em prol de sua narrativa, pois "podem também escrever Constituições; estas serão partidárias ou 'exclusivas', desenhadas para manter populistas no poder em nome da perpetuar a vontade popular original e autêntica".[494] Trata-se de uma estratégia procedimental, que não guarda relação com o conteúdo do Direito, mas, unicamente, com a sua forma. Isso porque, em que pese

---

490 BLOKKER, Paul. "Populist constitutionalism". *International Journal of Constitutional Law*, vol. 17, nº 2. Oxford: Oxford University Press, 2019, p. 111.

491 URBINATI, Nadia. *Democracy disfigured*. Harvard: Harvard University Press, 2014, p. 131.

492 MÜLLER, Jan-Werner. *What is populism?* Philadelphia: University of Pennsylvania Press, 2016, p. 57.

493 PANIZZA, Francisco. "Introduction: populism and the mirror of democracy". *In:* PANIZZA, Francisco (Coord.). *Populism and the mirror democracy*. Londres: Phronesis Verso Book, 2005, p. 4.

494 MÜLLER, Jan-Werner. *What is populism?* Philadelphia: University of Pennsylvania Press, 2016, p. 102.

a Constituição desempenhar funções distintas e, dentre elas, espraiar seus conteúdos por todo o ordenamento, especialmente a partir da interpretação constitucional,[495] a preocupação, nestes casos, é meramente formal: mostrar que maiorias podem tudo, especialmente, mediante leis e reformas constitucionais, voltando-se, muitas vezes, para enfraquecer os mecanismos contramajoritários apresentados por toda democracia, pois, também, os populistas "afirmam que o princípio da soberania popular é insuficientemente garantido nos regimes constitucionais liberais".[496] Esse expediente de reformas constitucionais é usado por mais da metade dos governos populistas "como meio de empoderamento político. Essas mudanças têm foco, usualmente, no fortalecimento do Poder Executivo e de aumento de mandatos presidenciais,[497] fundando essas reformas muitas vezes na proteção das classes comuns, marginalizadas e pobres e contra as elites corruptas.[498]

Trata-se de mais uma forma de avançar com seu sentimento de legitimação democrática em direção polarizadora e frustradora da concepção unitária de povo, gerando uma concorrência constante entre populismos e constitucionalismo. Esse aprofundamento da dificuldade de proteção das minorias que não estão diretamente representadas pelos governos populistas transforma a "ideia de maioria – de regra para tomada de decisão para dominação do tomador de

---

495 KARAM, Vera; GODOY, Miguel. "Constitucionalismo e democracia: soberania e poder constituinte". *Revista Direito GV*, São Paulo, vol. 6, nº 1, 2010, p. 166.

496 BLOKKER, Paul. "Populist constitutionalism". *International Journal of Constitutional Law*, vol. 17, nº 2. Oxford: Oxford University Press, 2019, pp. 113/114.

497 KYLE, Jordan; MOUNK, Yascha. "The populist harm to democracy: an empirical assessment". *Tony Blair Institute for Global Change*, 2018, p. 18.

498 BLOKKER, Paul. "Populist constitutionalism". *International Journal of Constitutional Law*, vol. 17, nº 2. Oxford: Oxford University Press, 2019, p. 118.

decisão – (e) explica a diferença entre democracia constitucional e democracia populista".[499]

Existe uma dinâmica nos populismos de tornar a situação irreversível quando abandonam o poder ou são afrontados por momentos de crises políticas. Essa irreversibilidade de três instrumentos, principalmente que são as assembleias constituinte, para reformular as instituições, a ampliação das reeleições, para garantir a manutenção no poder a mudanças nos tribunais constitucionais, buscando capturá-los.[500]

Democracias carecem de leituras substanciais do Direito e, consequentemente, das Constituições. Entretanto, ganha corpo o problema da leitura meramente processual das Constituições e da democracia, pois se fomentam "teorias processuais da Constituição, que levam em conta apenas o seu aspecto normativo, não político, a um simples procedimento de escolha de governantes".[501]

Assim, a tensão entre democracia e constitucionalismo é um tema que se renova. Isso porque, como visto, o constitucionalismo diz respeito também "aos limites sobre as decisões majoritárias; de modo específico, aos limites que em certo sentido são autoimpostos",[502] impondo óbices aos processos majoritários que podem ser tanto procedimentos, em que prazos e outras restrições controlam maiorias, como, também, substanciais, temáticos, por exemplo, as limitações materiais à reforma constitucional. Neste sentido, as Constituições cumprem o importante papel de "proteger os direitos

---

499 URBINATI, Nadia. *Me the people*. Harvard: Harvard University Press, 2019, p. 102.

500 ROSANVALLON, Pierre. *El siglo del populismo*. Barcelona: Galaxia Gutenberg, 2020, p. 183.

501 BERCOVICI, Gilberto. "Constituição e política: uma relação difícil". *Lua Nova: Revista de Cultura e Política*, São Paulo, nº 61, 2004, pp. 5-24.

502 ELSTER, Jon. *Alchemies of the mind*: rationality and the emotions. Cambridge: Cambridge University Press, 1999, pp. 33/34.

individuais e construir um obstáculo a certas mudanças políticas que teriam lugar se fossem do interesse da maioria".[503]

A leitura procedimental da democracia, estritamente formal e diminuída, e o olhar meramente instrumental das decisões políticas, como meios de capturar as instituições, é algo próprio de governos populistas. O mesmo formalismo se apresenta com o que concebem como regra da maioria, que, para a sanidade de uma democracia, "não pode ser a panaceia para abandonar todas as diferenças em uma sociedade, ainda que seja insubstituível como esquema de cooperação entre cidadãos",[504] pois pensá-la como única ferramenta para tomada de decisões, sem busca de consensos, é aprofundar a distância entre maioria e minoria, gerando ruídos que tendem a erodir, ainda mais, as democracias constitucionais.

O protagonismo de governos populistas que dispõem do apoio de maiorias estáveis acaba permitindo que procedam à *captura constitucional*, em que tais forças políticas, estrategicamente, debilitam os instrumentos de controle do poder. Significa um modo de acentuar a erosão democrática mediante o sistemático enfraquecimento dos mecanismos de freios e contrapesos e, em casos extremos, tornar as mudanças verdadeiras do poder excessivamente difíceis, o que pode ser feito mediante a promulgação de uma nova Constituição, que convenha ao governo ou mesmo diminuindo as competências de controle, especialmente de uma Corte Constitucional.[505]

Este processo de captura não envolve somente os demais poderes e outros órgãos estatais, mas, também, a própria estrutura do

---

503 ELSTER, Jon. *Alchemies of the mind*: rationality and the emotions. Cambridge: Cambridge University Press, 1999, p. 35.

504 AMAYA, Jorge Alejandro. *Democracia vs. Constitución*. Argentina: Astrea, 2012, p. 41.

505 MÜLLER, Jan-Werner. "Rising to the challenge of constitutional capture". *Eurozine,* 21 mar. 2014. Disponível em: http://www.eurozine.com/articles/2014-03-21-muller-en.html. Acessado em: 23.03.2022.

Poder Executivo,[506] aumentando seus próprios poderes mediante o uso de um legalismo autocrático. Para isso, também, avançar da política partidária para a conquista de aliados nas mais variadas instâncias estatais, inclusive entre os juízes e outros servidores, utilizando nomeações e outras benesses de modo antirrepublicano, funciona como meio de angariar poder político e manter expectativa de continuar no governo.

Inclusive, é possível dizer que o *playbook* desse processo de captura apresenta alguns capítulos bastantes padronizados:

> Primeiro, administre uma plataforma populista, na qual a maioria é retratada como vitimizada e a velha ordem (é) elitista. (...) Em seguida, encontre maneiras de minar oponentes em instituições estatais, como o judiciário ou militar, por meio de uma combinação de nomeações, expurgos, apadrinhamento e até intimidação. Talvez usar os tribunais para reprimir críticas por meio de processos por difamação ou algo semelhante. Criticamente, não se esqueça de manipular as instituições eleitorais para garantir que a concorrência futura seja limitada. Em seguida, ataque a sociedade civil como portadora de elite financiada por estrangeiros de ideias globalistas que não condizem com os valores nacionais. Garantir que a mídia livre seja intimidada ou diluída, para não fornecer uma verificação independente: isso é particularmente fácil de fazer em uma era de privatização em que a imprensa pode literalmente ser comprada. Finalmente, minar a autoridade acadêmica por meio de subfinanciamento ou politização total. O efeito dessas medidas é cumulativo; mesmo que uma pessoa seja insuficiente para levantar preocupações sobre a erosão democrática, quando em número suficiente, eles devem ser vistos com alarme.[507]

---

506 HUQ, Aziz; GINSBURG, Tom. *How to save a constitutional democracy*. Chicago: The University of Chicago Press, 2018, pp. 101/102.

507 HUQ, Aziz; GINSBURG, Tom. *How to save a constitutional democracy*. Chicago: The University of Chicago Press, 2018, p. 116.

O uso dos mecanismos jurídicos constitucionais mediante o estressamento dos limites da legalidade como forma de desfazer tradições consolidadas, fomenta um colapso das instâncias constitucionais.[508] Inclusive, esses governos "também podem escrever Constituições; serão Constituições partidárias ou "exclusivas" destinadas a manter os populistas no poder em nome da perpetuação de alguma suposta vontade popular original e autêntica".[509] Lideranças populistas utilizam, assim, estratégias violadoras de regras formais ou informais do Direito. Isso porque usam o seu potencial popular, de sua força política, para romper com leis e instituições moldados pela elite, levando-os a crer que estão habilitados para não cumprir essas regras jurídicas.[510] Todavia, a

> violação (literal) da lei, seja estatutária, constitucional ou internacional, dificilmente é necessária, dadas as maneiras sutis em que nomeações, procedimentos e medidas de tempo podem ser usados para minar a força de controle de outros poderes governamentais.[511]

Ao sacar legitimidade democrática do puro majoritarianismo, lideranças populistas moldam uma narrativa para justificar sua legitimidade e "tudo o que fazem", no sentido de que os "freios e contrapesos dão força desmesurada a seus oponentes que (na verdade) são perdedores", e que a *accountability* e o governo limitado são desnecessários quando há tanto o que se fazer".[512] É nesta toada

---

508 TUSHNET, Mark. "Constitutional hardball". *The John Marshall Law Review*, Georgetown, vol. 37, 2004.

509 MÜLLER, Jan-Werner. *What is populism?* Philadelphia: University of Pennsylvania Press, 2016, p. 102.

510 HUQ, Aziz; GINSBURG, Tom. *How to save a constitutional democracy*. Chicago: The University of Chicago Press, 2018, p. 82.

511 HUQ, Aziz; GINSBURG, Tom. *How to save a constitutional democracy*. Chicago: The University of Chicago Press, 2018, p. 101.

512 SCHEPELLE, Kim Lane. "Autocratic Legalism". *University of Chicago Law Review*, Chicago, vol. 85, nº 2, mar. 2018, pp. 545-583.

que minorias, derrotadas nas urnas, não merecem ter seus direitos protegidos, em detrimento do "povo verdadeiro", este sim, a demandar ação por parte destes governos.

Ao se falar em populismos, na verdade, se quer dizer um desvio dos caminhos da democracia constitucional sem abandonar algumas de suas ferramentas. Populismos não abandonam a representação ou a Constituição; utilizam-se de meios de democracia participativa, muitas vezes, ao lado das eleições; não desprezam a existência dos partidos políticos. Populistas, na verdade, utilizam essas ferramentas para contestar a democracia constitucional ao afirmar que elas não são passíveis de resolver as necessidades do povo,[513] em que pese ser o povo um conjunto construído a partir de características maleáveis, conforme os interesses das lideranças surgidas para suprir este vazio entre representantes e representados, preocupados com inimigos nacionais e internacionais, como os comunistas, os esquerdistas, o *establishment*, a *troika*, o capitalismo global, os imigrantes e os muçulmanos, dentre outros.

Como se viu, trata-se de um modo de fazer política personalista, baseado em uma liderança que assume a legitimidade, a partir do sufrágio, para decidir por todos, mas em prol do povo verdadeiro, aprofundando diferenças decorrentes do pluralismo característico das democracias sãs. Não se trata de um regime, mas de um estilo, mas não apenas um estilo retórico ou de protesto. Nesta obra, a ênfase é o seu atuar como governo que não nega a Constituição ou as eleições e seu impacto na representação democrática. Inclusive, usa ardilosamente alguns mecanismos de democracia participativa em seu favor. Tal estilo, conforme ganha força, acaba contaminando muitos daqueles que já participavam da política que acabam aderindo ao modo populista de fazer política, indicando "potencial difusão de uma mentalidade populista-constitucional no *mainstream* político,

---

513 URBINATI, Nadia. *Me the people*. Harvard: Harvard University Press, 2019, p. 47.

o que potencialmente leva a uma erosão mais ampla dos ideais liberais-constitucionais",[514] ou seja, o oportunismo típico dos populistas, já trabalhado anteriormente, acaba contaminando a arena política e tornando o cenário político cada vez mais composto por atores pouco dialogantes e com compromissos democráticos cada vez mais estreitos. Também não abandona os partidos, mas os domina a partir de uma liderança, que carrega o nome do governo a partir do seu aspecto personalista característico. Trata-se de um expediente de confronto aos atores e ferramentas da democracia a partir da contestação de suas instituições, como parlamentos, mandatos e partidos e, desse modo, está sempre a questionar a qualidade da democracia e da representação democrática afirmando o seu *déficit* representativo e se mostrando apto a resgatar seus valores mais importantes. Esse povo, que é parcial, é representado por tais líderes contra seus inimigos internos e externos, por lideranças desenhadas a partir de suas necessidades políticas momentâneas, lideranças essas que querem somente ser a "vontade e a voz do povo na sua totalidade parcial, não em sua generalidade universal".[515]

Consequentemente, afrontar aqueles que podem colocá-los sob o escrutínio da razão, ainda que esta razão possa ser contestável, como os partidos políticos, a mídia independente, as universidades, dentre outras instâncias de intermediação entre a representantes e representados, é uma decorrência da cartilha populista. Verifica-se que essa "forma social de condução da vida política centrada no ódio e na intolerância, negacionismo da ciência, desrespeito pela memória do passado marcado por violências contra a humanidade",[516] que retoma e tolera o retrocesso civilizatório e o usa como estratégia

---

514 BLOKKER, Paul. "Populist constitutionalism". *International Journal of Constitutional Law*. Oxford: Oxford University Press, vol. 17, nº 2, 2019, p. 115.

515 URBINATI, Nadia. *Me the people*. Harvard: Harvard University Press, 2019, p. 124.

516 PIRES, Luis Manuel Fonseca. *Estados de exceção* – a usurpação da soberania popular. São Paulo: Contracorrente, 2021, p. 81.

política acaba por fazer com que tal visão de mundo objetive se tornar hegemônica e intolerante quanto a outras, inclusive aquelas fundadas na verdade factual. Daí porque a mentira se torna uma estratégia política constante e poderosa.

Os partidos, que durante muito tempo operaram como as democracias constitucionais funcionam e como o povo consente e participa, deixam de ser importantes nessas "democracias populistas" porque partidos políticos são instrumentos de agregação de vontades em ambientes nos quais há contrariedades. Para isso, os programas partidários devem ser discutidos publicamente e a participação em ambientes intrapartidários democráticos é uma forma de conjugar vontades divergentes e de não resumir a democracia constitucional ao sufrágio, permitindo, inclusive, que os participantes possam vir a ser candidatos.[517] Populistas não estão disponíveis para este espaço de discussão, dado que carregam consigo a representação automática legítima do povo para decidir por ele. Por essa razão, sua ascensão enfrenta uma luta contra os partidos e governos no poder, mas, seu objetivo é "incorporar o maior número e tornar-se o único partido do povo, varrendo a infinidade de afiliações partidárias"[518] e fazendo com que as pessoas estejam disponíveis a segui-los e não a contestá-los ou a atuar de modo ativo politicamente.

Quando um governo populista se estabelece, reabilita a "política faccional, que é historicamente a negação da política partidária (e da democracia constitucional) cuja legitimidade foi alcançada provando-se não ser identificável com a política faccional".[519] Esse

---

517 URBINATI, Nadia. "A revolt against intermediary bodies". *Constellations*, vol. 22, nº 4, 2015, pp. 477-486.

518 URBINATI, Nadia. "Antiestablishment and the substitution of the whole with one of its parts". *In*: *Handbook of global populism*. United Kingdom: Routledge, 2018, p. 79.

519 URBINATI, Nadia. "Antiestablishment and the substitution of the whole with one of its parts". *In*: *Handbook of global populism*. United Kingdom: Routledge, 2018, p. 80.

movimento, percebe-se, não pretende destruir o sistema de partidos, mas tomá-lo para si em um único partido a deter a centralidade e o poder de representar o povo, na sua parte que importa. Crises dos sistemas de partidos acabam abrindo espaço para que novas lideranças populistas angariem poder,[520] ou, se no governo, para concentrar em si o poder político. E essa parte, interessante aos populistas, que a definem como povo, não pode conviver com uma democracia de partidos, pois a

> política fragmenta a vontade popular e torna necessário recorrer a compromisso para construir a vontade unitária de decisão; isso fatalmente abriria a porta para "impureza" e manipulação, barganha e pluralismo das elites.[521]

As elites partidárias assustam aos populistas e contra elas devem ser movidos seus esforços de destruição.

O mesmo processo atinge a imprensa livre ou independente. Trata-se de mais uma instância social de controle e de fiscalização do poder que vê aumentada a possibilidade de confronto com lideranças indisponíveis ao embate público aberto de ideias. Se, no passado, viu-se uma

> multiplicação de vias de comunicação, já postas em movimento pela liberalização dos meios de comunicação tradicionais e o desenvolvimento da televisão por cabo e satélite, também levou a uma democratização do acesso à informação,[522]

---

520 HUQ, Aziz; GINSBURG, Tom. *How to save a constitutional democracy*. Chicago: The University of Chicago Press, 2018, p. 83.

521 URBINATI, Nadia. "Antiestablishment and the substitution of the whole with one of its parts". *In*: *Handbook of global populism*. United Kingdom: Routledge, 2018, p. 82.

522 URBINATI, Nadia. "A revolt against intermediary bodies". *Constellations*, vol. 22, nº 4, 2015, p. 482.

a entrada da internet, com as redes sociais e os mecanismos de comunicação direta entre pessoas, tem mostrado um caminho contrário, de multiplicação da comunicação, mas de forma segmentada. A necessidade de captura dos meios de comunicação não é nova e já era estratégica para os fascistas que fizeram do rádio o seu instrumento de propagação de

> propaganda que despertou sentimentos antes que as pessoas tivessem tempo de averiguar fatos. E agora, como então, muitas pessoas confundem fé em um líder extremamente falho com a verdade sobre o mundo que todos compartilhamos.[523]

O mesmo corre com as novas tecnologias disponíveis para cercear e romper com a intermediação da comunicação ou com o constante uso da "mídia para convencer o público de que ele (líder) encarna as muitas formas de descontentamento do povo contra o *mainstreamismo* covarde dos partidos tradicionais".[524]

Populistas são inovadores no

> uso de novas e velhas mídias para estabelecer um contato direto com seus seguidores, afastando os partidos políticos. As lógicas da mídia e do populismo são complementares e explicam algumas das mudanças da política em direção ao entretenimento, a proliferação de *media outlets* e o fechamento dos espaços para os debates plurais.[525]

---

523 SNYDER, Timothy. *On tyranny*: twenty lessons from the twentieth century. Nova York: Penguin, 2017, p. 39.

524 URBINATI, Nadia. "Political theory of populism". *Annual Review of Political Science*, vol. 22, 2019, p. 113. Disponível em: https://www.annualreviews.org/journal/polisci. Acessado em: 20.03.2022.

525 DE LA TORRE, Carlos. "Global populism: histories, trajectories, problems, and challenges". *In*: ______. *Routledge Handbook of Global Populism*. Londres: Routledge, 2018, p. 18.

Outro corpo intermediário afetado pelos populistas são as universidades. Pensadas para serem ambientes plurais e de tolerância, na sua ampla acepção, são diretamente afetadas pelo fomento à construção de um povo homogêneo, pois o debate e o confronto de ideias não funcionam como ferramentas adequadas quando governos se acreditam depositários da legitimidade decisória fundada em sua percepção de mundo. Espaços nos quais o debate das propostas de lideranças, partidos ou governos, esteja aberto ao pensar diverso são riscos para o déficit de racionalidade e o abuso de emoção carregados pelos populistas em seus projetos políticos. Daí porque são tão ameaçadas em diversas localidades e, seus integrantes, parte da comunidade universitária, viverem constantemente sob a mesma condição restritiva.

Percebe-se que o personalismo e o desejo do contato direto com o povo, sem intermediação, especialmente crítica, é um dogma político dos populismos, dado que, no seu afã de buscar espaços políticos centrais, permanecer no poder por largos períodos e romper com o sistema que prestigia aqueles que pensam e agem contrariamente aos seus impulsos, afrontar os organismos de intermediação comunicativa passa a compor a cartilha dessas lideranças. Essa afronta pode ocorrer não somente criminalizando ou usando seu poder político contra esses organismos, mas, também, capturando-os no sentido de ter em suas mãos aqueles que decidem pelos organismos intermediários.

Sob este aspecto, populismos não são ideologias, mas estratégia política para dividir e polarizar a sociedade em dois grupos antagônicos: o povo homogêneo e os seus inimigos. O debate público, assim, seria conduzido para fortalecer os inimigos, que devem ser atacados no espaço público ou privado. Quando no poder, fomentam o empoderamento do governo, abusam da separação dos poderes e estressam o Estado de Direito em seu favor de maneira a comprometer a independência das instituições e enfraquecer a democracia constitucional.[526]

Não surpreende que seus governos sejam mais longos que outros que não adotam tal meio de fazer política, dado que "em média, mantém-se no cargo duas vezes mais do que os não populistas (seis anos e meio *versus* três anos)"[527] e que sua saída do poder seja mais traumática, pois ao estressarem a legalidade e os mecanismos constitucionais de controle, demandam esforços institucionais para a solução dos problemas que causam.[528]

Outro tema que produz convergência entre os governos autoritários, e os populistas, por conseguinte, é a deslegitimação das instâncias internacionais e do próprio Direito Internacional. Fazem-no sobrelevando a centralidade do Estado e desprezando o processo de transformação que ocorre em direção a outros atores na arena internacional, como ONGs e outros meios de participação da sociedade civil. Trata-se de restabelecer "a tradicional posição vestfaliana (como a) pedra fundamental para o Direito Internacional autoritário"[529] e usar da desinformação, pensar novas organizações autoritárias para substituir as existentes,[530] demasiadamente liberais.

---

526 DE LA TORRE, Carlos. "Global populism: histories, trajectories, problems, and challenges". *In*: ______. *Routledge Handbook of Global Populism*. Londres: Routledge, 2018, pp. 8/9.

527 KYLE, Jordan; MOUNK, Yascha. "The populist harm to democracy: an empirical assessment". *Tony Blair Institute for Global Change*, 2018, p. 18.

528 KYLE, Jordan; MOUNK, Yascha. "The populist harm to democracy: an empirical assessment". *Tony Blair Institute for Global Change*, 2018, p. 18.

529 GINSBURG, Tom. "How authoritarians use international law". *Journal of Democracy*, vol. 31, nº 4, 2020, p. 47.

530 GINSBURG, Tom. "How authoritarians use international law". *Journal of Democracy*, vol. 31, nº 4, 2020, p. 55.

Justamente em razão dos traços discursivos descritos, as redes sociais e os novos meios de comunicação direta se revelaram espaços propícios às narrativas populistas, por apresentarem a vantagem de proporcionar uma comunicação menos restrita em relação às mídias tradicionais, já que não existe nenhuma regulamentação rigorosa a inibir as publicações e o seu estilo discursivo. Para além disso, favorecem a circulação excessiva de *fake news*, que têm se revelado uma poderosa e perigosa arma utilizada pelos populistas que ascenderam ao poder nos últimos anos.[531]

O que se assenta como importante verificar, neste sentido, é que os populismos existem de forma parasitária às democracias constitucionais, como referido, pois em que pese adotarem alguns dos seus referenciais, exploram-nos em seus limites, a ponto de subvertê-los e destruírem as próprias democracias. Isso porque os populismos estão nos extremos das democracias e, quando se consolidam, as destroem e abrem espaço para o surgimento das autocracias.[532]

3.4 Os populismos latino-americanos[533]

Os casos latino-americanos, sobre os quais se debruça esta pesquisa, dividem-se em quatro grupos: os populistas clássicos (Vargas, Gaitán, Perón), os populistas neoliberais (Fujimori, Collor, Bucaram, Menem), os populistas bolivarianos (Chávez, Morales e Correa) e os mais novos, os populismos competitivos (Bolsonaro, López Obrador e Bukele).

---

531 FINCHELSTEIN, Frederico. *Uma breve história das mentiras fascistas*. São Paulo: Vestígio, 2020.

532 URBINATI, Nadia. *Me the people*. Harvard: Harvard University Press, 2019, p. 15.

533 A nomeclatura usada para as três primeiras fases dos populismos regionais (clássico, neolibrais e bolivarianos) é obtida a partir de uma variedade de trabalhos de Carlos de La Torre aqui citados, exceto a última, cuja explicação será dada mais adiante.

Os primeiros se inserem em um contexto político no qual forças oligárquicas tradicionais entram em crise, e, assim, seu *modus* fundado no patrimonialismo também, além de um modelo de sociedade predominantemente rural. Convivem com processos de urbanização, industrialização e uma crise de representação paternalista que os leva a emergir como lideranças. Em alguns deles, estes líderes expandem a participação política popular, que lutam contra as fraudes eleitorais e valores internacionais, impondo um olhar nacionalista renovado, como no caso da Argentina (Perón) e Velasco Ibarra (Equador). Em espaços nacionais mais desenvolvidos economicamente, como no Brasil, no México e na Argentina, impõe-se, ainda, processos de nacionalização e de redistribuição de políticas públicas sociais. Nos casos da Bolívia, do Peru e no Equador, em contextos mais agrários, ampliam-se aqueles que participam da política, antes excluídos.[534] No caso argentino, por exemplo, Perón expandiu a participação política de 18% para 50% da população; obteve, em 1951, quando as mulheres passaram a deter direitos políticos, 64% destes votos.[535]

O segundo grupo surge no final dos anos 1980, quando há uma guinada neoliberal nas crenças e nas ações de novos movimentos e líderes populistas, como Collor de Mello (Brasil, 1990-1992), Abdala Bucaram (Equador, 1996-1997), Carlos Menem (1989-1999) e Alberto Fujimori (Peru, 1990-2000).[536] Essas lideranças surgem para solucionar as crises advindas das políticas de substituição das importações e o aumento exagerado da inflação com o consequente

534 DE LA TORRE, Carlos. "Populism in Latin America". *The Oxford Handbook of Populism*, Oxford, 2017, p. 252.

535 DE LA TORRE, Carlos. "Populism in Latin America". *The Oxford Handbook of Populism*, Oxford, 2017, p. 253.

536 Collor de Mello e Bucaram não têm os seus governos analisados, aqui, pelo pouco tempo que tiveram antes das respectivas destituições, seja por impeachmen, o primeiro, seja por "incapacidad mental", o segundo. Todavia, no plano do discurso, poderiam ser incluídos, caso fosse esse o paradigma usado.

empobrecimento das classes menos favorecidas.[537] Para tanto, demonizam as elites de então, os partidos tradicionais e suas lideranças, como meio de alcançar o poder mediante eleições, reforçando a lógica política do personalismo na América Latina em uma realidade própria na qual líderes fortes convivem com partidos políticos fracos.[538] O personalismo destas novas lideranças foi ganhando espaço como mecanismo de salvação nacional e suas políticas neoliberais como maneira de alcançar a inclusão em um mundo que se integrava economicamente por meio de mecanismos de abertura de mercados nacionais, desregulação econômica e políticas tributárias renovadas. A maleabilidade dos populismos aparece, mais uma vez, quando estes processos neoliberais, na verdade, afetam justamente políticas criadas por outros populistas que os antecederam.[539] Mediante programas de austeridade, surgiram estes novos populismos para enfrentar a recessão econômica, mas acabaram aumentando as desigualdades mediante a diminuição das capacidades estatais de intervenção na ordem social.[540]

Aqui parece importante perceber que um sintoma regional facilita o avanço dos populismos, que são os contextos de profunda desigualdade, pois o que se verifica é

> o crescimento da desigualdade social e econômica, de modo que para grande parte da população há pouca ou nenhuma

---

537 DE LA TORRE, Carlos. "Populism in Latin America". *The Oxford Handbook of Populism*, Oxford, 2017, p. 256.

538 KALTWASSER, Cristóbal Rovira. "Dealing with populism on Latin America: lessons for Donald Trump's populist presidency in the United States". *In*: WEYLAND, Kurt; MADRID, Raul. (Coord.). *When democracy Trumps populism*. European and Latin American Lessons for the United States. Nova York: Cambridge University Press, 2019, p. 36.

539 DE LA TORRE, Carlos. "Populism in Latin America". *The Oxford Handbook of Populism*, Oxford, 2017, p. 256.

540 FINCHELSTEIN, Federico. *Do fascismo ao populismo na história*. Trad. Jaime Araújo. São Paulo: Almedina, 2019, p. 207.

> chance de aspirar a uma vida social e política digna; e o crescimento de uma oligarquia global (...) que faz da soberania um fantasma[541]

são ferramentas argumentativas para o avanço dos populismos e para seu consequente sucesso.

A terceira onda, a dos populistas bolivarianos, foi tomando a América Latina a partir do final dos anos 1990, com plataforma política mais próxima das esquerdas, o que fica claro com o recurso ao desenvolvimentismo que aumenta a participação social na ordem social e econômica, ampliando as prestações estatais em matéria de direitos sociais. De outro lado, apesar de ser inclusivo, mantém a tradição de uso de meios de fazer política pouco republicanos, com a captura dos mecanismos de *checks and balances*, intromissão excessiva nas estruturas judiciais e mediante políticas contra a mídia tradicional. Tudo isso ocorrendo mediante políticas clientelistas identificadas com líderes carismáticos.[542] Observa-se, assim, a volta do binômio políticas sociais e regressos democráticos. Este movimento pode ser visto em lideranças como Hugo Chávez (1999-2013), sucedido por Nicolás Maduro (2013), Rafael Correa (2007-2017) e Evo Morales (2006-2018), podendo encontrar contrapartes na Europa com Podemos, na Espanha, e Syriza, na Grécia.

Por último, a realidade regional ganha novos contornos com Bolsonaro, eleito em 2018 com uma plataforma de extrema-direita, neoliberal, por um lado, e conservadora, por outro, com apelos ao cristianismo, aos valores conservadores e à necrose da política tradicional, que então se sujeitava a um pêndulo que ia do centro-esquerda ao centro-direita, desde o processo de redemocratização da década de 1980. Também se vê uma nova liderança no México, com

541 URBINATI, Nadia. *Me the people*: how populism transforms democracy. Cambridge: Harvard University Press, 2019, pp. 4/5.

542 FINCHELSTEIN, Federico. *Do fascismo ao populismo na história*. Trad. Jaime Araújo. São Paulo: Almedina, 2019, p. 207.

Andrés Manuel López Obrador, que adota um discurso nacionalista desenvolvimentista, à esquerda, mas age contrariando os mecanismos *checks and balances*, ao suprimir organismos intermediários e enfraquecer partidos políticos. O mesmo pode ser dito com Nayb Bukele, em El Salvador, com seu discurso messiânico e ambíguo. Apesar de todos fazerem fortes apelos religiosos, ideologicamente, são de variáveis diversas.

A região, seguidamente, vem fazendo das eleições presidenciais processos catárticos que, invariavelmente, elegem *outsiders* que prometem uma política sem precedentes. Essa proliferação de políticos que negam a política apresenta números impressionantes. Entre 1990 e 2012, por exemplo, se considerarmos Venezuela, Bolívia, Equador e Peru, os quinze Presidentes eleitos apresentavam perfil populista,[543] ou seja, o modo populista de fazer política ganhou impulso e se tornou usual, o que reforça a percepção de que a competição ideológica não afeta o modo de fazer política populista, é dizer, se de esquerda ou de direita, o populismo é parte da cartilha de tais lideranças.

Passa-se a analisar alguns desses populismos com mais vagar. Como dito, neste livro, o foco são os governos liderados por populistas que conseguem implementar seu jeito de fazer política na agenda de governo. Trata-se de analisar candidatos populistas que chegam aos governos, estes chefiados, destarte, por lideranças de perfil populistas e que tiveram tempo de implementar sua agenda e seu *modus* político. Os que não puderam, como Fernando Collor de Mello e Abdala Bucaram, que, apesar de se apresentar segundo a dinâmica descrita, não tiveram como se "instaurar", deixam de ser analisados. Esses dois casos, especificamente, reforçam resultados produzidos em pesquisas, segundo as quais, apesar de durarem mais no Poder e, por outro, lado, criarem problemas para deixarem este

543 LEVITSKY, Steven; ZIBLATT, Daniel. *Como as democracias morrem*. Rio de Janeiro: Zahar, 2018, p. 32.

Poder, o número de destituições que sofrem é também mais alto que a média.[544]

Embora esta pesquisa esteja mais focada no período da redemocratização, na América Latina, a partir do início dos anos 1980, inicia-se com os populismos clássicos regionais, pois são criadores do *modus* populista e, negativamente, material de exportação para o mundo.

3.4.1 1ª onda: o populismo clássico

Relacionar populismos e crise de representação, ou da confiança na democracia constitucional, é o ponto zero para analisar as razões do seu aparecimento em variados espaços constitucionais. O rearranjo dos fascismos em torno da aceitação da democracia, ainda que autoritária e meramente eleitoral, foi a forma escolhida para a sua própria sobrevivência na região.

A crise de representação já estava associada à primeira onda populista, ocorrida na América Latina, próxima à metade do século XX. Este movimento carregava consigo, por um lado, a exigência de inserção política das massas, então excluídas de uma representação condizente com os seus interesses políticos, inclusive, mediante a incursão e o fortalecimento de partidos políticos da classe trabalhadora:

> Na maior parte da região, no entanto, novos partidos e movimentos políticos populistas de base trabalhista surgiram fora e em oposição ao *establishment* político oligárquico, reconfigurando os sistemas partidários em torno de uma clivagem sociopolítica elite/popular. Esses movimentos foram muitas vezes unidos por trás da liderança carismática de figuras

544 KYLE, Jordan; MOUNK, Yascha. "The populist harm to democracy: an empirical assessment". *Tony Blair Institute for Global Change*, 2018, pp. 15/16.

> populistas lendárias como Perón na Argentina, Cárdenas no México, Vargas no Brasil e Haya de la Torre no Peru.[545]

O abandono da violência como estratégia política, ocorrido com os populistas, está fundado nas transformações políticas ocorridas naquele período. Trata-se de um tema caro à região, tendo em vista que a violência política, inclusive mediante o uso de armas, integrou a tradição política durante um longo tempo, fosse ela violência de Estado, agindo contra as pessoas por meio de instituições cooptadas pelo poder político, geralmente por meio de militares sediciosos, ou por organizações criadas para a mudança política e social, além de chefes militares mediante golpes de Estado, pelos grupos terroristas ou organizações paramilitares.[546]

A transição dos fascismos para os populismos, neste sentido, é fruto da necessária transformação em direção ao reconhecimento de que os autoritarismos se reformularam e, em regra, abdicaram do uso institucional da violência e reforçaram a exigência de que as eleições fossem respeitadas, ainda que muitas vezes manipuladas. É dizer, autoritários e "democráticos" em sentido estrito.

Diversamente dos fascismos, surgidos na Europa, os populismos são resultados da política latino-americana e têm na Argentina, com Juan Domingos Perón, e no Brasil, com Getúlio Vargas, seu nascedouro.[547] O resgate da defesa da representação popular exclusiva e superior por lideranças carismáticas, que é uma reminiscência dos fascismos da primeira metade do século XX, é acrescida do uso dos

---

545 ROBERTS, Kenneth M. "Populism, political mobilizations, and crises of political representation". *In*: DE LA TORRE, Carlos. *The promise and perils of populism*: global perspectives. Lexington: University of Kentucky Press, 2015, p. 147.

546 ANSALDI, Waldo; GIORDANO, Verónica. *América Latina*: tiempos de violência. Tomo II. Buenos Aires: Ariel, 2014, p. 31.

547 FINCHELSTEIN, Federico. *Do fascismo ao populismo na história*. Trad. Jaime Araújo. São Paulo: Almedina, 2019, pp. 131/132.

processos de decisão popular de índole democrática como regra para nova ordem, sem isso deixar de lado demonstrações claras de que os autoritarismos buscavam uma nova face para uma ordem inédita a ser construída.

Os populismos emergentes na América Latina, a partir dos anos 1940, estão cercados por uma realidade na qual as forças oligárquicas tradicionais entram em crise, e, assim também, seu *modus* fundado no patrimonialismo. Os processos de urbanização, industrialização e uma crise de representação paternalista fazem emergir esses populismos. Mas, mesmo em realidades nacionais nas quais o mencionado processo estava menos avançado, pratica-se uma expansão da participação política popular, luta-se contra as fraudes eleitorais praticadas pelas oligarquias tradicionais e, naquele período, contra valores internacionais, dado que estes populismos são essencialmente nacionalistas, a exemplo da Argentina, com Perón, e do Equador, com Velasco Ibarra. Em espaços nacionais mais desenvolvidos economicamente, como se disse, como no Brasil, no México, e na Argentina, cresce a nacionalização e a redistribuição de políticas públicas sociais. Em todos, aumenta a participação política, inserindo os excluídos.[548] Se Perón, ao expandir a participação política de 18% para 50% da população conseguir obter 64% destes votos, em 1951, o mesmo ocorrera com Vargas, no início dos anos 1930, tanto a partir do Código Eleitoral, de 1932, quanto com a Constituição de 1934, com participação política feminina. Não se quer dizer que o populismo varguista se consolida naquele período, pois a mudança de perfil político só ocorrerá alguns anos depois do fim do Estado Novo.

Esses populismos surgem como forças políticas que impõem uma narrativa em favor dos pobres, contra elites que, até então, desprezavam os menos abastados. Prometiam "eleições livres para

548 DE LA TORRE, Carlos. "Populism in Latin America". *The Oxford Handbook of Populism*, Oxford, 2017, p. 252.

eliminar a fraude eleitoral, a incorporação socioeconômica dos trabalhadores e dos pobres, a soberania nacional e a dignidade simbólica dos excluídos".[549] No Brasil, e no México, naquele momento, fica claro que essa luta contra as fraudes e o modelo eleitoral anterior pode ter significado, unicamente, uma forma de recompor as instituições eleitorais em favor daqueles que assumem o poder. No primeiro caso, a reforma da justiça eleitoral, o voto secreto, obrigatório e a participação feminina foram utilizados para consolidar o poder advindo da Revolução de 1930. O governo provisório estava preocupado em

> assegurar a vitória da Revolução nas urnas e afastou a possibilidade da incerteza dos resultados eleitorais instruindo a organização de partidos políticos pelos interventores e, em último caso, admitindo o recurso à fraude.[550]

Interessante notar que este populismo clássico[551] utiliza estrategicamente o pluralismo como fórmula de agregar massas ao corpo de cidadãos aptos a escolher seus representantes e, por outro lado, com as vitórias eleitorais a partir desta inclusão de votantes, vai se construindo uma nova realidade na qual se superestima a legitimidade democrática destes líderes personalistas em detrimento das instâncias de freios e contrapesos,[552] fragilizando a representação

---

549 DE LA TORRE, Carlos. "Populism in Latin America". *The Oxford Handbook of Populism*, Oxford, 2017, p. 6.

550 ZULINI, Jaqueline Porto; RICCI, Paolo. "O Código Eleitoral de 1932 e as eleições da Era Vargas: um passo na direção da democracia?" *Estudos Históricos*, Rio de Janeiro, vol. 33, 2020, p. 617.

551 DE LA TORRE, Carlos. "Populism in Latin America". *The Oxford Handbook of Populism*, Oxford, 2017, p. 252; FINCHELSTEIN, Federico. *Do fascismo ao populismo na história*. Trad. Jaime Araújo. São Paulo: Almedina, 2019, p. 134.

552 DE LA TORRE, Carlos. "Populism in Latin America". *The Oxford Handbook of Populism*, Oxford, 2017, p. 254.

partidária e outros mecanismos de intermediação da vontade das pessoas no plano político.

Significa dizer que os populismos surgiram "como uma força que prometia eleições livres para eliminar a fraude eleitoral, a incorporação socioeconômica dos trabalhadores e dos pobres, a soberania nacional e a dignidade simbólica dos excluídos",[553] afrontando a elite dominante que via nessa massa um risco de embate a valores como a civilidade e outros supostamente construídos sem participação popular, como se este desenvolvimento fosse o resultado exclusivo dessa elite política.[554] Como representação desse povo verdadeiro, homogêneo, a liderança populista surgia como a de um "salvador e redentor, transformando a política em luta semelhante às religiosas".[555]

Observa-se o caso do Peronismo na Argentina, que, a partir de 1945, com o retorno das eleições, fez delas o meio de sua manutenção no poder, ultrapassando, para isto, a ditadura militar na qual, curiosamente, Perón funcionava como líder desde 1943, quando, dentre outras decisões, proibiram-se os partidos políticos.[556]

Outro aspecto aparente diz respeito à contrariedade tanto com o comunismo quanto com o liberalismo, algo semelhante ao ocorrido no Brasil pós Estado Novo, especialmente a partir da vitória de Vargas nas eleições de 1951. Nos dois casos, essa contrariedade se associa

553 DE LA TORRE, Carlos. "Populismos autocráticos messiânicos na história recente das Américas". *Revista ECO-Pós*, vol. 22, nº 2. out. 2019, p. 39.

554 DE LA TORRE, Carlos. "Populismos autocráticos messiânicos na história recente das Américas". *Revista ECO-Pós*, vol. 22, nº 2. out. 2019, p. 39.

555 DE LA TORRE, Carlos. "Populismos autocráticos messiânicos na história recente das Américas". *Revista ECO-Pós*, vol. 22, nº 2. out. 2019, p. 40.

556 FINCHELSTEIN, Federico. *Do fascismo ao populismo na história*. Trad. Jaime Araújo. São Paulo: Almedina, 2019, p. 144.

a políticas públicas voltadas para a nova massa de eleitores, com o provimento de direitos sociais, de forma a fidelizar politicamente as classes trabalhadoras aos seus respectivos planos políticos.[557]

Ao aceitarem eleições e cumprirem, formalmente, regras legais, ampliam a polarização política, quando no governo, pois

> uma vez que eram a personificação do povo, este votaria apenas neles. Os populistas não permitiam espaço para seus rivais, fabricados como inimigos conspiratórios e antinacionais que estavam tentando recuperar o poder para restabelecer o antigo regime.[558]

O período em questão apresenta uma onda transformadora autoritária ávida por capturar as instituições e convertê-las em instâncias de manipulação de seus programas, o que se transforma numa espécie de cartilha para se manterem no poder. Essas lideranças que personificam o povo, fomentam a concentração de poder e

> reduzem os espaços institucionais da oposição sob os pressupostos de que os inimigos conspiram constantemente, e que seu governo precisará permanecer no poder até que o trabalho de transformar o Estado e a sociedade seja concluído.[559]

Com o tempo, esses populistas foram perdendo apoio político ou gerando contrariedades na elite econômica e política que fora afastada, por eles, do poder. A perda da popularidade, por consequência,

---

557 FINCHELSTEIN, Federico. *Do fascismo ao populismo na história*. Trad. Jaime Araújo. São Paulo: Almedina, 2019, p. 152.

558 DE LA TORRE, Carlos. "Populism in Latin America". *The Oxford Handbook of Populism*, Oxford, 2017.

559 DE LA TORRE, Carlos. "Populismos autocráticos messiânicos na história recente das Américas". *Revista ECO-Pós*, vol. 22, nº 2. out. 2019, p. 42.

foi abrindo espaço para serem retirados do poder, por golpes, especialmente militares, ou mediante suicídio, no caso de Vargas. Uma onda militarista foi tomando a região e substituindo essas lideranças e as democracias, ainda que eleitorais, por autocracias.

3.4.2 2ª onda: os populistas neoliberais

O processo aberto pelos populistas clássicos se transformou tanto nas Américas quanto em outros lugares do mundo. Ao final dos anos 1980, a partir do processo de redemocratização na região, houve uma guinada neoliberal nas crenças e ações de novos movimentos e líderes populistas, que aparecem com lideranças como Collor de Mello (Brasil, 1990-1992), Abdala Bucaram (Equador, 1996-1997), Alberto Fujimori (Peru, 1990-2000) e Carlos Menem (1989-1999). São lideranças surgidas para solucionar as crises advindas das políticas de substituição das importações e do aumento exagerado da inflação com o consequente empobrecimento das classes menos favorecidas e que utilizam a estratégia de demonizar as elites políticas e econômicas de então, como os partidos tradicionais e/ou suas lideranças, alcançando o poder mediante eleições.

Estas lideranças resgatam o personalismo, que vai ganhando espaço como mecanismo de salvação nacional e suas políticas neoliberais como modo de alcançar a inclusão em um mundo que se integrava economicamente por meio de instrumentos de abertura de mercados nacionais, desregulação econômica e políticas tributárias renovadas. Esses populistas neoliberais utilizam suas imagens, principalmente, pela mídia televisiva, para ampliar sua referência messiânica, no lugar do rádio e dos jornais, como ocorrera anteriormente.

Percebe-se que a maleabilidade dos populismos aparece, mais uma vez, quando estes processos neoliberais, em alguns casos, afetam justamente as políticas criadas por populistas que os antecederam, ainda que não imediatamente.[560] É mais uma marca, adotada pelos populismos, de se transformar em prol dos seus, pois inexiste um só meio de governar a crise econômica, política ou social. Ademais, os populismos são adaptáveis a qualquer fórmula ou momento porque utilizam uma prática que pode ser combinada com qualquer modelo político, econômico ou ideológico, de esquerda ou direita, interventor ou liberal, pois não carregam consigo ideologias marcadas.

Seu aparecimento está cercado de características já conhecidas, como a crise da representação política e o descontentamento ou frustração com os resultados advindos de governos democráticos instaurados depois do fim de ditaduras militares, com seus modelos de fechamento de mercados nacionais para proteger a produção doméstica, e que assumem o desmonte dos Estados Sociais, conforme ocorrido na Europa, como algo necessário para as economias nacionais ganharem força.

Essa geração de populistas chega ao poder cercada de um momento histórico marcado pelo "fim da guerra fria e o colapso do Bloco Comunista do Leste Europeu [quando] o credo neoliberal não só prometia prosperidade econômica, mas o fortalecimento das democracias liberais".[561] Desmantelar o Estado Social com processos de desestatização de ativos e empresas estatais, frustrar uma elite surgida com o processo de industrialização e promover a abertura econômica com o consequente ingresso de capital estrangeiro e abertura de mercados são o mote desse processo.[562]

---

560 DE LA TORRE, Carlos. "Populism in Latin America". *The Oxford Handbook of Populism*, Oxford, 2017, p. 256.

561 PATIÑO, Luis Guillermo. "El neopopulismo en el contexto de la democracia latinoamericana". *Revista Facultad de Derecho y Ciencias Políticas*, nº 106, 2007, p. 3.

562 PATIÑO, Luis Guillermo. "El neopopulismo en el contexto de la democracia latinoamericana". *Revista Facultad de Derecho y Ciencias Políticas*, nº 106, 2007, p. 6.

Outro aspecto renovado diz respeito à manutenção da preocupação com a inclusão de setores vulneráveis, enquanto, de outro lado, o pacto antielitista se rearranja. Isso porque a proteção da classe trabalhadora, especialmente aquela organizada e centro das atenções dos populistas clássicos, neste momento, deixa de ser foco e vira um problema para o novo pensar econômico trazido por esses populistas que, ao mesmo tempo, os levam ao poder depois de enfrentadas crises econômicas profundas na região, com o controle da inflação e dos preços. Esse é o fator que levará à derrota ao final dos seus governos, alguns anos depois, no que diz respeito a Menem e a Fujimori. No caso de Collor, um *impeachment* desfez as altas expectativas que cercavam seu governo quando iniciado e no de Bucaram, sua destituição por incapacidade mental para governar.

A proposta neoliberal, que no final dos anos 1980 tomava a região, era originária do noroeste global. Apresentava-se como um projeto de expansão econômica a partir da liberalização dos mercados nacionais e da consequente abertura para um mercado internacional que prometia aumentar ganhos para as elites econômicas. Os ganhos para as classes pobres seriam decorrência da necessária geração de empregos, fruto da expansão da economia nacional, e, consequentemente, se produziria uma melhor distribuição de renda. Ao lado disso, políticas de desestatização seriam recurso para dar eficiência ao agir estatal e eliminar os gargalos ligados a práticas ultrapassadas e, em alguns casos, corruptas. As lideranças populistas referidas, assim, promoveram "políticas econômicas baseadas na privatização de empresas, na abertura da economia, na redução do aparato estatal e na confiança quase cega no mercado".[563]

A proposta inclusiva dos populistas neoliberais permitia, especialmente nos casos de Fujimori e Menem, que, a partir do crescimento econômico promovido pelas suas políticas de Estado,

563 DE LA TORRE, Carlos. "Redentores populistas en el neoliberalismo: nuevos y viejos populismos latinoamericanos". *Revista Española de Ciencia Política*, 2001, p. 2.

pudessem alimentar com programas sociais as classes mais pobres, pois o preço baixo dessa estratégia, frente aos ganhos advindos para as elites econômicas, especialmente por programa de desestatização, "eram aceitáveis para os neoliberais, que os viam como meios para aumentar a sustentabilidade política do novo modelo de desenvolvimento",[564] inclusive com apoio das agências financeiras internacionais.

Com isso, se permite ampliar bens materialmente protegidos para alguns segmentos mais pobres que, mesmo afetados pelas políticas de desregulamentação dos direitos trabalhistas, ganharam a atenção do Estado. Esse, por sua vez, ao diminuir seu espectro de políticas públicas, prometia focar no que era mais essencial com os ganhos advindos das entradas de dinheiro das privatizações e da redução do setor público,[565] o que se mostrou ineficiente pouco depois.

A partir daí, foi promovida, inicialmente, uma ampliação dos benefícios materiais para alguns grupos sociais esquecidos, como "grupos provincianos, setores de classe média e média baixa, segmentos étnicos e mulheres".[566] Significa dizer que a necessidade de fragilizar a intermediação política aparece como estratégia política, pois a

> base social dos chamados neopopulismos (...) baseia-se na aliança das elites emergentes com os mais pobres, excluindo os setores organizados da sociedade como as classes médias, o proletariado e a burguesia industrial, que foram a base de

---

564 WEYLAND, Kurt. "Neopopulism and neoliberalism in Latin America: how much affinity?" *Third World Quarterly*, 2003, p. 1.099.

565 PATIÑO, Luis Guillermo. "El neopopulismo en el contexto de la democracia latinoamericana". *Revista Facultad de Derecho y Ciencias Políticas*, nº 106, 2007, pp. 239-261.

566 WEYLAND, Kurt. "Neopopulism and neoliberalism in Latin America: how much affinity?" *Third World Quarterly*, 2003, p. 1.112.

> apoio de populismos clássicos como o peronismo, o varguismo e o cardenismo.[567]

Estava no fim de uma era econômica, surgida no pós-guerra e, especialmente, regionalmente, na década de 1970. O neoliberalismo ganhava espaço e a influência de ideias de que as

> raízes da crise estavam localizadas no poder excessivo dos sindicatos e do movimento operário, que estariam atravancando a economia com suas pressões reivindicatórias sobre os salários e com sua pressão parasitária para que o Estado aumentasse cada vez mais os gastos sociais.[568]

Os populistas neoliberais fizeram uso recorrente do fomento ao contato direto com suas bases, afrontando os corpos intermediários, a exemplo dos partidos políticos, sindicatos e imprensa tradicional, além de usar a retórica do confronto com a classe política tradicional e o uso, ou ameaça. Também usaram ferramentas plebiscitárias para demonstrar sua força política contra as "elites", de modo a projetar, ainda mais, sua a liderança personalista.

Para tanto, transgrediram regras constitucionais ou legais, especialmente para capturar as instituições. As pesquisas de opinião começaram a ser utilizadas para melhor compreensão de suas ações em substituição aos comícios dos populistas clássicos.[569] A televisão e a imagem em movimento se fizeram meio de contato direto com

---

567 DE LA TORRE, Carlos. "Redentores populistas en el neoliberalismo: nuevos y viejos populismos latinoamericanos". *Revista Española de Ciencia Política*, 2001, p. 2.

568 POLETTO, Emílio. "A nova territorialidade dos movimentos sociais na América Latina: do ajuste neoliberal à construção de alternativas". *XII Encontro de Geógrafos da América Latina*. Montevidéu: Anais do XII Encontro de Geógrafos da América Latina, 2009, p. 2.

569 WEYLAND, Kurt. "Neopopulism and neoliberalism in Latin America: how much affinity?" *Third World Quarterly*, 2003, p. 1.100.

o povo, daí a importância de capturar os meios de comunicação de massa.

Alguns desses aspectos serão explorados com mais vagar, em cada caso, todavia, esclarece-se que o "enfraquecimento de partidos, organizações sociais e frações do Estado" foram estratégias marcantes naquele período.[570]

Mas esse modelo econômico, ao gerar assimetrias cada vez mais profundas, levou à derrocada desses populistas e ao surgimento de outras lideranças, pois "o desempenho econômico medíocre do novo modelo de mercado e a necessidade frequente de novas rodadas de ajuste limitam os recursos que os Presidentes podem distribuir à sua massa de seguidores".[571]

Esses processos foram mediados por reformas constitucionais ou elaborações de novas Constituições. Na Argentina, com a Grande Reforma Constitucional, de 1994 e, no Peru, com a Constituição de 1993, surgida um ano após o Golpe de Estado promovido por Alberto Fujimori. A seguir, serão analisados.

3.4.2.1 Carlos Menem

Menem chega ao poder mediante eleições democráticas ocorridas em 1989. Antes do seu governo, durante o mandato de Raúl Alfonsín (primeiro Presidente pós-ditadura), enfrentou-se uma grave crise econômica no país com acentuada inflação, que chegou a 1500% ao ano. Para sair da crise, Alfonsín estabeleceu alianças com o empresariado argentino e instaurou um plano de reestruturação

---

570 ALMEIDA, Lucas Macedo. *Morales e o MAS*: a construção de uma nova Bolívia e o projeto de perpetuação no poder de seus dirigentes. Brasília: Universidade de Brasília, 2017, p. 61 (Mestrado em Ciências Sociais).

571 WEYLAND, Kurt. "Neopopulism and neoliberalism in Latin America: how much affinity?" *Third World Quarterly*, 2003, p. 1.112.

da economia, denominado *Plano Austral*, mas problemas sociais relevantes, como o aumento dos níveis de pobreza e desigualdade, além da suspensão de empréstimos de organismos internacionais ao país, foram as consequências deixadas pela crise.

Desde então, Menem passou a ser visto como uma possibilidade de mudança da situação argentina, a partir do uso de um discurso fundado na "revolução produtiva e no aumento dos salários (...) por meio de um Estado interventor",[572] o que será contrariado pelo próprio algum tempo depois, com a sua "conversão" ao neoliberalismo. Abusava do discurso messiânico com "promessas de uma revolução produtiva e se apresentando a si mesmo como um líder novo e diferente da classe política tradicional".[573] Todavia, já no poder, Menem abraça "políticas de livre comércio, (fazendo) da Argentina um país-chave no chamado Consenso de Washington. Ele conseguiu controlar a inflação e o país comemorou o crescimento econômico".[574]

O uso dos meios de comunicação, pelo então candidato e, depois, Presidente, era feito com muita qualidade, pois Menem mostrava

> [o] perfil carismático (...) que apresentava um discurso simples, mas eficaz, onde chamou a atenção o seu discurso antineoliberal, adornado pela forma como fez campanha sobretudo no

572 PATIÑO, Luis Guillermo. "El neopopulismo en el contexto de la democracia latinoamericana". *Revista Facultad de Derecho y Ciencias Políticas*, nº 106, 2007, p. 4.

573 PATIÑO, Luis Guillermo. "El neopopulismo en el contexto de la democracia latinoamericana". *Revista Facultad de Derecho y Ciencias Políticas*, nº 106, 2007, pp. 4/5.

574 ESTADÃO. "O Kirchenerismo na Argentina". *Estadão*. Disponível em: https://infograficos.estadao.com.br/internacional/kirchnerismo-na-argentina/capitulo-1.php. Acessado em: 20.03.2022.

> meio rural e nas províncias, juntamente com o seu "Menem Móvil" e a colorida festa que o antecedia sua chegada.[575]

Já Presidente, utilizou o canal público seguidamente para seus projetos alcançarem diversas camadas da população argentina. Fez o mesmo com os meios do Grupo América, de propriedade de um amigo seu, com jornais, rádio, TV aberta e à cabo, que transformavam o Presidente em um verdadeiro *showman*. Importante frisar, no entanto, que essa relação com a mídia argentina exige algumas linhas sobre a realidade existente antes de Menem assumir a presidência.

Durante o regime militar, o grupo Clarín foi o que mais se beneficiou das políticas midiáticas. Conseguiu realizar algumas alianças com o governo em troca de um maior controle do setor de informação e, a partir do início do governo de Alfonsín, sua maior preocupação era conseguir revogar o art. 45 da Lei de Radiofusão (artigo que tentava amenizar a questão da formação de oligopólios midiáticos), o que só foi alcançado no governo Menem (com a revogação do art. 45 da Lei n. 22.285/1980) quando se permitiu a formação de grandes conglomerados de comunicação, "um sistema de meios de propriedade privada com a presença de empresas nacionais em um mercado oligopólico, com dois grandes grupos multimeios: *Telefé* e *Clarín*", depois alcançado por empresas estrangeiras, como a Telefônica, espanhola, que se tornou um *player* importante.[576]

Verifica-se que, o candidato Menem, adepto, na campanha, de um discurso nacionalista em setores variados, como Presidente,

---

575 PATIÑO, Luis Guillermo. "El neopopulismo en el contexto de la democracia latinoamericana". *Revista Facultad de Derecho y Ciencias Políticas*, nº 106, 2007, p. 11.

576 SANTOS, Suzy dos; MASTRINI, Guillermo. "A regulação da comunicação na Argentina: novas diretrizes nas políticas de meios". *Politics*, 2010. Disponível em: https://www.politics.org.br/edicoes/regula%C3%A7%C3%A3o-da-comunica%C3%A7%C3%A3o-na-argentina-novas-diretrizes-nas-pol%C3%ADticas-de-meios. Acessado em: 20.03.2022.

adotou o *playbook* neoliberal que grassava na região naquele momento, assinando a ratificação de um tratado internacional bilateral, com os Estados Unidos: O Tratado de Proteção Recíproca de Investimentos (1991). A decisão foi acompanhada da expedição do Decreto Presidencial n. 1.005/1999, que autorizou um aumento de "4 para 24 as licenças para radiodifusão permitidas a um mesmo grupo empresarial)", fortalecendo os grupos acima descritos.[577] Tratava-se de agraciar os poderosos grupos econômicos detentores de maior poder midiático e, além disso, permitir a entrada de capital estrangeiro para fortalecê-los, o também ocorreu com a permissão, por meio do art. 45 da Lei de Radiodifusão, de admitir a propriedade cruzada de meios, o que ocorre quando os mesmos proprietários possuem rádios, televisões e jornais. Com isso,

> As desregulamentações e privatizações neoliberais durante os anos 1980 e 1990 favoreceram a acumulação de propriedade, meios e tecnologias, permitindo a constituição de verdadeiros latifúndios midiáticos, que exploram simultaneamente as cadeias de produção, distribuição, circulação e consumo de dados, sons e imagens, em busca de dividendos competitivos e lucros acelerados.[578]

O maior vitorioso, entre os meios de comunicação, foi o Grupo Clarín, que a partir daquele momento, passou a deter "31%

---

577 SANTOS, Suzy dos; MASTRINI, Guillermo. "A regulação da comunicação na Argentina: novas diretrizes nas políticas de meios". *Politics*, 2010. Disponível em: https://www.politics.org.br/edicoes/regula%-C3%A7%C3%A3o-da-comunica%C3%A7%C3%A3o-na-argentina-novas-diretrizes-nas-pol%C3%ADticas-de-meios. Acessado em: 20.03.2022.

578 WESTRUP, Ana Carolina; MELO, Paulo Victor. "Experiência de regulação da mídia na América Latina e apontamento para o caso brasileiro". *GT6: Economia Política das Comunicações*. Peru: ALAIC, 2014.

da circulação dos jornais, 40,5% da receita da TV aberta e 23,2% da TV paga"[579] e a contar com

> (...) emissoras de televisão aberta, sinais e empresas prestadoras de serviço de TV por assinatura, estações de rádio, jornais diários, portais de notícias na internet, fábrica de papel para jornais diários, entre outras atividades que controla de modo direto.[580]

Assim, a estratégia menemista foi a de empoderar os meios mais fortes, para cooptá-los, favorecendo a formação de oligopólios midiáticos. O mesmo processo atingiu outras áreas da economia, conforme se vê abaixo:

> A venda das empresas estatais continuou, sendo que nas privatizações das empresas de eletricidade, água e gás, foram garantidos mecanismos de controle, concorrência e venda de ações a particulares. Responsável pelo petróleo argentino, a YPF, foi privatizada, mas com o Estado controlando parte das ações.[581]

Assim como ocorreu no setor midiático, as alianças feitas pelo governo com grupos e movimentos sociais relevantes ocorreu antes e durante a posse de Menem, especialmente com os sindicatos. Usou--se uma estratégia de cooptação no sentido de desarticulá-los pela

---

579 WESTRUP, Ana Carolina; MELO, Paulo Victor. "Experiência de regulação da mídia na América Latina e apontamento para o caso brasileiro". GT6: Economia Política das Comunicações. Peru: ALAIC, 2014.

580 BECERRA, Martín; MARINO Santiago; MASTRINI Guillermo. "O processo de regulação democrática da comunicação na Argentina". *Revista Eletrônica de Comunicação, Informação e Inovação em Saúde*, Rio de Janeiro, vol. 4, nº 4, nov. 2010, pp. 104-113.

581 VIANINI, Fernando Marcus Nascimento. *A trajetória econômica da Argentina*: 1989-2007. Juiz de Fora: Universidade Federal de Juiz de Fora, 2012 (Mestrado em História).

sua divisão política, mediante a preferência por uns em detrimento de outros, mediante a corrupção de seus integrantes. Ou seja, "não os eliminou completamente, mas conseguiu dividi-los por meio de alianças estratégicas com líderes de certos grupos trabalhistas, diminuindo assim sua capacidade de articular uma oposição a essas reformas",[582] inclusive as "reformas desregulamentadoras no setor trabalhista".[583]

A popularidade alcançada pelo Presidente, especialmente nos primeiros anos do mandato, permitiu que a sua figura carismática dominasse, internamente, o partido justicialista, o maior da Argentina, e unisse correntes diversas em torno da sua figura política, desde algumas sindicalistas, até a classe alta argentina, tão adepta do modelo econômico militar, que acabou percebendo seu espaço no ambiente democrático. Menem conseguiu proceder a uma "reconversão ideológica" do PJ, que naquele momento convivia unicamente com a União Cívica Radical, de Alfonsín, e, com isso, "redesenhar o mapa político da Argentina e deslocar algumas linhas tradicionais de divisão e conflito",[584] especialmente entre os sindicatos, dividindo-os para cooptá-lo.[585]

Por fim, é clara a captura do Poder Judiciário no governo Menem, que se beneficiou de uma maioria substancial detida pelo Partido

---

582 PATIÑO, Luis Guillermo. "El neopopulismo en el contexto de la democracia latinoamericana". *Revista Facultad de Derecho y Ciencias Políticas*, 2007, nº 106, pp. 239-261.

583 SOUZA, Davisson C. C. de. "Tradições de luta sindical e emergência do movimento de desempregados na Argentina". *Lutas Sociais*, nº 23, 2009, pp. 43-54.

584 NOLTE, Detlef. "De la larga agonía de la Argentina peronista a la reconversión menemista: Transformaciones del sistema político argentino durante la primera presidencia de Carlos Menem". *América Latina Hoy*, nº 12. 1995, p. 5.

585 NOLTE, Detlef. "De la larga agonía de la Argentina peronista a la reconversión menemista: Transformaciones del sistema político argentino durante la primera presidencia de Carlos Menem". *América Latina Hoy*, nº 12, 1995, p. 11.

Justicialista no Senado Federal argentino, no primeiro mandato à frente do governo federal e, com isso, viu-se um avanço da política sobre a autonomia judicial. Vale lembrar que esse não era um tema novo para a política argentina, uma vez que já houvera tentativas frustradas em governos anteriores: em 1987,[586] por Alfonsin, e por Perón.[587]

Inicialmente, Menem expandiu a Suprema Corte da Nação Argentina de cinco para nove juízes, em 1990, o que lhe permitiu indicar juízes leais ao seu projeto político. A justificativa da ineficiência do tribunal foi o ponto de partida para a captura do Poder Judiciário em seu governo.[588] Para tanto, aprovou-se a *Ley de Ampliación* (Lei n. 26.183, de 1990), que aumentou de 5 para 9 os juízes da Corte. Isso permitiria ao Presidente nomear mais quatro juízes, ganhando maioria tranquila na Corte para a sua agenda política, mas foi favorecido, ainda, pelo pedido de exoneração de dois juízes tidos como independentes da Suprema Corte, tidos como independentes, que o fizeram em sinal de reprovação do que vinha ocorrendo: Caballero e Bacqué.

A Corte foi composta, então, por novos juízes pouco conhecidos ou preparados para os cargos, mas aptos a dar suporte às políticas

---

586 FINKEL, Jodi. "Judicial reform in Argentina in the 1990s: how electoral incentives shape institutional change". *Latin American Research Review*, 2004, p. 62.

587 ARATO, Andrew. "Populism, constitutional courts, and civil society". *In*: LANDFRIED, Christine. *Judicial power*: how constitutional courts affect political transformations. Cambridge: Cambridge University Press, 2019.

588 ENGELMANN, Fabiano; BANDEIRA, Julia Veiga Vieira Mancio. "Recrutamento e autonomia do poder judicial na América Latina: um estudo comparado entre Argentina, Brasil, Chile e Colômbia". *Revista de Ciências Sociais*, nº 60, vol. 4, out.-dez. 2017, p. 6. Disponível em: https://www.scielo.br/j/dados/a/vmSJv68Tc3WZLZMhbrhtJdC/abstract/?lang=pt. Acessado em: 20.03.2022.

governamentais.[589] Ao nomear seis membros para a Corte, já ampliada, obteve o que se convencionou denominar "maioria automática",[590] composta por partidários justicialistas e outros aliados menemistas.[591] Esse processo deu ao Presidente a tranquilidade necessária para tomar decisões sensíveis, a exemplo da demissão, por decreto, do Procurador Geral, Ricardo Molinas, declarada constitucional pela Corte. Outra questão na qual a Corte Suprema agiu em favor do governo dizia respeito às eleições provinciais, em Corrientes, e outra municipal, em Avellaneda.[592]

Com a queda de popularidade de Menem, a partir do seu segundo mandato, a Corte entrou em um processo de espera e, com a chegada de Nestor Kirchner ao poder, somada à pressão do Congresso, foram destituídos ou forçados a renunciar seis juízes, posteriormente substituídos por juristas renomados, o que acabou mudando o cenário de confiança no tribunal. Um conhecido exemplo disso, que ganhou projeção em toda a região, foi a declaração de inconstitucionalidade das leis de anistia (*Punto Final e Obediencia*

---

589 FINKEL, Jodi. "Judicial reform in Argentina in the 1990s: how electoral incentives shape institutional change". *Latin American Research Review*, 2004, p. 63.

590 DEL RÍO, Andrés. "O Poder Executivo e o controle judicial na Argentina". *Cadernos de Sociologia e Política*, Fórum dos Alunos do IUPERJ, 2008, p. 49.

591 Como resultado do projeto de pesquisa intitulado Legitimidade política do Poder Judicial na América Latina: configurações institucionais e sócio-políticas do Judiciário e suas elites na Argentina, Brasil, Chile, Colômbia e Venezuela na década de 2000, financiado pelo Conselho Nacional de Desenvolvimento Científico do Brasil (CNPq). (ENGELMANN, Fabiano; BANDEIRA, Júlia Veiga Vieira Mancio; PERDOMO, Rogélio Peres. "Elites judiciais e independência do Poder Judiciário na América Latina: uma proposta de análise". *VIII Congresso Latinoamericano de Ciência Política*, Perú, 22-24 jul. 2015).

592 CHAVEZ, Rebecca Bill; FEREJOHN, John A.; WEINGAST, Barry R. "A theory of the politically independent judiciary". *Courts in Latin America*, vol. 219, 2011, pp. 238-240.

Debida),[593] algo pouco crível no governo anterior, dadas as forças políticas apoiadoras do governo.

Como se viu, com a estratégia de cooptação do Poder Judiciário, mediante reformas em prol do seu projeto político, dos meios de comunicações, fortalecendo os oligopólios midiáticos em troca de apoio político, e dos movimentos sociais, dividindo-os, Menem fez da sua figura política carismática um personagem político marcante para a América Latina entre as décadas de 1980 e 1990, inclusive, regionalmente, como uma importante liderança na criação, ao lado do Brasil, do Mercado Comum do Sul.

3.4.2.2 Alberto Fujimori

Assim como Menem, Alberto Fujimori aparece como uma figura destacada da clássica classe política peruana. É comum relacioná-lo a um líder "apolítico" por este motivo, além do fato de ele se colocar na disputa presidencial sem um partido. Ele ascende à chefia do Poder Executivo, em 1990, em meio a uma crise inflacionária e de segurança pública devido a conflitos com o grupo Sandero Luminoso, uma organização de inspiração maoísta que entendia o camponês pobre como centro de uma revolução comunista.

Com problemas no enfrentamento dessa dupla crise, e a gestão política do seu governo, "justificou seu golpe presidencial de 1992 como um mal necessário, e a maioria dos peruanos concordou com ele. A taxa de aprovação de Fujimori disparou para 81% após o golpe".[594] Com o autogolpe, instaura uma ditadura que duraria por mais alguns anos, como se verá, desestruturando instituições.

---

593 LEVITSKY, Steven; MURILLO, Maria Victoria. "Argentina: from Kirchner to Kirchner". *Journal of Democracy*, vol. 19, nº 2, 2008, p. 19.

594 LEVITSKY, Steven; ZIBLATT, Daniel. *Como as democracias morrem*. Rio de Janeiro: Zahar, 2018, p. 96.

Apesar de se apresentar como um *outsider* a defender os interesses dos mais excluídos, fez uma rápida conversão em liderança populista neoliberal, organizando o "desmonte das regras do sistema da democracia liberal".[595]

Diversamente de Menem, deu pouca atenção, nos primeiros anos, ao tema da mídia, pois seu foco era economia e segurança. Desde a campanha, promovera uma excessiva polarização política, tomando seus adversários como inimigos, e capitalizando o ódio popular. Ligava seus adversários ao terrorismo e ao tráfico de drogas e combatia a lisura da mídia, que dizia estar a favor dos seus inimigos políticos.[596]

Mas, no governo, a captura dos meios de comunicação tornou-se uma obsessão:

> a mídia e a televisão, em particular, tornaram-se peças-chave no projeto político autoritário e corrupto de Alberto Fujimori e Vladimiro Montesinos para se manter no poder. Nunca antes os mecanismos de pressão estiveram tão concentrados e o acesso à informação tão restrito. Por que o governo mostrou tanto medo e procurou controlar a mídia e em particular a televisão? O pânico do governo durante as eleições de 2000 para impedir a leitura aberta das imagens levou-o a controlar a televisão em sinal aberto, impedindo a transmissão daquelas que não eram as do governo no poder.[597]

No poder, Fujimori usa a corrupção e a chantagem como ferramentas políticas e, com a nomeação de seu "braço direito",

---

595 BRANDÃO, Rafael Vaz da Motta. "Reformas neoliberais na América Latina". *Aedos*, Revista do Corpo Discente do PPG-História de UFRGS, Porto Alegre, vol. 9, nº 21, dez. 2017, pp. 31-56.

596 LEVITSKY, Steven; ZIBLATT, Daniel. *Como as democracias morrem*. Rio de Janeiro: Zahar, 2018, pp. 76-79.

597 QUIROZ-VELASCO, María-Teresa. "Periodismo, ética y autoregulación". *Derecho & sociedad*, Peru, vol. 36, 2011, pp. 317-321.

Vladimiro Montesinos, para o cargo de chefe do *Servicio de Inteligencia Nacional* (SIN), estruturou um sistema de assédio, chantagem e corrupção, usando do pagamento de altos valores aos meios de comunicações para causar danos à imagem de seus adversários e cobrando silêncio sobre as medidas de governo:

> A maneira mais fácil de lidar com oponentes potenciais é comprá-los (...) o governo Fujimori foi mestre em comprar seus críticos, sobretudo na mídia. No final dos anos 1990, todas as redes de televisão importantes, vários jornais cotidianos e tabloides populares, estavam na folha de pagamento do governo. Vladimiro Montesinos pagou aos proprietários do Canal 4 cerca de 12 milhões de dólares em troca da assinatura de um "contrato" que dava a Montesinos o controle da programação noticiosa do canal. O principal acionista do Canal 5 recebeu 9 milhões de dólares de Montesinos, e o principal acionista do Canal 9 ganhou 50 mil dólares em troca da demissão de dois destacados repórteres investigativos.[598]

Com a relativa independência de alguns desses meios, em 1991, se inicia uma série de intervenções governamentais com o objetivo de ameaçar e criar dificuldades para tais empresas. O diário *La República* foi censurado, o que também ocorreu com o *El Comercio*, cuja impressão foi suspensa por algumas horas por decisão governamental.[599] A imprensa começou a enfrentar seguidos processos judiciais, fato trazido à tona pela jornalista Cecilia Valenzuela, que também tornou público o assédio ao uso do *Servicio de Inteligencia Nacional*

---

598 LEVITSKY, Steven; ZIBLATT, Daniel. *Como as democracias morrem*. Rio de Janeiro: Zahar, 2018, p. 85.

599 VARILLAS PAZ, Jenny Clarisa. *Comportamiento de la prensa en los gobiernos dictatoriales del General Juan Velasco Alvarado y Alberto Fujimori*: análisis de los editoriales del diario Expreso y la revista Oiga, 2004, p. 89. Universidad Peruana de Ciencias Aplicadas (UPC). Licenciado en Comunicación y Periodismo. Disponível em: https://repositorioacademico.upc.edu.pe/handle/10757/315655?show=full. Acessado em: 30.03.2022.

(SIN), do Exército e de autoridades locais do país, além do Poder Judiciário, mediante um processo de multiplicação de demandas judiciais voltadas a intimidar jornalistas independentes.[600] Em 1993, a ONG Repórteres Sem Fronteiras qualificou o Peru como o terceiro país com o maior índice de jornalistas presos ilegalmente; o Comitê de Proteção de Jornalistas, por sua vez, afirmou que jornalistas e meios de comunicação tinham a pior situação, no que diz respeito à liberdade de imprensa e expressão, em toda a América Latina.[601]

O assédio levou ainda diversas empresas de telecomunicações a encerrarem suas atividades, seja mediante as estratégias elencadas, seja mediante ameaça a empresas que patrocinavam a publicidade desses meios, conforme ocorrido com a revista *Oiga*, e que afetou também a revista *Caretas* e os diários *La República* e *Liberación*. Assim, o assédio aqui descrito e a farta publicidade direcionada aos seus apoiadores foram os meios usados seguidamente pelo governo Fujimori. Trata-se de um processo que chegou a levantar, inclusive, acusações de tentativa de assassinato de jornalistas, como no caso do *La República* ao denunciar o *Plan Bermuda*, elaborado pelo *Servicio de Inteligencia Nacional* (SIN), para matar a César Hildebrant. No caso das empresas de televisão "aberta", das sete existentes, quatro

600 VARILLAS PAZ, Jenny Clarisa. *Comportamiento de la prensa en los gobiernos dictatoriales del General Juan Velasco Alvarado y Alberto Fujimori*: análisis de los editoriales del diario Expreso y la revista Oiga, 2004, p. 90. Universidad Peruana de Ciencias Aplicadas (UPC). Licenciado en Comunicación y Periodismo. Disponível em: https://repositorioacademico.upc.edu.pe/handle/10757/315655?show=full. Acessado em: 30.03.2022.

601 VARILLAS PAZ, Jenny Clarisa. *Comportamiento de la prensa en los gobiernos dictatoriales del General Juan Velasco Alvarado y Alberto Fujimori*: análisis de los editoriales del diario Expreso y la revista Oiga, 2004, p. 90. Universidad Peruana de Ciencias Aplicadas (UPC). Licenciado en Comunicación y Periodismo. Disponível em: https://repositorioacademico.upc.edu.pe/handle/10757/315655?show=full. Acessado em: 30.03.2022.

estavam sob administração judicial interventora, sendo uma quinta, de propriedade estatal.[602]

Outros momentos rumorosos se deram no Peru, em 1992, após um golpe de Estado, patrocinado por Alberto Fujimori e com o apoio dos militares, não só fechou o Congresso Nacional, como determinou o encerramento das atividades do Tribunal de Garantias Constitucionais, que exercia funções de corte constitucional, conforme o art. 295 da Constituição de 1979, fazendo-o a partir do Decreto-Lei n. 25.418, denominado Lei de Bases do Governo de Emergência e Reconstrução Nacional.

O Conselho da Magistratura também foi afetado. No mesmo ano, por meio do Decreto-lei n. 25.454, o Presidente proibiu a judicialização do decreto anterior, de maneira a afastar do Poder Judiciário a prerrogativa de controlar a constitucionalidade de ato de governo que violava frontalmente a Constituição vigente, especialmente mediante a garantia democrática do recurso de amparo. O período também foi marcado pela cassação de juízes independentes, em um intenso movimento de captura judicial, que, iniciado em 1992, com o golpe de Estado, foi somente encerrado em 1996, quando criado o Tribunal Constitucional para o Tribunal de Garantias Constitucionais, de modo que o Peru voltou a ter um tribunal competente com funções de exercer a jurisdição constitucional depois de largo período.

Além disso, descobriu-se que quando a crise política atingiu o governo Fujimori, alguns anos depois, "três magistrados da Suprema Corte, dois membros do Tribunal Constitucional e um número

---

602 VARILLAS PAZ, Jenny Clarisa. *Comportamiento de la prensa en los gobiernos dictatoriales del General Juan Velasco Alvarado y Alberto Fujimori*: análisis de los editoriales del diario Expreso y la revista Oiga, 2004, pp. 91-94. Universidad Peruana de Ciencias Aplicadas (UPC). Licenciado en Comunicación y Periodismo. Disponível em: https://repositorioacademico.upc.edu.pe/handle/10757/315655?show=full. Acessado em: 30.03.2022.

'inacreditável' de juízes e promotores públicos (estavam) em sua folha de pagamento".[603] Ou seja, o processo de cooptação, além de reformas legais e assédio por parte de outras autoridades, como os militares, por exemplo, passava por um sistema de pagamentos constantes para a manutenção da fidelidade à sua agenda política.

Outra crise constitucional ocorreu em 1997, quando matéria afeta à Lei n. 26.657/1996, chegou ao tribunal. Tratava-se de uma lei interpretativa que permitiu ao Presidente concorrer a um terceiro mandato. A controvérsia constitucional girava em torno de ter o primeiro mandato de Fujimori ocorrido antes da promulgação da Constituição. O art. 112 da Constituição de 1992, então vigente, outorgava um mandato de cinco anos ao Presidente que "poderia 'ser reeleito de imediato para um período adicional". Quando o caso chegou ao Tribunal Constitucional, após deliberação, decidiu-se, inicialmente, que a lei era inconstitucional, em um julgamento digno de surpresa, pois dos cinco juízes naquele momento exercendo funções no tribunal, dois deles se manifestaram impedidos por terem falado do caso à imprensa, restando outros três que deliberaram pela inconstitucionalidade. Algumas horas depois de proferida a primeira decisão, o tribunal proferiu uma nova, dizendo que não havia quórum para declarar a inconstitucionalidade, o que deu a Fujimori a possibilidade de concorrer mais uma vez, vencendo mais uma eleição naquele ano.[604] Alguns meses depois, três dos magistrados contrários ao interesse Presidente, no julgamento citado, sofreram processos de *impeachment* e perderam seus cargos. O tribunal não foi recomposto, impedindo novas decisões de inconstitucionalidade por ausência de membros para realizar as sessões.

O caso foi levado ao Sistema Interamericano por deputados oposicionistas do Congresso do Peru sobre a destituição. A Comissão

---

603 LEVITSKY, Steven; ZIBLATT, Daniel. *Como as democracias morrem*. Rio de Janeiro: Zahar, 2018, p. 82.

604 LANDA, César. *Tribunal Constitucional y Estado Democrático*. Lima: Palestra, 2003, p. 220.

Interamericana de Direitos Humanos, em 9 de dezembro de 1998, aprovou o Informe n. 58/1998, concluindo:

> (...) o Estado peruano, ao exonerar os [juízes] da Corte Constitucional – Manuel Aguirre Roca, Guillermo Rey Terry e Delia Revoredo Marsano de Mur – por supostas irregularidades no processamento do esclarecimento à sentença que declarou a inaplicabilidade da Lei n. 26.657, violou a garantia essencial de independência e autonomia do Tribunal Constitucional (artigo 25 da Convenção Americana); o direito devido processo (artigo 8.1 da mesma Convenção) e a garantia de permanência em funções públicas (artigo 23.c da Convenção).

A tentativa de deslegitimar o Sistema Interamericano, mais um dos mecanismos *checks and balances* reforçados pelo constitucionalismo latino-americano com o processo de redemocratização e reconstitucionalização, como vimos, ficou clara, dado que o Peru

> não apresentou nenhuma defesa nos autos, muito menos compareceu à instância em que foi citado. Em verdade, houve a tentativa do Estado de retirar a jurisdição contenciosa da Corte, ainda que sem denunciar, formalmente, a adesão à Convenção,[605]

é dizer, houve, em represália ao exercício de jurisdição, pela Corte IDH, tentativa do Estado peruano, em 16 de julho de 1999, por intermédio do seu Ministério de Relações Exteriores, de retirar a declaração de reconhecimento da cláusula facultativa de submissão à competência contenciosa da Corte, fundamentando a decisão na Resolução Legislativa n. 27.162, que aprovara tal retirada para

---

605 PIOVESAN, Flávia; BROCHADO, Gabriel Pinho. "A crise da democracia liberal e a ofensiva populista: o impacto do Sistema Interamericano de Direitos Humanos". *Revista Direitos Humanos e Democracia*, vol. 9, nº 17, 2021, p. 183.

produzir efeitos imediatos.[606] A Corte IDH, em manifestação contundente, decidiu:

> 33. A competência da Corte não pode estar condicionada por fatos estranhos às suas próprias atuações. Os instrumentos de aceitação da cláusula facultativa da jurisdição obrigatória (art. 62.1 da Convenção) pressupõem a admissão, pelos Estados que a apresentam, do direito da Corte de resolver qualquer controvérsia relativa à sua jurisdição. Uma objeção ou qualquer outro ato interposto pelo Estado com o propósito de afetar a competência da Corte é inócuo, pois em quaisquer circunstâncias a Corte retém a *compétence de la compétence*, por ser mestra da sua jurisdição. 34. Ao interpretar a Convenção, conforme seu objeto e finalidade (cf. infra 38), a Corte deve agir de tal forma que prescreva a integridade do mecanismo previsto no artigo 62.1 da Convenção. Seria inadmissível subordinar tal mecanismo a restrições subitamente acrescentadas pelos Estados demandados, nos termos de suas aceitações da competência contenciosa do Tribunal, o que não só afetaria a eficácia do referido mecanismo, como também impediria o seu desenvolvimento futuro. 35. A aceitação da competência contenciosa da Corte constitui uma cláusula pétrea que não admite limitações que não estejam expressamente contidas no artigo 62.1 da Convenção Americana. Dada a fundamental importância da referida cláusula para a operação do sistema de proteção da Convenção, esta não pode estar à mercê de limitações não previstas, que sejam invocadas pelos Estados-partes, por razões de ordem interna.

Significa dizer que a Corte IDH, em posicionamento corajoso, afirmou que uma decisão estatal de submissão a um órgão de jurisdição internacional não pode ficar à mercê de um governo que viola seus compromissos jurídicos internacionais e, pela simples razão

---

606 CIDH. *Caso Tribunal Constitucional vs. Peru*. Sentença de 31 de janeiro de 2001. Disponível em: https://www.corteidh.or.cr/docs/casos/articulos/Seriec_71_esp.pdf. Acessado em: 20.03.2022.

de não querer ser fiscalizado, possa deixar de ter responsabilidade internacional. Trata-se, como se viu, de vertente importante do Estado de Direito contemporâneo, que tem sua existência a partir do processo de internacionalização das ferramentas protetivas da democracia, dos direitos humanos e do próprio Estado de Direito, manifestada, internacionalmente, pelos sistemas internacionais de proteção dos direitos humanos.

O caso tramitou até janeiro de 2001, quando a Corte IDH declarou que o Estado peruano violou o artigo 8º da Convenção Americana de Direitos Humanos (garantias judiciais), além do artigo 25 (proteção judicial), condenando-o a pagar os valores correspondentes aos salários que os três magistrados destituídos deixaram de receber, além de indenização pelos danos causados, visto que sofreram ameaças e outras violações aos seus direitos. Além disto, em passagem que interessa à presente obra, o tribunal afirmou:

> 112. Como foi demonstrado, o Tribunal Constitucional foi desmantelado e incapaz de exercer adequadamente sua jurisdição, especialmente na medida em que se refere ao controle de constitucionalidade, uma vez que o artigo 4º da Lei Orgânica da referida Corte exige o voto afirmativo de seis dos sete magistrados que a integram para a declaração de inconstitucionalidade das leis. O Tribunal Constitucional é uma das instituições democráticas que garantem o Estado de Direito. A destituição dos magistrados e a omissão do Congresso na nomeação de substitutos violava *erga omnes* a possibilidade de exercer controle sobre constitucionalidade e o consequente exame da adequação da conduta do Estado à Constituição.[607]

607 CIDH. *Caso Tribunal Constitucional vs. Peru*. Sentença de 31 de janeiro de 2001. Disponível em: https://www.corteidh.or.cr/docs/casos/articulos/Seriec_71_esp.pdf. Acessado em: 20.03.2022.

O caso não só mostra mais um expediente utilizado por governos populistas quando confrontados pelos mecanismos de freios e contrapesos, em âmbito doméstico ou internacional, como também antecipa uma nuance desses populismos regionais de promover um contínuo desgaste da legitimidade do Sistema Interamericano.

Neste período, um caso de grande repercussão levado ao Sistema Interamericano de Proteção de Direitos Humanos envolveu a vítima Baruch Ivcher Bronstein,[608] um israelense naturalizado peruano em 1984, que entre este ano e 1986, adquiriu a maioria acionária do Canal 2, uma importante rede de televisão cuja função era investigar e dar publicidade a atos de corrupção e uso desmedido da força pelo governo e por forças do Estado, principalmente a partir do programa Contrapunto.

O programa transmitiu duas reportagens, em 1997, sobre a tortura cometida por agentes do exército com Leonor Rosa e o suposto assassinato de Mariela Riofano; e sobre somas milionárias recebidas por Montesinos, ilegalmente.[609] Como resposta, Ivcher foi vítima de diversas formas de assédio, como a visita de

> membros da Direção Nacional da Polícia Fiscal e de outras pessoas aos escritórios (...) para sugerir que mudasse a linha informativa; voos de supostos helicópteros do Exército sobre as instalações de sua fábrica Produtos Paraíso do Peru; e abertura de um processo da Direção Nacional de Polícia Fiscal.[610]

---

608 CIDH. *Caso Ivcher Bronstein vs. Peru*. Sentença de 06 de fevereiro de 2001. Disponível em: https://www.corteidh.or.cr/docs/casos/articulos/Seriec_74_esp.pdf. Acessado em: 20.03.2022.

609 CIDH. *Caso Ivcher Bronstein vs. Peru*. Sentença de 06 de fevereiro de 2001, p. 31. Disponível em: https://www.corteidh.or.cr/docs/casos/articulos/Seriec_74_esp.pdf. Acessado em: 20.03.2022.

610 CIDH. *Caso Ivcher Bronstein vs. Peru*. Sentença de 06 de fevereiro de 2001, p. 32. Disponível em: https://www.corteidh.or.cr/docs/casos/articulos/Seriec_74_esp.pdf. Acessado em: 20.03.2022.

No mesmo ano, o Presidente expediu decreto regulamentando a Lei de Nacionalidade, permitindo o cancelamento de nacionalidade derivada, o que aconteceu, em 11 de julho de 1997, com a expedição da Resolução de Diretoria n. 117-97-IN050100000000, que deixou sem efeito jurídico o título de nacionalidade peruana de Bronstein. A situação levou-o a ingressar com uma sequência de processos judiciais e administrativos não só para retomar a nacionalidade, mas, também, os direitos sobre as ações do Canal 2, quando, concomitantemente, existiam dezenas de ações judiciais penais e administrativas contra Bronstein e sua família. Após o posicionamento da Comissão Interamericana em favor da vítima, o Estado peruano afirmou que, com base na Resolução Suprema n. 254-2000-JUS, teria permitido que a vítima retomasse a propriedade e a administração do Canal 2.

Considerando que o Peru não participou de qualquer ato do processo, apesar de intimado, e da alegação de que teria "retirado" a competência contenciosa da Corte IDH, o que foi afastado pelo tribunal, o país foi condenado por violação do direito à nacionalidade (21.1 e 20.3 da Convenção Americana de Direitos Humanos), às garantias judiciais dos numerais 8.1 e 8.2 do artigo 8º, do direito à propriedade (21.1 e 21.2), proteção judicial (25.1), liberdade de expressão e pensamento (13.1 e 13.2), ademais da obrigação geral de respeitar os direitos humanos (1.1).

No que diz respeito às liberdades de expressão e pensamento, a Corte IDH afirmou que o Estado peruano agiu ilegalmente quanto ao

> direito (...) de circular notícias, ideias e opiniões, mas afetou também o direito de todos os peruanos a receber informação, limitando assim sua liberdade para exercer opções políticas e desenvolver-se plenamente em uma sociedade democrática.[611]

---

611 CIDH. *Caso Ivcher Bronstein vs. Peru*. Sentença de 06 de fevereiro de 2001, § 163. Disponível em: https://www.corteidh.or.cr/docs/casos/articulos/Seriec_74_esp.pdf. Acessado em: 20.03.2022.

Trata-se de uma referência importante a respeito da proteção do Estado de Direito, internacionalmente, na região. Mais uma, como se percebe, a posicionar os dois órgãos da Sistema Interamericano, a Corte IDH e a Comissão IDH, como protagonistas nesse cenário regional.

Outro aspecto da erosão democrática patrocinada pelo governo Fujimori diz respeito aos movimentos sociais. Sindicatos e organizações sociais se fizeram importantes atores de oposição ao governo e sofreram as consequências, pois a repressão estatal foi significativa,[612] o mesmo ocorrendo com os movimentos indígenas,[613] cujas lideranças enfrentaram o poder estatal de assédio judicial.

Também os partidos políticos foram enfraquecidos no período, o que, como visto, faz parte da cartilha populista de tornar secundária a importância dos organismos intermediários e fortalecer o personalismo carismático da sua liderança. Já a vitória de Fujimori foi possível em razão do enfraquecimento do sistema partidário,[614] que levou as lideranças políticas tradicionais a perderem espaço político. Para essa finalidade, foi importante a aliança firmada com as Forças Armadas; além disso, o aumento da popularidade funcionou para tornar tais instituições cada vez menos poderosas. Interessante perceber que o "declínio do sistema partidário durante os 10 anos de governo de Fujimori foi mais pronunciado do que na Venezuela

612 ELLNER, Steve. "Hugo Chávez y Alberto Fujimori: análisis comparativo de variantes de populismo". *Revista Venezolana de Economía y ciencias sociales*, vol. 10, nº 1, 2004, p. 10.

613 MOTTA BRANDÃO, Rafael Vaz da. "Reformas neoliberais no Peru: crise do Estado, privatizações e autoritarismo político (1990/2000)". *Revista Latino-Americana de História* – UNISINOS, vol. 6, nº 18, 2017, p. 11.

614 MOTTA BRANDÃO, Rafael Vaz da. "Reformas neoliberais no Peru: crise do Estado, privatizações e autoritarismo político (1990/2000)". *Revista Latino-Americana de História* – UNISINOS, vol. 6, nº 18, 2017, p. 12.

sob Chávez. Apenas o partido APRA ressurgiu surpreendentemente no Peru após a partida de Fujimori".[615]

Todo esse processo descrito foi imprescindível para que Fujimori não somente capturasse as instituições sociais e estatais de controle do Poder, mas promovesse, em 1992, o autogolpe, com o fechamento do Congresso e a tomada de outros órgãos com alguma força, ainda, para exercer funções de fiscalização sobre o governo.

Nesse contexto, funcionou bem a aliança entre o governo e as Forças Armadas para o enfrentamento dos seus adversários mais poderosos, pois não puderam ser "comprados" como os atores já referidos. Essa aliança com os militares envolveu, principalmente, a "recusa em investigar violações de direitos humanos e sua disposição de conceder aos militares autoridade total sobre as províncias montanhosas onde havia mais atividade guerrilheira (e)"[616] e que se aperfeiçoou em captura governamental quando, em 1991, recebeu poderes para nomear e destituir o comandante-chefe e outros oficiais das Forças Armadas.[617] As lutas internas, no âmbito das Forças, se deu entre institucionalistas e adeptos do governo que, com o passar dos anos, foram se projetando, levando o governo a se apoiar no Serviço de Informação para capturar a instituição.[618]

---

615 ELLNER, Steve. "Hugo Chávez y Alberto Fujimori: análisis comparativo de variantes de populismo". *Revista Venezolana de Economía y Ciencias Sociales*, vol. 10, nº 1, 2004, p. 16.

616 ELLNER, Steve. "Hugo Chávez y Alberto Fujimori: análisis comparativo de variantes de populismo". *Revista Venezolana de Economía y Ciencias Sociales*, vol. 10, nº 1, 2004, p. 10.

617 ELLNER, Steve. "Hugo Chávez y Alberto Fujimori: análisis comparativo de variantes de populismo". *Revista Venezolana de Economía y Ciencias Sociales*, vol. 10, nº 1, 2004, p. 10.

618 ELLNER, Steve. "Hugo Chávez y Alberto Fujimori: análisis comparativo de variantes de populismo". *Revista Venezolana de Economía y Ciencias Sociales*, vol. 10, nº 1, 2004, p. 10.

A aliança com as Forças Armadas foi importante para operacionalizar a luta contra o Sendero Luminoso, regulada por meio de legislação específica antiterrorismo (Decreto-Lei n. 25.475), que empoderava as forças para o uso da violência a partir de dispositivos legais cuja linguagem aberta permitiu sua utilização, também, contra movimentos sociais e outras instituições contrárias ao governo. Era o caso do artigo 2º do DL, que permitia o seu uso em caso de uso de "meio susceptível de causar estragos ou perturbar gravemente a tranquilidade pública ou afetar as relações internacionais, ou a segurança da sociedade e do Estado", sofrendo as altas penas atribuídas, inclusive cadeia perpétua, e processos com reduzida proteção por meio de direitos fundamentais.

Outra violação ao Estado de Direito que levou o Peru a ser condenado pela Corte IDH,[619] foi o caso Loayza Tamayo, uma professora que foi presa pela Divisão Nacional contra o Terrorismo da Polícia Nacional do Peru, torturada, estuprada e vítima de outros maus tratos, situação que acabou denunciada com fundamento no artigo 12 do Decreto *Ley* n. 25.475, em seu artigo 12.c, e na Lei de Arrependimento. Tudo ocorrera a partir da prisão, sem mandado judicial, por suposta colaboração com o Sendero Luminoso. Em um processo no qual foi primeiramente absolvida pelo Tribunal Especial da Marinha – cujos juízes usavam a prerrogativa de não serem conhecidos (juízes sem rosto) – depois condenada pelo Conselho de Guerra Especial da Marinha, em recurso, e novamente absolvida pelo Tribunal Especial do Conselho Supremo de Justiça Militar, mostrou-se, claramente, que ela não tinha relação com o grupo terrorista. Na justiça comum, foi condenada a 20 anos pelos mesmos fatos analisados pela justiça militar.

Na Comissão Interamericana de Direitos Humanos, por meio do Informe n. 20/94, reconheceu-se a responsabilidade internacional

619 CIDH. *Caso Loayza Tamayo vs. Perú*. Sentencia de 17 de setembro de 1997. Disponível em: https://www.corteidh.or.cr/docs/casos/articulos/seriec_33_esp.pdf. Acessado em: 10.02.2022.

do Peru, que, depois, foi confirmada pela Corte IDH, a violação do direito à liberdade pessoal (art. 7º, da Convenção); integridade pessoal (art. 5º. da Convenção); as garantias judiciais dos artigos 8.1, 8.2 e 8.4, ademais, da soltura da Senhora Loayza Tamayo, a quem foi assegurado o pagamento de indenização em dinheiro. Simbolicamente, trata-se do reconhecimento internacional de uma quadra da história constitucional peruana em que um líder político populista, que chegou ao poder via eleição, conseguiu capturar instituições sociais e estatais em favor do projeto político autoritário implementado como meio de se manter no poder.

3.5 3ª onda: os populismos "bolivarianos"

Uma nova onda populista surgiu, na região, no início dos anos 2000, fundada em um novo desenvolvimentismo contrário ao neoliberalismo. Evo Morales, Rafael Correa, Hugo Chávez e seu sucessor, Nicolás Maduro, podem ser aglutinados em um único grupo. Como se verá, utilizaram estratégias similares para atingir seus reais objetivos, todos em países, inclusive, que enfrentaram profundas crises de representação política:

> Os partidos políticos eram percebidos como instrumentos de elites locais e estrangeiras que implementaram políticas neoliberais e, assim, aumentaram a desigualdade social. Partidos políticos tradicionais entraram em colapso quando *outsiders* políticos ascenderam ao poder, apoiados em plataformas que prometiam eliminar políticos corruptos; usar a Constituição para reformular todas as instituições existentes; experimentar formas participativas de democracia; abandonar a ortodoxia neoliberal; e implementar políticas para redistribuir renda.[620]

---

620 DE LA TORRE, Carlos. "Populism in Latin America". Oxford: *The Oxford Handbook of Populism*, 2017.

Cercados de questões históricas, diferenças sociais, econômicas, culturais e políticas, cada um destes governos adaptou suas estratégias políticas ao ambiente doméstico, em que pese suas semelhanças, resumidas da seguinte forma:

> um mesmo contexto em que ocorre suas ascensões, ou seja, uma crise do modelo neoliberal e uma crescente frustração e insatisfação social; (ii) uma frágil relação partidária; (iii) uma visível aproximação com uma massa muito bem definida; (iv) o estabelecimento de alianças eleitorais; (v) a promessa de uma revolução democrática; (vi) a garantia de uma participação popular nas decisões de governo (democracia participativa); (vii) um sentimento impulsionador nacionalista; (viii) uma demanda anti-imperialista; (ix) o óbvio intervencionismo estatal, pois é esta uma onda populista que se desenvolveu frente o liberalismo da década de 80; e (x) uma manipulação de recursos midiáticos.[621]

Diferem, assim, de uma esquerda de tendência liberal, até então existentes, e já não apostam em sistemas partidários hígidos, com partidos relativamente institucionalizados, mas em movimentos políticos fluidos e lideranças personalistas. Estes novos movimentos já não apostam na autonomia do mercado, tal qual os anteriores, mas contra as políticas neoliberais, dado o desencanto público contra elas.[622] Outro aspecto que toca estes populismos, como veremos, é o seu componente étnico, incorporado, seja no discurso político ou como estratégia, em campanhas e no governo, com o sentido de enfatizar setores excluídos, ou seja, com o objetivo de resgate dessas massas pela política conduzida com fundamento na oposição ao

621 MEJÍAS, Sonia Alda. "La 'revolución democrática' de los nuevos movimientos sociales y de los populismos de izquierda ante la crisis de gobernabilidad en América Latina". *Cuadernos de Estrategia*, nº 136, 2007, p. 19.

622 MADRID, Raúl L. "The origins of the two lefts in Latin America". *Political Science Quarterly*, vol. 125, nº 4, 2010, pp. 587-588; 598.

neoliberalismo e, ao mesmo tempo, no ataque às elites que dele se beneficiaram.

Estes apelos ao povo parcial são conduzidos, mais uma vez, por lideranças personalistas que capitaneiam as demandas dessas massas de excluídos mediante a necessidade, não somente de novos direitos fundamentais, mas, também, de afrontar o *establishment*, ainda que, para isso, seja necessário derrubar as instituições existentes, seja recompondo-as, seja criando outras que as substituam, o que é próprio de políticos antissistema. Para isso, invocam "símbolos, demandas e interesses de grupos étnicos específicos"[623] que adquirem, neste período, consciência de identidade e permitem a essas lideranças os representarem ativamente, pois, também, formam um grande contingente populacional numericamente relevante a não dispor, proporcionalmente, de poder político o bastante para implementar politicamente seus interesses.

Fique claro que se faz importante frisar o papel de representação e inclusão política promovido por algumas dessas lideranças, algo que recebera proteção débil pelas democracias constitucionais latino-americanas. O que se verá adiante, é que o preço para tanto não se coaduna com os elementos conformadores de tais democracias constitucionais, como o Estado de Direito, a separação dos poderes e a proteção dos direitos fundamentais. Essas lideranças, além de encararem de forma personalista suas funções políticas, agregam a subversão ou captura das instituições e um componente étnico, que remete ao passado excludente e que permite, novamente, fragmentar o povo. Mais uma vez, em coincidência com a onda populista trazida à região por Perón e Vargas, trata-se de uma estratégia política inclusiva de grande amplitude que, simultaneamente, apresenta lideranças empenhadas em "concentrar o poder e atacar o *establishment*

---

623 MADRID, Raúl L. "The emergence of ethno-populism in Latin America". *In*: DE LA TORRE, Carlos. *Routledge Handbook of Global Populism*. Londres: Routledge, 2018, p. 163.

político, o que enfraqueceu a *accountability* horizontal, debilitou a oposição e as vozes independentes e agravou a polarização política".[624]

Outro aspecto marcante destes populistas foi o ataque à mídia e a fragilização dos sistemas partidários, ou seja, daqueles que servem, em democracias sãs, para intermediar a comunicação entre a política e a sociedade, e, no caso dos partidos, como se viu, para selecionar candidatos democratas.[625] A mídia independente e seus críticos ao governo foram afrontados. São exemplos desse processo de desestabilização da mídia o confisco de bens e a negativa de renovação da RCTV, o uso de agências para constranger no plano fiscal os seus críticos e a aprovação de lei para decretar a quebra de empresas de comunicações, ocorrida na Venezuela com Chávez. Na Bolívia, Morales fez aprovar uma lei antidiscriminação em 2010 utilizada para constranger os meios de comunicação por publicarem linguagem racista, permitindo às agências estatais pressionarem atores da comunicação. Já Correa, denunciou e processou jornalistas e determinou o fechamento de numerosas empresas de televisão, jornais e rádio críticos ao seu governo e, em 2013, aprovou lei que seus críticos denunciavam como um risco para a liberdade de imprensa.[626]

Percebe-se também que como o intuito de concentrar mais poderes, ainda que ampliando os catálogos de direitos fundamentais, deu-se nessa onda populista, foram criadas Constituições, moldadas conforme as plataformas políticas de suas lideranças, que ampliaram seu poder sobre as instituições. Aspecto interessante do ocorrido na Bolívia, com Evo Morales, na Venezuela, com Chávez,

---

624 MADRID, Raúl L. "The emergence of ethno-populism in Latin America". *In*: DE LA TORRE, Carlos. *Routledge Handbook of Global Populism*. Londres: Routledge, 2018, p. 164.

625 LEVITSKY, Steven; ZIBLATT, Daniel. *Como as democracias morrem*. Rio de Janeiro: Zahar, 2018, p. 28.

626 MADRID, Raúl L. "The emergence of ethno-populism in Latin America". *In*: DE LA TORRE, Carlos. *Routledge Handbook of Global Populism*. Londres: Routledge, 2018, p. 173.

e no Equador, com Correa, foi a aposta em uma nova Constituição para marcar sua ascensão ao poder. Nos três países, viu-se novas Constituições que, por um lado, ampliaram os catálogos de direitos fundamentais e estipularam cláusulas de abertura para o Direito Internacional dos direitos humanos, e, por outro, asseveraram seus presidencialismos, concentrando poderes na figura presidencial. No caso de Evo Morales, por exemplo, foi permitido concorrer à reeleição, foi aumentada a legislatura para ampliar o controle do MAS e criadas eleições diretas para o Poder Judiciário, de maneira que fossem ocupadas por seus apoiadores, além de capturar o instituto eleitoral, que supervisiona eleições, e os governos departamentais.[627] Chávez liderou uma reforma constitucional que

> ampliou seus poderes, permitiu a reeleição imediata do Presidente, dissolveu a legislatura, reformulou as leis eleitorais do país e permitiu o *recall* de dirigentes. Posteriormente, expandiu e capturou a Suprema Corte, afirmando seu controle sobre o Conselho Nacional Eleitoral, o Escritório da Controladoria e do Banco Central.[628]

Por fim, conforme será visto, Rafael Correa também iniciou um processo de reforma constitucional encerrando a legislatura, destituiu prefeitos, possibilitou a reeleição presidencial e ampliou seus poderes, concedendo ao Presidente o direito de dissolver a legislatura e dominar órgãos de fiscalização.[629]

---

627 MADRID, Raúl L. "The emergence of ethno-populism in Latin America". *In*: DE LA TORRE, Carlos. *Routledge Handbook of Global Populism*. Londres: Routledge, 2018, p. 172.

628 MADRID, Raúl L. "The emergence of ethno-populism in Latin America". *In*: DE LA TORRE, Carlos. *Routledge Handbook of Global Populism*. Londres: Routledge, 2018, p. 172.

629 MADRID, Raúl L. "The emergence of ethno-populism in Latin America". *In*: DE LA TORRE, Carlos. *Routledge Handbook of Global Populism*. Londres: Routledge, 2018, p. 172.

Essas novas Constituições, além de largos catálogos de direitos, instituíram modelos presidencialistas que não alteram a tradição regional dos hiperpresidencialismos, ou seja, sistemas de governo desenhados para empoderar os Presidentes em detrimento de outras instituições, como o Parlamento, que precisa se submeter a decisões presidenciais inclusive para o seu funcionamento; o Poder Judiciário, atacado por escolhas presidenciais, ameaças contra a sua independência; a mídia independente, altamente regulada e controlada por esses governos. Por outro lado, vê-se uma narrativa se formando no sentido de que as consultas populares deveriam ocupar um novo espaço, em detrimento daquele preenchido pelos tradicionais partidos políticos e órgãos estatais, geralmente associados à corrupção e ao predomínio de uma elite cujo poder precisa ser anulado. Nesta esteira, tais Constituições apresentam os mecanismos de democracia direta como ferramentas para a decisão popular sem intermediação. Ocorre que, olhando de perto as mudanças trazidas pelas Constituições e as reformas constitucionais nos países analisados, percebe-se que tais consultas estão estruturadas para ocorrer segundo um movimento *top-down*, ou seja, desde o líder para o povo e não, como se poderia pensar qualitativamente, mais democráticas, desde o povo e decisões suas de promover consultas. No caso dos líderes referidos, percebe-se que

> obscurecem a rica história da democracia direta que acadêmicos e a mídia de massa têm em mente (...). O uso da democracia direta na América Latina obscurece a significante deterioração das críticas instituições intermediárias que devem existir em um sistema representativo – nomeadamente, partidos políticos e sistemas partidários.[630]

Os ataques à independência judicial também são constantes na região e se afirmam em momentos como os referidos, o que levou,

630 ALTMAN, David. *Direct democracy worldwide*. Cambridge: Cambridge University Press, 2010, p. 112.

entre 1985 e 2008, ao registro superior a 50 casos de ataques aos juízes na América Latina, como juízos de responsabilidade e despedimentos individuais, ou contra as instituições, como a dissolução de órgãos. Os casos da Venezuela, do Equador e da Bolívia são marcantes, mas ocorreram também, em momentos nos quais se firmaram os autoritarismos na Argentina e no Peru.[631]

Este processo de deslegitimação judicial teve momento marcante no período em que o populismo se consolidava em parte da América do Sul com dois casos. Trata-se do caso Chocrón Chocrón *vs.* Venezuela,[632] de 2011, que marcou um posicionamento estratégico e reforçado da Corte IDH em face das afrontas ocorridas ao regime democrático pelo governo venezuelano, quando chefiado por Hugo Chávez. Como ponto central, o caso envolve a destituição ilícita de uma juíza penal de primeiro grau, Mercedes Chocrón Chocrón, em desrespeito aos arts. 8º e 25 da Convenção Americana de Direitos Humanos. O tribunal, em manobra argumentativa interessante, reafirmou que não lhe cabia dizer qual a melhor definição institucional de independência judicial,[633] mas que, no caso concreto, se violava a separação dos poderes, pois não se reconheceu legitimidade a órgão de Estado (Comissão Judicial) para decidir pelo afastamento da juíza. Por essas razões, determinou a reincorporação da juíza, uma das milhares de autoridades judiciais em situação de provisoriedade no exercício de suas funções.[634] Em função de situações como essa, a

---

631 CORTEZ SALINAS, Josafat. "El Tribunal Constitucional Plurinacional de Bolivia: cómo se distribuye el poder institucional". *Boletín Mexicano de Derecho Comparado*, vol. 47, nº 139, 2014, p. 289.

632 CIDH. *Caso Chocrón Chocrón vs. Venezuela.* Sentença de 01 de julho de 2011. Par. 95. Disponível em: https://corteidh.or.cr/docs/casos/articulos/seriec227esp.pdf. Acessado em: 20.03.2022.

633 CIDH. *Caso Chocrón Chocrón vs. Venezuela.* Sentença de 01 de julho de 2011. Par. 95. Disponível em: https://corteidh.or.cr/docs/casos/articulos/seriec227esp.pdf. Acessado em: 20.03.2022.

634 CIDH. *Caso Chocrón Chocrón vs. Venezuela.* Sentença de 01 de julho de 2011. Par. 95, §172. Disponível em: https://corteidh.or.cr/docs/casos/

Corte IDH afirma que nomeações provisórias devem ser excepcionais, e não a regra, visto que a "prorrogação no tempo da natureza provisória dos juízes ou o facto de a maioria dos juízes se encontrarem nessa situação geram importantes obstáculos à independência judicial".[635] A definição do tempo da provisoriedade, assim, é uma exigência para se cumprir os *standards* definidos pela Corte IDH para os juízes terem autonomia decisória, mesmo em face de grupos politicamente poderosos, e para que as funções públicas possam ser acessadas em condição e igualdade.

Assim, descrevem-se na sequência alguns dos seus movimentos político-constitucionais ocorridos já no exercício do poder.

3.5.1 Hugo Chávez e Nicolás Maduro

A primeira referência a essa nova onda populista vem da Venezuela e tem como figura central Hugo Chávez, responsável por implementar uma proposta transformadora de regime político – do ponto de vista não só político, mas também econômico e social – denominado por ele *Revolução Bolivariana*.[636] Com a morte de Chávez, em 2013, a proposta tem continuidade com seu sucessor e atual Presidente da Venezuela, Nicolás Maduro.

---

articulos/seriec_227esp.pdf. Acessado em: 20.03.2022.

635 CIDH. *Caso Chocrón Chocrón vs. Venezuela*. Sentença de 01 de julho de 2011. Par. 95, § 107. Disponível em: https://corteidh.or.cr/docs/casos/articulos/seriec227esp.pdf. Acessado em: 20.03.2022.

636 O termo provém do nome do general venezuelano do século XIX Simón Bolívar, que liderou os movimentos de independência da Venezuela, da Colômbia, do Equador, do Peru e da Bolívia. Assim, "Revolução Bolivariana" é a expressão criada para designar as mudanças políticas, econômicas e sociais iniciadas após sua chegada ao poder. Convencionou-se, nesse sentido, chamar de bolivarianos os governos de esquerda na América Latina que questionam o neoliberalismo e o Consenso de Washington (doutrina macroeconômica ditada por economistas do FMI e do Banco Mundial).

Chávez chegou ao poder em 1998, por meio de eleições diretas, a partir de um discurso pautado no combate à pobreza. Sua chegada à presidência foi o desdobramento de um processo de sucessivas crises que marcaram a história política da Venezuela, sobretudo, por volta dos anos 1980 em diante, década que evidenciou, conforme os dados fornecidos pelo Banco Mundial, índices de pobreza do país que atingiram a expressiva marca de 53% da população.[637] Depois de medidas neoliberais serem tomadas pelos governos daquela década – notadamente formado por partidos tradicionais venezuelanos, liderados pela Acción Democrática (AD) e Unión Republicana Democrática (URD), de centro-esquerda, e pelo Comitê de Organização Política Eleitoral Independente (Copei), de orientação social-cristã, desencadeou-se um cenário de profunda descrença da população nos partidos tradicionais e na própria estrutura democrática liberal.[638]

Os contextos de crises são terrenos férteis para a ascensão de líderes populistas, como visto, e o caso venezuelano ilustra bem essa situação. O cenário de decadência e a crise de legitimidade política associada à crise econômica e social venezuelana foi cavando um buraco relacional entre os governantes – que se mantinham defendendo políticas de austeridade – e a população – que sucumbia à pobreza, reivindicando a necessidade de auxílio estatal. Chávez surge propondo um pacto antielitista que mudaria os rumos da política nacional, em que "nunca houve uma gota de petróleo para o povo da Venezuela",[639] e esse pacto dependeria de ação estatal.

---

637 ADINOLFI, Goffredo; GOULART, Mayra. "O desafio populista à democracia representativa: a Venezuela chavista e o movimento 5 estrelas". *Revista do Instituto de Ciência Sociais da Universidade de Lisboa*, vol. 53, nº 227, 2018, pp. 388-414.

638 ADINOLFI, Goffredo; GOULART, Mayra. "O desafio populista à democracia representativa: a Venezuela chavista e o movimento 5 estrelas". *Revista do Instituto de Ciência Sociais da Universidade de Lisboa*, vol. 53, nº 227, 2018, pp. 388-414.

639 ARENAS, Nelly. "La Venezuela de Hugo Chávez: rentismo, populismo y democracia". *Nueva Sociedad*, vol. 229, nº 5, 2010, p. 82.

Com isso, o sistema institucional e partidário tradicional da Venezuela foi se desintegrando e abrindo espaço para que discursos contra as elites políticas *puntofijistas*, definidas a partir do acordo histórico, de 31 de outubro de 1958, entre os três grandes partidos venezuelanos (AD; URD e Copei), por meio do qual se criou um sistema de alternância de poder no país, que proscreveu a esquerda radical, visando assegurar estabilidade no país após a derrocada da ditadura de Marcos Pérez Jimenez.[640]

A partir de promessas de transformação radical da política, e através de medidas específicas voltadas aos setores populares e ao combate à pobreza, Chávez foi ganhando popularidade. Por meio dessa narrativa, em 1998, o tenente-coronel reformado do exército venezuelano e político Hugo Rafael Chávez Frias foi eleito Presidente da República com 56% do voto popular, iniciando seu mandato presidencial em 1999. Já na campanha, propunha uma "revolução bolivariana pacífica e democrática" (...) além da convocação de uma Constituinte e (...) uma reforma anticorrupção no Judiciário".[641]

A Assembleia Constituinte, instaurada para elaborar uma nova Constituição visando a suplantar a de 1961, chamada de "moribunda" pelo novo Presidente, e o procedimento para sua revogação, naquele momento, não respeitaram o art. 246, que previa uma reforma geral, não admitindo uma nova Assembleia Constituinte, ou seja, previa somente um poder reformador.[642] Para superar o entrave, o trabalho da constituinte foi posto a escrutínio do povo, mediante consulta

640 MIRANDA, José Alberto Antunes de. "Populismo, Democracia e a Constituição na Venezuela". *Direito, Estado e Sociedade*, nº 45, jul.-dez. 2014 pp. 32-60.

641 PÁDUA, Adriana Suzart de; MATHIAS, Suzeley Kalil. "Venezuela: qual democracia". *Brazilian Journal of Latin American Studies*, vol. 9, nº 17, 2010, pp. 69-88.

642 PIZZOLO, Calogero. "Populismo y rupturas constitucionales los casos de Venezuela, Bolivia y Ecuador". *Estudios Constitucionales*, vol. 5, nº 1, 2007, p. 379.

popular, que foi chamada, no dia da posse do Presidente, por Decreto Constituinte. Esta mesma Assembleia, aliás, durante os seus trabalhos, entendeu por desprezar as decisões da Corte Suprema de Justiça que punham entraves ao seu funcionamento.[643]

Esse processo desconstitucionalizante teve novo episódio marcante em 2007, quando, reeleito, Chávez propôs uma reforma constitucional no intuito de aumentar o

> período do seu mandato, ampliação dos poderes presidenciais, centralização do Estado, adoção de um Estado socialista e de uma democracia socialista e a restrição e diminuição de uma série de direitos fundamentais, bem como o desmantelamento dos controles e limites aos estados de exceção.[644]

Aprovada pelo Parlamento, o povo, em referendo, negou sua aprovação à reforma, entretanto, o Conselho Nacional Eleitoral, em clara ação de *constitucional hardball*,[645] não proclamou o resultado da consulta popular.

O projeto chavista se consolida a partir de uma visão de povo, o "verdadeiro povo", formado pelos oprimidos, pela parcela pobre da população, que, em razão dos desdobramentos da crise descrita, ficaram em condições de absoluta precariedade. Nesse sentido, frequentemente, é possível correlacionar nos discursos de Chávez os setores populares com aqueles por ele identificados como "a verdadeira

---

643 AYALA CORAO, Carlos; CASAL, Jesús. "La evolución político-institucional de Venezuela 1975-2005". *Estudios Constitucionales*, Santiago, vol. 6, nº 2, 2008, pp. 437/438.

644 AYALA CORAO, Carlos; CASAL, Jesús. "La evolución político-institucional de Venezuela 1975-2005". *Estudios Constitucionales*, Santiago, vol. 6, nº 2, 2008, p. 440.

645 TUSHNET, Mark. "Constitutional hardball". *The John Marshall Law Review*, Georgetown, vol. 37, 2004.

nação venezuelana".[646] Nota-se, inclusive, durante os seus anos de governo, uma relação direta entre o apoio da população venezuelana a Hugo Chávez e seu nível de renda, de maneira que a aprovação em relação ao líder se revelava inversamente proporcional aos níveis de renda dos cidadãos, isto é, quanto menor o nível de renda de determinada parcela, maior o apoio ao líder entre seus integrantes e vice-versa.[647] O contraponto a este "povo" estaria nos políticos *puntofijistas* e seus aliados, ou seja, a elite política tradicional venezuelana, acusada de corrupção e de agir contra os interesses do povo, já que continuava restringindo os gastos públicos, enquanto o povo necessitava de maior ação do Estado através de medidas sociais. O antagonismo povo *vs.* elite, no contexto chavista, pode assim ser resumido: de um lado, o povo, composto pela parcela pobre e oprimida da população e, de outro, a elite, economicamente privilegiada, ao lado dos políticos tradicionais, acusados de organizarem suas estratégias políticas favorecendo sua própria classe e alinhados a diretrizes imperialistas neoliberais.

Outra característica marcante do populismo no chavismo é a centralidade da figura do líder, a ostentar uma personalidade carismática. Hugo Chávez ganhou notória popularidade em função de seus discursos persuasivos e efusivos, revelando grande potencial mobilizador. A presença enfática de Chávez, capaz de atrair e de mobilizar amplamente os setores populares, se deu em função da possibilidade de se construir um vínculo identitário entre o líder e as instâncias menos favorecidas da sociedade, vínculo esse criado por uma série de fatores. Primeiramente, destacam-se as características físicas de Chávez, uma pessoa com traços mestiços, resultante da combinação entre negros e indígenas, o que lhe atribuía um aspecto

---

646 SCHEIDT, Eduardo. "A questão nacional nos discursos do presidente Hugo Chávez". *OPSIS*, vol. 14, 2014, pp. 496-516.

647 ADINOLFI, Goffredo; GOULART, Mayra. "O desafio populista à democracia representativa: a Venezuela chavista e o movimento 5 estrelas". *Revista do Instituto de Ciência Sociais da Universidade de Lisboa*, vol. 53, nº 227, 2018, pp. 388-414.

de homem pertencente à fração (popular) da sociedade venezuelana, predominantemente formada pelos resultados de variações dessa mestiçagem, facilitando sua aproximação com segmentos dominados da sociedade através da identificação física.

No plano dos discursos, exaltava os feitos nacionais, relacionados à história da independência venezuelana, outro aspecto relevante na construção do vínculo identitário, contribuindo para a ideia chavista de "nação venezuelana", formada por aqueles que com ele se identificavam, ou seja, uma narrativa antipluralista, que reforçava o antagonismo da sociedade, dividida em opressores e oprimidos, a elite e o povo formado pelos idênticos. Assim, aqueles que se identificavam como pertencentes à classe desfavorecida viam em Chávez uma perspectiva de mudança de suas condições de vida.[648]

Esse vínculo de identidade criado com a população, forjado através da narrativa chavista, alcançou um nível de permeabilidade profunda na sociedade venezuelana. Elementos como a exaltação da soberania popular, do povo como motor e protagonista do sistema político, a ruptura com a ordem anterior (com a "velha política") por meio da "revolução bolivariana", além da referência a seus opositores como inimigos do povo, classificados como "golpistas" e "fascistas", podem ser recorrentemente observados nos discursos chavistas.[649]

A valorização da soberania popular e o discurso pautado na necessidade de o "povo" restituir seu poder soberano, que teria sido historicamente usurpado pelas classes oligárquicas alinhadas ao imperialismo neoliberal, são pontos cruciais da narrativa chavista. Nessa linha de pensamento, o líder venezuelano defendia a tese de

---

648 ADINOLFI, Goffredo; GOULART, Mayra. "O desafio populista à democracia representativa: a Venezuela chavista e o movimento 5 estrelas". *Revista do Instituto de Ciência Sociais da Universidade de Lisboa*, vol. 53, nº 227, 2018, pp. 388-414.

649 SCHEIDT, Eduardo. "A questão nacional nos discursos do presidente Hugo Chávez". *OPSIS*, vol. 14, 2014, pp. 496-516.

uma revolução democrática, caracterizada, sobretudo, pela implementação de mecanismos democráticos participativos, como forma de recuperação da plena soberania popular. O governo chavista, sob esse aspecto, foi marcado por sedimentar uma democracia mais participativa. Nota-se, neste ponto, que em momentos nos quais as lutas sociais se intensificavam, ressaltando a cisão nos setores sociais venezuelanos, ficava mais evidente no discurso chavista que a defesa do "amplo" direito de participação do "povo" era, na verdade, direcionado a setores específicos, ou seja, aos seguidores do governo, como camponeses, trabalhadores, operários, indígenas e jovens. Os grupos elitistas, que não integravam o "verdadeiro povo", eram afastados desse direito. Assim, a clássica divisão populista entre bem e mal se evidenciava na medida em que o "povo" e a "nação venezuelana" deveriam participar ativamente das escolhas políticas, ao passo que a elite deveria ser excluída, por agir contra os interesses populares e a partir de influências externas. Há indícios de que alguns mecanismos de participação popular direta no regime político deram espaço a práticas clientelistas e de corrupção. É o caso, por exemplo, dos Conselhos Comunais, que, em vez de se constituírem organizações sociais autônomas e plurais com caráter decisório no contexto da democracia participativa, revelaram-se, muitas vezes, instâncias clientelistas ligadas ao Executivo.[650]

Destacam-se outros dois aspectos no esforço de demonstrar o chavismo como forma populista de governo: (i) a tendência autoritária da democracia chavista e (ii) as relações entre a mídia e o governo. Quanto ao primeiro ponto, importante lembrar que Chávez começou a ganhar popularidade no cenário político venezuelano em função de sua participação na tentativa fracassada de um golpe de Estado contra o Presidente Carlos Pérez, em 1992. Em seguida, percebeu que sua ascensão ao poder do governo venezuelano não teria como

650 MENDES, Valdenésio Aduci. "Democracia e participação: os conselhos comunais na Venezuela". *Revista Sul-Americana de Ciência Política*, vol. 1, nº 1, 2012, pp. 14-32.

se dar pela força. Assim, submeteu sua candidatura, chegando ao poder pela via legítima do pleito eleitoral democrático. Contudo, não se pode negar que a tentativa frustrada de golpe deixou marcas presentes no viés autoritário de Chávez. Outro dado que confirma essa característica do percurso do líder consiste no fato de que, eleito em 1998, ao assumir, em 1999, sua primeira ação como Presidente foi elaborar uma nova Constituição para a Venezuela (Constituição de 1999), aproveitando da sua popularidade eleitoral para tal fim, algo que se medida historicamente vinculada a atitudes de líderes autoritários. Observou-se a partir de então, um processo de concentração de poder na figura do Presidente, o que evidentemente se afasta dos pilares da democracia liberal, em função do desequilíbrio representado por esse aspecto na esfera da separação de poderes. Como desdobramento desse processo, verifica-se no governo venezuelano um mecanismo de aparelhamento do Estado, estruturado a partir de elementos favoráveis ao chavismo, dentre os quais destaca-se a enfática mobilização dos militares em prol do governo chavista. Esses aspectos possibilitam enquadrar o governo chavista no contexto das democracias autoritárias.

Em 2009, Chávez obteve uma importante vitória política ao ser aprovada a emenda constitucional que autorizava reeleições ilimitadas, o que viabilizou sua continuidade e hegemonia no poder. Com a sua morte, Nicolás Maduro foi eleito seu sucessor em 2013.

Alinhado ideológico do ex-Presidente, Maduro assumiu a presidência venezuelana replicando a mesma lógica descrita do governo anterior. Investidas autoritárias como a dissolução do Congresso Nacional, a convocação de Assembleia Constituinte e a antecipação das eleições são exemplos de como o atual líder vem dando continuidade ao legado populista e autoritário, abalando fortemente as estruturas democráticas. A guinada populista de Maduro vem, com isso, trazendo como reflexo o aprofundamento da crise no país, fazendo a democracia venezuelana ser fortemente questionada pela comunidade internacional.

As eleições antecipadas de 2018, por exemplo, que conduziram Maduro ao segundo mandato, geraram fortes controvérsias sobre sua legitimidade, de maneira a ocasionar uma situação de aberração política, na qual o Presidente da Assembleia Nacional, Juan Guaidó, se autoproclamou em 2019 "Presidente em exercício", e fora reconhecido por mais de cinquenta países, entre eles o Brasil. O cenário de crise econômica, social e humanitária vivido atualmente pelos venezuelanos revela como a atuação de um líder populista fragiliza a democracia, gerando instabilidades que transcendem o âmbito interno do país.

Alguns marcos, como a liberdade de expressão, precisam ser analisados para se entender o processo de sedimentação política chavista nas bases de um populismo antineoliberal. A expansão do controle estatal sobre as empresas de comunicação foi ocorrendo paulatina e constantemente, o que se deu principalmente com a criação do Sistema Bolivariano de Comunicação e Informação (SiBCI), a fim de que houvesse maior controle governamental sobre a circulação da comunicação. Com isso, a Agência Venezuelana de Notícias, passou a ser controlada pelo Ministério do Poder Popular para Comunicação e Informação, ligado ao gabinete presidencial.

Ademais, Chávez, e depois Maduro, instituíram a obrigação de transmissão das comunicações feitas pelo Presidente, as chamadas "correntes", para a veiculação de manifestações presidenciais, além e criar um canal próprio para transmissões do programa "Alô, Presidente" e fortalecendo redes estatais como a *Televisión del Sur* (telSUR).

Como afronta à livre circulação de ideias contra o governo, em 2007, a *Radio Caracas Television* (RCTV), empresa privada de comunicação, teve sua concessão de transmissão não renovada pelo Presidente e a frequência de comunicação assumida pela *Televisora Venezuelana Social* (TVes), controlada pelo governo. Revela-se, nesse, dentre outros eventos, a fragilização do debate público venezuelano e o ímpeto autoritário do governo em não admitir a contrariedade, nos meios de comunicação, do confronto de ideias contrárias aos seus projetos políticos.[651]

Em 2015, a Corte Interamericana de Direitos Humanos, no Caso *Granier y otros* (*Radio Caracas Televisión vs. Venezuela*) sentenciou contra o Estado venezuelano, em decisão que aponta violação da liberdade de expressão como um fator contrário ao devido pluralismo a ser perseguido pelas democracias. Assim, a Corte IDH afirma:

> 197. A Corte conclui então, como fez em outros casos, que os fatos do presente caso envolveram desvio de poder, uma vez que se fez uso de um poder estatal com o objetivo de alinhar editorialmente o meio de comunicação com o governo. A afirmação acima decorre das duas principais conclusões às quais este Tribunal pode deduzir do que foi descrito acima, a saber, que a decisão havia sido tomada anteriormente e se baseava no transtorno causado pela linha editorial da RCTV, somado ao contexto sobre a "deterioração da proteção liberdade de expressão" que foi comprovado neste caso (par. 61 supra).
>
> 198. Da mesma forma, este Tribunal considera necessário destacar que o abuso de poder aqui declarado teve impacto no exercício da liberdade de expressão, não só de trabalhadores e dirigentes da RCTV, mas também na dimensão social do referido direito (par. 136 supra), ou seja, na cidadania que foi privada de ter acesso à linha editorial que a RCTV representava. De fato, o verdadeiro propósito procurou silenciar as vozes críticas ao governo, que se constituem juntamente com o pluralismo, a tolerância e o espírito de abertura, nas

---

651 ARTIOLI, Paula; BERTOLO, Mariana; GUSMÃO, Cristina; LUÍSE, Desirèe; TIMÓTEO, Ana Paula. "A regulamentação dos meios de comunicação na Venezuela". *Pluricom* – Comunicação Integrada, 2015. Disponível em: https://www.pluricom.com.br/forum/a-regulamentacao-dos-meios-de-comunicacao-na-venezuela. Acessado em: 20.03.2022.

demandas de um debate democrático que, justamente, o direito à liberdade de expressão procurar proteger.[652]

Sobre o tema, o governo Chávez ainda fez aprovar duas leis bastante polêmicas: *Ley Organica de Telecomunicaciones* (LOTEL) e *Ley de Responsabilidad Social en Radio y Television* (RESORTE). A primeira, aprovada em 2000 e atualizada em 2010, concede e limita o período de concessões, reestrutura os mecanismos de concorrência, incentivando uma produção midiática comunitária e nacional. Quem fiscaliza sua observância no território venezuelano é o Ministério de Infraestrutura e a *Comissão Nacional de Telecomunicações* (CONATEL). Já a segunda, conhecida como RESORTE, foi promulgada em 2004 e determina:

> as redes de televisão, rádio e mídia eletrônica sirvam a população com informações de interesse público e "visa estabelecer, na difusão e recepção de mensagens, responsabilidade social dos prestadores de serviços de rádio e televisão, provedores de mídia eletrônica, anunciantes, produtores independentes e produtores nacionais, os utilizadores e usuários, para promover o equilíbrio democrático entre os seus deveres, direitos e interesses, a fim de promover a coesão social e contribuir para a formação da cidadania, justiça, democracia, paz, direitos humanos, cultura, educação, saúde e desenvolvimento econômico e social da Nação, em conformidade com as normas constitucionais e princípios da legislação relativa à proteção abrangente de crianças e adolescentes, cultura, educação, segurança social, a livre concorrência e Lei das Telecomunicações", de acordo com o texto da lei". "*A Ley Resorte* também consolida parâmetros para as concessões, renovação de outorgas e estabelece normas para o funcionamento dos

652 CIDH. *Caso Granier y Otros (Radio Caracas Televisión) vs. Venezuela*. Sentença de 22 junho de 2015. (Excepciones Preliminares, Fondo, Reparaciones Y Costas). Disponível em: https://www.corteidh.or.cr/docs/casos/articulos/seriec_293_esp.pdf. Acessado em: 20.03.2022.

> meios de comunicação a favor da liberdade de expressão e de proteção à cidadania, como também expressa na Constituição Bolivariana". "A regulação ainda prevê a punição com multa ou suspensão por até 72 horas da radiodifusão que transmitir mensagens que incitam, justificam ou promovem a perturbação da ordem pública, o crime, o ódio ou intolerância aos religiosos, políticos, ou por diferença de gênero, promover racismo ou xenofobia, discriminação, usar o anonimato, elevar a propaganda de guerra e promover a ansiedade no público ou perturbar a ordem pública.[653]

Outro aspecto a merecer destaque diz respeito ao ímpeto autoritário apontado contra o direito de associação. Isso porque, a partir da sua reeleição, em 2006, Chávez, fortalecido politicamente, aprofunda um governo já personalista e, no que diz respeito aos meios de comunicação, flagrantemente contrário a intermediários. Nesse contexto, os partidos políticos também são afetados pelo processo. A criação do Partido Socialista Unido da Venezuela (PSUV) dependeu da força política de Chávez para dissolver todos os partidos da aliança que o apoiava, em direção a uma agremiação partidária ampliada, que tivesse a sua marca pessoal. Nessa fase do governo, denominada *transición acelerada hacia el socialismo del siglo XXI*, a criação de um grande partido foi a saída encontrada para manter sua base unida e sob o seu poder decisório. Aqueles que não quisessem fazê-lo deveriam abandonar o governo, o que ocorreu com os "partidos Podemos, PPT e PCV (que) se recusaram a desaparecer, o que resultou em agressões, tensões e conflitos com o Presidente ao longo de 2007".[654] Interessante notar que a Constituição de 1999

---

653 ARTIOLI, Paula; BERTOLO, Mariana; GUSMÃO, Cristina; LUÍSE, Desirèe; TIMÓTEO, Ana Paula. "A regulamentação dos meios de comunicação na Venezuela". *Pluricom* – Comunicação Integrada, 2015. Disponível em: https://www.pluricom.com.br/forum/a-regulamentacao-dos-meios-de-comunicacao-na-venezuela. Acessado em: 20.03.2022.

654 LOPEZ MAYA, Margarita. "Venezuela: Hugo Chávez y el bolivarianismo". *Revista Venezolana de Economía y Ciencias Sociales*, Caracas, vol. 14, nº

já denominava os partidos políticos, em seu artigo 67, "associações com fins políticos".

Caminhava, assim, o governo populista de Chávez, para a captura, também, do sistema partidário. Dentre as ações neste sentido, o Presidente estabeleceu forte vinculação com novos movimentos sociais surgidos em seu mandato. Aparentemente, e diverso do que geralmente acontece, novos movimentos surgidos na Venezuela foram impulsionados pelo próprio plano governamental, criando uma rede de apoio organizada (o que possibilita o controle sobre esses movimentos) para além das agremiações partidárias,[655] pois se pretende combinar

> a promoção da participação e do protagonismo cívico ao lado da manutenção de um executivo forte, personificado em sua liderança e que investe em canais extrainstitucionais para aprofundar a relação direta com suas bases sociais.[656]

Em mais uma ação "antielitista", contra os detentores do capital privado, e com foco em seu projeto nacionalista, Chávez passou a intensificar a tomada de controle de alguns setores econômicos. No caso do Petróleo, em 2002, o governo passou a reestruturar a *Petróleos de Venezuela S.A.* (PDVSA). Não somente nomeou nova diretoria, próxima ao governo, mas, também, definiu que os lucros do petróleo deveriam financiar mais políticas públicas de direitos sociais, o que não interessava aos seus opositores, dentre eles, a

---

3, dez. 2008, pp. 55-82. Disponível em: http://ve.scielo.org/scielo.php?script=sci_arttext&pid=S1315-64112008000300005&lng=es&nrm=iso. Acessado em: 20.03.2022.

655 MOURA, Lucas da Trindade. "A ascensão do governo Chávez na Venezuela e sua relação com os movimentos sociais". *GT 6: Revoluções na América Latina e dilemas do socialismo*, 2013.

656 BRUCE, Mariana. "Movimentos sociais e bolivarianismo". *Boletim do Tempo Presente*, nº 07, 2013, p. 5.

elite econômica venezuelana que esteve ligada ao período político anterior, em que as privatizações foram regras.

Com isso, em que pese o respeito à propriedade privada, impulsionou-se os investimentos estatais para uma "*economía social y (que) reconociese formas de propiedad colectiva*".[657] A medida, diversamente das anteriores, não ostenta caráter populista, dado que inexiste uma relação entre populismo e modelo econômico, mas demonstra, somente, o caráter transformador e antielitista do projeto chavista.

Além do setor petroleiro, Chávez interferiu, através da participação do Estado, em outros âmbitos. Através de reformas constitucionais, por exemplo, "renascionalizou" a *Compañía Anónima Nacional de Teléfonos de Venezuela* (CanTV), empresa estratégica para beneficiar sua campanha eleitoral e nacionalizou a empresa de energia *La Eletricidad de Caracas*.

Por fim, viu-se, quanto ao Poder Judiciário, o uso de estratégia de captura mediante muitos subterfúgios, como é característico das erosões democráticas:

> foi um processo gradual no qual o governo, fortalecido por sucessivas vitórias eleitorais, inclusive o pleito relativamente fácil para a reeleição do Presidente Chávez em 2006 (Urribarri, 2011, p. 865), seguiu ampliando abusivamente seus poderes até completar o total assalto sobre o Poder Judiciário, notadamente sobre a alta corte de justiça do país.[658]

---

657 LOPEZ MAYA, Margarita. "Venezuela: Hugo Chávez y el bolivarianismo". *Revista Venezolana de Economía y Ciencias Sociales*, Caracas, vol. 14, nº 3, dez. 2008, pp. 55-82. Disponível em: http://ve.scielo.org/scielo.php?script=sci_arttext&pid=S1315-64112008000300005&lng=es&nrm=iso. Acessado em: 20.03.2022.

658 OLIVEIRA, André Silva de; SOUZA, Carlos Augusto da Silva. "O judiciário venezuelano e a politização da justiça". *Revista Política Hoje*, vol. 23, nº 2, 2007, p. 9.

Já durante a Assembleia Constituinte, em 1999, fez-se criar um Conselho da Magistratura, cujas competências foram transferidas para a Direção Executiva da Magistratura

> vinculada ao Tribunal Supremo de Justiça (antiga Corte Suprema). Além disso, o novo regime político perseguiu politicamente o Tribunal Supremo e os demais tribunais em distintas ocasiões, os juízes perderam a estabilidade dos cargos e a independência (...).[659]

Dentre os subterfúgios antidemocráticos, o uso da manutenção precária, de juízes em seus cargos, sem nomeação definitiva e com critérios de seleção pouco transparentes, além das remoções de juízes por razões pouco republicanas, pois sem fundamentação para tanto, permitiu que, durante muitos anos, até 80% dos juízes não tivessem cargos definitivos.[660] Em 2017, 73% dos juízes venezuelanos estavam em situação de provisoriedade. Além disto, com a aprovação da Lei Orgânica do Tribunal Supremo de Justiça, aumentou-se o número de "juízes de 20 para 32, significando um acréscimo de dois juízes em cada uma das seis câmaras integrantes daquela corte de Justiça",[661] tudo isso feito por maioria simples, em claro desacordo com a Constituição[662] que, naquele período, viu

---

659 ENGELMANN, Fabiano; BANDEIRA, Júlia Veiga Vieira Mancio; PERDOMO, Rogélio Peres. "Elites judiciais e independência do Poder Judiciário na América Latina: uma proposta de análise". *VIII Congresso Latinoamericano de Ciência Política*, Perú, 22-24 jul. 2015.

660 AYALA CORAO, Carlos; CASAL, Jesús. "La evolución político-institucional de Venezuela 1975-2005". *Estudios Constitucionales*, Santiago, vol. 6, nº 2, 2008, pp. 463/464.

661 OLIVEIRA, André Silva de; SOUZA, Carlos Augusto da Silva. "O judiciário venezuelano e a politização da justiça". *Revista Política Hoje*, vol. 23, nº 2, 2007, p. 9.

662 CORONEL, Gustavo R. "A crise venezuelana – o que os Estados Unidos e os países da região podem fazer". *Military Review*, vol. 72, 2017, pp. 62-72. Disponível em: https://historiapt.info/pars_docs/refs/4/3941/3941.pdf. Acessado em: 20.03.2022.

reduzido o quórum para aprovação dos juízes, pelo Parlamento, de 2/3 para maioria simples, o que facilitou o trabalho do governo de ocupar as instâncias judiciárias de cúpula com simpatizantes seus, além de permitir a suspensão temporária dos juízes.[663]

A partir da posse de Chávez, viu-se a expedição de decreto "demitindo" 8 dos 15 juízes da Corte, em 1998, além de outros 1.200 juízes.[664] O ápice desse processo se deu com o pedido de exoneração da então Presidente da Corte, em 23 de agosto de 1999, que, ao fazê--lo, afirmou: a Corte "se suicidou para evitar que fosse assassinada" pois, dias antes, a Assembleia Constituinte havia criado uma nova instância máxima para o Poder Judiciário, o Tribunal Supremo de Justiça, que substituiria a anterior. Assim, estava aberto o caminho para a captura completa do Poder Judiciário e, consequentemente, para que este deixasse de ser instância de controle do poder.

Um momento crítico desse processo ocorreu com a prisão da juíza Maria Lourdes Afíuni, em 2009, depois de conceder liberdade a um opositor do governo, preso por corrupção. A decisão judicial levou Chávez à televisão, em cadeia nacional, a afirmar que a magistrada era "uma bandida". A prisão de Afiuni foi procedida por um juiz temporário, que jurou fidelidade à revolução bolivariana publicamente, alguém que não ostentava um mínimo de independência judicial. O caso aprofundou a perseguição de juízes independentes que não somente se preocupavam com a perda de seus cargos, mas, a partir daí, viram-se sob risco de sofrerem prisões.[665] Esse processo, uma década antes, se iniciava com uma carta enviada por Chávez, ao

663 OLIVEIRA, André Silva de; SOUZA, Carlos Augusto da Silva. "O judiciário venezuelano e a politização da justiça". *Revista Política Hoje*, vol. 23, nº 2, 2007, p. 11.

664 664 ÁZNAREZ; Juan Jesús. "La presidenta del Supremo venezolano dimite y da por enterrado el Estado de derecho". *El País*, Caracas, 1999.

665 OLIVEIRA, André Silva de; SOUZA, Carlos Augusto da Silva. "O judiciário venezuelano e a politização da justiça". *Revista Política Hoje*, vol. 23, nº 2, 2007, p. 9.

então Presidente do Supremo Tribunal de Justiça, quando reivindicava o "princípio da exclusividade presidencial na condução dos assuntos do Estado, (quando) ameaçou os magistrados de represália popular se eles não tomassem decisões alinhadas com as suas vontades".[666]

Ao final de seu mandato, Chávez indicara Nicolás Maduro para sucedê-lo em seu projeto bolivariano, o que já garantiu parte dos votos nas eleições. Maduro já havia sido vice-Presidente em 2012 e, no início de sua carreira política, integrou o MBR-200, grupo criado por Chávez. Em 2013, com eleições antecipadas, Nicolás Maduro se torna Presidente da Venezuela com 50,66% dos votos. Esse número confirma uma tendência de grande polarização na sociedade. Os dados revelam que, apesar do processo de autocratização em curso, havia, naquele momento, uma polarização intensa entre chavistas e não chavistas, o que "não dá aos chavistas a legitimidade para aprofundar a consolidação do 'socialismo' no país" (...). Ou Maduro terá que buscar diálogo com a oposição, ou corre o risco de mergulhar o país na ingovernabilidade".[667]

Mas o modo de governar adotado seguia aquele existente, aprofundando o confronto com os intermediários ainda resistentes à captura, o que fica claro logo após a sua eleição quando "Nicolás Maduro substituiu o comando da televisão VTV e subiu o tom contra a *Globovisión* e a *Televen*, demonstrando um determinado meio de repressão (Portal Imprensa, 2013)".[668]

---

666 CORONEL, Gustavo R. "A crise venezuelana – o que os Estados Unidos e os países da região podem fazer". *Military Review*, vol. 72, 2017, pp. 62-72. Disponível em: https://historiapt.info/pars_docs/refs/4/3941/3941.pdf. Acessado em: 20.03.2022.

667 BASTOS, Julia Pedroni Batista; OBREGÓN, Marcelo Fernando Quiroga. "Venezuela em crise: o que mudou com Maduro". *Derecho y Cambio Social*, vol. 52, 2018, pp. 1-16.

668 OLIVEIRA, Aline; BARCELLOS, Bruna Leal. "A democracia no Governo de Nicolás Maduro". *Revista Vernáculo*, nº 33, 2014, pp. 153-170.

Outrossim, as "correntes" instituídas por Chávez nos meios de comunicação tiveram continuidade no governo Maduro, que continuou a abusar dessa ferramenta de informação ao povo, usando a estrutura de comunicação.[669] Esse processo de aprofundamento do embate com os meios de comunicação tem, inclusive, mostrado o uso da violência contra jornalistas não alinhados ao governo:

> [isso se] traduz em agressões físicas, roubo ou destruição de material de gravação de imagens, retirada de licenças e sanções que implicam em proibição temporária de publicação ou emissão, limitação de acesso à informação pública a determinados meios de comunicação ou jornalistas, e incapacidade de aceder a determinados conteúdos e páginas web[670] [671] (...) corte de sinais de transmissão, a censura de programas ou a apresentadores (RODRÍGUEZ, 2018) ou o bloqueio de cadeias inteiras, inclusive algumas internacionais, como a Caracol TV, colombiana, ou a CNN em espanhol.[672] [673]

Esse movimento de captura dos meios de comunicação passou também pela "venda forçada de vários jornais importantes da

---

669 BLANCO-HERRERO, David; CALDERÓN, Carlos Arcila. "O panorama midiático na Venezuela: censura, confronto e crise". *Lumina*, vol. 13, nº 2, 2019, p. 3.

670 TORRES-TOUKOUMIDIS, Á.; ROMERO-RODRÍGUEZ, L. M.; AGUADED, I. "Procedural model in the evaluation of public policy through gamification". *Revista de Administração Pública*, vol. 51, 2017, pp. 810-827.

671 BLANCO-HERRERO, David; CALDERÓN, Carlos Arcila. "O panorama midiático na Venezuela: censura, confronto e crise". *Lumina*, vol. 13, nº 2, 2019, pp. 73-84.

672 BUITRAGO, Deisy; PONS, Corina. "La batalla política en Venezuela también se libra en la televisión". *Reuters*, mai. 2017.

673 BLANCO-HERRERO, David; CALDERÓN, Carlos Arcila. "O panorama midiático na Venezuela: censura, confronto e crise". *Lumina*, vol. 13, nº 2, 2019, p. 3.

Venezuela: *Últimas Noticias*, *Notitarde* e *El Universal*",[674] levando a uma mudança profunda no mercado de comunicações. Em 1998, todos os jornais impressos eram independentes; em 2014, somente 49% deles tinham esse perfil; em 2014, 88% dos canais de televisão eram empresas sem vínculos com o governo. Em 2018, apenas 46%;[675] Empresas de rádio como *92.9 FM* e *Mágica 99.1 FM*, em Caracas, também tiveram suas sedes invadidas por representantes da *Comisión Nacional de Telecomunicaciones* (CONATEL) suas atividades proibidas e substituídas por outras emissoras ligada ao governo. O mesmo ocorreu com a emissora *ULA TV*, o canal de televisão da Universidade dos Andes em Mérida, fechado por "falta de documentação".[676]

Essas e outras questões atinentes ao agravamento de violações a direitos fundamentais e à captura das instituições de controle aparecem no Informe da Comissão Interamericana de Direitos Humanos sobre a Venezuela (2017), *Institucionalidad democrática, estado de derecho y derechos humanos en Venezuela: Informe de país*.[677] Em razão da riqueza de detalhes do documento, percebe-se

674 CASTILLO ARTAHONA, Sthefania de San Martin. *Censura na Venezuela*: como jornalistas do país usam o Twitter para reportar a crise democrática. Rio Grande do Sul: UFRGS, 2019, p. 34 (Trabalho de Conclusão de Curso).

675 CASTILLO ARTAHONA, Sthefania de San Martin. *Censura na Venezuela*: como jornalistas do país usam o Twitter para reportar a crise democrática. Rio Grande do Sul: UFRGS, 2019, p. 34 (Trabalho de Conclusão de Curso).

676 CASTILLO ARTAHONA, Sthefania de San Martin. Censura na Venezuela: como jornalistas do país usam o Twitter para reportar a crise democrática. Rio Grande do Sul: UFRGS, 2019, p. 35 (Trabalho de Conclusão de Curso).

677 CIDH. "Institucionalidad democrática, estado de derecho y derechos humanos en Venezuela". *Informe de país aprobado por la Comisión Interamericana de Derechos Humanos*, 31 dez. 2017. Disponível em: http://www.oas.org/es/cidh/informes/pdfs/venezuela2018-es.pdf. Acessado em: 20.03.2022.

que a degradação institucional e a massiva violação a direitos só vêm se ampliando.

Sobre a fragilidade da institucionalidade, o Informe esclarece que "o Poder Executivo na Venezuela ignorou, na prática, a separação e o equilíbrio que devem existir entre tais poderes e os diminuiu o ponto de parecer, hoje em dia, inexistentes".[678] A captura do Poder Judiciário, que já vinha sendo analisada seguidamente nos anos de 2004, 2008, 2012 e 2016 em capítulo apartado do Informe Anual da Comissão fica patente em diversos casos. Não por acaso, conforme o documento, o *World Justice Project* colocara a Venezuela em último lugar, numa relação de 113 países, no seu Índice de Estado de Direito de 2016. Temas que afetam a independência judicial como captura do processo de escolha de juízes, falta de estabilidade, com um alto número de juízes provisórios, uso do recurso de fustigação e intimidação recorrente de juízes, por meio da exoneração de juízes contrários ao governo.[679] Os mesmos problemas se apresentam quanto à Defensoria del Pueblo e ao Ministério Público, nos quais a independência foi consumida pelo alinhamento compulsório ao governo, sob pena de exoneração.

A liberdade de expressão e o direito ao protesto também são analisados minuciosamente, pelo Informe referido, no qual a Comissão IDH revela que uma democracia depende da proteção dos direitos políticos, liberdade de expressão e o direito de reunião e que, na Venezuela, são variadas as violações a tais direitos, incluindo "atos

678 CIDH. "Institucionalidad democrática, estado de derecho y derechos humanos en Venezuela". *Informe de país aprobado por la Comisión Interamericana de Derechos Humanos*, 31 dez. 2017. Disponível em: http://www.oas.org/es/cidh/informes/pdfs/venezuela2018-es.pdf. Acessado em: 20.03.2022.

679 CIDH. "Institucionalidad democrática, estado de derecho y derechos humanos en Venezuela". *Informe de país aprobado por la Comisión Interamericana de Derechos Humanos*, 31 dez. 2017. Disponível em: http://www.oas.org/es/cidh/informes/pdfs/venezuela2018-es.pdf. Acessado em: 20.03.2022.

de estigmatização, ataques e agressões, detenções arbitrárias, criminalização perante a via ordinária e prisão militar, atos de tortura e outros maus-tratos, violações sexuais e até a morte".[680]

O direito ao protesto também é afrontado em vários exemplos trazidos pelo Informe. É o caso dos partidos políticos que perderam, juridicamente, por meio dos seus filiados, o direito de tomar as ruas livremente, pois, desde a aprovação da *Ley de Partidos Políticos, Reuniones Públicas y Manifestaciones*, de 2010, exige-se, conforme o artigo 43, que aquele que organiza essas manifestações deverá

> notificar com pelo menos vinte e quatro horas de antecedência, de forma escrita, durante o horário de trabalho, à primeira autoridade civil da jurisdição com indicação do local ou itinerário escolhido, dia, hora e objeto geral a ser perseguido.

Para além disso, as manifestações dependem, de acordo com o artigo 44, de manifestação das autoridades, que devem "carimbar na cópia entregue pelas organizações, a aceitação do local ou itinerário e horário", ou seja, invoca-se a previsão de depender de autorização das autoridades para sua realização, o que viola frontalmente *standards* internacionais de proteção de direitos humanos, a exemplo da Convenção Americana de Direitos Humanos, art. 15, que exige meios proporcionais para sua restrição, o que vem sendo afrontado continuamente durante o governo venezuelano.[681] São seguidos os

---

680 CIDH. "Institucionalidad democrática, estado de derecho y derechos humanos en Venezuela". *Informe de país aprobado por la Comisión Interamericana de Derechos Humanos*, 31 dez. 2017, p. 111. Disponível em: http://www.oas.org/es/cidh/informes/pdfs/venezuela2018-es.pdf. Acessado em: 20.03.2022.

681 CIDH. "Institucionalidad democrática, estado de derecho y derechos humanos en Venezuela". *Informe de país aprobado por la Comisión Interamericana de Derechos Humanos*, 31 dez. 2017, p. 130. Disponível em: http://www.oas.org/es/cidh/informes/pdfs/venezuela2018-es.pdf. Acessado em: 20.03.2022.

relatos de violência sexual, prisões excessivas, tortura e outros tratamentos cruéis e degradantes, dentre outras violações para aqueles que combatem os interesses políticos do governo.

O Poder Judiciário continua "nas mãos do governo" porque

> Tendo em vista que o Judiciário Venezuelano é chavista, os mandatos de alguns opositores foram considerados fraudulentos, no entanto, a Assembleia Nacional desobedeceu a decisão da Corte e, esta declarou o "estado de desobediência" do Parlamento, agravando, ainda mais, a crise institucional do país (JAKOBSEN, 2017). Desde então, o país não conta com condições algumas de governabilidade, estando altamente polarizado, com baixas índices socioeconômicos e altas taxas de criminalidade e violência institucionalizada.[682]

Quando se viu em situação política delicada, em que perdeu a maioria do Congresso Nacional em eleições legislativas, resolveu convocar uma assembleia constituinte que anulasse o poder político do novo Congresso. Então, fez uso, em seus discursos, do artigo 347 da Constituição, que afirma que o povo venezuelano, depositário do poder constituinte originário, "pode convocar uma Assembleia Nacional Constituinte com o objetivo de transformar o Estado, criar um novo ordenamento jurídico e redigir uma nova Constituição". Em contrariedade com a própria Constituição, Maduro expediu o Decreto n. 2.839, de 1º de maio de 2017, convocando uma Assembleia Constituinte, sem a necessidade de um referendo. A crise constitucional que se instaurou levou a questão para o Supremo Tribunal de Justiça, de maioria oficialista, que, mediante a sentença 378, de 31 de maio, de 2017, afirmou a desnecessidade de tal consulta popular, de forma amplamente contraditória: "De tal forma que o artigo 347 define em quem reside o poder constituinte originário: no povo como

682 BASTOS, Julia Pedroni Batista; OBREGÓN, Marcelo Fernando Quiroga. "Venezuela em crise: o que mudou com Maduro". *Derecho y Cambio Social*, vol. 52, 2018, pp. 1-16.

detentor da soberania". Mas o artigo 348 especifica que a iniciativa de exercer a convocação constituinte corresponde, entre outros, ao "Presidente da República em Conselho de Ministros", órgão do Poder Executivo, que atua no exercício da soberania popular.

Nos termos acima expostos, a Sala Constitucional do tribunal considerou que o referendo consultivo prévio para a convocação de uma Assembleia Nacional Constituinte não é necessário nem constitucionalmente vinculativo, por não estar expressamente previsto em nenhuma das disposições do Capítulo III do Título IX.[683]

Ou seja, o tribunal, naquele momento capturado, deu interpretação racionalmente contraditória ao afirmar a soberania do povo para convocar a constituinte, mas tendo o Presidente feito, antes, nada mais existiria a fazer para solucionar o impasse constitucional. Resultado de tal interpretação foi que o Presidente, com o Decreto 2878, depois, criou um sistema de eleição em que houve sobrerrepresentação nos municípios que tinham mais apoiadores,[684] o que deu Maduro maioria na constituinte e a possibilidade de "anular" a derrota sofrida nas eleições legislativas.

A Venezuela é, portanto, um exemplo de um Estado dominado por lideranças populistas no qual o excesso de intervenção "se traduziu no enfraquecimento das instituições democráticas, na corrupção, nos conflitos sociais e na destruição do aparato produtivo".[685]

---

683 Tribunal Supremo de Justiça. *Sala Constitucional*. Ponencia Conjunta. Expediente n. 2017-0519, j. 31-05-2017. Disponível em: http://historico.tsj.gob.ve/decisiones/scon/mayo/199490-378-31517-2017-17-0519.HTML. Acessado em: 24.03.2022.

684 BRICENO, Hector. *Constituyente: reglas manipuladas para ganar con el 20% de los votos*. Disponível em: https://historico.prodavinci.com/2017/05/27/actualidad/constituyente-reglas-manipuladas-para-ganar-con-el-20-de-los-votos-por-hector-briceno/. Acessado em: 24.03.2021.

685 SIQUEIRA, Raphael Garcez. *Desenvolvimento humano e economia política internacional no caso venezuelano*: uma análise sobre os aspectos

3.5.2 Evo Morales

A estabilização de um governo populista, no caso da Bolívia, entre 2006 e 2019, mostra que o tripé populista já referido (povo, inimigo e discurso) está presente. Ciente da composição étnica[686] da população boliviana, do histórico de um isolamento indígena e da "submissão" que países latino-americanos vinham cedendo ao "neoliberalismo", Evo Morales aparece como uma figura capaz de "virar o jogo" para uma massa que até então se encontrava insatisfeita com as condições sociais e representativas no governo. Ele ascende ao poder simbolizando um nacionalismo indígena contra uma estrutura histórica de repressão e exploração estrangeira no país.

Evo Morales surge também em um cenário político de degeneração democrática, no qual as elites e suas clientelas monopolizavam a repartição dos privilégios.[687] Ao chegar ao poder, em 2005, funda sua ação em um processo de campanha permanente[688] e institui um processo de combate às instituições, como o Poder Judicial, a quem Morales afirma: "dizem que os nossos decretos supremos são inconstitucionais, que os julguem o povo e, desta maneira, continuaremos identificando aos inimigos que não querem a mudança".[689] Mudanças essa que precisava ocorrer, ainda que contrária ao desempenho de funções constitucionais pelas instituições, aliás, substituídas por uma nova Constituição.

---

socioeconômicos do Governo Nicolás Maduro. Goiás: PUC, 2020, p. 55 (Trabalho de Conclusão de Curso).

686 Em 2001, cerca de 62% da população bolivariana se considerava de alguma etnia indígena.

687 DE LA TORRE, Carlos. "Populismo radical y democracia en los Andes". *Journal of Democracy en español*, vol. 1, nº 1, 2009, p. 31.

688 DE LA TORRE, Carlos. "Populismo radical y democracia en los Andes". *Journal of Democracy en español*, vol. 1, nº 1, 2009, p. 30.

689 DE LA TORRE, Carlos. "Populismo radical y democracia en los Andes". *Journal of Democracy en español*, vol. 1, nº 1, 2009, p. 31.

A proposta includente, que merece ser efusivamente bem avaliada, foi cedendo, com o tempo, a um modo de governar que usa do poder para calar os meios de comunicação, fragilizar os partidos políticos e degradar aos meios de controle do poder. Cabe lembrar que a adoção de um modelo neoliberal a partir da década de 1980 não agradava parte da população a qual Morales representava. Foi um modelo que certamente não favoreceu a população indígena e outros grupos minoritários, o povo "representado" pelo Presidente e a quem destinava o seu discurso. Por consequência, e de um outro polo do espectro de interesses e demandas, estavam os poderes locais, as oligarquias, as mídias privadas e os governos externos (Estados Unidos, por exemplo).

O projeto político de Morales, desde a campanha presidencial, envolvia a realização de uma nova Assembleia Constituinte, para fundar um novo Estado, e superar a então vigente Constituição, de 1961, o que ocorreu em 2006, logo após a sua posse como Presidente da República, quando mais de 60% dos bolivianos aprovaram em referendo, a nova Constituição.[690]

Como o discurso de Morales deveria tentar passar o mínimo possível pelos filtros e pelas influências midiáticas, que não por acaso eram contrárias ao seu governo, começou a utilizar mecanismos publicitários alternativos, cooptando algumas mídias, por meio da estatização, extinção de concessão pública às mídias privadas ou pela autocensura gerada a partir de ameaças implícitas. Esse intervencionismo estatal nos meios de comunicação pode ser visto, por exemplo, em 2005, quando criada a Telesur, empresa de televisão multiestatal conjunta, ou seja, de propriedade comum entre os governos da Bolívia, Equador, Venezuela, Argentina, Nicarágua e Cuba; em 2008, quando surgiu o jornal estatal *El Cambio*, que se transformou em um diário do governo.

---

690 CRISTOVAM, Thaiane Correa; CASTRO, Ricardo Silveira. "Democratização do Tribunal Constitucional? Limites e possibilidades a partir da experiência constitucional boliviana de 2009". *Revista de Teorias da Democracia e Direitos Políticos*, vol. 5, nº 2, 2019, pp. 55-73.

Outra questão tormentosa foi a aprovação da lei antirracismo (Lei n. 45/2010), que gerou grande repercussão opositora, vez que críticos do governo a entendiam como uma ameaça à liberdade de expressão. Em um de seus dispositivos, a Lei permite a suspensão de concessão, isto é, o fechamento de um meio de comunicação que incorresse em discriminação.[691] Certamente, se por um lado a medida agradou ativistas dos direitos humanos, por outro, foi alvo de severas críticas de jornalistas e dos meios midiáticos privados, atentos ao risco da captura, por parte dos órgãos governamentais, das instâncias estatais de controle e aplicação da lei. Em forma de protesto e contra a sanção da Lei antirracismo, 20 jornais publicaram, na época, as primeiras páginas em brancos com uma única frase: "sem liberdade de expressão não existe democracia".[692]

A tensão entre governo e imprensa sempre esteve presente, inclusive com acusações de proteção de interesses estrangeiros em detrimento de nacionais, como ocorreu logo no começo do primeiro mandato presidencial, ocasião em que "a cobertura da imprensa concentrou-se em atacar a política de nacionalização dos hidrocarbonetos. O principal rival nesta etapa foi o diário *La Razón de la Paz*, de propriedade do grupo espanhol Prisa".[693]

A relação entre o governo e a elite econômica, que já enfrentou momentos bastante conturbados, mostrou bem *quais* seriam

691 Lei n. 045 de outubro de 2010, Artículo 16: "O meio de comunicação que autorizar e publicar ideias racistas e discriminatórias estará sujeito a sanções econômicas e à suspensão de sua licença de operação, sujeita a regulamentação. Disponível em: https://www.acnur.org/fileadmin/Documentos/BDL/2014/9502.pdf. Acessado em: 20.03.2022.

692 BEZERRA, André Augusto Salvador. "Políticas públicas de comunicação social e liberdade de expressão: os casos da Argentina, Bolívia, Equador e Venezuela". *Brazilian Journal of Latin American Studies*, vol. 11, nº 20, 2012, pp. 130-140.

693 KITZBERGER, Philip. "Giro para a esquerda, populismo e ativismo governamental na esfera". *In*: SORJ, Bernardo (Coord.). *Poder político e meios de comunicação*: da representação política ao reality show. Trad. Miriam Xavier. São Paulo: Paz e Terra, 2010, p. 59.

as elites a serem enfrentadas. Considerando a postura antiliberal de Evo Morales desde sua iniciação política até o momento em que ascendeu ao poder, era de se esperar que seu governo defendesse e mostrasse uma maior intervenção estatal. Todavia, Evo fez gestões de aproximação com o empresariado. Em que pese o "discurso anticapitalista e da ênfase em um maior papel para o Estado, o projeto de desenvolvimento do MAS sempre concedeu papel importante à articulação com o setor privado".[694] [695]

Isso não elidiu a ocorrência de conflitos intensos, por exemplo, em relação aos setores de hidrocarbonetos e agropecuário, que tiveram interesses contrariados pelo governo. Sobre a questão agrária, essa tensão se consolidou rapidamente. Logo no início de seu governo, fez-se um anúncio de que se reformaria as regras atinentes à reforma agrária que também implementou uma leitura social do direito à propriedade, com deveres aos proprietários e sanções por manter terras improdutivas. As elites agropecuárias rechaçaram os projetos e promoveram "tanto marchas e protestos de rua quanto no bloqueio ao projeto no Senado, onde as oposições, em conjunto, possuíam maioria sobre o governo".[696] Neste caso, após pressão social, o governo usou de um expediente de *constitucional hardball*, aceito, de que senadores suplentes poderiam votar para obter a vitória na aprovação da lei.

---

694 CUNHA FILHO, Clayton Mendonça; SANTAELLA GONÇALVES, Rodrigo. "The national development plan as a politica leconomic strategy in Evo Morale's Bolivia: accomplishments and limitations". Latin American Perspectives. *SAGE Publications*, vol. 37, nº 4, 2010, pp. 177-19.6

695 CUNHA FILHO, Clayton Mendonça. "Do confronto à cooptação? As tensas relações entre empresariado e governo Evo Morales, na Bolívia". *Elites empresariais, Estado e mercado na América Latina*, vol. 132, 2018, p. 4.

696 CUNHA FILHO, Clayton Mendonça. "Do confronto à cooptação? As tensas relações entre empresariado e governo Evo Morales, na Bolívia". *Elites empresariais, Estado e mercado na América Latina*, vol. 132, 2018, p. 4.

O mesmo conflito se intensificou com a emissão de decretos, em 2006 e 2007, que desagradaram a elite agropecuária, pois tais medidas proibiram a exportação de produtos como trigo, farinha e manteiga, levando o setor agroindustrial a perder possibilidades de lucros e competitividade do mercado internacional.

Após sua reeleição, todavia, "Morales deixou de lado uma retórica mais confrontativa",[697] o que passou a ser interpretado de duas maneiras distintas. De um lado, entendia-se que Evo estava se afastando das suas inclinações políticas iniciais de um nacionalismo de esquerda, já que foi possível observar uma menor resistência de debate e reorganização entre ele e a elite econômica até então vigente no país. Por outro, analisava-se que esta seria apenas uma maneira de conseguir captar maior apoio de um grupo que antes o considerava uma ameaça, ou seja, o Presidente estaria apenas "fazendo política", não se desvinculando, apesar disso, de suas propostas anticapitalistas, indigenistas e estatistas.

No que tange à liberdade de associação, deve-se pensar não apenas nos partidos políticos e suas interações com o governo, mas também em qualquer agrupamento de cidadãos que representam ou simbolizam alguma causa ou defendam alguma posição. Os movimentos sociais, por exemplo, também são maneiras de externalizar o direito das pessoas de se reunirem e de manifestarem seus ideais e princípios.

Inicialmente, é necessário contextualizar a questão partidária e eleitoral anterior à presidência de Evo. O que antecedeu seu governo foi uma realidade partidária em que ADN, MIR e MNR estiveram no poder desde o processo de redemocratização, mas que não conseguiram sanar as carências econômicas e sociais, aumentando a

---

697 CUNHA FILHO, Clayton Mendonça. "Do confronto à cooptação? As tensas relações entre empresariado e governo Evo Morales, na Bolívia". *Elites empresariais, Estado e mercado na América Latina*, vol. 132, 2018, p. 4.

desconfiança na política tradicional. Suas estratégias de governo, muito mais próximas à política neoliberal, com ajuste fiscal e abertura do mercado nacional, abriram espaço para propostas nacionalistas aliadas a pautas dos grupos marginalizados, especialmente os indígenas.[698] Por essa razão, o sistema partidário era visto como um conjunto de agremiações voltadas aos seus próprios interesses políticos, e abriu espaço para o surgimento de uma estrutura renovada, um Movimento, ao invés de um partido, denominado Movimiento Al Socialismo (MAS). Esse processo foi apurado com a Constituição de 2009, que, em seu artigo 209, empoderou outras agremiações, não somente as partidárias, com capacidade para postular cargos políticos, como "as organizações das nações e dos povos campesinos indígenas nativos, grupos de cidadãos", ademais dos partidos políticos, que passaram a dever concorrer em igualdade de condições, inclusive quanto à sua democracia interna (art. 210).

O surgimento do MAS, antecedendo a essa decisão constitucional, ocorreu também em função da perda de apoio da esquerda tradicional. O contexto fez surgir novos atores, conforme previsto no âmbito da reforma constitucional de 1994, que já declarara a Bolívia uma nação multiétnica e pluricultural. Ademais, a Lei de Participação Popular, aprovada no governo Sanchez de Lozada, aprofundava a descentralização administrativa (arts. 13 e 14) e permitia que os municípios locais fossem administrados pelas Organizações Territoriais de Base. Esse marco legal, já no governo Morales, foi aprofundado. Um exemplo disto ocorreu com a promulgação da *Ley*, que incluiu os territórios indígenas originários campesinos que passariam a poder ser governados por um "*gobierno autónomo indígena originario campesino*" (art. 5).

698 ALMEIDA, Lucas Macedo. *Morales e o MAS*: a construção de uma nova Bolívia e o projeto de perpetuação no poder de seus dirigentes. Brasília: Universidade de Brasília, 2017, p. 57 (Mestrado em Ciências Sociais).

Diante disso, ganha força um governo que se julga horizontal, dividindo espaços com o povo, especialmente os povos tradicionais, e ampliando os conflitos com a elite agrária sediada especialmente nos departamentos de Santa Cruz, Tarija e Beni. Enfatiza-se a relação política adversarial nessa dicotomia,[699] que colocava grupos minoritários, no caso dos indígenas, pequenos agricultores, mulheres e pessoas de baixa renda, alinhadas com o que era proposto pelo então Presidente, e a fração empresarial boliviana, alguns oligopólios midiáticos e todos os outros que se beneficiam de um modelo neoliberal.

É com base neste cenário que, conforme ocorrido no Equador e na Venezuela, o processo político conduzido pelo novo governo passava por elaborar uma nova Constituição. Morales procurou realizar essa associação em seu governo, reconhecendo o que denominou de "Estado-multicultural e plurinacional", algo de grande impacto, pois logo num primeiro momento afirmou haver grupos distintos e com interesses nem sempre associados, o que foi inserido na Constituição de 2006:

> Na perspectiva do governo, a Assembleia Constituinte é o fórum em que se processa a formulação do novo Estado, a partir de negociações com a oposição em torno das pautas de integração dos vários mundos que compõem a diversidade nacional.[700]

Essa Constituição implementa a proposta de um Estado Plurinacional, no qual diversas nações ou diferenças étnicas, culturais e sociais são abarcadas em uma realidade constitucionalmente plural, a incluir não apenas as comunidades indígenas, mas também as

---

699 AYERBE, Luis Fernando. "Crise de hegemonia e emergência de novos atores na Bolívia: o governo de Evo Morales". *Lua Nova: Revista de Cultura e Política*, nº 83, 2011, p. 22.

700 AYERBE, Luis Fernando. "Crise de hegemonia e emergência de novos atores na Bolívia: o governo de Evo Morales". *Lua Nova: Revista de Cultura e Política*, nº 83, 2011, p. 26.

afro-bolivianas. Esse pluralismo, previsto no artigo 1º da Constituição, é, ao mesmo tempo, político, econômico, jurídico, cultural e linguístico.

No que diz respeito ao Poder Judiciário, divide-se este em uma parte de caráter estatal, e, ao mesmo tempo, uma jurisdição originária indígena campesina (art.1 79). Além desta inovação, impôs-se um processo complexo de escolha de magistrados, do Conselho da Magistratura, do Tribunal Supremo de Justiça, do Tribunal Agroambiental e do Tribunal Constitucional Plurinacional. Além de deterem mandatos, são escolhidos mediante sufrágio universal, depois da escolha de nomes em processos definidos na Constituição (arts. 182 e ss.). Trata-se de uma inovação no sentido de entender o processo de escolha de magistrados fundado na participação popular, o que reforça o sentido da participação popular como corolário da escolha de juízes, ao estabelecer o pertencimento ao Poder Judiciário a uma forma de democracia participativa. As eleições demandam que a seleção de 2/3 destes magistrados seja feita pela Assembleia Legislativa Plurinacional.[701]

Do modo como estruturado este processo de escolha, parece, à primeira vista,

> positivo para a independência do órgão e para a sua legitimidade democrática; no entanto, este processo de escolha político-parlamentar pode levar à extrema politização e sujeição do Tribunal Constitucional Plurinacional (...).[702]

---

701 CRISTOVAM, Thaiane Correa; CASTRO, Ricardo Silveira. "Democratização do Tribunal Constitucional? Limites e possibilidades a partir da experiência constitucional boliviana de 2009". *Revista de Teorias da Democracia e Direitos Políticos*, vol. 5, nº 2, 2019, pp. 55-73.

702 CRISTOVAM, Thaiane Correa; CASTRO, Ricardo Silveira. "Democratização do Tribunal Constitucional? Limites e possibilidades a partir da experiência constitucional boliviana de 2009". *Revista de Teorias da Democracia e Direitos Políticos*, vol. 5, nº 2, 2019, p. 14.

Na verdade, o que aconteceu na Bolívia, durante o governo Morales, foi a utilização de uma estratégia política na qual se forçou

> a renúncia ou a saída de juízes constitucionais, como condição suficiente para evitar decisões contrárias aos interesses presidenciais, sem se designar novos juízes. Existiram constantes remoções de juízes e o Tribunal Constitucional e a Suprema Corte não estiveram completos em suas funções.[703]

Esse mecanismo de escolha permitiu largamente a ampliação do poder político do governo Morales por meio do Poder Judiciário, especialmente pelo Tribunal Constitucional Plurinacional, mediante uma estratégia de captura. Estratégia essa que ficou clara na decisão do tribunal, em controle prévio de constitucionalidade, que outorgou a Evo Morales o direito de disputar um terceiro mandato, contrariando o texto constitucional, já que tinha exercido seu primeiro mandato entre 2006 e 2010, e o segundo entre 2010 e 2014. Significa dizer que, contrariamente ao artigo 168 do texto constitucional, que permite somente um mandato subsequente, permitiu-se que concorresse a um mandato mais, conforme a Declaração Constitucional Plurinacional n. 3/2013.[704] No julgado, o tribunal, inclusive, faz amplo recurso à

---

703 CORTEZ SALINAS, Josafat. "El Tribunal Constitucional Plurinacional de Bolivia: cómo se distribuye el poder institucional". *Boletín Mexicano de Derecho Comparado*, vol. 47, nº 139, 2014, p. 290.

704 "*Se concluye que es absolutamente razonable y acorde con la Constitución, realizar el cómputo del plazo para el ejercicio de funciones tanto del presi- dente como del vicepresidente del Estado plurinacional de Bolivia, desde el momento en el cual la función constituyente refundó el Estado y por ende creó un nuevo orden jurídico político. En ese contexto, si bien es cierto que la función constituyente refundó el Estado (2009) y creó un nuevo orden jurídico-político, no es menos evidente que el cumplimiento de los fines esenciales del Estado, implica el reconocimiento de mecanismos idóneos para asegurar una eficaz gestión pública en el periodo inter-orgánico de transición hacia la implementación plena de la nueva estructura estatal. En consecuencia, de acuerdo a una interpretación teleológica se tiene que la función pública*

CADH, para legitimar que Morales concorresse nas eleições que se avizinhavam, pois as limitações constitucionais não se aplicariam ao então Presidente.[705] Tratava-se de mais uma manobra jurídica respaldada pelo Tribunal Constitucional Plurinacional, de maioria claramente favorável do governo.

Os resultados, ao gerar protestos populares e a renúncia de Morales, para conter a violência que se alastrava, mostram que o final dos governos populistas tende a ser problemáticos e tensionar, ainda mais, as democracias já em momento erosivo, como visto anteriormente.

3.5.3 Rafael Correa

No caso de Rafael Correa, eleito, em 2006, por um partido pouco representativo, o Patria Altiva I Soberana (PAIS), articulou-se uma luta contra a "partidocracia" e o neoliberalismo, usando regularmente do bordão contra estas elites "*que se vayan todos*". Sua estratégia "democrática" usou do recurso aos instrumentos de democracia plebiscitária, tal qual os outros dois líderes, de maneira a acentuar o enfraquecimento dos partidos políticos como instâncias de intermediação entre a sociedade e o Estado.

---

ejercida por servidores públicos, que después del 22 de enero de 2010, hubieren continuado en el ejercicio de sus cargos sin nueva elección, designación o nombramiento, asegura la continuidad y consiguiente eficacia de la gestión publica destinada al cumplimiento de los fines esenciales del Estado, por tanto, en este marco, el contenido del artículo 4.II del proyecto de Ley de Aplicación Normativa, no sólo que es razonable y coherente, sino también compatible con el orden constitucional vigente".

705 GRIJALVA JIMÉNEZ, Agustín; CASTRO-MONTERO, José-Luis. "La reelección presidencial indefinida en Venezuela, Nicaragua, Ecuador y Bolivia". *Estudios constitucionales*, vol. 18, 2020, pp. 9-49. Disponível em: https://dx.doi.org/10.4067/S0718-52002020000100009. Acessado em: 24.03.2022.

Também utilizou sua popularidade para enfraquecer a justiça eleitoral e o próprio Congresso, determinando, assim como na Bolívia e na Venezuela, o encerramento das funções do Tribunal Constitucional e a escolha de novos juízes, aliados do governo. Com o apoio de 82% dos venezuelanos apontado em consulta popular, fez-se uma nova Constituição.[706] Dentre os primeiros atos da Assembleia Constituinte, dominada pelo correismo, que assumiu superioridade constituinte originária – no sentido de que todas as normas jurídicas estavam sob o seu poder, além de ceifar os partidos políticos tradicionais – decidiu-se indicar novos juízes para a Corte Suprema de Justiça, que se submeteu aos seus desígnios reformadores. O processo de reestruturação da Suprema Corte, em 2009, foi seguido de outro, em 2011, que permitiu a tomada dos assentos pelos leais ao correismo, o que também ocorreu com outras instâncias de controle.

O *playbook* de Correa se assemelhava àquele dos outros líderes referidos, pois se apresentou como um *outsider* da política, articulou um sistema comunicacional direto com a população, sem intermediação dos partidos políticos, buscando na população apoio para seus projetos de governo e usando dos Comitês Familiares, tal qual os Círculos Bolivarianos venezuelanos, como estratégia de contato direto com o povo na sua acepção mestiça.[707] Correa também realizava seus "encontros" semanais com os equatorianos, por meio de um programa televisivo semanal, no qual apresentava suas ideias sobre os temas da política equatoriana.

---

706 FREIDENBERG, Flavia. "El flautista de Hammelin: liderazgo y populismo en la democracia ecuatoriana". *In*: DE LA TORRE, Carlos *et al*. *El retorno del pueblo*: populismo y nuevas democracias en América Latina. Ecuador: Ministério da Cultura, 2008, pp. 221/222.

707 FREIDENBERG, Flavia. "El flautista de Hammelin: liderazgo y populismo en la democracia ecuatoriana". *In*: DE LA TORRE, Carlos *et al*. *El retorno del pueblo*: populismo y nuevas democracias en América Latina. Ecuador: Ministério da Cultura, 2008, p. 223; DE LA TORRE, Carlos. "Populismo radical y democracia en los Andes". *Journal of Democracy en español*, vol. 1, nº 1, 2009, p. 35.

Seu projeto político-constitucional propunha um Estado plurinacional e intercultural e, para isto, fomentou a elaboração de uma nova Constituição. A realização de uma assembleia constituinte era outra forma de enfrentar a "partidocracia", ou as oligarquias partidárias existentes em um contexto de fragmentação intenso. A crise dos partidos já era observada, o que facilitou (ou, pelo menos, não impediu) o aparecimento de figuras populistas e sua ascensão ao poder. Com Rafael Correa não foi diferente. A *Alianza Pais* chega ao poder nesse contexto de crise partidária e, consequentemente, democrática, já que partidos políticos são sempre referências para analisar qualitativamente as democracias.

No Equador, em 2005, uma revolta popular tomou a cena política, quando uma estratégia antissistema acometeu o movimento, marcado pela heterogeneidade e pela horizontalidade, dado que não se encontrava lideranças marcantes em seu ambiente. Com isso, ocuparam

> o espaço público, formaram assembleias e desafiaram o poder (...) a multitude convergia no repúdio à estrutura de representação e na exigência de uma reforma política imediata: "*que se vayan todos*" foi seu grito de guerra, durante dez dias.[708]

O fracasso da política tradicional fez com que uma política de *outsiders* avançasse, utilizando estratégias midiáticas por meio de lideranças personalistas e transformando o cenário político. Isso porque "onde a política partidária é frágil, os meios de comunicação tendem a se transformar, como substitutos, na arena na qual as vozes opositoras procuram ter acesso público".[709] Assim, apresentou-se

---

708 RAMÍREZ GALLEGOS, Franklin; STOESSEL, Soledad. "Campos de conflitividade política e movimentos sociais no Equador da Revolução Cidadã". *Plural*, vol. 22, 2015, p. 3.

709 KITZBERGER, Philip. "Giro para a esquerda, populismo e ativismo governamental na esfera". *In*: SORJ, Bernardo (Coord.). *Poder político*

um cenário renovado, no qual a "partidocracia", pelo qual partidos políticos eram dominados pelas elites políticas tradicionais que monopolizavam "as políticas e os recursos do Estado, promovendo a diminuição do papel do Estado".[710]

Correa "assume a presidência defendendo uma campanha de enfrentamento do que chamava "disfunção da partidocracia tradicional".[711] Seu projeto passava, como dito, por uma nova Constituição. Chamadas eleições constituintes, seu partido Aliança País conseguiu eleger, sozinho, 56,2% dos constituintes, com vários novatos na política parlamentar em sua bancada, o que fez do partido "o centro do realinhamento das forças eleitorais e indica uma tendência à 'nacionalização' com sua presença rompendo a tradicional divisão regional".[712] Observa-se essa nacionalização ou transformação no plano partidário equatoriano também através da inserção de outros atores no jogo político-partidário. A "partidocracia" foi sendo enfrentada mediante o fortalecimento de movimentos da sociedade civil. Como resultado, a

> participação cidadã na democracia foi sendo ampliado, criando-se novas instâncias participativas. Além disso, abriu-se a possibilidade de candidaturas individuais e de participação de movimentos políticos nas disputas pelo poder.[713]

---

e meios de comunicação: da representação política ao reality show. Trad. Miriam Xavier. São Paulo: Paz e Terra, 2010, p. 68.

710 BARBOSA, Letícia Cristina Bizarro. "Participação dos movimentos políticos no cenário político eleitoral no Equador". *Revista Espaço Acadêmico*, vol. 14, nº 163, 2014, pp. 150-161, 2014.

711 BARBOSA, Letícia Cristina Bizarro. "Participação dos movimentos políticos no cenário político eleitoral no Equador". *Revista Espaço Acadêmico*, vol. 14, nº 163, 2014, p. 3.

712 COELHO, André Luiz; SANTOS, Vinicius. "Política externa e partidos políticos no Equador em três tempos: redemocratização, crise e realinhamento". *Conexão Política*, Teresina, vol. 6, nº 1, 2017, p. 13.

713 BARBOSA, Letícia Cristina Bizarro. "Participação dos movimentos políticos no cenário político eleitoral no Equador". *Revista Espaço*

Com o seu fortalecimento político, especialmente a partir de sua reeleição, o governo Correa se afasta dos movimentos sociais, combativos ao seu governo, pois, diversamente de quando surgira na política equatoriana, "anos mais tarde, quando a AP já era uma força nacional e Correa era um Presidente de alta aprovação popular, praticamente não promove interações políticas densas com atores coletivos mais ou menos autônomos".[714] Há, inclusive, uma campanha de perseguição de líderes sociais, em que aproximadamente 100 deles são acusados de terrorismo.[715]

No começo de seu governo, e de sua *revolución ciudadana*, e após a promulgação da nova Constituição,

> o Estado (retomou) capacidades para afirmar sua soberania, planejar o desenvolvimento, governar os mercados e redistribuir a riqueza. Consolidar esse cenário pressupôs, entre outros fatores, uma agressiva reforma institucional que assegurasse o comando do poder civil sobre a política pública. Isso minou as bases de distintos pactos corporativos que, em seu momento, conferiram influência e representação estatal a atores sociais heterogêneos.[716]

Diante disso, promoveu-se também uma desarticulação de movimentos sociais que haviam adquirido poder político e de veto sobre "campos específicos da política pública. O confronto entre o

---

Acadêmico, vol. 14, nº 163, 2014, pp. 10/11.

714 RAMÍREZ GALLEGOS, Franklin; STOESSEL, Soledad. "Campos de conflitividade política e movimentos sociais no Equador da Revolução Cidadã". *Plural*, vol. 22, 2015, p. 10.

715 DE LA TORRE, Carlos; ORTIZ LEMOS, Andrés. "Populist polarization and the slow death of democracy in Ecuador". *Democratization*, vol. 23, nº 2, 2016, p. 223.

716 DE LA TORRE, Carlos; ORTIZ LEMOS, Andrés. "Populist polarization and the slow death of democracy in Ecuador". *Democratization*, vol. 23, nº 2, 2016, p. 14.

governo e o movimento indígena em relação à Lei de Águas ilustra cabalmente essa problemática".[717]

Sobre o confronto com os meios de comunicação, duas medidas merecem destaque. A primeira delas diz respeito à criação de meios de comunicações governamentais, caso *do El ciudadano*, a *Ecuador TV*, a *Radio Publica del Ecuador* (RPA), a *Agência Pública del Notícias Ecuador y Suramérica* (ANDES) e o diário oficial *El telégrafo*. De outro, o confronto com a mídia privada, como no caso, de 2008, em que se estatizou empresas de comunicação, como "os canais de televisão *TC Televisón*, *Gamavisión* e *Cablenoticias*; as emissoras de rádio *El Agro* e *La Onda*; e as revistas *Carrussel* e *Super K*, os quais passaram a ser administrados pelo Estado".[718]

Além disso, foi criada "uma lista de veículos de comunicação, considerados por ele de mercantilistas, para os quais proibiu ministro e secretários do governo de darem entrevistas".[719] Todas essas medidas afirmam uma postura autoritária e violadora em certa medida da liberdade de expressão são justificadas pelo Presidente como uma maneira de reequilibrar o poder que até então estava "concentrado num oligopólio midiático privado".

Em uma postura mais agressiva e explícita, Rafael Correa envolveu-se em uma polêmica com um ex-editor de opinião do jornal equatoriano *El Universo*, Emilio Palacio. Num artigo publicado pelo editor ("Não às mentiras"), Correa teria sido apontado

---

717 DE LA TORRE, Carlos; ORTIZ LEMOS, Andrés. "Populist polarization and the slow death of democracy in Ecuador". *Democratization*, vol. 23, nº 2, 2016, p. 15.

718 MENEZES, Juliane Maria de. *Regulação da mídia e liberdade de expressão*: uma análise da Lei Orgânica de Comunicação do Equador. Recife: UEPE, 2019, p. 28 (Trabalho de Conclusão de Curso em Direito).

719 MENEZES, Juliane Maria de. *Regulação da mídia e liberdade de expressão*: uma análise da Lei Orgânica de Comunicação do Equador. Recife: UEPE, 2019, p. 29 (Trabalho de Conclusão de Curso em Direito).

como culpado pelas mortes do 30-s.[720] O jornal foi condenado pelo crime de injúria, calúnia e difamação; o autor do texto, a três anos de prisão e ao pagamento de uma multa de 40 milhões de dólares, conforme os resultados registrados do ocorrido.

Um outro destaque a ser feito diz respeito à Lei de imprensa (Lei Orgânica de Comunicação – LOC, também conhecida como marco regulatório da mídia), aprovada por Correa em 2013. Além de reconfigurar a quantidade de frequências de rádio e TV possíveis para diferentes grupos (34% para os meios comunitários; 33% para os meios públicos; 33% para os meios privados) e criar o Conselho de Regulação de meios, órgão responsável pelo "acesso à informação, conteúdos e faixas horárias, elaboração de regulamentos e de informes para a concessão de canais entre outras tarefas", tal lei cria o que se denomina "linchamento midiático".

Também as medidas no setor econômico vão destoando do modelo econômico até então vigente no país, dado que se apresenta uma maior participação do Estado. Isso já foi visto nos embates com o setor petroleiro, que revisou contratos, com o Banco Mundial e com o FMI. No caso do petróleo, "o governo imprimiu uma visão nacionalista revendo os contratos petrolíferos e se apropriando de

720 O motim da força pública de 30 de setembro de 2010 (30-S) foi um episódio ocorrido mediante uma revolta das forças militares equatorianas. Os apoiadores do presidente foram às ruas e um confronto foi travado. No total, 10 pessoas morreram. Naquele dia, o país amanheceu com a notícia de que a polícia nacional havia se insurgido contra a Lei Orgânica de Serviço Público (losep), que estava sendo debatida na Assembleia. Em termos gerais, tal conjunto de normas procurava "recuperar a institucionalidade estatal" (losep, 2010) e impregnar a função pública de eficiência, racionalidade e espírito democrático. A lei estava orientada a regular os regimes laborais de uma pluralidade de âmbitos do setor público (incluindo os policiais). (RAMÍREZ GALLEGOS, Franklin; STOESSEL, Soledad. "Campos de conflitividade política e movimentos sociais no Equador da Revolução Cidadã". *Plural*, vol. 22, 2015, p. 16).

quase 80% da riqueza deste bem natural, o que permitiu a concretização de políticas sociais importantes".[721]

Correa, ao adotar uma postura de captura das instituições, e do Tribunal Constitucional, por conseguinte, conseguiu obter uma decisão permitindo a reeleição indefinida, com fundamento em interpretação pouco convincente de que ao não estabelecer, a Constituição de 2009, a alternância no poder como princípio constitucional, não haveria limitações para que o povo escolhesse as mesmas lideranças por vezes seguidas. O Parlamento equatoriano, de maioria correista, havia aprovado Emenda à Constituição para permitir que o Presidente tentasse mais um mandato. A Corte Constitucional com apoio no artigo 441 da Constituição, ratificou a posição do Legislativo e deu ao Presidente, uma contestável interpretação da Constituição permitindo que se instituísse a reeleição indefinida, sob a tese de que a reeleição indefinida

> ampliou os direitos constitucionais na medida em que permitiu aos eleitores escolher livremente, sem limitações, e permitiu que aqueles que detinham um cargo eleito pelo povo pudessem se candidatar novamente sem qualquer restrição temporária.[722]

Tal efeito não ocorreu porque, em 2017, em que pese a possibilidade de candidatar-se, Rafael Correa apoiou seu sucessor, Lenin Moreno. Em 2019, a Corte Constitucional alterou sua jurisprudência para limitar, novamente, o direito de concorrer indefinidamente.

---

721 SANTOS, Elaine Cristina. "Apontamentos sobre o Equador do petróleo". *Revista Fim do Mundo*, nº 5, 2021, p. 8.

722 GRIJALVA JIMÉNEZ, Agustín; CASTRO-MONTERO, José-Luis. "La reelección presidencial indefinida en Venezuela, Nicaragua, Ecuador y Bolivia". *Estudios constitucionales*, vol. 18, 2020, pp. 9-49. Disponível em: https://dx.doi.org/10.4067/S0718-52002020000100009. Acessado em: 24.03.2022.

Esse processo acabou tomando outros pontos enfraquecedores da democracia constitucional, pois mediante reformas constitucionais, permitiu-se a

> restrição de direitos de sindicalização, negociação coletiva e iniciativa de trabalhadores públicos; restringiu a participação em consultas populares, fortaleceu o papel das Forças Armadas na ordem interna, e diminuiu as competências da Controladoria Geral do Estado.[723]

Correa também fez uso de consultas populares para manter mobilizados seus apoiadores e enfraquecer a "política ordinária". Em seus dez anos de governo, usou do recurso três vezes. A primeira, usando do recurso à alta popularidade resultada das eleições presidenciais, realizou um plebiscito, com a aprovação da Corte Constitucional, para convocar uma constituinte, outro ponto característico de tais lideranças, usado por Morales e Chávez. No ano seguinte, nova consulta para aprovar a nova Constituição. Sua popularidade em queda já podia ser vista: se no primeiro 81,72% aprovaram a nova constituinte, no segundo, 63,39% o fizeram quanto à aprovação da Constituição. Em 2011, um pacote de temas foi levado a plebiscito: composição do Conselho da Magistratura, caducidade da prisão preventiva, a proibição de touradas e jogos de azar, e a aprovação de uma Lei Orgânica de Comunicação. Foram dez perguntas ao todo e em nove o governo saiu vencedor, com ao menos 45% dos votos dos venezuelanos. Foram feitas outras consultas regionais e, ao final do mandato, um novo para proibir que funcionários públicos tivessem contas e dinheiro no exterior, também ganho, com uma maioria de 48% dos votantes. Rafael Correa, no uso de suas atribuições presidenciais, fez uso regular de expedientes autoritários com o objetivo de se empoderar no exercício da função presidencial e anular forças

723 GRIJALVA JIMÉNEZ, Agustín; CASTRO-MONTERO, José-Luis. "La reelección presidencial indefinida en Venezuela, Nicaragua, Ecuador y Bolivia". *Estudios constitucionales*, vol. 18, nº 1, 2020, pp. 9-49.

políticas contrárias ao seu governo, de modo a fazê-lo parte de um momento da política latino-americana que, entre a partir do final dos anos 1990, ganhou projeção na região.

3.6 4ª onda: os populismos competitivos

O momento atual continua a revelar que os populismos seguem em voga, na região, como modo de fazer política que desconsidera os valores democráticos basilares dos processos políticos, exceto, fundamentalmente, a realização de eleições. Todavia, percebe-se que os populismos se apresentam em roupagens distintas, no que diz respeito ao perfil dos governos no qual se inserem.

Ao se olhar a região e refletir-se sobre os governos de perfil populistas que estão na ordem do dia, vê-se que a maleabilidade que confere a eles o poder de adaptação a governos mais próximos de governos progressistas ou conservadores, de direita ou de esquerda, não permite que se afirme ocorrer uma onda com características marcantes, como a anterior vista neste trabalho. Isso porque, ao se analisar os governos de Jair Bolsonaro, no Brasil; Andrés Manuel López Obrador, no México; Nayib Bukele, em El Salvador, vê-se que apresentam perfis diferentes quanto a modelos de intervenção estatal na economia e na ordem social ou tutela de direitos fundamentais. Mas se aproximam, como se verá, quanto ao relacionamento com instituições, como o que foi visto.

Não existe, ainda, uma confluência de *histórias de vida* diferentes, também, sendo alguns *outsiders*, outros não, uns com planos de intervenção do Estado, outros mais liberais, mais includentes ou excludente sem termos de direitos sociais, por exemplo.

Inobstante, todos apresentam pouco compromisso democrático para além das eleições e o abandono da violência. Com qualquer ideologia, o que é típico do populismo.

Parece, portanto, que o populismo veio para ficar e ganha força na região e isso de fato estabelece uma competição entre populistas de várias correntes políticas, o que demonstra a necessidade de atuar em favor de instituições democráticas para conter o avanço de lideranças autocráticas

Por se tratar de fatos e ações muito recentes, o recurso a artigos publicados pela mídia precisa ser feito com mais recorrência. Busca-se, deste modo, apontar, quase que em tempo, a ocorrência de atos de cunho antidemocráticos que levam a crer na existência de um novo grupo de populistas governando alguns Estados nacionais da região em função do seu modo de fazer política.

3.6.1 Andrés Manuel López Obrador (AMLO)

Com a transição democrática mexicana, de 1997, viu-se a competição partidária se resumir a três partidos: o Partido Revolucionário Institucional (PRI), o Partido da Revolução Democrática (PRD) e o Partido Ação Nacional (PAN). Com a entrada de um quarto *player*, surgido a partir da formação do Movimento da Regeneração Nacional (MORENA), se sedimenta a liderança personalista de Andrés Manuel López Obrador (AMLO), com uma narrativa de índole populista. Sua eleição foi precedida de uma dominação política de um único partido por aproximadamente 80 anos (PRI), que, neste período, foi somente duas vezes superado pelo PAN (2000 e 2006), quando se elegeram Vicente Fox e Felipe Calderón, respectivamente. Os dois partidos são tidos como conservadores, de direita. Apenas nas eleições nacionais de 2018, ocorreu uma mudança de direção política, verificada com a eleição de AMLO, uma hegemonia que acabou produzindo um processo de desestabilização de um sistema partidário dos mais estáveis da América Latina.

Em seu modo de fazer política, AMLO demonizou a oposição como parte de uma elite corrupta que precisava ser derrotada e anulada por um povo verdadeiro, esquecido pela política forjada por tal elite[724] que, apoiada nos partidos políticos tradicionais, levou AMLO a desprezar instituições partidárias e suas estruturas, em que pese ter sido filiado ao PRD, partido com o qual se elegeu para prefeito da Cidade do México e foi Presidente nacional, e ao PRI, no qual foi líder no Estado de Tabasco, de onde se origina. Com a criação do MORENA, uma nova agremiação, tem-se um partido político que, como força política, se confunde com seu líder, algo bastante próprio dos efeitos da ascensão de lideranças populistas e do seu impacto no cenário partidário. Esse antagonismo com seus adversários tem sua vertente discursiva, em que o uso de insultos contra aqueles não integrantes do povo parcial se tornou estratégico no seu modo de fazer política, pois, a "máfia no poder", formada pela "tecnocracia neoliberal dos últimos governos",[725] precisa ser retirada do campo político.[726] Trata-se de uma vertente do antissistemismo de AMLO, pois essa "máfia" e seus privilégios[727] são usados como modo de apontar o descompromisso da democracia e das instituições com o

---

724 RODRIGUEZ, Azucena Carolina Serrano. "Discursos paralelos, peto en sentido opuesto: análisis de los populismos de Jair Bolsonaro y Andrés Manuel López Obrador". Medellín, Universidade de Antioquia: *Estudios Políticos*, nº 56, set.-dez. 2019, pp. 149-173. Disponível em: https://www.redalyc.org/jatsRepo/164/16463289007/16463289007.pdf. Acessado em: 20.03.2022.

725 RODRIGUEZ, Azucena Carolina Serrano. "Discursos paralelos, peto en sentido opuesto: análisis de los populismos de Jair Bolsonaro y Andrés Manuel López Obrador". Medellín, Universidade de Antioquia: *Estudios Políticos*, nº 56, set.-dez. 2019, pp. 149-173. Disponível em: https://www.redalyc.org/jatsRepo/164/16463289007/16463289007.pdf. Acessado em: 20.03.2022.

726 LAGUNA, Mauricio I. Dussauge; ARÉVALO, Marcela Rubí Aguilar. "Populismo, retrocesos democráticos y administraciones públicas: la experiencia de México durante la primera mitad del gobierno de Andrés Manuel López Obrador". *Estado, Gobierno y Gestión Pública*, nº 36, 2021, p. 143.

727 MARINI, Ruy Mauro; CASTELO, Rodrigo. "O Estado de contra-insurgência". *Revista de Estudos e Pesquisas sobre as Américas*, vol. 12, nº 3, 2018, p. 169.

controle efetivo da corrupção, que, para ele, se tornam veículos da elite corrupta, colocando em xeque todo o sistema político.[728]

AMLO se fez crescer politicamente com um discurso que opõe amigos e inimigos, apoiado no

> "povo bom", os trabalhadores pobres, mal pagos, desprezados e não representados por ninguém – nem mesmo no campo político, nem na sociedade civil –, contra a *elite no poder*, uma alusão a um vago conjunto de empresários, políticos, elites intelectuais e midiáticas.[729]

No poder, AMLO utilizou sua base política, seu carisma e popularidade,

> influenciou a nomeação de juízes com tendências relacionadas ao seu projeto de estender seu controle sobre o judiciário (tanto no Supremo Tribunal como no Tribunal Eleitoral; Animal Político, 2018); tentou deslegitimar instituições autônomas que servem de contrapeso ao poder presidencial (Rodríguez, 2018; Sin embargo, 2020); questionou a validade ou tentou reverter regulamentos e contratos elaborado durante o governo que o precedeu (por exemplo, em matéria de política energética, González-Vargas, 2020); estigmatizou as forças de oposição como "conservadoras"; e também polarizou o ambiente político-social ao construir uma divisão artificial

---

728 MONSIVÁIS-CARRILLO, Alejandro. "Corrupción y legitimidad democrática en México". *Revista Mexicana de sociología*, vol. 82, nº 3, 2020, p. 590.

729 DÁVILA, Francisco Rhon *et al.* (Diretor.). "Polarizaciones populistas em las Américas". Quito/Ecuador: *Ecuador debate*, nº 112, abr. 2021, p. 11. Disponível em: https://repositorio.flacsoandes.edu.ec/bitstream/10469/17480/1/REXTN-ED112-09-Olvera.pdf. Acessado em: 20 .03.2022.

> entre aqueles que apoiam sua defesa dos "pobres" e aqueles que só procuram "criticar de má-fé" as suas decisões.[730]

AMLO se utiliza de características, no plano discursivo, próprias de lideranças populistas. Em sua retórica, encontra-se a ruptura da ordem social em função da ausência de confiança dos cidadãos em restaurá-la, o descrédito da classe política, a mudança da comunicação de massa, a disseminação de mensagens diretas entre líder e povo e a paralisia dos partidos tradicionais.[731] Para além disso, utiliza o descrédito na classe política para desacreditar as instituições eleitorais, o que fez quando da sua derrota, nas eleições de 2006, para Felipe Calderón (PAN), não a reconhecendo, formando um gabinete paralelo e convocando manifestações públicas que bloquearam o trânsito de uma das principais avenidas da Cidade do México por um mês e meio para, logo depois, se autoproclamar "Presidente legítimo".[732] A mesma atitude de desacreditar dos resultados eleitorais ocorreu em 2012, quando, derrotado por Peña Nieto (PRI), exigiu (e assim foi feita) a recontagem de votos para confirmar sua derrota depois das acusações de fraude. Esse descrédito do sistema eleitoral é uma afronta à confiança no Estado de Direito, que pelo líder referido, auxilia somente seus adversários.

---

730 LAGUNA, Mauricio I. Dussauge; ARÉVALO, Marcela Rubí Aguilar. "Populismo, retrocesos democráticos y administraciones públicas: la experiencia de México durante la primera mitad del gobierno de Andrés Manuel López Obrador". *Estado, Gobierno y Gestión Pública*, nº 36, 2021, p. 145.

731 HAWKINS, Kirk; KALTWASSER, Cristóbal *et al.* (Coord.). *The ideational approach to populism*: concept, theory, and analysis. Londres: Routledge, 2018, p. 5.

732 LAGUNA, Mauricio I. Dussauge; ARÉVALO, Marcela Rubí Aguilar. "Populismo, retrocesos democráticos y administraciones públicas: la experiencia de México durante la primera mitad del gobierno de Andrés Manuel López Obrador". *Estado, Gobierno y Gestión Pública*, nº 36, 2021, p. 144.

Seu discurso voltado ao confronto entre o povo contra as elites corruptas, e, consequentemente, aos partidos tradicionais que as representavam, ganha força também nas eleições proporcionais, quando MORENA conquista maioria no parlamento federal. Toma corpo, assim, uma narrativa contrária à impunidade e à corrupção em um cenário de crise econômica profunda pavimentando caminho para a projeção de um líder carismático e personalista, por meio do uso massivo e eficiente das redes sociais.[733]

Outro aspecto bastante acentuado na sua vida política é a reiterada referência à sua religiosidade e, por essa razão, denominado "messias tropical" por seus seguidores, pois se compara a Jesus Cristo no que diz respeito a ter sido perseguido por poderosos em função do seu viés popular, mostrando mais uma faceta do líder do MORENA.[734] Este discurso religioso e messiânico acompanha a construção do personagem simples e popular,[735] algo que caracteriza tais lideranças populistas.

AMLO, tal qual ocorre regulamente com outros líderes populistas, apresenta uma maleabilidade discursiva muito característica. Sobre o PRI, um dos partidos políticos que reputa corrupto, neoliberal e de não forjar políticas públicas para o povo, por exemplo, do qual fez parte, AMLO diz que tem bons sentimentos das políticas priistas que antecederam os anos 1980, quando adotava uma plataforma nacionalista, com um "misto de protecionismo e livre comércio, com

---

733 RODRIGUEZ, Azucena Carolina Serrano. "Discursos paralelos, peto en sentido opuesto: analisis de los populismos de Jair Bolsonaro y Andrés Manuel López Obrador". Medellín, Universidade de Antioquia: *Estudios Políticos*, nº 56, set.-dez. 2019, pp. 161/162. Disponível em: https://www.redalyc.org/jatsRepo/164/16463289007/16463289007.pdf. Acessado em: 20.03.2022.

734 KRAUSE, Rafaella da Rosa. *O que é discriminação institucional?* UFRGS: XXVIII Salão de Iniciação Científica da UFRGS, 2016.

735 MARINI, Ruy Mauro; CASTELO, Rodrigo. "O Estado de contra-insurgência". *Revista de Estudos e Pesquisas sobre as Américas*, vol. 12, nº 3, 2018, p. 168.

a ingerência do Estado na economia".[736] Trata-se de expediente de regresso a um passado glorioso, escolhido a dedo, e cuja realidade é construída conforme os interesses políticos momentâneos.[737]

Interessante pensar que a sua vitória, em 2019, com seu partido político, o MORENA, acabou por se fruto das lutas internas fratricidas e do combate entre os partidos políticos tradicionais, para que, totalmente desgastado o sistema político partidário tradicional, MORENA e AMLO conseguissem se apresentar como força de fora do jogo político para ganhar as eleições presidenciais e ocupar a maioria dos assentos no Congresso Nacional, de forma a "resgatar" a vontade do povo. No que diz respeito à concepção de povo, AMLO e o seu populismo "de esquerda" apontam para um povo como conjunto plural, o que é típico dos populismos ditos inclusivos,[738] que entende o pluralismo como característica do povo,[739] com a exceção da a "elite corrupta" e a "tecnocracia neoliberal

736 MARINI, Ruy Mauro; CASTELO, Rodrigo. "O Estado de contra-insurgência". *Revista de Estudos e Pesquisas sobre as Américas*, vol. 12, nº 3, 2018, p. 168.

737 MARINI, Ruy Mauro; CASTELO, Rodrigo. "O Estado de contra-insurgência". *Revista de Estudos e Pesquisas sobre as Américas*, vol. 12, nº 3, 2018, p. 169.

738 MUDDE, Cas; KALTWASSER, Cristóbal Rovira. "Exclusionary *vs.* inclusionary populism: comparing contemporary Europe and Latin America". *Government and opposition*, vol. 48, nº 2, 2013, pp. 158-160.

739 No MORENA participam mulheres e homens; empresários, produtores e consumidores; alunos e professores; trabalhadores, camponeses e indígenas. Estamos convencidos de que somente a unidade de todos os mexicanos tornará possível a transformação do país. Sabemos que para avançar no México são necessários todos os setores da economia: o setor público, o setor social e o setor privado. DECLARACIÓN DE PRINCIPIOS DE MORENA. 2012. Disponível em: https://lopezobrador.org.mx/wp-content/uploads/2013/02/Declaracion-de-Principios-MORENA.pdf. Acessado em: 17.03.2022.

dos últimos governos".[740] Por outro lado, conforme a Declaração de Princípios do MORENA, não há oposição aos empresários, somente à "riqueza mal havida, à corrupção, aos monopólios e à exploração humana".[741] Trata-se, assim, de um populismo antineoliberal, por um lado, mas que comporta uma variedade de sujeitos para compor este povo "verdadeiro".

Tal qual ocorre com outros populistas, quando chegam ao governo, a realidade discursiva vai se alterando. Populismos de esquerda, como Syriza, na Grécia, ou Podemos, na Espanha, apresentam, tal qual MORENA, uma tendência de rearticulação em direção à moderação exigida para governar, passando, assim, a se aproximar de outros partidos, o que exige negociação política.[742] O que foi visto na Grécia verificou-se, também, no México, com as medidas de "austeridade republicana" apresentadas por AMLO,[743] que acabaram por estabelecer cortes orçamentários para investimentos estatais. Com a *Ley Federal de Austeridad Republicana*, pretendia dar eficiência aos gastos públicos supérfluos sem tocar em direitos sociais, entretanto, não foi o que ocorreu.[744]

---

740 RODRIGUEZ, Azucena Carolina Serrano. "Discursos paralelos, peto en sentido opuesto: análisis de los populismos de Jair Bolsonaro y Andrés Manuel López Obrador". Medellín, Universidade de Antioquia: *Estudios Políticos*, nº 56, set.-dez. 2019, pp. 149-173. Disponível em: https://www.redalyc.org/jatsRepo/164/16463289007/16463289007.pdf. Acessado em: 20.03.2022.

741 DECLARACIÓN DE PRINCIPIOS DE MORENA. 2012. Disponível em: https://lopezobrador.org.mx/wp-content/uploads/2013/02/Declaracion-de Principios MORENA.pdf. Acessado em: 17.03.2022.

742 MUDDE, Cas. "Introduction to the populist radical right". *In*: ______. *The populist radical right*. Nova York: Routledge, 2016, pp. 19-28.

743 BASILIO, Iris Cintra; EHRHARDT JÚNIOR, Marcos. "Breves considerações sobre a atividade da imprensa e a liberdade de expressão após o julgamento da ADPF 130". *Revista de Direito Civil Contemporâneo*, vol. 19, 2019.

744 LÓPEZ DURÁN, Rosalío. "La austeridad: entre el discurso político y la realidad en contextos de crisis". *Revista de la Facultad de Derecho de México*, vol. 70, nº 278-1, 2020, p. 300.

Os mecanismos de participação democrática direta também vão sendo implementados. Logo após a posse, foram realizadas consultas populares, com baixa participação, mas que ratificaram as vontades do governo ou de um "líder populista caprichoso".[745] Trata-se de mais uma estratégia política controvertida "com mais incertezas do que certezas quanto ao seu desenho, comunicação, aplicação e sequências no desenho de políticas públicas",[746] cujas perguntas foram formuladas no sentido de buscar apoio popular às opções preferidas pelo Presidente. Tais situações ocorreram, sem a participação do órgão eleitoral, o Instituto Nacional Eleitoral (INE), em seis momentos: para a construção do Trem Maya, para a obra do Istmo de Tehuantepec, para obras no aeroporto de Texcoco, para a construção de uma fábrica de cerveja, para a Refinaria de Dos Bocas e, a última, para investigar e processas ex-Presidentes. Todos eles ferramentas para ratifica posições presidenciais e sobre temas secundários para a vida nacional. É recurso à constante mobilização próprio de lideranças populistas. Existe, ainda, uma preocupação com ações de controle das instituições tidos como parte dos mecanismos de *checks and balances*. Essas preocupações aparecem nas discussões sobre a criação de uma nova Guarda Nacional voltada a conter a violência, sempre alta no país, quando tal questão aparece nas casas parlamentares.[747] E, também, na criação, em 2021, do que

---

745 SÁNCHEZ TALANQUER, Mariano. "Mexico 2019: personalistic politics and neoliberalism from the left". *Revista de Ciencia Política*, vol. 40, nº 2, 2020, p. 411.

746 LAGUNA, Mauricio I. Dussauge; ARÉVALO, Marcela Rubí Aguilar. "Populismo, retrocesos democráticos y administraciones públicas: la experiencia de México durante la primera mitad del gobierno de Andrés Manuel López Obrador". *Estado, Gobierno y Gestión Pública*, nº 36, 2021, p. 161.

747 PEDROZA, Luicy. *AMLO's first 100 days*: mixed signals. Hamburg: GIGA German Institute of Global and Area Studies – Leibniz-Institut für Globale und Regionale Studien, Institut für LateinamerikaStudien, 2019. Disponível em: https://nbn-resolving.org/urn:nbn:de:0168-ssoar-61810-3. Acessado em: 20.03.2022.

se denominou *Servidores da Nação*, um contingente de 18 mil pessoas contratadas sem critérios objetivos claros, para ocupar cargos que não constam na estrutura formal do governo federal, em seus ministérios, e se encontra subordinada ao Presidente, para executar alocação de recursos públicos de programas sociais, escolhendo os beneficiários, e, com a pandemia, também usada nos processos de vacinação. Formou-se, então, um contingente administrativo diretamente subordinado à Presidência da República, e não a uma Secretaria de Estado, para ações clientelistas. Esse mesmo expediente foi realizado com a criação dos *superdelegados do bem-estar*, que funcionam para a gestão de programas sociais e estão diretamente subordinados ao Presidente.[748]

A Reforma do Poder Judiciário, prometida por AMLO em função da corrupção nele existente, começou a se realizar em seu governo com a aprovação do que se convencionou chamar *Lei Zaldívar*, sobrenome do Presidente da Suprema Corte, Arturo Zaldívar, um entusiasta dessas mudanças. Com o apoio político ostensivo do próprio Presidente e de sua base no Congresso Nacional, a reforma, mesmo antes de aprovada, levantou questões no debate político. A controvérsia se assentou em alguns dos dispositivos alterados e na Lei Orgânica do Poder Judicial da Federação, na Lei de Carreira Judicial do Poder Judicial da Federação que acabaram por derrogar dispositivos de outras leis, como a Lei Federal dos Trabalhadores a Serviço do Estado, Lei Federal da Defensoria Pública, Lei de Amparo e da Lei Regulamentária de frações dos artigos I e II do artigo 105 da Constituição.

Os aspectos controvertidos das referidas alterações, como, por exemplo, o art. 13 das regras transitórias, que acabou por aumentar

748 LAGUNA, Mauricio I. Dussauge; ARÉVALO, Marcela Rubí Aguilar. "Populismo, retrocesos democráticos y administraciones públicas: la experiencia de México durante la primera mitad del gobierno de Andrés Manuel López Obrador". *Estado, Gobierno y Gestión Pública*, nº 36, 2021, p. 149.

os mandatos, de cinco para sete anos, dos membros do Conselho da Magistratura Federal, cuja forma de escolha também foi alterada, demonstram o exercício de poder político no sentido de limitar a independência judicial. Outro aspecto controverso foi o aumento do mandato do Presidente da Suprema Corte, também Presidente da Conselho, de quatro para seis anos, o que "contraria o texto expresso da Constituição e também mina a independência judicial (e) representa nada mais nada menos do que um ataque frontal ao Estado de Direito".[749] Segundo o dispositivo,

> a fim de implementar a reforma constitucional do Poder Judiciário da Federação (...), a pessoa que ocupa a Presidência do Supremo Tribunal de Justiça da Nação e do Conselho da Magistratura Federal permanecerá nesse cargo até 30 de novembro de 2024.[750]

---

749 VIVANCO, José Miguel. "Justicia subordinada a AMLO". *Human Rights Watch*, 26 abr. 2021. Disponível em: https://www.hrw.org/es/news/2021/04/26/justicia-subordinada-amlo. Acessado em: 20.03.2022.

750 O restante do dispositivo está assim redigido: "Da mesma forma, o Conselheiro da Magistratura Federal nomeado pelo Plenário do Supremo Tribunal de Justiça da Nação em 1º de dezembro de 2016 concluirá sua atribuição em 30 de novembro de 2023; o Conselheiro do Poder Judiciário Federal nomeado pelo Plenário do Supremo Tribunal de Justiça da Nação em 24 de fevereiro de 2019 encerrará suas funções em 23 de fevereiro de 2026; o Conselheiro do Poder Judiciário Federal nomeado pelo Executivo Federal em 18 de novembro de 2019 terminará em 17 de novembro de 2026; os Conselheiros do Poder Judiciário Federal indicados pelo Senado da República em 20 de novembro de 2019 concluirão sua atribuição em 19 de novembro de 2026; e o Conselheiro do Poder Judiciário Federal nomeado pelo Plenário do Supremo Tribunal de Justiça da Nação em 1º de dezembro de 2019 permanecerá no cargo até 30 de novembro de 2026". (DIÁRIO OFICIAL DA FEDERAÇÃO. *Decreto publicado em 07 de junho de 2021*. Disponível em: https://www.dof.gob.mx/nota_detalle.php?codigo=5620467&fecha=07/06/2021. Acessado em: 20.03.2022).

Com isso, o Ministro Arturo Zaldívar teve seu mandato prorrogado tanto à frente da Suprema Corte quanto do Conselho da Magistratura Federal. Trata-se, como se vê, de regra transitória a afetar as autoridades em exercício, o que afronta o Estado de Direito quanto às expectativas de cumprimento de mandatos por autoridades investidas por tempo certo.

Todavia, em 16 de novembro de 2021, a Suprema Corte, por unanimidade, declarou a referido art. 13 inconstitucional. A decisão, assim, entendeu violados os artigos 97 e 100 da Constituição Mexicana, por alterarem formas de designação e prazos do Presidente da Suprema Corte, dos Conselheiros da Magistratura, violando a supremacia da Constituição, divisão dos poderes e autonomia e independência judiciais (355/2021).

Esta relação aproximada entre o governo populista de AMLO e os interesses de figura política geraram intensas repercussões em variados espaços intermediários. É o caso das universidades, como a Escola Livre de Direito[751] que, por intermédio do seu Reitor, usou de Recurso de Amparo (872/2021), buscando a declaração de inconstitucionalidade e inconvencionalidade de variados dispositivos a demonstram a restrição da independência judicial a partir das referidas reformas.

Enfim, AMLO centralizou decisões no Executivo, reduziu poder decisório da burocracia estatal e enfraqueceu instâncias independentes, gerando mais poder ao próprio mandatário e receios no seu próprio partido.[752]

---

751 Agradeço ao Prof. Mário Alvarez pelo envio de documentação sobre o Amparo referido.

752 SÁNCHEZ TALANQUER, Mariano. "Mexico 2019: personalistic politics and neoliberalism from the left". *Revista de Ciencia Política*, vol. 40, nº 2, 2020, pp. 403/404.

3.6.2 Nayib Bukele

El Salvador tornou-se o país no qual o modo de fazer política populista, no governo, atingiu resultados mais profundos no que diz respeito aos retrocessos democráticos implementados na região. Para isso, a chegada ao poder de Nayib Bukele foi a pedra de toque para o aparecimento desses resultados com impressionante rapidez e do populismo como meio em sua mais clara aparência. Trata-se de um ator político carismático, com índole autoritária e pouco preocupado com as regras democráticas do jogo político. No passado, fora prefeito de Nuevo Cuscatlán, em 2012, e de San Salvador, capital do país. Assumiu a presidência do Partido Grande Aliança Nacional (GANA) com o qual venceu as eleições para presidência em 2019, o que ocorre de forma inovadora sem que o candidato vencedor fosse filiado aos dois maiores e mais tradicionais partidos salvadorenhos que governaram, alternadamente, nas últimas três décadas: ARENA e FLMN. O enfrentamento com o sistema partidário é uma das suas formas mais importantes de exercer a política.

Político habilidoso no uso das redes sociais, propaga sua imagem e seu discurso em contato direto com o eleitorado, numa narrativa antissistema, em um país que, segundo o Latinobarómetro, demonstra os efeitos da queda da confiança na democracia no país, já afetado pela descrença nas instituições.[753] A elite corrupta contra quem move seu poder, na verdade, não comporta ideologias, pois seu eixo "ideológico (...) deixou de ser esquerda ou direita para ser 'eles', os 2% da população que concentram a riqueza, ou 'nós', os 98% da população prejudicados por 200 anos de corrupção", acrescenta".[754]

---

753 Informes Latinobarómetro 2018 e 2021. LAGOS, Marta. "El fin de la tercera ola de democracias". *Informe Latinobarómetro*, Santiago de Chile, 2018. Disponível em: http://www.latinobarometro.org/latdocs/Annus_Horribilis.pdf. Acessado em: 05.12.2021.

754 GARCÍA, Jacobo. "Eleições em El Salvador colocam Nayib Bukele rumo ao poder absoluto: tudo indica que o partido do midiático presidente arrasará no pleito parlamentar deste domingo, o que lhe

Vive, tal qual AMLO, uma realidade na qual a corrupção institucional e a violência advinda do crime organizado é ostensiva, e ocupa espaço importante no debate político. Bukele "elegeu-se Presidente com esse mesmo discurso fundamentalista, prometendo acabar com as *maras* (gangues que controlam a vida da maioria da gente nas grandes cidades)".[755]

Sua relação com as redes socais é algo que impressiona a todos os analistas políticos. A partir delas, "demitiu ministros, supervisionou obras públicas, criticou a imprensa, anunciou seu casamento e mostrou a ultrassonografia de sua filha".[756] Integra a sua retórica os ataques aos meios de comunicação tradicionais, acusados de fazerem oposição ao seu governo, levando-o a demonstrar seu ímpeto de enfrentar a alta concentração do sistema de meios de comunicação salvadorenho, que se concentra nas mãos de quatro empresas.[757] No que diz respeito aos meios independentes, vale dizer que a Sociedade Interamericana de Imprensa, em setembro de 2020, emitiu um

---

permitirá controlar Legislativo e Judiciário e reformar a Constituição". *El País*, 27 fev. 2021. Disponível em: https://brasil.elpais.com/internacional/2021-02-27/eleicoes-em-el-salvador-colocam-nayib-bukele-rumo-ao-poder-absoluto.html. Acessado em: 19.03.2022.

755 TAVARES, Elaine. "Crise Constitucional em El Salvador". *IELA*, 10 fev. 2020. Disponível em: https://iela.ufsc.br/noticia/crise-constitucional-em-el-salvador. Acessado em: 20.03.2022.

756 GARCÍA, Jacobo. "Eleições em El Salvador colocam Nayib Bukele rumo ao poder absoluto: tudo indica que o partido do midiático presidente arrasará no pleito parlamentar deste domingo, o que lhe permitirá controlar Legislativo e Judiciário e reformar a Constituição". *El País*, 27 fev. 2021. Disponível em: https://brasil.elpais.com/internacional/2021-02-27/eleicoes-em-el-salvador-colocam-nayib-bukele-rumo-ao-poder-absoluto.html. Acessado em: 19.03.2022.

757 ROBLES RIVERA, Francisco. "Élites y estrategias de captura de medios en América Central". *Revista Mexicana Sociología*, Ciudad de México, vol. 83, nº 1, mar. 2021, pp. 9-40. Disponível em: http://www.scielo.org.mx/scielo.php?script=sci_arttext&pid=S0188-25032021000100009&lng=es&nrm=iso. Acessado em: 20.03.2022.

informe sobre a deterioração da liberdade de imprensa no país, que sofre assédio fiscal contra os meios, com "ameaças, intimidações, campanhas de difamação e assédio fiscal contra os meios de comunicação, jornalistas e opositores críticos realizados pelo Governo do Presidente Nayib Bukele".[758]

A contrariedade às liberdades de expressão e imprensa já chegou ao Sistema Interamericano de Proteção de Direitos Humanos. A Comissão Interamericana de Direitos Humanos, mediante a Resolução n. 12/2021,[759] expediu medidas cautelares protetivas para 34 membros do jornal *El Faro*, em 4 de fevereiro de 2021, demonstrando a necessidade de conferi-las em função da ocorrência de situações conforme as mencionadas abaixo:

> (§ 45) pessoas desconhecidas ou não identificadas teriam conhecimento dos endereços dos jornalistas, e eles até rastreariam seus movimentos fora de suas atividades naturais jornalístico. Da mesma forma, o teor das mensagens recebidas, por diversos meios, principalmente redes sociais, tornaria visível uma intenção de intimidar os jornalistas para que eles limitem suas atividades no contexto atual. De especial preocupação são as mensagens de terceiros, pessoas que chamam para atacar os beneficiários propostos e a sede de *El Faro*, embora Acompanhamentos de pessoas desconhecidas fossem apresentados e informações pessoais reveladas no caso de um jornalista.

Como consequência, demonstrando o risco existente:

---

758 DW MADE FOR MINDS. "Denuncian 'grave deterioro' de libertad de prensa en El Salvador". *DW Made for minds*, 30 set. 2020. Disponível em: https://www.dw.com/es/denuncian-grave-deterioro-de-libertad-de-prensa-en-el-salvador/a-55098910. Acessado em: 20.03.2022.

759 CIDH. *Resolución n. 12/2021*. Medidas cautelares n. 1051-20 34: miembros identificados del periódico digital El Faro respecto de El Salvador. 4 fev. 2021. Disponível em: http://www.oas.org/es/cidh/decisiones/pdf/2021/res_12-2021_mc-1051-20_es.pdf. Acessado em: 12.02.2022.

> (§ 53) A Comissão Interamericana de Direitos Humanos considera que este assunto atende primariamente aos requisitos de gravidade, urgência e irreparabilidade contidos no artigo 25 de seu Regulamento. Consequentemente, a Comissão solicita ao Estado de El Salvador que: a) Adoptar as medidas necessárias à preservação da vida e integridade pessoal das pessoas beneficiários identificados; b) Adoptar as medidas necessárias para que os beneficiários possam desenvolver a sua atividades jornalísticas no exercício de seu direito à liberdade de expressão, sem estar sujeito a atos de intimidação, ameaças e assédio; c) Acordar com os beneficiários e seus representantes as medidas a adoptar; e d) Informar sobre as diligências realizadas para apurar os alegados factos que deram origem à adoção desta medida cautelar e, assim, evitar sua repetição.

São efeitos do enfrentamento ostensivo capitaneado pelo Presidente, que tem em sua estratégia de comunicação o uso de acusações, muitas vezes em cadeia nacional, contra os meios de comunicação[760] e seus profissionais.

No que diz respeito aos ataques institucionais, talvez aquele que mais gerou impacto midiático foi o ocorrido em fevereiro de 2020 quando, ao lado de militares, Bukele invadiu a Assembleia, sentou-se na cadeira do Presidente da Casa e ordenou o início da sessão, amparado por um "direito divino", como dizia. Depois, falando em "insurreição", "deu aos deputados uma semana de prazo para aprovar um empréstimo de 109 milhões de dólares (R$ 472 milhões) crucial para financiar a sua estratégia de segurança em uma das nações com mais violência no mundo".[761]

---

760 LA PRENSA GRAFICA. "SIP condena censura ejercida por Gobierno de Bukele hacia medios de comunicación". *La Prensa Gráfica*, 29 set. 2020. Disponível em: https://www.laprensagrafica.com/elsalvador/SIP-condena-censura-ejercida-por-Gobierno-de-Bukele-hacia-medios-de-comunicacion-20200929-0050.html. Acessado em: 20.03.2022.

761 GARCÍA, Jacobo. "Presidente de El Salvador: 'Se se eu quisesse, teria tomado o controle de todo o Governo'". *El País*, 10 fev. 2020.

Quanto ao relacionamento com o Poder Judiciário, verifica-se uma tensão que resultou em claras violações de padrões democráticos contra a instituição. Desde que assumiu a função, o Presidente tem desafiado decisões da Corte Suprema, conseguindo aprovar uma reforma do Poder Judiciário pela qual, com o apoio da sua base parlamentar, exigiu a aposentadoria de todos os juízes com mais de 60 anos e/ou 30 anos de exercício da magistratura. Com essa medida, substitui 1/3 dos seus membros, mediante processos pouco transparentes de controle na seleção de novos juízes, numa ação clara de captura do Poder. A aprovação da Lei da Carreira Judicial, de setembro de 2021, vem implementando, assim, a aposentadoria compulsória de 690 juízes e dezenas de promotores.[762] O art. 3º da Lei em questão vem assim redigido:

> O exercício da função de Magistrados e juízes judicial cessará, de maneira obrigatória, quando as pessoas que exercem ditos cargos cumpram sessenta anos de idade, o que implica o fim do funcionário em seu cargo. A presente regra não se aplicará aos Magistrados da Suprema Corte de Justiça.[763]

A Suprema Corte já havia sido abalada pela máquina populista de Bukele. Logo em 1º de maio de 2021, dia da posse dos deputados

---

Disponível em: https://brasil.elpais.com/internacional/2020-02-10/presidente-de-el-salvador-se-eu-fosse-um-ditador-teria-tomado-o-controle-de-todo-o-governo.html. Acessado em: 20.03.2022.

762 MIRANDA, Wilfredo. "Bukele coloca em aposentadoria compulsória um terço dos 690 juízes de El Salvador: Reforma legislativa retira da carreira judicial todos os magistrados maiores de 60 anos ou com 30 anos de serviço, em mais um cerco do regime ao Judiciário". *El País*, 2 set. 2021. Disponível em: https://brasil.elpais.com/internacional/2021-09-02/bukele-coloca-em-aposentadoria-compulsoria-um-terco-dos-690-juizes-de-el-salvador.html. Acessado em: 25.03.2022.

763 REPUBLICA DE EL SALVADOR EN LA AMERICA CENTRAL. *Diario Oficial*. Tomo n. 432, n. 175, 2021. Disponível em: https://www.diariooficial.gob.sv/diarios/do-2021/09-septiembre/14-09-2021.pdf. Acessado em: 24.03.2022.

na Assembleia Nacional, com maioria bukelista, foram aprovadas mudanças na sua composição, com a destituição dos cinco juízes da Sala Constitucional, que exerce funções de jurisdição constitucional, nomeando novos magistrados, todos de uma só vez, em mais uma clara ação de captura do Poder Judiciário. O mesmo ocorreu com o Procurador Geral, destituído e, na sequência, substituído. Todas essas decisões contrariam expressamente o art. 186 da Constituição, que trata da destituição de juízes e outras autoridades, dada a exigência de causas específicas *estabelecidas em lei* a depender de aprovação por 2/3 dos deputados. No caso descrito, não foram declaradas as razões para a destituição, que, ademais, foi pautada num processo sumário, sem possibilidade de recurso a uma defesa ampla.

3.6.3 Jair Bolsonaro[764]

O último personagem populista aqui mencionado, integrante dessa nova onda existente a partir da redemocratização, é Jair Bolsonaro, um deputado federal pouco atuante, com quase 30 anos de exercícios de seguidos mandatos, que se propôs como um candidato antissistema. Ao adotar um posicionamento ultradireitista, antipluralista e saudosista dos tempos da ditadura militar brasileira, o capitão reformado do Exército – jamais cogitado antes como possível nome à Presidência da República – aproveitou a crise de legitimidade da política nacional para ascender ao cargo político mais alto do país nas eleições de 2018.

Em um cenário de crises – política, social, econômica, institucional – que vinha se instalando no Brasil desde 2012,[765] o solo se

---

764 O tratamento que a presente obra dispensa ao caso brasileiro é o mesmo dedicado aos demais líderes populistas. Usa-se de espaço semelhante para a apresentação das características populistas do governo de Jair Bolsonaro, de forma que o trabalho não se "desequilibre", o que é uma tendência clara em função da proximidade dos fatos.

765 VIEIRA, Aiane de O.; SELEGHIM, Ariane D. "Populismo, governabilidade e opinião pública: uma análise da influência das mídias digitais

tornou fértil para a volta do populismo, pois a conjuntura propicia o surgimento de personagens existentes fora do jogo político, que enfatizam inadequações do *establishment*. Esse "sistema", que precisa ser reformado, na verdade, consiste na própria democracia,[766] consequentemente, as instituições que desempenham a função de protegê-la também precisam ser aniquiladas.[767]

Também o mote da luta contra a corrupção, em voga naquele momento em razão da popularidade obtida pela Operação Lava Jato, deu ao candidato um espaço que foi sendo aberto rapidamente. Balizada pelo princípio do combate à corrupção, recorrendo e disseminando a narrativa de que toda a política é corrupta, devendo, portanto, ser substituída pelo Sistema de Justiça, a defender com mais afinco a moral do Estado, a Lava Jato exerceu um papel significativo no aumento da insatisfação com a política tradicional e contribuiu sobremaneira para a crise de legitimidade que já vinha se aprofundando no eleitorado brasileiro. As repercussões dessa operação culminaram no enfraquecimento de alguns dos atores mais importantes do cenário político brasileiro, a consequente fragilização e desmantelamento das forças políticas tradicionais para as eleições majoritárias.[768]

A Lava Jato foi essencial para ascensão de Bolsonaro. Essa antipolítica[769] por ela carregada baseava-se em dois elementos que afetaram a política profundamente: o punitivismo jurídico, fundado

---

no processo decisório presidencial". *Agenda Política*, vol. 8, nº 2, 2020, pp. 163-186.

766 NOBRE, Marcos. *Ponto-final*: a guerra de Bolsonaro contra a democracia. São Paulo: Todavia, 2020, p. 22.

767 NOBRE, Marcos. *Ponto-final*: a guerra de Bolsonaro contra a democracia. São Paulo: Todavia, 2020, p. 39.

768 BIROLI, Flávia. "A mídia, a crise e o golpe". Salvador, *Revista Dialética*, vol. 8, ano 7, mar. 2017, pp. 30-34.

769 AVRITZER, Leonardo. *Política e antipolítica*: a crise do governo Bolsonaro. São Paulo: Todavia, 2020, p. 27.

no uso do legalismo autocrático, nas bordas do Estado de Direito e, por outro lado, a moralização da política, controlada pelo modo controverso de interpretação jurídica e uso da mídia.

Com os sucessivos escândalos de corrupção divulgados envolvendo, sobretudo, membros dos dois principais, e mais tradicionais, partidos políticos brasileiros – Partido dos Trabalhadores (PT) e Partido da Social-Democracia Brasileira (PSDB) – a distância entre as instâncias que governam e as que são governadas se transformou num derradeiro abismo, abalando definitivamente as estruturas políticas e institucionais. Fatores cruciais para o funcionamento regular do regime político, como a relativa estabilidade e confiabilidade das instituições democráticas, foram fortemente abalados. Em 2018, o Índice de Confiança Social (ICS) dos brasileiros revelou-se o mais baixo dos dez anos anteriores, confirmando a derrocada desenfreada do modelo político vigente.[770]

Diante de uma população nitidamente desiludida, desacreditada e decepcionada com a política e com os políticos que vinham governando o país, o candidato vencedor das eleições de 2018 encontrou o momento ideal para seus ideais políticos e sua narrativa populista conquistarem segmentos significativos da sociedade, agitando e inflamando o cenário eleitoral brasileiro.

Com isso, fatores como a contraposição do povo em relação a determinadas elites, consideradas inimigas; o antipluralismo, afirmado a partir da tentativa de considerar povo somente aqueles que integram a "tradição judaico-cristã"; discursos com alto apelo emocional, promovendo uma visão redentora da "nova política"; o ataque às mídias tradicionais; e uma tendência autoritária de

770 TENÓRIO, Jamildo. "Confiança do brasileiro nas instituições é a mais baixa desde 2009". *IBOPE Inteligência*, [S. l.], 8 ago. 2019. Disponível em: http://177.47.5.246/noticias-e-pesquisas/confianca-do-brasileiro-nas-instituicoes-e-a-mais-baixa-desde-2009/. Acessado em: 20.03.2022.

governo, são traços marcantes nos contextos populistas, que podem ser facilmente notados no governo brasileiro de Bolsonaro.

A visão maniqueísta da sociedade, ou seja, o esforço em se enfatizar um antagonismo existente entre o povo (o bem) e a elite (o mal), destaca-se como traço forte da retórica que levou o então desacreditado candidato ao poder. Neste caso, eram apontados como "inimigos" do povo, especialmente a elite política tradicional, ou seja, aqueles que compõem o *establishment* político, ao lado de outros atores como a elite intelectual, científica e as mídias tradicionais. Bolsonaro, assim, "trouxe a ideia de que estava na hora de submeter o restante do país aos grupos dos "autênticos brasileiros", do "verdadeiro povo",[771] mesmo que, para isso, fosse necessário usar de narrativa violenta, como aquele apara afirmar que mandaria somente a "petralhada", os simpatizantes do Partido dos Trabalhadores, para a *ponta da praia*, um lugar onde eram fuzilados os inimigos do regime militar, no Rio de Janeiro, e os corpos jogados no mar.[772] O mesmo ocorreu, demonstrando esse viés populista, quando, ameaçava seus adversários (inimigos) com as únicas saídas para a não aceitação de um seu governo, que seriam a cadeia ou o exílio.[773]

Outro fator importante, revelado através de discursos inflamados e carregados de apelo emocional, que pautou a campanha política do então candidato à presidência, consiste na deslegitimação da velha política, acusada de clientelista e corrupta, levando-o a se propor como agente de uma "nova política" que desafiaria e confrontaria o *status quo*. Alegava, reiteradamente, que a nova forma de governar seria através de políticas elaboradas ao lado de ministros escolhidos

---

771 NOBRE, Marcos. *Ponto-final*: a guerra e Bolsonaro contra a democracia. São Paulo: Todavia, 2020, p. 17.

772 NASCIMENTO, Jefferson Ferreira do; BRAGA, Maria do Socorro Sousa. "Brasil nos tempos de Bolsonaro: populismo e democracia antiliberal". *Revista de Ciência Política*, vol. 59, nº 2, 2021, pp. 79-120.

773 PIRES, Luis Manuel Fonseca. *Estados de exceção*: a usurpação da soberania popular. São Paulo: Contracorrente, 2021, p. 71.

por sua "competência técnica", não por "indicações políticas",[774] e mediante um cenário no qual parlamentares, individualmente, e bancadas temáticas dariam suporte ao projeto político do governo, ao lado de parte do segmento militar.

Aliás, esse segmento militar, atuante nos dois governos populistas atuais, de AMLO e Bukele, no Brasil, ocupa amplo espaço no governo Bolsonaro, com função de "organização transversal",[775] ocorrida mediante seu posicionamento em milhares de cargos até então ocupados por civis, na sua maioria, desde a redemocratização, chegando a se posicionar, durante grande parte do mandato, na Casa Civil e na Secretaria de Governo, exercendo funções especialmente políticas, algo inédito desde o momento em que deixaram de ser protagonistas da política nacional, em 1985. Quanto maiores as crises no governo, mais nomeou militares para postos-chave da política nacional,[776] utilizando esse recurso como forma de ameaçar o sistema político tradicional, uma espécie de "cesarismo"[777] em que esses agentes representariam a ordem contra o "sistema corrupto".

Além disso, em frequentes alusões messiânicas, fortemente atrelado aos valores cristãos, especialmente evangélicos, de onde vem parte considerável de seus eleitores, era possível perceber no discurso bolsonarista, referências ao líder como "escolhido de Deus". Nesse aspecto, apesar de prometer mudanças extraordinárias e redentoras, o então candidato à presidência não apresentava diretrizes concretas acerca da implementação de suas possíveis proposições, saindo pela

---

774 LIMONGI, Fernando. "Presidencialismo do desleixo". *Revista Piauí*, edição 158, nov. 2019. Disponível em: https://piaui.folha.uol.com.br/materia/presidencialismo-do-desleixo/. Acessado em: 24.03.2022.

775 NOBRE, Marcos. *Ponto-final*: a guerra de Bolsonaro contra a democracia. São Paulo: Todavia, 2020, p. 51.

776 AVRITZER, Leonardo. *Política e antipolítica*: a crise do governo Bolsonaro. São Paulo: Todavia, 2020, p. 36.

777 AVRITZER, Leonardo. *Política e antipolítica*: a crise do governo Bolsonaro. São Paulo: Todavia, 2020, p. 13.

tangente sempre que era questionado sobre suas propostas para áreas essenciais como a economia, a saúde e a educação.[778]

Estrategicamente, usou, eleitoralmente, do ambiente virtual das mídias digitais,[779] atacando as mídias tradicionais, o "contrapúblico", tornando-os elementos importantes para a propagação da retórica populista. Trata-se, em campanha ou já no governo, de "uma esfera pública alternativa relevante, controlando uma importante rede de desinformação e propaganda, fazendo uso extendido de robôs conforma a necessidade e as exigências do momento".[780]

Ao declarar guerra aos jornalistas e acusar a mídia tradicional de golpista, recusa-se a participar das formas tradicionais de discursos políticos – como os debates convencionais entre candidatos que antecedem as eleições. Bolsonaro encontrou nas redes sociais, seguindo a tendência de outros líderes com o mesmo perfil, uma forma de se dirigir diretamente ao "seu povo" através de sua usual linguagem performática, imprópria, chula, muitas vezes, de baixo calão, geralmente pouco tolerada nos meios de comunicação convencionais. Atacou outros organismos intermediários, além da imprensa, como as universidades e os partidos políticos para afrontar a intermediação entre povo e candidato própria destes órgãos.

Uma vez eleito, o primeiro ano de governo do Presidente foi marcado pela tentativa de um encaminhamento tipicamente populista da política. Ensejando "construir" e bancar a prometida "nova política", os partidos políticos – componentes clássicos da

---

778 LIMONGI, Fernando. "Presidencialismo do desleixo". *Revista Piauí*, edição 158, nov. 2019. Disponível em: https://piaui.folha.uol.com.br/materia/presidencialismo-do-desleixo/. Acessado em: 20.03.2022.

779 VIEIRA, Aiane de O.; SELEGHIM, Ariane D. "Populismo, governabilidade e opinião pública: uma análise da influência das mídias digitais no processo decisório presidencial". *Agenda Política*, vol. 8, nº 2, 2020, pp. 163-186.

780 NOBRE, Marcos. *Limites da democracia* – de junho de 2013 ao governo Bolsonaro. São Paulo: Todavia, 2022, p. 205.

elite política à qual se contrapunha em seu discurso – não foram chamados para compor o novo governo, que teve seus ministérios formados por escolhas pessoais do Presidente e de seus seguidores mais próximos, mantendo a opção de também dar postos-chave a militares e aliados ideológicos, em detrimento de políticos.

Procurava, ainda, adotar uma postura de relação direta com o povo, encaminhando o sistema político a algo que pode ser entendido como uma espécie de presidencialismo plebiscitário,[781] fundado em sua legitimidade democrática tida como superior àquela dos demais atores políticos, Bolsonaro insistia em querer assumir uma postura de figura central no sistema político. Apostou, então, no desequilíbrio na divisão constitucional dos poderes. Extrapolando suas atribuições legislativas, o Presidente aderiu a uma estratégia governamental baseada na sucessiva edição de decretos presidenciais e medidas provisórias.

Ainda, manifestando o antipluralismo declarado desde a campanha eleitoral, optou por uma agenda política diminuta que, apesar de representar apenas o núcleo restrito que o elegeu, entendia estar legitimando a vontade popular. Nesse aspecto, as redes sociais se mantiveram como importantes dispositivos de comunicação do governo com a população, de maneira que alguns estudos vêm revelando o uso das plataformas digitais como "termômetro" para a tomada de decisão governamental, além de serem utilizadas como meios para fomentar a polarização ideológica, decisiva no resultado das últimas eleições.[782]

---

781 TEIXEIRA. Carlos Sávio G. "O presidencialismo plebiscitário: de Bolsonaro à solução". *Nexo ensaio*, 28 jul. 2020. Disponível em: https://www.nexojornal.com.br/ensaio/2020/O-presidencialismo-plebiscit%C3%A1rio-de-Bolsonaro-%C3%A0-solu%C3%A7%C3%A3o. Acessado em: 20.03.2022.

782 VIEIRA, Aiane de O.; SELEGHIM, Ariane D. "Populismo, governabilidade e opinião pública: uma análise da influência das mídias digitais no processo decisório presidencial". *Agenda Política*, vol. 8, nº 2, 2020, pp. 163-186.

Inicialmente, encontrou resistência no sistema presidencialista brasileiro que apresenta duas características centrais determinantes da sua dinâmica: (i) é considerado um hiperpresidencialismo, mas também é um (ii) presidencialismo de coalizão. Ou seja, ao mesmo tempo que concede amplos poderes ao Presidente, a efetiva concretização desses poderes depende da formação de alianças com os partidos políticos que compõem o parlamento. É dizer, para garantir governabilidade, necessita de uma base suficientemente sólida no Congresso Nacional, para, assim, implementar a sua agenda. Para isso, em um sistema partidário altamente fragmentado e volátil como o brasileiro, o chefe de governo normalmente precisa negociar com uma ampla gama de partidos políticos na tentativa de garantir essa base.

Diante desse enquadramento institucional, a atitude populista do Presidente Jair Bolsonaro não encontrou meios de se firmar. Ao procurar manter acesa a luta contra a "velha política", o chefe de governo não se movimentou para formar alianças que lhe assegurassem uma base no Congresso, tendo em vista que isso significaria ceder à política do "toma lá dá cá" a qual se contrapunha em seu discurso. Contudo, sem uma coalizão minimamente estável, a agenda política do Presidente revelou-se de difícil implementação, gerando uma situação política de constantes derrotas no parlamento. Assim, vertiginosamente, a frágil consistência das promessas eleitorais foram se desconfigurando. Tudo isso levou a um contexto de grave bloqueio institucional, marcado pela paralisia decisória do governo, instalado no cenário político brasileiro, o que levou o próprio Presidente a afirmar, ser (ele) a "Rainha da Inglaterra".[783]

Os resultados da tentativa do Presidente em bancar a "nova política", foram o incentivo a um protagonismo retaliatório por parte do Congresso Nacional, que se empoderou progressivamente, e a reiterada judicialização das decisões do Poder Executivo. Produziu-se,

---

783 PESSÔA, Samuel. "Caminhando sem presidencialismo de coalização". *Revista Conjuntura Econômica*, vol. 73, nº 7, 2019, pp. 10/11.

então, o efeito de um "presidencialismo disfuncional", marcado pela completa falta de harmonia entre as instituições democráticas, culminando em um ambiente político, jurídico e social de alta instabilidade.[784]

Todavia, em meados de 2020, o líder do governo brasileiro começou a alterar sua postura política, usando da maleabilidade típica das lideranças populistas. Ao constatar que não haveria outra forma de garantir governabilidade, o Presidente começou a restituir no cenário nacional, o ambiente tradicional dos governos de coalizão. Disposto a ganhar "governabilidade" e "fugir do *impeachment*", propôs-se a fazer aliança com um "consórcio" de partidos políticos tradicionais (os mesmos que dizia reprovar) para defender sua agenda.

Com isto, os aliados de primeira hora começaram, aos poucos, a serem substituídos, de maneira a enfrentar a realidade de um governo de coalizão. Por outro lado, o discurso populista, ainda frequente, foi se tornando cada vez mais um instrumento de manutenção da base eleitoral tradicional, sem apoio na realidade partidária brasileira, que, aliás, foi constantemente desprezada, pois Bolsonaro é o primeiro Presidente, desde o processo de redemocratização, a governar sem filiação a um partido político, afinal, líderes populistas entendem que a sua "imagem pessoal vem antes do próprio partido a que pertencem, vem antes do parlamento ou do governo a que pertencem, vem antes do tribunal que integram".[785] O que se observa, nestas lideranças, é que as instituições são instrumentais, unicamente, ao seu projeto político e qualquer resistência que imponham contra este projeto, deve ser debelada, aniquilada, sob o argumento de que a

---

784 ABRANCHES, Sérgio. "Presidencialismo sob Bolsonaro é disfuncional". *Folha de S. Paulo*, 30 jun. 2019. Disponível em: https://www1.folha.uol.com.br/ilustrissima/2019/06/presidencialismo-sob-bolsonaro-e-disfuncional-diz-sergio-abranches.shtml. Acessado em: 20.03.2022.

785 NOBRE, Marcos. *Ponto-final*: a guerra de Bolsonaro contra a democracia. São Paulo: Todavia, 2020, p. 22.

legitimidade eleitoral do líder não pode ser contestada por outros atores em uma democracia constitucional.

Tal qual outros governos populistas, uma vez no poder, esforçou-se seguidamente para destruir mecanismos de *checks and balances* com a *captura* da direção da Polícia Federal, a nomeação de dois ministros ao Supremo Tribunal Federal de perfil conservador, um deles tido como "terrivelmente evangélico", de maneira a reforçar laços políticos com uma parte do eleitorado que dá a ele razoável sustentação.

Promoveu, ainda, a destruição da participação social nos diversos colegiados (comitês e comissões) existentes na estrutura do Poder Executivo, supostamente a serviço dos seus inimigos políticos.

A política de armamento da população, com a facilitação do acesso a armas e munição, especialmente utilizando para isso decretos presidenciais, como os relacionados ao relaxamento das regras para o porte de armas, foi uma maneira importante de aprofundar o relacionamento com parcela do seu eleitorado, com impactos tanto na facilitação do armamento "legal" de grupos milicianos e crime organizado,[786] que tiveram facilitado o acesso a armamento legalizado, quando na política, tendo em vista que, para as eleições de 2022, organizam-se um conjunto de candidatos a representantes de grupos de Colecionadores, Atiradores Desportivos e Caçadores,[787] ou seja, aqueles que se beneficiaram da facilitação extrema do acesso às armas se lançam na política como grupo organizado.

---

786 GODOY, Marcelo. "Investigações mostram como politica de Bolsonaro arma PCC". *Estado de São Paulo*, 25 de jul. de 2022. Disponível em: https://www.estadao.com.br/politica/investigacoes-mostram-como-politica-de-bolsonaro-arma-o-pcc/.

787 VALFRÉ, Vinicius; AFFONSO, Juliz. "Maior grupo armado do país, CACAS lançam 34 candidaturas ao Congresso e organizam partido político". *Estado de São Paulo*, 26 de jul. 2022. Disponível em https://www.estadao.com.br/politica/maior-grupo-armado-do-pais-cacs-lancam-34-candidatos-ao-congresso-e-organizam-partido-politico/.

Outro aspecto do seu governo é o embate constante com as instâncias judiciárias. Revela-se expediente político antigo que, desde a campanha, é carregado em seus discursos. Mas, no governo, procurou, em alguns momentos, realizar uma reforma na estrutura judiciária. Assim, em abril de 2021,

> jornais já anunciavam a ideia do Presidente de mudar a composição da Corte (STF). Em setembro, por articulação de apoiadores, foi desengavetado na Câmara um projeto que aumenta para 15 as cadeiras do STF.[788]

Também fez críticas diretas contra membros da magistratura, afirmando que descumpriria decisões de um juiz (Alexandre de Moraes) e atacando a outros, como o Juiz Luís Roberto Barroso, então integrante do Supremo Tribunal Federal e do Tribunal Superior Eleitoral, além do corregedor do TSE, Luís Felipe Salomão.[789] Foram tantos os casos nos quais esse embate repercutiu negativamente na democracia constitucional brasileira que elegemos dois deles, apenas a revelar a tensão constante entre os dois poderes. Do lado do Presidente, em abril de 2021, ao aumentar a tensão política ao seu máximo, afirmou, após criticar políticos e ministros do Supremo Tribunal Federal: "o pessoal geralmente conspira para chegar ao

---

788 BOLSONARO poderá indicar mais 89 membros do Judiciário até fim de 2022. Em todo o mandato, terão passado pelo presidente mais de cem indicações. Além das vagas conhecidas, aguarda sanção lei que amplia magistrados na JF e cria novo tribunal. *Migalhas*, 17 nov. 2021. Disponível em: https://www.migalhas.com.br/quentes/354802/bolsonaro-podera-indicar-mais-89-membros-do-judiciario-ate-fim-de-2022. Acessado em: 20.03.2022.

789 LIMA, Daniela; ARBEX, Thais. "Cúpula do Judiciário vê ameaças de Bolsonaro como "declaração de guerra": em discurso para apoiadores em São Paulo, presidente afirmou que irá descumprir ordens que venham do Ministro Alexandre de Moraes". *CNN Brasil*, 7 set. 2021. Disponível em: https://www.cnnbrasil.com.br/politica/cupula-do-judiciario-ve-ameacas-de-bolsonaro-como-declaracao-de-guerra/. Acessado em: 20.03.2022.

poder. Eu já estou no poder. Eu já sou o Presidente da República (...). Eu sou, realmente, a Constituição".[790]

Do outro lado, em entrevista, o então Presidente do Tribunal Superior Eleitoral, Ministro Luis Roberto Barroso, afirmou, referindo-se ao discurso proferido pelo Presidente no dia da Independência, de onde deriva o fragmento anterior transcrito, que ocorrera por "limitações cognitivas e baixa civilidade".[791]

A relação com as forças de segurança é outra característica da política capitaneada por Jair Bolsonaro. Com a Polícia Federal, fez uso recorrente de escolha de diretores ligados ao seu projeto político. O caso mais gritante envolveu Alexandre Ramalho, conhecido pela proximidade com o Presidente e seus filhos. Após a escolha do seu nome, o caso chegou ao Supremo Tribunal Federal, pelo Mandado de Segurança n. 37.097/Distrito Federal. Na decisão cautelar, o Ministro Alexandre de Moraes afirma que a proximidade com a família Bolsonaro implica em desvio de finalidade e que a nomeação violaria os princípios da moralidade, da impessoalidade e do interesse público. Eis trecho da decisão:

> Estado de Direito exige a vinculação das autoridades ao Direito, e, portanto, as escolhas e nomeações realizadas pelo Presidente da República devem respeito aos princípios constitucionais regentes da Administração Pública, podendo, excepcionalmente nesse aspecto, o Poder Judiciário analisar a veracidade dos pressupostos fáticos para a sua celebração (motivo).

---

790 CARVALHO, Daniel. "Eu sou a Constituição, diz Bolsonaro ao defender a democracia e liberdade um dia após ato pró-golpe militar". *Folha de S. Paulo*, 20 abr. 2020. Disponível em: https://www1.folha.uol.com.br/poder/2020/04/democracia-e-liberdade-acima-de-tudo-diz-bolsonaro-apos-participar-de-ato-pro-golpe.shtml. Acessado em: 20.03.2022.

791 MUNIZ, Mariana. "Entrevista: Bolsonaro facilitou a vida de milícias digitais, diz Barroso". *O Globo*, 13 fev. 2022. Disponível em: https://oglobo.globo.com/politica/entrevista-bolsonaro-facilitou-vida-das-milicias-digitais-diz-barroso-25392162. Acessado em: 17.03.2022.

Mais adiante, ao demonstrar a busca por ingerência de Bolsonaro na Polícia Federal, demonstra que o próprio afirmou aos jornais que precisaria de relatórios diários para saber o que ocorre, para o que o ministro afirma, em sua decisão, que a Polícia Federal não (é) órgão de inteligência da Presidência da República, mas (exerce) "(...), nos termos do art. 144, §1º, VI da Constituição Federal, com exclusividade, as funções de polícia judiciária da União, inclusive em diversas investigações sigilosas", acabando por suspender tal nomeação.

Durante as eleições presidenciais de 2022, em que saiu derrotado para o candidato Lula, ameaçou juízes, especialmente do Supremo Tribunal Federal e do Tribunal Superior Eleitoral, usou de estratégias antirrepublicanas em sua campanha, como aumentar o valor pago e o contingente de pessoas habilitadas a receber o principal programa de distribuição de renda (Auxílio Brasil), criou incentivos para o gás de cozinha, combustíveis, e outros, intervindo diretamente em empresas estatais e suas diretorias, usou da captura da Polícia Federal, e da Polícia Rodoviária Federal para dificultar o acesso de eleitores, especialmente do nordeste do país (base eleitora dos adversários) às urnas, entre outras ações que puseram, ainda mais, em risco a democracia brasileira.

Após as eleições, demorou aproximadamente 15 dias para reconhecer a vitória do adversário e criou um clima em que o seu silencia era entendido como uma ordem para agir por parte do seu eleitorado mais radical, que fechou a circulação em rodovias, ruas, etc; que acampou em frente a bases militares, pedindo "intervenção militar". Essa base fanática, em claros atos de terrorismo, pôs fogo em ônibus, tentou explodir caminhão de gás próximo ao aeroporto de Brasília, tudo isso acompanhado do silêncio de Jair Bolsonaro.

No domingo, 8 de janeiro de 2023, instigados por tais ações, seus seguidores, que viajaram a Brasília financiados por fontes até então desconhecidas, depredaram os edifícios do Congresso Nacional, do Palácio do Planalto e do Supremo Tribunal Federal, em clara ação semelhante ao que ocorrera em 6 de janeiro de 2021, em Washington, EUA.

Com a aparente omissão de uma variedade de agentes públicos, dentre eles o seu antigo Ministro da Justiça, que acabou sendo nomeado Secretário de Segurança do Distrito Federal e exonerado no próprio domingo, as forças de segurança em completo desacordo entre si, mostraram os efeitos da política bolsonarista sobre o seu pessoal que, evidentemente, deixou de combater os terroristas.

Dentre essas autoridades, o caso do ex-Ministro da Justiça de Bolsonaro parece válida de menção, pois agora preso preventivamente por acumular uma variedade de crimes, teve a sua residência vasculhada, na data de 10 de janeiro, com fundamento de um mandado de busca e apreensão promovida pedido pela Polícia Federal e deferido por juiz do Supremo Tribunal Federal. O que se encontrou mostra que todos os atos referidos acima, ocorridos desde o final do processo eleitoral, mostram organização para a realização de um Golpe de Estado. Isso porque lá se recolheu esboço de Decreto para Declaração de Estado de Defesa, que afastaria os juízes do Tribunal Superior Eleitoral e nomearia uma comissão para ocupar o seu lugar, mantendo o ex-presidente Bolsonaro no cargo.

Esse expediente da captura das instituições de controle, como se vê, está na cartilha dessas lideranças, e com Jair Bolsonaro não foi diferente. A suposta legitimidade da qual se afirma ser detentor serve, no mais das vezes, para promover seu fortalecimento político como liderança personalista. O fim de seu governo reproduz as práticas e ações de diversos outros líderes populistas, que não reconhecem a derrota eleitoral e usam de táticas autocráticas para não deixar o poder.

Verifica-se, assim, que o governo Bolsonaro foi parte da nova onda de populismos latino-americanos, em razão da sua estratégia constante de desmerecimento da política e das instituições democráticas (partidos políticos, polícias, Poder Judiciário, mídia), cuja ação em busca de sua captura é patente; da consideração parcial e antiplural de quem deve ser considerado "povo verdadeiro" para merecer tratamento privilegiado no campo político contra os *outros*, a *elite*, que precisa ser anulada, tudo isso envolvido em um modo de fazer política personalista.

CONSIDERAÇÕES FINAIS

Pretende-se aqui unir as partes da pesquisa, a partir da construção teórica eleita no início desta pesquisa, por meio de uma aproximação sempre voltada à América Latina, desde os casos singulares trabalhados em cada um dos governos populistas mencionados, de maneira a gerar padrões que apontem para características próprias destes populismos regionais.

Como visto, as relações entre populismos e democracia constitucional apresentadas neste livro demonstram que os primeiros têm uma feição parasitária no que diz respeito à última, pois surgem e se consolidam, tal qual ocorrido com os fascismos, em situações nas quais a confiança na democracia constitucional é colocada em xeque, abalando o funcionamento e abrindo espaço para o surgimento ou o fortalecimento do modo populista de fazer política que, apesar de não desprezar as eleições periódicas e abandonar o uso da violência como estratégia política, estressa exageradamente as instituições nas democracias constitucionais, tanto em âmbito doméstico ou internacional. Populistas aproveitam das democracias constitucionais para chegar ao poder e produzirem o seu enfraquecimento, seja no campo das instituições, como referido, seja no dos direitos fundamentais.

A universalidade das políticas públicas em matéria de direitos fundamentais, a proteção das minorias, políticas, étnicas, religiosas, dentre outras, passa a ser objeto de ataque por tais lideranças populistas, deixa de ser um valor importante para a ordem constitucional, pois concebem a relação entre maiorias, que se confundem com aquelas que os elegem, com o conceito de povo. Impõem, consequentemente, para a tomada de decisões coletivas, modo de dominação das minorias, denominado *majoritarianismo*. Os direitos fundamentais, como seu perfil contramajoritário, perdem espaço em uma realidade que deveria ser plural, mas que passa a ser cada vez mais homogênea no sentido do que pretende para o seu *povo verdadeiro*. Percebe-se uma erosão da concretização dos direitos fundamentais e, por conseguinte, o atingimento das políticas públicas para sua concretização, que acabam deixando de ter pretensão universalizante, para satisfazer unicamente esse "povo verdadeiro" defendido por tais governos populistas.

A Separação dos Poderes é afetada, diretamente, pelo repúdio aos mecanismos de *checks and balances* e pela tendência de concentração de força no Poder Executivo. O necessário equilíbrio entre os órgãos estatais, fruto não somente de uma proporcional distribuição constitucional de competência e atribuições, mas da manutenção da independência para o exercício de tais funções, se debilita em direção a uma hegemonia do Poder Executivo, que, ao invés de compreender os avanços de tal relação entre poderes havidos pelo constitucionalismo contemporâneo, aposta em ter a última palavra sempre, em detrimento de um processo circular de decisões e diálogos entre tais Poderes. Esse extremo fortalecimento do Poder Executivo acaba facilitando a captura dos outros poderes, de modo a se tornarem subservientes ou, de outro modo, a se adaptarem politicamente ao modo de fazer política dos populistas, sob pena de uso dos mais variados recursos, sempre fundamentados no que concebem como Direito que, na verdade, é o regresso à sua análise meramente formal. Significa que essa captura não demanda, necessariamente, o confronto, pois há um processo, muitas vezes, de transformação oportunista do modo de agir de certas autoridades políticas, judiciais e administrativas, de modo a se adequarem ao modo de fazer política que ostenta o governo. Significa dizer que essa adaptabilidade dos demais poderes ocorre por modos distintos, mas acaba por significar o abandono dos seus papéis de se controlarem reciprocamente.

Por outro lado, o Estado de Direito se corrói pela tendência de uso de uma legalidade autocrática, na qual o Direito é trabalhado a partir de interpretações que exploram o limiar da legalidade (legalidade, constitucionalidade e convencionalidade) de maneira a empoderar tais governos, não somente mediante mudanças legais, mas, também, a partir de reformas constitucionais e, em alguns casos, denúncia de tratados internacionais de Direitos Humanos. A fórmula do Estado de Direito Formal, fundado na mera existência da "lei" como elemento de legitimação é reforçada. Verifica-se que a captura da criação da legislação e da sua interpretação, pois são meios relevantes para a manutenção desta realidade constitucional em que o Direito sucumbe à Política, e perde sua função nobre de norteá-la não somente por meio dos seus procedimentos, mas, também, dos seus limites materiais. A igualdade formal tem a sua importância reforçada em detrimento da sua vertente material. Além disso, é afetada a previsibilidade jurídica, pois o Direito se torna adepto de uma construção fundada em elementos estranhos ao sistema jurídico e, especialmente, a discricionariedade política, passa a ser ferramenta de inteligibilidade do Direito. Consequência do que se afirma, é que o risco de responsabilização jurídica daqueles que praticam o ilícito, outra fonte de legitimação do Estado de Direito, se corrói em direção à seletividade da aplicação do próprio Direito, visto como um importante elemento de dominação. Essa degradação do Direito se impõe tanto em âmbito nacional quanto internacional, onde tais lideranças também constroem narrativas no sentido de que são obras de elites internacionais e que precisam ser alterados ou abandonados, objetivando, com isso, um retorno ao Direito Internacional Público de meados do Século XX, concebido a partir de uma dinâmica excessivamente soberanista dos Estados Nacionais.

A democracia constitucional, pensada para ser plural, no plano material, e para manter o conflito e a dissidência em níveis razoáveis, a partir dos seus procedimentos constitucionais e legais, tende a sucumbir ao ímpeto autocrático de tais lideranças populistas, quando empoderadas, pois estão sempre a desprezar tais características e pressionar a sua constante erosão.

O primeiro instrumento utilizado para erodir o pluralismo reside no estímulo frequente à referência parcial a respeito do povo, lançando dúvidas a respeito da própria ideia de soberania popular, sobre a qual as democracias constitucionais contemporâneas se fundamentam. Ao dividir o povo e sustentá-lo como se fosse limitado ao "povo verdadeiro", aquele que apoia politicamente o líder populista, faz-se por desprezar a diversidade, diferenciando uns dos outros por meio de critérios diversos daqueles forjados juridicamente para assegurar a participação popular democrática fundada na igualdade, tão cara para as democracias constitucionais contemporâneas. Como essa soberania popular baseada no povo plural não é suficiente para os fins do governo, por consequência, a democracia constitucional não se coaduna com as necessidades desse "povo verdadeiro". A homogeneidade funciona, assim, paradoxalmente, como elemento de identidade de alguns e de exclusão da maioria.

O antielitismo e o antipluralismo, desse modo, funcionam como combustível para a sua intenção de avançar sobre as instituições estatais, que exercem controle sobre suas decisões, e também as sociais, como a imprensa independente, as universidades, as associações privadas, dentre outros, dado que a intermediação entre a vontade do povo e as decisões do Estado colidem com a urgência reformadora, que entende os procedimentos democráticos como amarras ao bom governo, e com a negação do diálogo com a diversidade de ideias, que os governos populistas veem como problemas a serem anulados em prol da homogeneidade de visão a pensar a política.

Construir narrativas variadas e cambiáveis a respeito das *elites* que precisam ser destruídas é parte da cartilha dos governos populistas. Sejam essas elites nacionais ou internacionais, são parte do combustível constantemente usado para demonizar parcela dos atores sociais, políticos, econômicos, dentre outros, que não estão de acordo com tais governos populistas. Este outro que precisa ser destruído, contra quem devem ser voltados os esforços coletivos do líder, faz da política uma guerra constante, o que fomenta o engajamento dos seguidores.

A debilitação dos controles constitucionais é constante e é constante o recurso ao enfrentamento das instituições estatais e sociais, voltadas à limitação e ao controle dos seus governos, desacreditando-as por estarem contaminadas por elites "corruptas" ou por procedimentos voltados a obstar suas decisões, fomentando a defesa de que precisam ser alterados, por meio da reforma constitucional ou da elaboração de uma nova Constituição, o mesmo ocorrendo com a legislação ordinária. Nesse sentido, os governos populistas sempre têm a pretensão revolucionária de reconstruir as instituições de modo a se tornarem menos poderosas em seu dever de controle do abuso do poder ou da prática constante da omissão constitucional. Esse ponto, pelo visto, se torna a pedra de toque para a sua manutenção no Poder, pois se volta a forjar um vértice de poder em detrimento de um sistema circular de controles recíprocos.

Esse modo populista de fazer política foi sendo demonstrado, no presente livro, por meio de exemplos nos Estados nacionais governados por líderes populistas em tempos diversos, na América Latina.

Governos populistas e as suas ações políticas não os levam em direçao a um ou outro segmento ideológico tradicional. Populismos são meios de fazer política e não têm tal carga ideológica em suas preocupações, dada a maleabilidade dos seus discursos e ações. Viram-se diversos exemplos de líderes populistas que alteraram suas narrativas quando chegaram aos governos ou tiveram que alterá-las no seu exercício. Se de Direito ou Esquerda, Progressistas ou Conservadores, suas estratégias e decisões são próximas. Por isso, populismos não são ideologias, pois se moldam a qualquer delas, consubstanciando, unicamente, um modo de fazer política contrário ao exigido em democracias constitucionais.

Pode-se perceber exemplos em variados momentos do trabalho.

A parcialidade do povo, ou a concepção de "povo verdadeiro", aquele que merece os benefícios do governo conduzido por lideranças populistas, esteve presente, por exemplo, na Bolívia, quando Morales o divide, inclusive, segundo critérios étnicos, visto que os "outros", ou seja, aqueles localizados nas terras de Santa Cruz e região, não merecem o mesmo tratamento do governo dedicado ao seu povo. Ou na Venezuela, de Chávez e Maduro, na qual a oligarquia *criolla* e o império norte-americano, tidos como responsáveis por se apropriar do petróleo, estariam unidos aos governos anteriores, sempre em busca desse mesmo objetivo (apropriação do petróleo), que deveria financiar o povo. O mesmo se vê no governo Bolsonaro, para quem aqueles que não são parte do seu povo, cristãos e conservadores, e devem ser destruídos, a se perceber pela sua declaração pública sugerindo que a "petralhada", ou aqueles simpatizantes dos partidos de oposição ao seu governo, devia ser enviada para o mesmo lugar em que se assassinavam dissidentes do governo militar, a *ponta da praia*. Esta relação entre "povo verdadeiro" e seus inimigos (que merecem ser retirados da arena política), mostra-se como regra na narrativa destes governantes, tanto em campanha, quanto no exercício da função presidencial.

O processo de "transformação da democracia" por eles proposto também influencia o tema da elaboração de novas Constituições e de reformas nas já existentes, pois, no poder, mantêm constante a chama da luta política para realizar mudanças profundas dos arranjos constitucionais, intensificando o empoderamento do Poder Executivo. Isto porque, os populismos se pretendem revolucionários e dispõem, seguidamente, de seus poderes políticos não somente para alterar o que entendem dificultar o seu projeto político, mas, para promover novas estruturas que lhes tragam mais tempo de governo, empoderamento político e fragilização dos freios e contrapesos. Casos de novas Constituições foram vistos nos governos de Alberto Fujimori (1992), Evo Morales (2009), Hugo Chávez (1999) e Rafael Correa (2009), além de grandes reformas constitucionais, como a realizada no governo de Carlos Menem (1994). Trata-se de um desafio constante, nas democracias constitucionais, pois o uso recorrente de seu prestígio político, por lideranças populistas, para alterar a ordem existente incorre sempre em mudanças que facilitem as tomadas de decisões em seus governos, alterando procedimentos tidos como amarras, próprios dessas democracias constitucionais. As Constituições ou mudanças, construídas em função da popularidade de tais líderes, devem ser moldadas ao seu interesse e não o contrário, que seria uma das pedras de toque das democracias constitucionais.

Esses processos de luta política pela manutenção no poder, nos casos latino-americanos, ocorrem de maneiras diversas. Um exemplo constante apresentado foi o uso da popularidade e do poder político para aprovar reformas às Constituições prevendo mandatos mais longos ou novas regras para a sua reeleição, como ocorrido com Menem, Chávez, Fujimori, Evo e Correa. Trata-se de expediente típico de líderes populistas que, em sua maioria (mais de 50%), usam a reforma constitucional como instrumento político, pois, dentre as estratégias para empoderar o Poder Executivo, o aumento dos tempos dos mandatos presidenciais é recorrente.

A identificação das elites a serem anuladas, no caso latino-americano, também pode ser constantemente percebida. No caso da rebelião forjada pelos populistas bolivarianos com o recurso retórico às elites corruptas e à necessidade de reformas legais e constitucionais para delas retirar força política pode ser notada em diversos momentos. As novas instituições criadas acabaram por apontar, mais uma vez, o fortalecimento excessivo do Poder Executivo. Foi também o caso dos populistas neoliberais, que, no caso de Fujimori, encerrou o funcionamento de tribunais, como o Tribunal de Garantias Constitucionais, ou com Menem, que, mediante lei, aumentou o número de juízes da Suprema Corte para obter maioria confortável que lhe desse apoio às medidas tomadas, e se aproveitou, ademais, da renúncia de dois magistrados, capturando a mais alta instância judicial e pavimentando o caminho para o exercício de um governo sem controle judicial de suas principais decisões, inclusive em âmbito eleitoral, como ocorrido no caso de Corrientes. Isso foi visto com Correa e sua relação omissiva quanto ao Tribunal Constitucional, com Chavez e a "tomada" da Corte Constitucional com Evo Morales e o domínio político dos processos de escolha para o Tribunal Constitucional Plurinacional e, novamente, foi percebido com AMLO e sua relação pouco republicana com a Suprema Corte, com Bukele e a captura do tribunal e com as seguidas tentativas ostensivamente afirmadas por Bolsonaro que, em que pese não ter podido chegar ao seu intento, conseguiu nomear um juiz "terrivelmente evangélico", como havia prometido aos seus seguidores.

No plano constitucional, a narrativa do povo e da sua participação pode aparecer não somente a partir do uso do recurso recorrente a consultas populares deliberativas (plebiscitos, referendos, *recall*), mas também com o recurso a assembleias constituintes para conquistar novo espaço para essas lideranças ou anular a oposição. O uso de representação popular em forma de poderes constituintes com função originária é recorrente. Percebe-se que os marcos constitucionais deixam de ser firmes, passam a ser fluidos e dependentes de novas decisões, tomadas em momentos nos quais os governos populistas se encontram com altas taxas de aprovação para realizar essas mudanças constitucionais, como ocorrido no Peru, de Fujimori, ou na Venezuela, de Chávez/Maduro, na Bolívia, de Morales, e no Equador, de Correa. Seja usando assembleias constituintes para alavancar seus projetos políticos, seja para anular a vitória eleitoral da oposição nas eleições anteriores, como no caso de Maduro (2017), o uso do poder constituinte é uma estratégia constante.

Outro expediente especialmente forte neste cenário são as consultas populares. Meios legítimos de participação popular e de fortalecimento do cidadão como ator político, transforma-se em ferramenta de reforço de posições políticas destas lideranças, de modo a enfraquecer partidos políticos e outros que integram o jogo político tradicional. Foi assim com AMLO, recentemente, que deixou de acionar a participação do Instituto Nacional Eleitoral (INE), em seis momentos: construção do Trem Maya, obra do Istmo de Tehuantepec, obras no aeroporto de Texcoco, construção de uma fábrica de cerveja, Refinaria Dos Bocas e, por fim, para investigar e processar ex-Presidentes. O mesmo aconteceu com Correa, quando das suas três consultas nacionais e várias regionais, para aprovar a realização de uma nova constituinte, no início do seu governo, visando a reforma da Constituição, e uma outra para corridas de touros, jogos de azar e aprovação de lei orgânica dos meios de comunicação, ou seja, um conjunto confuso de tema importantes e sem nenhuma importância a serem decididas ao mesmo tempo. Chávez usou do recurso em 1999, duas vezes para estabelecer uma constituinte e aprová-la, em 2004, sobre a sua permanência no Poder, em 2007 e 2009, para reformas constitucionais. Morales também o fez. A marca dos processos foi a tentativa, por parte destes governos, de manipular questões e procedimentos, de maneira a fortalecer suas próprias posições que, em sua quase totalidade, prevaleceu.

Aqui, une-se outra ferramenta típica dos populistas, relativa ao enfrentamento das instituições eleitorais, quando ainda mantém algum grau de independência. Evidente que, quando os processos eleitorais já estão capturados, o que pode ocorrer paulatinamente, em movimentos latentes de erosão democrática, é difícil vê-lo a partir de ações impactantes. No entanto, há casos em que esse processo ganha visibilidade, como o de Jair Bolsonaro que, desde a sua eleição, vem afirmando o descrédito nas instâncias eleitorais, seja dizendo que teria vencido o pleito no primeiro turno em 2018, se as eleições não fossem manipuladas, seja afirmando que o sistema de votação é fraudulento porque as urnas eletrônicas podem ser manipuladas, seja emitindo mensagens de baixo calão contra os juízes do Tribunal Superior Eleitoral. O mesmo ocorreu com AMLO, ao não reconhecer duas derrotas anteriores à presidência da República e realizar cinco consultas populares sem a participação do órgão eleitoral (INE); ou com Chávez, que compôs o Conselho Nacional Eleitoral com pessoas próximas do chavismo atuante, com isso, impondo-se eleitoralmente, e anulando direitos da oposição em atos contínuos.

Talvez o tema mais recorrente, em todos os governos populistas, tenha relação com a captura do Poder Judiciário. Se, por um lado, desde o processo de redemocratização latino-americana, dos anos 1980, promove-se a expansão do papel dos juízes, ampliando as instâncias independentes de jurisdição constitucional, por outro, os ataques ao Poder Judiciário estão em todas as lideranças analisadas. Desde Menem, com seu *court packing* da Suprema Corte, a AMLO, em função da sua proximidade política com o Presidente da Suprema Corte e apoio ostensivo ao projeto de aumento de mandato do referido juiz, a Chávez, por meio dos seus diversos ataques à Corte Constitucional e aos juízes, com a manutenção de milhares deles em situação precária para fragilizar sua independência, a Bolsonaro, ao desqualificar os juízes do Supremo Tribunal Federal e do Tribunal Superior Eleitoral, ou Evo Morales e a captura do Tribunal Constitucional Plurinacional, apesar de sua eleição direta para composição, com Menem e o aumento do número de juízes da Suprema Corte ou Fujimori com o fechamento do Tribunal de Garantias Constitucionais e a captura do novo Tribunal Constitucional. Anular a força política do Poder que não exige votos para sua composição, que tem natureza contramajoritária na sua essência, é nota marcante de todos os líderes populistas analisados.

O processo de captura das instâncias de controle, judiciais ou administrativas, tem, nas Cortes constitucionais, um cenário marcante, no qual as estratégias de proteção fundadas nas mudanças de interpretação da Constituição para prestigiar o poder político em exercício apontam para a erosão democrática. Algumas delas, rumorosas, foram significativas justamente por tratarem do aumento do direito à reeleição de governantes em exercício. Alguns casos ganharam espaço na história constitucional regional: o da Bolívia, sob a liderança de Evo Morales, e do Equador, ao tempo de Rafael Correa e de Fujimori, no Peri. No Equador, a força política do Presidente, em detrimento do previsto no artigo 441 da Constituição, permitiu instituir a reeleição indefinida. Na Bolívia, em contradição com a própria Constituição de 2009, que limitava a reeleição a um mandato subsequente, uma lei cuja constitucionalidade foi aceita pelo Tribunal Constitucional Plurinacional acabou permitindo ao então Presidente Morales concorrer a um terceiro mandato consecutivo. No Peru, após a anulação da decisão do Tribunal Constitucional que proibia a reeleição do Presidente, promoveu-se a destituição política dos três juízes que haviam anteriormente votado contra a permissão de um novo mandato para Fujimori.

Importante compreender, também, que os contextos de desigualdade na região facilitam o avanço dos populismos. Assim, o crescimento da desigualdade social e econômica, que afeta grande parte dos latino-americanos, estimula o aumento da desconfiança na democracia constitucional e seus diálogos e se traduz em ferramenta argumentativa para o avanço dos populismos e seu consequente sucesso, fundado em simplificações dos problemas nacionais e no uso de narrativas cativantes (*catchy*) como meio de usar a emoção e engajar seus seguidores. O recurso às redes sociais e à desinformação são essenciais, assim, para tal ímpeto. Nesse espectro, faz-se da narrativa de que as desigualdades são fruto de uma elite que se apropria de bens públicos em detrimento de promover a possibilidade de que sejam fruídos pelo povo, uma ferramenta para aumentar a polarização. Ainda que, como visto, as concepções populistas de povo sejam parciais e restritas, populistas as utilizam delas para não universalizar as políticas públicas, mas oferecê-las especialmente ao "seu povo". Se, por um lado, as desigualdades criam um cenário de desconfiança crescente nas políticas e nas instituições e passam a ser usadas como combustível antissistema para tais líderes, quando no poder, aprofundam tal realidade promovendo políticas públicas voltadas aos seus seguidores, o *povo verdadeiro*.

O *sistema* precisa ser reformado e estas narrativas buscam romper com tal corrupção mediante reformas, constitucionais ou legais, que também funcionam como meio de implementar seus programas, ainda que seja necessário romper com a Constituição e criar novas instituições políticas e sociais. Exemplos deste último expediente podem ser vistos a partir da criação de instâncias populares de cooperação com os governos e que tenham poder, algumas delas, de deliberação. Essa criação de instâncias de participação política com poder de deliberação, referida especialmente nos populismos "bolivarianos", mas adotadas em outros momentos, como no México, com os "Servidores da Nação" ou com os "Superdelegados do Bem-Estar", fixados na estrutura da Presidência e não na dos Ministérios, como ocorre usualmente, cumpre outra função, qual seja, a de enfraquecer as instâncias de intermediação da vontade popular, a exemplo dos partidos políticos e dos parlamentos. Significa que, se por um lado, essas instâncias aprofundam a participação política sem intermediação, o que, teoricamente, significa um avanço em termos democráticos, por outro, enfraquecem a intermediação feita pelos organismos próprios para essa finalidade (partidos políticos, mídias, universidades, etc.), que também desempenham um papel importante de controle, especialmente de lideranças apegadas a um legalismo limítrofe, autocrático, visando implementar suas decisões políticas de perfil contrário ao esperado de governantes em democracias constitucionais.

Outro aspecto interessante do avanço dos populismos, que se expandem em situações de aumento da desconfiança nas instituições democráticas, refere-se ao oportunismo despertado nos atores políticos tradicionais. A partir do avanço dos populismos como estratégia política, percebe-se que muitos daqueles que já participavam dos momentos políticos anteriores, inclusive tidos como parte de uma elite contra quem se deveria lutar para anulá-la, aderem ao modo populista de fazer política, sinalizando que os atores políticos também adotam uma mentalidade que pode aprofundar a erosão democrática das democracias constitucionais. Significa dizer que o oportunismo típico dos populistas e sua maleabilidade acabam contaminando a arena política, pavimentando um cenário cada vez mais composto por atores pouco dialogantes e cujos compromissos democráticos são cada vez mais estreitos. A crítica recorrente à democracia constitucional – de que é apolítica, universalista, ineficiente e despreza os aspectos internos em favor de questões internacionais não interessantes ao povo – aponta enfrentamentos com o constitucionalismo contemporâneo, de perfil democrático, voltado ao debate sobre questões ligadas à tolerância, inclusive política, ao pluralismo, e que viu no avanço das instituições internacionais um aspecto central para o controle do poder ultrapassar fronteiras em busca de espaços jurídicos nos quais governos autocráticos pudessem, mesmo capturando as instituições domésticas, passar pelo crivo de órgãos com maior independência.

A relação com os meios de comunicação é outro importante modo de se relacionar com uma instituição central nas democracias constitucionais. O recurso, por um lado, de aumentar o prestígio a determinados meios de comunicação aliados, e, por outro, reformar o marco legal para enfraquecer os independentes, além do uso da força para ameaçar empresas e jornalistas é recorrente. Estas estratégias podem girar em torno do uso de corrupção para "comprar" esses meios (Fujimori); reforma do marco legal para ampliar a mídia aliada e eliminar a independente (Chávez); ou favorecer economicamente os meios amplamente poderosos (Menem, em relação ao Grupo *Clarín*). Tratar a mídia de acordo com a sua proximidade com o governo é algo central nesses populismos. Significa impactar sensivelmente a liberdade de expressão e de imprensa, de maneira a restringi-las fortemente em prol de serem instrumentos voltados a bajular ou não permitir à imprensa desempenhar seu papel de órgão de controle característico das democracias constitucionais.

Mais recentemente, o uso das redes sociais e dos mecanismos de envio de mensagens vão se tornando instrumento de substituição da produção de conteúdo *checável* e oponível a uma quantidade ampla de material anônimo que circula em função das respostas emocionais que tais meios favorecem. Os casos das eleições de Bolsonaro e Bukele mostram o potencial que tais meios têm de explorar o desconhecimento mediante o uso recorrente da mentira como estratégia política e o recurso a uma produção profissional de conteúdos com amplo apelo a temas que carecem de racionalidade. O engajamento vai sendo feito em detrimento da racionalidade, gerando um paradoxo que não era natural para as democracias constitucionais, pois, em que pese se viver o período de maior circulação de informações que a humanidade conheceu, algo próprio da internet, os "porteiros" que se estabelecem, com seu poder de selecionar os destinatários das informações tornou o acesso a elas cada vez mais marcado pela pouca heterogenia. Mais informação e menos diversidade são as marcas dessa era de algoritmos poderosos e de pouca regulação de atores privados que se tornaram centrais para qualquer democracia.

Também os partidos políticos, como importantes organismos intermediários, são objeto de ação política de governos populistas. A percepção do impacto destes populistas nos partidos políticos revela como a participação popular, em democracias constitucionais, vai ficando cada vez mais fragilizada. Os partidos políticos, cada vez mais personalizados, tornam-se extensão de uma figura e perdem qualidade em sua democracia interna, tal o caso do MORENA, no México, com Andrés Manuel López Obrador e o Alianza PAIS, de Rafael Correa, dentre outros exemplos vistos. Ou no caso em que, desprezando-os, essas lideranças governam sem filiação partidária, como é o caso de Jair Bolsonaro que, durante a maior parte do seu mandato, por não ter conseguido capturar o partido político com o qual se elegeu (PSL), não esteve filiado a nenhum partido político. O mesmo pode ser dito sobre a relação entre Morales e o MAS, ou a apresentação como candidato independente ocorrida com Alberto Fujimori, que fundou um movimento (Vamos Vecino) e um partido político para as eleições presidenciais de 1990 (Cambio 90). Essa realidade de frágil institucionalização dos partidos políticos, oligarquização e de aumento da desconfiança popular em face dessas agremiações, facilitam sua fragilização e a sua personalização por políticos populistas, aumentando ainda mais a ausência de democracia interna para a escolha de candidatos ou de marginalização das instâncias partidárias.

As características acima elencadas revelam a existência de padrões nos governos populistas latino-americanos atestando que o tema, mais além das ideologias políticas e da realização de eleições periódicas, vem se tornando uma maneira de fazer política a atentar contra as bases das democracias constitucionais. Como visto, populismos surgem e vêm ressurgindo, de tempos em tempos, fomentando o sentimento de perda de centralidade da política plural como ferramenta de representação popular, mostrando que o processo de erosão democrática avança em uma região na qual a democracia e o constitucionalismo são projetos realizados parcialmente até o momento. Em que pese o largo período em que democracias se mantém funcionando, desde os anos 1980, que mais largo da história constitucional latino-americana, vê-se o crescimento do descrédito das democracias constitucionais aumentar, concomitantemente.

Esses temas, na arena internacional regional, também são percebidos, pois se verifica um padrão de ação política a ser referência para os governos populistas regionais. O "nacionalismo", na consecução de que eventuais instituições de controle devem ser resumir ao plano doméstico, sob uma leitura conservadora do Direito Internacional essencialmente fundado nos Estados nacionais, permite e fomenta que os mecanismos de *checks and balances* internacionais possam ser fragilizados e mais facilmente capturáveis por estas lideranças, Soma-se a isso a narrativa constantes de que haveria um movimento internacional ou outra forma conspirativa voltada a terminar com seu poder e se tem como resultado tentativas de abandono ou deslegitimação de tais instâncias.

Importante notar que esta arena internacional foi constituída não somente para resguardar o Estado de Direito e os direitos humanos, mas, principalmente, a democracia constitucional, como valor fundante dessas ordens jurídicas internacionais que devem ser adaptados ao direito doméstico como parte dos ordenamentos nacionais. Não é por outra razão que Fujimori e Chávez, Bolsonaro e Correa, Morales e outros se posicionaram, em algum momento de seus governos, contrariamente às instâncias internacionais de controle, em que pese seus respectivos Estados nacionais serem estados partes destes sistemas internacionais. É o caso de Correa, Morales e Chávez quando, da Assembleia em Cochabamba, uniram esforços para alterar o regimento da Comissão Interamericana buscando enfraquecê-la; ou a Venezuela de Chávez, que denunciou a Convenção Americana de Direitos Humanos, em 2012; ou o Peru, de Fujimori, que declarou à Corte Interamericana de Direitos Humanos que não mais se submetia à sua jurisdição, sem efetiva e formalmente, denunciar a Convenção Americana de Direitos Humanos ou formalizar o afastamento do ato de aceitação de tal jurisdição; ainda, as manifestações de Bolsonaro contra o Globalismo e a ONU.

Trata-se de mais um expediente no qual a suposta legitimidade democrática advinda do sufrágio, tão reiterada por estas lideranças para se firmarem como poder único decisório superior de modo, despreza outras fontes de legitimidade democrática, como a Constituição e seus arranjos contramajoritários, ou os tratados internacionais e a jurisprudência internacional criada a partir da sua aplicação. Essas lideranças populistas, então, acabam elegendo os organismos internacionais como seus inimigos, em função do seu potencial de constranger, juridicamente, e de inclusive reconhecer ilícitos internacionais cometidos por essas autoridades.

Por fim, o término de tais governos sempre se mostra traumático, sem o diálogo com outras lideranças surgidas ou atacando as instituições. Foi o caso de Fujimori, preso após término do seu mandato; de Correa, contra quem se expediu ordem de prisão, mas que se beneficiou de nacionalidade belga para não cumprir tal ordem, já no exterior; de Bolsonaro, fomentando uma crise constitucional que acabou levando aos eventos de 9 de janeiro de 2023.

Os populismos, surgidos na América Latina, continuam a existir e se transformar conforme as novas realidades políticas que vão se constituindo. Ainda que se esteja a viver um longo período de existência e resistência democráticas, a queda de apoio das democracias constitucionais inspira perigos e demanda cuidados. A última onda populista (populismo competitivo) referida indica que já não se vê indicação ideológica entre tais presidentes, como nas anteriores e que o modo de fazer política está ganhando terreno.

Por derradeiro, a obra aqui apresentada espera ter respondido à pergunta de pesquisa inicialmente proposta, abrindo espaço ao seu desenvolvimento, em futuras investigações, função precípua dos trabalhos acadêmicos que não se esgotam na sua escrita, mas levantam mais dúvidas e questões para novas reflexões.

REFERÊNCIAS BIBLIOGRÁFICAS

ABRANCHES, Sérgio. "Presidencialismo sob Bolsonaro é disfuncional". *Folha de S. Paulo*, 30 jun. 2019. Disponível em: https://www1.folha.uol.com.br/ilustrissima/2019/06/presidencialismo-sob-bolsonaro-e--disfuncional-diz-sergio-abranches.shtml. Acessado em: 20.03.2022.

ADINOLFI, Goffredo; GOULART, Mayra. "O desafio populista à democracia representativa: a Venezuela chavista e o movimento 5 estrelas". *Revista do Instituto de Ciências Sociais da Universidade de Lisboa*, vol. 53, nº 227, 2018.

ALBANESE, Susana. "La internacionalización del derecho constitucional y la constitucionalización del derecho internacional". *In*: ______ (Coord.). *El control de convencionalidad*. Buenos Aires: Ediar, 2008.

ALBRIGHT, Madeleine. *Fascism*: a warning. Nova York: Harper Collins, 2018.

ALIZADA, Nazifa *et al*. *Democracy Report 2021* – autocratization turns viral. Gothenburg: V-Dem Institute, mar. 2021. Disponível em: https://www.v-dem.net/media/filer_public/c9/3f/c93f8e74-a3fd-4bac-adfd-ee-2cfbc0a375/dr_2021.pdf. Acessado em: 12.12.2021.

ALMEIDA, Lucas Macedo. *Morales e o MAS*: a construção de uma nova Bolívia e o projeto de perpetuação no poder de seus dirigentes. Brasília: Universidade de Brasília, 2017 (Mestrado em Ciências Sociais).

ALTMAN, David. *Direct democracy worldwide*. Cambridge: Cambridge University Press, 2010.

AMAYA, Jorge Alejandro. *Democracia vs. Constitución*. Argentina: Astrea, 2012.

ANDERSON, Perry. *Linhagens do Estado Absolutista*. Trad. Renato Prelorentzou. São Paulo: Unesp, 2016.

ANDRADE, José Carlos Vieira de. *Os direitos fundamentais na Constituição Portuguesa de 1976*. 2ª ed. Coimbra: Almedina, 2001.

ANSALDI, Waldo; GIORDANO, Verónica. *América Latina*: tiempos de violência. Buenos Aires: Ariel, 2014.

APPLEBAUM, Anne. *Twilight of democracy*: the failure of politics and the parting of friends. Londres: Penguin, 2020.

ARATO, Andrew. "Populism, constitutional courts, and civil society". *In*: LANDFRIED, Christine. *Judicial power*: how constitutional courts affect political transformations. Cambridge: Cambridge University Press, 2019.

______. *Post sovereign constitution making*: learning and legitimacy. Oxford: Oxford University Press, 2016.

ARQUITETURA DA DESTRUIÇÃO. Direção: Peter Cohen, 1989. 1h50min.

ARTIOLI, Paula; BERTOLO, Mariana; GUSMÃO, Cristina; LUÍSE, Desirèe; TIMÓTEO, Ana Paula. "A regulamentação dos meios de comunicação na Venezuela". *Pluricom – Comunicação Integrada*, 2015. Disponível em: https://www.pluricom.com.br/forum/a-regulamentacao-dos-meios--de-comunicacao-na-venezuela. Acessado em: 20.03.2022.

AVRITZER, Leonardo. *Política e antipolítica*: a crise do governo Bolsonaro. São Paulo: Todavia, 2020.

AYALA CORAO, Carlos; CASAL, Jesús. "La evolución político-institucional de Venezuela 1975-2005". *Estudios Constitucionales*, Santiago, vol. 6, nº 2, 2008.

AYERBE, Luis Fernando. "Crise de hegemonia e emergência de novos atores na Bolívia: o governo de Evo Morales". *Lua Nova: Revista de Cultura e Política*, nº 83, 2011.

ÁZNAREZ, Juan Jesús. "La presidenta del Supremo venezolano dimite y da por enterrado el Estado de derecho". *El país*, Caracas, 1999.

BALDASSARRE, Antonio. *Los derechos sociales*. Bogotá: Universidad Externado, 2001.

BARBER, Nicholas. "Constitutionalism: negative and positive". *Dublin University Law Journal*, vol. 38, 2015.

BARBOSA, Letícia Cristina Bizarro. "Participação dos movimentos políticos no cenário político eleitoral no Equador". *Revista Espaço Acadêmico*, vol. 14, nº 163, 2014.

BASILIO, Iris Cintra; EHRHARDT JÚNIOR, Marcos. "Breves considerações sobre a atividade da imprensa e a liberdade de expressão após o julgamento da ADPF n. 130". *Revista de Direito Civil Contemporâneo* – RDCC, vol. 19, 2019.

BASTOS, Julia Pedroni Batista; OBREGÓN, Marcelo Fernando Quiroga. "Venezuela em crise: o que mudou com Maduro". *Derecho y Cambio Social*, Lima, vol. 52, 2018.

BECERRA, Martín; MARINO Santiago; MASTRINI Guillermo. "O processo de regulação democrática da comunicação na Argentina". *Revista Eletrônica de Comunicação, Informação e Inovação em Saúde*, Rio de Janeiro, vol. 4, nº 4, nov. 2010.

BERCOVICI, Gilberto. "Constituição e política: uma relação difícil". *Lua Nova: Revista de Cultura e Política*, São Paulo, nº 61, 2004.

BERNS, Thomas; ROUVROY, Antoinette. "Governamentalidade algorítmica e perspectivas de emancipação: o díspar como condição de individuação pela relação?" *In*: BRUNO, Fernanda *et al.* (Coord.). *Tecnopolíticas da vigilância*: perspectivas da margem. São Paulo: Boitempo, 2019 (*e-book*).

BEZERRA, André Augusto Salvador. "Políticas públicas de comunicação social e liberdade de expressão: os casos da Argentina, Bolívia, Equador e Venezuela". *Brazilian Journal of Latin American Studies*, vol. 11, nº 20, 2012.

BIDART CAMPOS, Germán José; HERRENDORF, Daniel. *Principios de derechos humanos y garantias*. Buenos Aires: Ediar, 1991.

BIONI, Bruno R. *Proteção de dados pessoais*: a função e os limites do consentimento. Rio de Janeiro: Forense, 2019.

BIROLI, Flávia. "A mídia, a crise e o golpe". *Revista Dialética*, Salvador, vol. 8, ano 7, mar. 2017.

BLANCO-HERRERO, David; CALDERÓN, Carlos Arcila. "O panorama midiático na Venezuela: censura, confronto e crise". *Lumina*, vol. 13, nº 2, 2019.

BLOKKER, Paul. "Populist constitutionalism". *International Journal of Constitutional Law*, vol. 17, nº 2. Oxford: Oxford University Press, 2019.

BOBBIO, Norberto. *El futuro de la democracia*. Cidade do México: Fondo de Cultura Economica, 1986.

______. *Il futuro della democrazia*. Itália: Einaudi, 2014.

______. *Teoria generale della politica*. Torino: Einaudi, 1999.

BOBBIO, Norberto; MATTEUCCI, Nicola; PASQUINO, GianFranco. *Dicionário de Política*. Brasília: Universidade de Brasília, 1998.

BONAVIDES, Paulo. *Curso de Direito Constitucional*. São Paulo: Malheiros, 2000.

______. *Do Estado Liberal ao Estado Social*. 6ª ed. São Paulo: Malheiros, 1996.

BONILLA, Daniel Maldonado *et al.* (Coord.). *Constitucionalismo del sur global*. Trad. Carlos Morales de Setién Ravina. Bogotá: Siglo del Hombre, 2015.

BRADSHAW, Samantha; BAILEY, Hannah; HOWARD, Philip N. "Industrialized Disinformation, 2020. Global Inventory of Organized Social Media Manipulation". *Oxford Internet Institute*, jan. 2021. Disponível em: https://comprop.oii.ox.ac.uk/wp-content/uploads/sites/127/2021/02/CyberTroop-Report20-Draft9.pdf. Acessado em: 15.03.2021.

BRANDÃO, Rafael Vaz da Motta. "Reformas neoliberais na América Latina". *Aedos*, Porto Alegre, vol. 9, nº 21, dez. 2017.

BRESSER-PEREIRA, Luiz Carlos. *Do antigo ao novo desenvolvimentismo na América Latina*. 2010. Disponível em: http://bresserpereira.org.br/papers/2010/10.01.Do_velho_novo_desenvolvimentismo.CCF.pdf. Acessado em: 10.12.2021.

BRUCE, Mariana. "Movimentos sociais e bolivarianismo". *Boletim do Tempo Presente*, nº 7, 2013.

BUGARIC, Bojan. "The two faces of populism: between authoritarian and democratic populism". *German Law Journal*, Frankfurt, vol. 20, 2019.

BUITRAGO, Deisy; PONS, Corina. "La batalla política en Venezuela también se libra en la televisión". *Reuters*, mai. 2017.

CABO MARTÍN, Carlos de. *Teoría constitucional de la solidariedad*. Madrid: Marcial Pons, 2006.

CAENAGEM, Raoul C. Van. *Uma introdução histórica do Direito Constitucional ocidental*. Lisboa: Fundação Calouste Gulbekian, 1996.

CALDERÓN, Fernando; CASTELLS, Manuel. *A nova América Latina*. Rio de Janeiro: Zahar, 2021.

CALIXTO, Angela Jank; CONCI, Luiz Guilherme Arcaro. "Pluralismo Jurídico e Justiça Indígena: propostas para a nova Constituição Chilena". *Estudios constitucionales*, vol. 20, 2022.

CALIXTO, Angela Jank; CONCI, Luiz Guilherme Arcaro. "Pluralismo Jurídico y Justicia Indígena: propuestas para la nueva Constitución Chilena". *Estudios constitucionales*, vol. 20, nº especial, 2022.

CALMON, Pedro. *Curso de Direito Constitucional brasileiro*. Rio de Janeiro: Freitas Bastos, 1947.

CAMPILONGO, Celso Fernandes. "Os desafios do Judiciário: um enquadramento teórico". *In*: FARIA, José Eduardo. *Direitos humanos, direitos sociais e justiça*. São Paulo: Malheiros, 2002.

______. *Direito e democracia*. São Paulo: Max Limonad, 2000.

______. *Governo representativo versus governo dos juízes*: a autopoiese dos sistemas político e jurídico. Belém: UFPA, 1998.

CAPLAN, Robyn; BOYD, Danah. "Who controls the public sphere in an era of algorithms? Mediation, automation, power". *Data & Society*, 13 mai. 2016. Disponível em: https://datasociety.net/pubs/ap/MediationAutomationPower_2016.pdf. Acessado em: 14.05.2020.

CARPIZO, Jorge. "Tendencias actuales del constitucionalismo latino-americano". *In*: CARBONNEL, Miguel; CARPIZO, Jorge; ZOVATTO, Daniel (Coord.). *Tendencias del Constitucionalismo en Iberoamérica*. México: Universidad Nacional Autónoma de México, 2009.

CARVALHO, Daniel. "Eu sou a Constituição, diz Bolsonaro ao defender a democracia e liberdade um dia após ato pró-golpe militar". *Folha de S. Paulo*, 20 abr. 2020. Disponível em: Algumas considerações sobre a solidariedade e a cidadania". *Boletim da Faculdade de Direito da Universidade de Coimbra*, Coimbra, 1999.

______. "Algumas reflexões críticas sobre os direitos fundamentais". *In*: ______. *Algumas considerações sobre a solidariedade e a cidadania*. Coimbra: Boletim da Faculdade de Direito da Universidade de Coimbra, 1999.

CASTELLS, Manuel. *O poder da comunicação*. Rio de Janeiro: Paz e Terra, 2017.

______. *Ruptura*: a crise da democracia liberal. Trad. Joana Angélica d'Avila Melo. São Paulo: Zahar, 2019.

CASTELLS, Manuel; CALDERON, Fenando. *A nova América Latina*. São Paulo: Zahar, 2021.

CASTILLO ARTAHONA, Sthefania de San Martin. *Censura na Venezuela*: como jornalistas do país usam o Twitter para reportar a crise democrática. Rio Grande do Sul: UFRGS, 2019 (Trabalho de Conclusão de Curso).

CAVALLO, Gonzalo Aguilar. "¿Surgimiento de un derecho constitucional común en América? (Parte II)". *Revista Derecho del Estado*, Bogotá, nº 26, 2011.

CEJIL. *¿Que pasó en la Asamblea General de Cochabamba?* Disponível em: https://www.cejil.org/es/que-paso-asamblea-general-cochabamba. Acessado em: 13.05.2021.

CHAVEZ, Rebecca Bill; FEREJOHN, John A.; WEINGAST, Barry R. "A theory of the politically independent judiciary". *Courts in Latin America*, vol. 219, 2011.

CHEIBUB, José Antonio; ELKINS, Zachary; GINSBURG, Tom. "Latin American presidentialism in comparative and historical perspective". *Texas Law Reveview*, vol. 89, 2010.

CIDH. "Institucionalidad democrática, estado de derecho y derechos humanos en Venezuela". *Informe de país aprobado por la Comisión Interamericana de Derechos Humanos*, 31 dez. 2017. Disponível em: http://www.oas.org/es/cidh/informes/pdfs/venezuela2018-es.pdf. Acessado em: 20.03.2022.

______. "La expresión *Leyes* en el artículo 30 de la Convención Americana sobre Derechos Humanos". *Opinión Consultiva OC-6/86 de 9 de mayo de 1986*, Serie A, nº 6, 1986. Disponível em: https://www.corteidh.or.cr/docs/opiniones/seriea_06_esp.pdf. Acessado em: 20.03.2022.

______. "La figura de la reelección presidencial indefinida en Sistemas Presidenciales en el contexto del Sistema Interamericano de Derechos Humanos". *Opinión Consultiva OC-28/21 de 7 de junio de 2021*, Serie A, nº 28, 2021. Disponível em: https://www.corteidh.or.cr/docs/opiniones/seriea_28_esp.pdf. Acessado em: 10.02.2022.

______. *Caso Castañeda Gutman vs. Estados Unidos Mexicano*. Sentença de 6 de agosto de 2008. Disponível em: https://www.corteidh.or.cr/docs/casos/articulos/seriec_184_esp.pdf. Acessado em: 19.03.2022.

______. *Caso Chitay Nech e outros vs. Guatemala*. Sentença de 25 de maio de 2010 (exceções preliminares, mérito, reparações e custas). Disponível em: https://www.corteidh.or.cr/docs/casos/articulos/seriec_212_por.pdf. Acessado em: 12.03.2022.

______. *Caso Chocrón Chocrón vs. Venezuela*. Sentença de 01 de julho de 2011. Disponível em: https://corteidh.or.cr/docs/casos/articulos/seriec227esp.pdf. Acessado em: 20.03.2022.

______. *Caso Gelman vs. Uruguay*. Sentença de 24 de fevereiro de 2011. Trad. Conselho Nacional de Justiça. Disponível em: https://www.cnj.jus.br/wp-content/uploads/2016/04/09b4d396111fe41e886a744a9f8753e1.pdf. Acessado em: 12.02.2022.

______. *Caso Granier y Otros (Radio Caracas Televisión) vs. Venezuela*. Sentença de 22 de junho de 2015 (exceções preliminares, mérito, reparações e custas). Disponível em: https://www.corteidh.or.cr/docs/casos/articulos/seriec_293_esp.pdf. Acessado em: 20.03.2022.

______. *Caso Ivcher Bronstein vs. Peru*. Sentença de 06 de fevereiro de 2001. Disponível em: https://www.corteidh.or.cr/docs/casos/articulos/Seriec_74_esp.pdf. Acessado em: 20.03.2022.

______. *Caso Loayza Tamayo vs. Peru*. Sentença de 17 de setembro de 1997. Disponível em: https://www.corteidh.or.cr/docs/casos/articulos/seriec_33_esp.pdf. Acessado em: 10.02.2022.

______. *Caso López Lone y otros vs. Honduras*. Sentença de 5 de outubro de 2015. Disponível em: https://www.corteidh.or.cr/docs/casos/articulos/seriec_302_esp.pdf. Acessado em: 19.03.2022.

______. *Caso San Miguel Sosa y otras vs. Venezuela*. Sentença de 8 de fevereiro de 2018. Disponível em: https://www.corteidh.or.cr/docs/casos/articulos/seriec_348_esp.pdf. Acessado em: 10.03.2022.

______. *Caso Tribunal Constitucional vs. Peru*. Sentença de 31 de janeiro de 2001. Disponível em: https://www.corteidh.or.cr/docs/casos/articulos/Seriec_71_esp.pdf. Acessado em: 20.03.2022.

______. *Caso Yatama vs. Nicarágua*. Sentença de 23 de junho de 2005. Trad. Conselho Nacional de Justiça. Disponível em: https://www.cnj.jus.br/

wp- content/uploads/2016/04/b3b2dcefe29f27b2984178160015c3ba.pdf. Acessado em: 19.03.2022.

______. *Opinión Consultiva OC-1/82 del 24 de setiembre de 1982*. Disponível em: https://www.corteidh.or.cr/docs/opiniones/seriea_01_esp1.pdf. Acessado em: 17.01.2023.

______. *Resolución n. 12/2021 - Medidas cautelares n. 1051-2034*: miembros identificados del periódico digital El Faro respecto de El Salvador. 4 fev. 2021. Disponível em: http://www.oas.org/es/cidh/decisiones/pdf/2021/res_12-2021_mc-1051-20_es.pdf. Acessado em: 16.12.2022.

COELHO, André Luiz; SANTOS, Vinicius. "Política externa e partidos políticos no Equador em três tempos: redemocratização, crise e realinhamento". *Conexão Política*, Teresina, vol. 6, nº 1, 2017.

COLLIER, David; LEVITSKY, Steven. "Democracy with adjectives: conceptual innovation in comparative research". *World Politics*, Cambridge, vol. 3, nº 49, abr. 1997.

COLOMBIA. "Sentencia de la Corte Constitucional de 5 de junio de 2008". *Revista Diálogos Jurisprudenciales*, nº 7, jul.-dez. 2009. Corte Interamericana de Derechos Humanos. Instituto Interamericano de Derechos Humanos. Instituto de Investigaciones Jurídicas Universidad Nacional Autónoma de México. Fundación Konrad Adenauer México, 2010.

COMPARATO, Fábio Konder. "Fundamentos dos direitos humanos". In: MARCÍLIO, Maria Luiza; PUSSOLI, Lafaiete. *Cultura dos direitos humanos*. São Paulo: LTR, 1998.

CONCI, Luiz Guilherme Arcaro (Coord.). *O Direito Público em tempos pandêmicos*: 9 países, 11 trabalhos e uma porção de inquietudes. 1ª ed. São Paulo: Tirant Lo Blanch, 2020.

______. "Impacto de la pandemia por COVID-19 en la federación brasileña: descentralización de la disfuncionalidad". *Opinion Juridica*, 2020.

______. "Integração em perspectiva substancial na América Latina: os direitos humanos como instrumentos de aproximação de ordens internacionais e nacionais". *Revista Latino-Americana de Estudos Constitucionais*, vol. 16, 2014.

______. "Mercosur, Integracion Regional y Derechos Humanos en un Processo Multinivel". *Estudios Constitucionales*, vol. 13, 2015.

______. "O Constitucionalismo brasileiro como parte do Constitucionalismo Latino-Americano Contemporâneo: algumas reflexões sobre os últimos 40 anos". *Revista Direito UFMS*, vol. 4, 2018.

______. "O Controle de Convencionalidade como Parte de um Constitucionalismo Transnacional Fundado na Pessoa Humana". *Revista de Processo*, vol. 232, 2014.

______. "La recente destituzione di Pedro Castillo (Peru) come riflesso dell'indebolimento della democrazia costituzionale in America Latina". *DPCE Online*, vol. 55, nº 4, 2023.

CONCI, Luiz Guilherme Arcaro; CARDOSO, João Vitor. "Jurisdição indígena e pluralismo jurídico na América Latina: estudo de caso sobre a justiça Waiwai". *Revista Brasileira De Políticas Públicas*, vol. 9, 2019.

CONCI, Luiz Guilherme Arcaro; CAVALLO, Gonzalo Aguiar; TAPIA, Manuel Bermúdez; MENDIETTA, David; GARAT, Paula; HERRERA, Gloria Algarín. *El Control De Convencionalidad*: Ius Constitutionale Commune Y Diálogo Judicial Multinivel Latinoamericano. 1ª ed. Valencia: Tirant Lo Blanch, 2021.

CONCI, Luiz Guilherme Arcaro; DIAS, Roberto (Coord.). *Crise das Democracias Liberais*: perspectivas para a separação dos Poderes e os Direitos Fundamentais. 1ª ed. Rio de Janeiro: Lumen Juris, 2019.

CONCI, Luiz Guilherme Arcaro; FACHIN, Melina Girardi (Coord.). "Erosão Democrática e Riscos aos Direitos Sociais na América Latina". *Instituto Memória*, Curitiba, 1ª ed. vol. 1, 2021.

CONCI, Luiz Guilherme Arcaro; FACHIN, Melina Girardi. "A progressiva superação da regulação do crime de desacato na América Latina: diálogos entre o doméstico e o internacional". *Revista Brasileira de Políticas Públicas*, vol. 11, 2021.

CONCI, Luiz Guilherme Arcaro; FIGUEIREDO, Marcelo (Coord.). *Constitucionalismo Multinível e Pluralismo Jurídico*. 1ª ed. São Paulo: Lumen Juris, 2017.

CONCI, Luiz Guilherme Arcaro; LEITE, Glauco Salomão. "De árbitro a arquiteto: Como o ativismo judicial pode redefinir o federalismo brasileiro?" *Anuário de derecho constitucional latinoamericano*, vol. 1, 2020.

CONCI, Luiz Guilherme Arcaro; LOPES, José Guilherme Maia. "Processos de Escolha Política, Mediação Anti-democrática e Ambientes Digitais". *Revista Direito Público*, vol. 18, 2021.

CONCI, Luiz Guilherme Arcaro; MARCONI, Cláudia (Coord.). *Crise das Democracias Liberais*: um olhar internacional a partir do Sul Global. 1ª ed. São Paulo: Tirant Lo Blanch, 2021.

CONCI, Luiz Guilherme Arcaro; MEZZETTI, Lucca (Coord.). "Diálogo Entre Cortes". *Universidade Externado de Colômbia*, Bogotá, vol. 1, 2016.

CORONEL, Gustavo R. "A crise venezuelana – o que os Estados Unidos e os países da região podem fazer". *Military Review*, vol. 72, 2017. Disponível em: https://historiapt.info/pars_docs/refs/4/3941/3941.pdf. Acessado em: 20.03.2022.

CORTEZ SALINAS, Josafat. "El Tribunal Constitucional Plurinacional de Bolivia: cómo se distribuye el poder institucional". *Boletín Mexicano de Derecho Comparado*, vol. 47, nº 139, 2014.

COSTA, Emília Viotti da. *O Supremo Tribunal Federal e a construção da cidadania*. São Paulo: IEJE, 2001.

CRISTOVAM, Thaiane Correa; CASTRO, Ricardo Silveira. "Democratização do Tribunal Constitucional? Limites e possibilidades a partir da experiência constitucional boliviana de 2009". *Revista de Teorias da Democracia e Direitos Políticos*, vol. 5, nº 2, 2019.

CUNHA FILHO, Clayton Mendonça. "Do confronto à cooptação? As tensas relações entre empresariado e governo Evo Morales, na Bolívia". *Elites empresariais, Estado e mercado na América Latina*, vol. 132, 2018.

CUNHA FILHO, Clayton Mendonça; SANTAELLA GONÇALVES, Rodrigo. "The national development plan as a political economic strategy in Evo Morale's Bolivia: accomplishments and limitations. Latin American Perspectives". *SAGE Publications*, vol. 37, nº 4, 2010.

DA EMPOLI, Giuliano. *Os engenheiros do caos*: como as *fake news*, as teorias da conspiração e os algoritmos estão sendo utilizados para disseminar ódio, medo e influenciar eleições. Belo Horizonte: Vestígio, 2019.

DAHL, Robert. *Sobre a democracia*. Brasília: UNB, 2001.

DANN, Philipp; RIEGNER, Michael; BÖNNEMANN, Maxim. *The Southern Turn in Comparative Constitutional Law*: an introduction. Oxford: Oxford Scholarship Online, 2020.

DÁVILA, Francisco Rhon *et al.* "Polarizaciones populistas em las Américas". *Ecuador Debate*, Equador, nº 112, abr. 2021. Disponível em: https://

repositorio.flacsoandes.edu.ec/bitstream/10469/17480/1/REXTN-ED-112-09-Olvera.pdf. Acessado em: 20.03.2022.

DE LA TORRE, Carlos. "Global populism: histories, trajectories, problems, and challenges". *In*: ______. *Routledge Handbook of Global Populism*. Londres: Routledge, 2018.

______. "Populism in Latin America". *The Oxford Handbook of Populism*, Oxford, 2017.

______. "Populismo radical y democracia en los Andes". *Journal of Democracy en Español*, vol. 1, nº 1, 2009.

______. "Populismos autocráticos messiânicos na história recente das Américas". *Revista ECO-Pós*, vol. 22, nº 2, out. 2019.

______. "Redentores populistas en el neoliberalismo: nuevos y viejos populismos latinoamericanos". *Revista Española de Ciencia Política*, 2001.

______. *Populisms*: a quick immersion. Nova York: Tibidabo, 2019.

DE LA TORRE, Carlos; ORTIZ LEMOS, Andrés. "Populist polarization and the slow death of democracy in Ecuador". *Democratization*, vol. 23, nº 2, 2016.

DE VEGA, Pedro. *La reforma constitucional y la problemática del poder constituyente*. Madrid: Tecnos, 2007.

DE LUCAS, Javier. *El concepto de solidaridad*. México: Fontamara, 1993.

DECLARAÇÃO dos Direitos do Homem e do Cidadão, 1789. Disponível na Biblioteca Virtual de Direitos Humanos da Universidade de São Paulo (USP), 2015.

DECLARACIÓN DE PRINCIPIOS DE MORENA. Disponível em: https://lopezobrador.org.mx/wp-content/uploads/2013/02/Declaracion-de-Principios-MORENA.pdf. Acessado em: 17.03.2022.

DEL RÍO, Andrés. "O Poder Executivo e o controle judicial na Argentina". *Cadernos de Sociologia e Política*, Fórum dos Alunos do IUPERJ, 2008.

DINIZ, Marcio Augusto de Vasconcelos. "Estado social e princípio da solidariedade". *Revista de Direitos e Garantias Fundamentais*, nº 3, 2008.

DW MADE FOR MINDS. "Denuncian 'grave deterioro' de libertad de prensa en El Salvador". *DW Made for minds*, 30 set. 2020. Disponível em: https://www.dw.com/es/denuncian-grave-deterioro-de-libertad-de-prensa-en-el-salvador/a-55098910. Acessado em: 20.03.2022.

ELLNER, Steve. "Hugo Chávez y Alberto Fujimori: análisis comparativo de variantes de populismo". *Revista Venezolana de Economía y Ciencias Sociales*, vol. 10, nº 1, 2004.

ELSTER, Jon. *Alchemies of the mind*: rationality and the emotions. Cambridge: Cambridge University Press, 1999.

EMPOLI, Giuliano da. *Os engenheiros do caos*: como as *fake news*, as teorias da conspiração e os algoritmos estão sendo utilizados para disseminar ódio, medo e influenciar eleições. Trad. Arnaldo Bloch. São Paulo: Vestígio, 2020.

ENGELMANN, Fabiano; BANDEIRA, Julia Veiga Vieira Mancio. "Recrutamento e autonomia do poder judicial na América Latina: um estudo comparado entre Argentina, Brasil, Chile e Colômbia". *Revista de Ciências Sociais*, vol. 60, nº 4, out.-dez. 2017. Disponível em: https://www.scielo.br/j/dados/a/vmSJv68Tc3WZLZMhbrhtJdC/abstract/?lang=pt. Acessado em: 20.03.2022.

ENGELMANN, Fabiano; BANDEIRA, Júlia Veiga Vieira Mancio; PERDOMO, Rogélio Peres. "Elites judiciais e independência do Poder Judiciário na América Latina: uma proposta de análise". *VIII Congresso Latinoamericano de Ciência Política*, Perú, 22-24 jul. 2015.

ESCALANTE, Rodolfo Piza. "El valor del derecho y la jurisprudencia internacionales de derechos humanos en el derecho y la justicia internos: el ejemplo de Costa Rica". *In*: ZAMUDIO, Héctor Fix. *Liber Amicorum*. vol. I. San José: CIDH, 1998.

ESPIELL, Héctor Gros. "El constitucionalismo latinoamericano y la codificación en el siglo XIX". *Anuario Iberoamericano de Justicia Constitucional*, nº 6, 2002.

ESTADÃO. "O Kirchenerismo na Argentina". *Estadão*. Disponível em: https://infograficos.estadao.com.br/internacional/kirchnerismo-na-argentina/capitulo-1.php. Acessado em: 20.03.2022.

FARRELL, Henry; SCHNEIER, Bruce. "Common-knowledge attacks on democracy". *Berkman Klein Center Research Publication*, nº 2018-7, out. 2018. Disponível em: https://papers.ssrn.com/sol3/Delivery.cfm/SSRN_ID3273111_code727672.pdf. Acessado em: 20.04.2020.

FERREIRA DA ROCHA, Silvio Luis. "El Juez, la construcción de los hechos y el estado de excepción: un análisis del caso Lula". *Derechos En Acción*, vol. 7, 2018.

FIGUEIREDO, Marcelo. "Os desafios do Direito Constitucional brasileiro: continuar a ser um instrumento efetivo de cidadania". *Revista Latino-Americana de Estudos Constitucionais*, nº 1. São Paulo: Del Rey, 2003.

______. *O Direito Constitucional Transnacional e algumas de suas dimensões*. Belo Horizonte: D'Plácido, 2019.

FINCHELSTEIN, Federico. "Para una historia global del populismo: rupturas y continuidades". *Conhecer: debate entre o público e o privado*, vol. 10, nº 24, 2020.

______. *Do fascismo ao populismo na história*. Trad. Jaime Araújo. São Paulo: Almedina, 2019.

______. *Uma breve história das mentiras fascistas*. São Paulo: Vestígio, 2020.

FINKEL, Jodi. "Judicial reform in Argentina in the 1990s: how electoral incentives shape institutional change". *Latin American Research Review*, 2004.

FIORAVANTI, Maurizio. *Constitucíon*: de la antiguedad a nuestros días. Madrid: Trotta, 2001.

______. *El Estado moderno en Europa*: instituciones y derechos. Trad. M. Martínez Neira. Madri: Trotta, 2004.

______. "Costituzionalismo: percorsi della storia e tendenze attuali". *Giuseppe Laterza Figli Spa*, 2009.

FREIDENBERG, Flavia. "El flautista de Hammelin: liderazgo y populismo en la democracia ecuatoriana". *In*: DE LA TORRE, Carlos *et al.* *El retorno del pueblo*: populismo y nuevas democracias en América Latina. Equador: Ministério da Cultura, 2008.

GALEANO, Eduardo H. "Las palabras andantes". *Siglo XXI*, 2010.

GALSTON, William A. *Anti-pluralism*. Yale: Yale University Press, 2018.

GARCÍA, Jacobo. "Eleições em El Salvador colocam Nayib Bukele rumo ao poder absoluto". *El País*, 27 fev. 2021. Disponível em: https://brasil.elpais.com/internacional/2021-02-27/eleicoes-em-el-salvador-colocam-nayib-bukele-rumo-ao-poder-absoluto.html. Acessado em: 19.03.2022.

______. "Presidente de El Salvador: 'se eu quisesse, teria tomado o controle de todo o Governo'". *El País*, 10 fev. 2020. Disponível em: https://brasil.elpais.com/internacional/2020-02-10/presidente-de-el-salvador-se-eu-fosse-um-ditador-teria-tomado-o-controle-de-todo-o-governo.html. Acessado em: 20.03.2022.

GARGARELLA, Roberto. "Apuntes sobre el constitucionalismo latinoamericano del siglo XIX: una mirada histórica". *IUS, Revista del Instituto de Ciencias Jurídicas de Puebla*, nº 25, 2010.

______. "Injertos e rechazos: radicalismo politico y transplantes constitucionales en America". *In*: ______. *Teoría y crítica del derecho constitucional*. tomo I. Buenos Aires: Abeledo Perrot, 2010.

______. *Constitutionalism in the Americas*: a comparison between the U.S. 23 fev. 2018. Category: Monograph Chapter, 2018 (Monografia).

______. *La sala de máquinas de la Constitución*: dos siglos de constitucionalismo en América Latina (1810-2010). Buenos Aires: Katz, 2014.

GARLICKI, Lech. "Cooperation of courts: the role of supranational jurisdictions in Europe". *International Journal of Constitutional Law*, vol. 6, Issue 3-4, jul.-out. 2008.

GENTILE, Emilio. *Il fascinio del persecutore George L. Mosse e la catastrofe dell'uomo moderno*. 2ª ed. Roma: Carocci, 2018.

GIUFFRÈ, Felice. "I doveri di solidarietà sociale". *In*: BALDUZZI R.; CALVINO M.; GROSSO E.; LUTHER J. *I doveri costituzionali*: la prospettiva del giudice delle leggi. Torino: G. Giappichelli, 2006.

GODOY, Marcelo. "Investigações mostram como politica de Bolsonaro arma PCC". *Estado de São Paulo*, 25 jul. 2022. Disponível em https://www.estadao.com.br/politica/investigacoes-mostram-como-politica-de-bolsonaro-arma-o-pcc/. Acessado em: 14.12.2022.

GONÇALVES, Leandro Pereira; CALDEIRA NETO, Odilon. *O fascismo em camisas verdes*: do integralismo ao neointegralismo. São Paulo: FGV, 2020.

GOUVÊA, Carina Barbosa; BRANCO, Pedro H. Villas Bôas Castello. *Populismos*. Belo Horizonte: Casa do Direito, 2020.

GRATIUS, Susanne; RIVERO, Ángel. *Populismo y política exterior en Europa y America*. Madrid: Tecnos, 2021.

GRIJALVA JIMÉNEZ, Agustín; CASTRO-MONTERO, José-Luis. "La reelección presidencial indefinida en Venezuela, Nicaragua, Ecuador y Bolivia". *Estudios constitucionales*, vol. 18, nº 1, 2020.

GRIMAUDO, Pierangelo; CONCI, Luiz Guilherme Arcaro (Coord.). *I Direitti Sociali*: un dialogo Europa e America Latina. 1ª ed. Bolonha: Bonome, 2020.

GRIMM, Dieter. *Constitutionalism*: past, present, and future. Oxford: Oxford University Press, 2016.

HAWKINS, Kirk; KALTWASSER, Cristóbal *et al.* (Coord.). *The ideational approach to populism*: concept, theory, and analysis. Londres: Routledge, 2018.

HOBSBAWM, Eric. *A Era das Revoluções*: Europa 1789 – 1848. 19ª ed. São Paulo: Paz e Terra, 2005.

HUNTINGTON, Samuel P. *The third wave*: democratization in the late twentieth century. Norman: University of Oklahoma Press, 1991.

HUQ, Aziz; GINSBURG, Tom. "How to lose a constitutional democracy". *UCLA Law Review*, Chicago, 78, 2018.

______. *How to save a constitutional democracy*. Chicago: The University of Chicago Press, 2018.

INFORME LATINOBARÓMETRO. *Corporación Latinobarómetro*. 2018. Disponível em: https://www.latinobarometro.org/lat.jsp. Acessado em: 17.01.2023.

JACOBSOHN, Gary Jeffrey. "Constitutional identity". *The Review of Politics*, vol. 68, 2006.

JUDT, Tony. *Pensando o século XX*. São Paulo: Objetiva, 2014.

KALTWASSER, Cristóbal Rovira. "Dealing with populism on Latin America: lessons for Donald Trump's populist presidency in the United States". *In*: WEYLAND, Kurt; MADRID, Raul (Coord.). *When democracy Trumps populism*. European and Latin American Lessons for the United States. Nova York: Cambridge University Press, 2019.

KARAM, Vera; GODOY, Miguel. "Constitucionalismo e democracia: soberania e poder constituinte". *Revista Direito GV*, São Paulo, vol. 6, nº 1, 2010.

KELSEN, Hans. "Foundations of democracy". *Ethics*, vol. 66, nº 1, 1995.

______. *The essence and value of democracy*. Lanham/Maryland: Rowman & Littlefiled, 2013.

______. *Teoria pura do direito*. Trad. João Batista Machado. São Paulo: Martins Fontes, 1997.

KITZBERGER, Philip. "Giro para a esquerda, populismo e ativismo governamental na esfera". *In*: SORJ, Bernardo (Coord.). *Poder político e meios de comunicação*: da representação política ao *reality show*. Trad. Miriam Xavier. São Paulo: Paz e Terra, 2010.

KOSINSKI, Michal; STILLWELL, David; GRAEPEL, Thore. "Private traits and attributes are predictable from digital records of human behavior". *Proceedings of the National Academy of Sciences*, vol. 110, nº 15, 2013. Disponível em: https://www.pnas.org/content/110/15/5802. Acessado em: 22.07.2020.

KRAUSE, Rafaella da Rosa. *O que é discriminação institucional?* UFRGS: XXVIII Salão de Iniciação Científica da UFRGS, 2016.

KUMM, Mattias. "Constitutional democracy encounters international law: terms of engagement". *Public Law Research Paper*, nº 06-40, 2006.

______. "International law in national courts: the international rule of law and the limits of the internationalist model". *Virginia Journal of International Law*, vol. 44, 2003.

KUNTZ, Rolf; FARIA, José Eduardo. *Qual o futuro dos direitos?* Estado, mercado e justiça na reestruturação capitalista. São Paulo: Max Limonad, 2002.

KYLE, Jordan; MOUNK, Yascha. "The populist harm to democracy: an empirical assessment". *Tony Blair Institute for Global Change*, 2018.

LA PRENSA GRAFICA. "SIP condena censura ejercida por Gobierno de Bukele hacia medios de comunicación". *La Prensa Gráfica*, 29 set. 2020. Disponível em: https://www.laprensagrafica.com/elsalvador/SIP-condena-censura-ejercida-por-Gobierno-de-Bukele-hacia-medios--de-comunicacion-20200929-0050.html. Acessado em: 20.03.2022.

LA ROCHE, Humberto J. "Veinticinco años de evolución en la organización política y constitucional de Venezuela". *In*: VALDIVIA, Gerardo Gil; TAPIA, Jorge A. Chávez (Coord.). *Evolución de la organización político-constitucional en América Latina*. vol. 2. México: Universidad Nacional Autônoma do México, 1979.

LACLAU, Ernesto. *On populist reason*. Londres: Verso, 2005.

LAFER, Celso. *A internacionalização dos direitos humanos*: Constituição, racismo e relações internacionais. São Paulo: Manole, 2005.

LAGOS, Marta. "El fin de la tercera ola de democracias". *Informe Latinobarómetro*, Santiago de Chile, 2018. Disponível em: http://www.latinobarometro.org/latdocs/Annus_Horribilis.pdf. Acessado em: 05.12.2021.

LAGUNA, Mauricio I. Dussauge; ARÉVALO, Marcela Rubí Aguilar. "Populismo, retrocesos democráticos y administraciones públicas: la experiencia de México durante la primera mitad del gobierno de Andrés Manuel López Obrador". *Estado, Gobierno y Gestión Pública*, nº 36, 2021.

LANDA, César. "Sentencias fundamentales del Tribunal Constitucional Peruano". *In*: BAZÁN, Víctor; NASH, Claudio (Coord.). *Justicia constitucional y derechos fundamentales*: aportes de Argentina, Bolívia, Brasil, Chile, Peru, Uruguay y Venezuela, 2009. Montevideu: Programa Estado de Derecho de la Fundación Konrad Adenauer y Centro de Derechos Humanos de la Facultad de Derecho de la Universidad de Chile, 2010.

______. *Tribunal Constitucional y Estado Democrático*. Lima: Palestra, 2003.

LARA, Maria Josefa Rubio. "Los fundamentos políticos del Estado de bienestar". *Revista de Ciências Sociales, Sistema*, nº 107. Madrid: Fundación Sistema, 1992.

LASKI, Harold J. *O liberalismo europeu*. São Paulo: Mestre Jou, 1973.

LAURENTIS, Lucas de; CONCI, Luiz Guilherme Arcaro. "Ao lado de quem estamos na América Latina? O isolamento do Brasil na manutenção do crime de desacato". *Revista Direito UFMS*, vol. 7, 2022.

LEDESMA, Héctor Faúndez. "El agotamiento de los recursos internos: en el sistema interamericano de protección de los derechos humanos". *Revista IIDH*, nº 46, 2007.

LEVITSKY, Steven; MURILLO, Maria Victoria. "Argentina: from Kirchner to Kirchner". *Journal of Democracy*, vol. 19, nº 2, 2008.

LEVITSKY, Steven; WAY, Lucan A. "Elections without democracy: the rise of competitive authoritarianism". *Journal of Democracy*, vol. 13, nº 2, abr. 2002.

LEVITSKY, Steven; ZIBLATT, Daniel. *Como as democracias morrem*. Rio de Janeiro: Zahar, 2018.

LIMA, Daniela; ARBEX, Thais. "Cúpula do Judiciário vê ameaças de Bolsonaro como 'declaração de guerra': em discurso para apoiadores em São Paulo, Presidente afirmou que irá descumprir ordens que venham do Ministro Alexandre de Moraes". *CNN Brasil*, 7 set. 2021. Disponível em: https://www.cnnbrasil.com.br/politica/

cupula-do-judiciario-ve-ameacas-de-bolsonaro-como-declaracao-de--guerra/. Acessado em: 20.03.2022.

LIMONGI, Fernando. "Presidencialismo do desleixo". *Revista Piauí*, edição 158, nov. 2019. Disponível em: https://piaui.folha.uol.com.br/materia/presidencialismo-do-desleixo/. Acessado em: 20.03.2022.

LOEWENSTEIN, Karl. "Autocracy *versus* democracy in contemporary Europe". *American Political Science Review*, vol. 29, nº 4, 1935.

LOMBARDI, Guido. *Contributo allo studio dei doveri costituzionali*. Milano: Giuffré, 1967.

LOPES, José Reinaldo de Lima. "A função política do Poder Judiciário". *In*: FARIA, José Eduardo (Coord.). *Direito e justiça*: a função social do Judiciário. 3ª ed. São Paulo: Ática, 1997.

______. "Direito subjetivo e direitos sociais: o dilema do Judiciário no Estado Social de Direito". *In*: FARIA, José Eduardo. *Direitos humanos, direitos sociais e justiça*. São Paulo: Malheiros, 2002.

LÓPEZ DURÁN, Rosalío. "La austeridad: entre el discurso político y la realidad en contextos de crisis". *Revista de la Facultad de Derecho de México*, vol. 70, nº 278-1, 2020.

LOPEZ MAYA, Margarita. "Venezuela: Hugo Chávez y el bolivarianismo". *Revista Venezolana de Economía y Ciencias Sociales*, Caracas, vol. 14, nº 3, dez. 2008. Disponível em: http://ve.scielo.org/scielo.php?script=sci_arttext&pid=S1315-64112008000300005&lng=es&nrm=iso. Acessado em: 20.03.2022.

LUGATO, Monica. "Sulla sussidiarietà in diritto internazionale". *Archivio Giuridico Filippo Serafini*, vol. 230, 2011.

LÜHRMANN, Anna; MAERZ, Seraphine F.; GRAHN, Sandra; ALIZADA, Nazifa; GASTALDI, Lisa; HELLMEIER, Sebastian; HINDLE, Garry; LINDBERG, Staffan I. "Autocratization surges – resistance grows". *Democracy Report 2020*. Gothenburg: V-Dem Institute, mar. 2020. Disponível em: https://www.v-dem.net/media/filer_public/de/39/de39af54-0bc5-4421-89ae-fb20dcc53dba/democracy_report.pdf. Acessado em: 19.03.2022.

MAC-GREGOR, Eduardo Ferrer. "El control difuso de convencionalidad en el Estado Constitucional". *Biblioteca Virtual del Instituto de Investigaciones Jurídicas de la UNAM*. Disponível em: http://biblio.juridicas.unam.mx/libros/6/2873/9.pdf. Acessado em: 16.12.2022.

MADRID, Raúl L. "The emergence of ethno-populism in Latin America". *In*: DE LA TORRE, Carlos. *Routledge Handbook of Global Populism*. Londres: Routledge, 2018.

______. "The origins of the two lefts in Latin America". *Political Science Quarterly*, vol. 125, nº 4, 2010.

MAINWARING, Scott; BRINKS, Daniel; PÉREZ-LIÑÁN, Aníbal. "Classifying political regimes in Latin America, 1945-1999: studies in comparative international development". *Spring*, vol. 36, 2001.

MARINI, Ruy Mauro; CASTELO, Rodrigo. "O Estado de contra-insurgência". *Revista de Estudos e Pesquisas sobre as Américas*, vol. 12, nº 3, 2018.

MARTINICO, Giuseppe. "Between Mimetism and Parasitism: Italian Populism in a Comparative Perspective". *European Public Law*, vol. 26, nº 4, 2020.

MATTOS, Paulo Todescan Lessa. "A formação do Estado regulador". *Novos estudos CEBRAP*, nº 76, 2006.

MAUÉS, Antônio Gomes Moreira. *O pluralismo político na Constituição de 1988*. Porto Alegre: Síntese, 1999.

MCILWAIN, Charles Howard. *Constitutionalism*: ancient and modern. Indianápolis: Liberty Fund, 2005.

MEJÍAS, Sonia Alda. "La 'revolución democrática' de los nuevos movimientos sociales y de los populismos de izquierda ante la crisis de gobernabilidad en América Latina". *Cuadernos de Estrategia*, nº 136, 2007.

MENDES, Valdenésio Aduci. "Democracia e participação: os conselhos comunais na Venezuela". *Revista Sul-Americana de Ciência Política*, vol. 1, nº 1, 2012.

MENESES, Maria Paula; SANTOS, Boaventura de Sousa *et al*. (Coord.). *Construyendo las epistemologías del sur*: para un pensamiento alternativo de alternativas. Buenos Aires: Clacso/Coimbra: Centro de Estudos Sociais, vol. 1, 2018.

MENEZES, Juliane Maria de. *Regulação da mídia e liberdade de expressão*: uma análise da Lei Orgânica de Comunicação do Equador. Recife: UEPE, 2019 (Trabalho de Conclusão de Curso em Direito).

MICHELANGELO, Bovero. *Una gramática de la democracia*: contra el gobierno de los peores. Madrid: Trotta, 2002.

MIGALHAS. "Bolsonaro poderá indicar mais 89 membros do Judiciário até fim de 2022". *Migalhas*, 17 nov. 2021. Disponível em: https://www.migalhas.com.br/quentes/354802/bolsonaro-podera-indicar-mais--89-membros-do-judiciario-ate-fim-de-2022. Acessado em: 14.12.2022.

MIRANDA, José Alberto Antunes de. "Populismo, democracia e a Constituição na Venezuela". *Direito, Estado e Sociedade*, nº 45, jul.-dez. 2014.

MOFFIT, Benjamin; TORMEY, Simon. "Rethinking populism politics: mediatisation and political style". *Political Studies*, vol. 62, 2014.

MONSIVÁIS-CARRILLO, Alejandro. "Corrupción y legitimidad democrática en México". *Revista Mexicana de Sociología*, vol. 82, nº 3, 2020.

MOSSE, George. "Estetica fascista e società: alcune considerazioni". *In*: BOCA, Angelo Del; LEGNANI, Massimo; ROSSI, Mario G. *Il regime fascista*: storia e storiografia. Roma: Laterza, 1995.

MOTTA BRANDÃO, Rafael Vaz da. "Reformas neoliberais no Peru: crise do Estado, privatizações e autoritarismo político (1990/2000)". *Revista Latino-Americana de História* – UNISINOS, vol. 6, nº 18, 2017.

MOUFFE, Chantal. *For a left populism*. Londres: Verso, 2018.

MOURA, Lucas da Trindade. "A ascensão do governo Chávez na Venezuela e sua relação com os movimentos sociais". *GT 6: Revoluções na América Latina e dilemas do socialismo*, 2013.

MUDDE, Cas. "Conclusion: some further thoughts on populism". *In*: DE LA TORRE, Carlos (Coord.). *The promise and perils of populism*: global perspectives. Kentucky: University Press of Kentucky, 2015.

______. "Introduction to the populist radical right". *In*: ______. *The populist radical right*. Londres: Routledge, 2016.

______. "The populist zeitgeist". *Government and opposition*, vol. 39, nº 4, 2004.

MUDDE, Cas; KALTWASSER, Cristóbal Rovira. "Exclusionary *vs.* inclusionary populism: comparing contemporary Europe and Latin America". *Government and opposition*, vol. 48, nº 2, 2013.

______. *Populism*: a very short introduction. Oxford: Oxford University Press, 2017.

MÜLLER, Jan-Werner. "Rising to the challenge of constitutional capture". *Eurozine*, 21 mar. 2014. Disponível em: http://www.eurozine.com/articles/2014-03-21-muller-en.html. Acessado em: 23.03.2022.

______. *What is populism?* Philadelphia: University of Pennsylvania Press, 2016.

MUNIZ, Mariana. "'Entrevista: Bolsonaro facilitou a vida de milícias digitais', diz Barroso". *O Globo*, 13 fev. 2022. Disponível em: https://oglobo.globo.com/politica/entrevista-bolsonaro-facilitou-vida-das-milicias-digitais-diz-barroso-25392162. Acessado em: 17.03.2022.

MUSSOLINI, Benito; TRÓTSKI, Leon. *Fascismo*. 2ª ed. Rio de Janeiro: Nova Fronteira, 2019.

NASCIMENTO, Jefferson Ferreira do; BRAGA, Maria do Socorro Sousa. "Brasil nos tempos de Bolsonaro: populismo e democracia antiliberal". *Revista de Ciência Política*, vol. 59, nº 2, 2021.

NASH ROJAS, Claudio *et al. Derecho Internacional de los Derechos Humanos en Chile*: recepción y aplicación en el ámbito interno. Chile: Facultad de Derecho Universidad de Chile, 2012.

NEVES, Marcelo. "Constitucionalização simbólica e desconstitucionalização fática: mudança simbólica da Constituição e permanência das estruturas reais de poder". *Revista de Informação Legislativa*, vol. 132, nº 33, 1996.

______. "Do diálogo entre as Cortes Supremas e a Corte Interamericana de Direitos Humanos ao transconstitucionalismo na América Latina". *Revista Informação Legislativa*, nº 201, ano 51. Brasília: Senado Federal, 2014.

______. *A constitucionalização simbólica*. São Paulo: Académica, 1994.

NOBRE, Marcos. *Ponto-final*: a guerra de Bolsonaro contra a democracia. São Paulo: Todavia, 2020.

NOLTE, Detlef. "De la larga agonía de la Argentina peronista a la reconversión menemista: Transformaciones del sistema político argentino durante la primera presidencia de Carlos Menem". *América Latina Hoy*, nº 12, 1995.

O'DONNELL, Guillermo. *Democracy, agency, and the state*: theory with comparative intent. Oxford: Oxford University Press, 2010.

OLIVEIRA, Aline; BARCELLOS, Bruna Leal. "A democracia no governo de Nicolás Maduro". *Revista Vernáculo*, nº 33, 2014.

OLIVEIRA, André Silva de; SOUZA, Carlos Augusto da Silva. "O judiciário venezuelano e a politização da justiça". *Revista Política Hoje*, vol. 23, nº 2, 2007.

OSORIO, Martín Bazurco; RODRÍGUEZ, José Luis Exeni. "Bolivia: justicia indígena en tiempos de plurinacionalidad". *In*: SANTOS, Boaventura de Sousa *et al*. *Justicia indígena, plurinacionalidad e interculturalidad en Bolivia*. La Paz: Abya-Yala, 2012.

OST, François. "Júpiter, Hércules, Hermes: três modelos de juiz". *Revista DOXA*, nº 14, 1993. Disponível em: http://cervantesvirtual.com/servlet/SirveObras/doxa/52586177762636009641157/cuaderno14/doxa1411.pdf. Acessado em: 20.03.2022.

______. *A natureza à margem da lei*: a ecologia à prova do direito. Lisboa: Instituto Piaget, 1997.

OSTIGUY, Pierre. "The high and the low in politics: a two-dimensional political space for comparative analysis and electoral studies". Working Paper, *Kellogg Institute For International Studies*, jul. 2009.

OTERO, Paulo. *Instituições políticas e constitucionais*. vol. 1. Coimbra: Almedina, 2007.

PÁDUA, Adriana Suzart de; MATHIAS, Suzeley Kalil. "Venezuela: qual democracia?" *Brazilian Journal of Latin American Studies*, vol. 9, nº 17, 2010.

PANIZZA, Francisco. "Introduction: populism and the mirror of democracy". *In*: PANIZZA, Francisco (Coord.). *Populism and the mirror democracy*. Londres: Phronesis Verso Book, 2005.

PARAGUAY. Ministerio de Relaciones Exteriores. *Gobiernos de Argentina, Brasil, Chile, Colombia y Paraguay se manifiestan sobre el Sistema Interamericano de Derechos Humanos*. Disponível em: https://www.mre.gov.py/index.php/noticias-de-embajadas-y-consulados/gobiernos-de-argentina-brasil-chile-colombia-y-paraguay-se-manifiestan-sobre-el-sistema-interamericano-de-derechos-humanos. Acessado em: 14.07.2020.

PASQUALE, Frank. "A esfera pública automatizada". *Revista Líbero*, São Paulo, ano 20, nº 39, 2017. Disponível em: https://casperlibero.edu.br/wp-content/uploads/2017/10/A-Esfera-p%C3%BAblica-automatizada.pdf. Acessado em: 15.02.2020.

PASTOR, Roberto Viciano; DALMAU, Rúben Martinez. "Aspectos generales del nuevo constitucionalismo latinoamericano". *Corte Constitucional de Ecuador para el período de transición*, Quito, 2010.

______. "Aspectos generales del nuevo constitucionalismo latinoamericano". *In*: *El nuevo constitucionalismo en América Latina*: memorias del encuentro internacional el nuevo constitucionalismo: desafíos y retos para el siglo XXI. Corte Constitucional del Ecuador, Quito, 2010.

PATIÑO, Luis Guillermo Aristizábal; RESTREPO, Porfirio Cardona. "El neopopulismo: una aproximación al caso colombiano y venezolano". *Estudios Políticos*, nº 34, 2014. Disponível em: http://www.erevistas.csic.es/ficha_articulo.php?url=oai:ojs.aprendeenlinea. Acessado em: 20.03.2022.

PATIÑO, Luis Guillermo. "El neopopulismo en el contexto de la democracia latinoamericana". *Revista Facultad de Derecho y Ciencias Políticas*, nº 106, 2007.

PATTERSON, M. "Antitrust, consumer protection, and the new information platforms". *Antitrust Magazine*, vol. 31, nº 3, 2017. Disponível em: https://www.americanbar.org/digital-asset-abstract.html/content/dam/aba/publishing/antitrust_magazine/anti_summer2017_fullissue.pdf. Acessado em: 08.04.2021.

PECEZ-BARBA, Gregório. *Lecciones de derechos fundamentales*. Espanha: Dykinson, 2005.

PEDROZA, Luicy. *AMLO's first 100 days*: mixed signals. Hamburg: GIGA German Institute of Global and Area Studies – Leibniz-Institut für Globale und Regionale Studien, Institut für LateinamerikaStudien, 2019. Disponível em: https://nbn-resolving.org/urn:nbn:de:0168-s-soar-61810-3. Acessado em: 20.03.2022.

PEGORARO, Lucio; RINELLA, Angelo. *Sistemas constitucionais comparados*. São Paulo: Contracorrente, 2021.

PÉREZ LUÑO, Antonio-Enrique. *¿Ciberciudadaní@ o ciudadaní@.com?* Barcelona: Editorial Gedisa, 2012.

PÉREZ-LIÑÁN, Aníbal. "Impeachment or backsliding? Threats to democracy in the twenty-first century". *Revista Brasileira de Ciências Sociais*, vol. 33, nº 98, 2018. Disponível em: https://doi.org/10.1590/339801/2018. Acessado em: 22.03.2022.

PESSÔA, Samuel. "Caminhando sem presidencialismo de coalização". *Revista Conjuntura Econômica*, vol. 73, nº 7, 2019.

PIÇARRA, Nuno. *A separação dos poderes como doutrina e princípio constitucional*: um contributo para o estudo das suas origens e evolução. Coimbra: Coimbra Editora, 1989.

PINTO, Antonio Costa. *Corporatism and fascism*: the corporatist wave in Europe. England: Taylor & Francis, 2017.

______. *Latin American dictatorships in the era of fascism*: the corporatist wave. Nova York: Routledge, 2019.

______. *Populismo*: teoria e casos. Fortaleza: Edmeta, 2020.

PINTO, Monica. "El principio pro homine: criterios de hermenêutica y pautas para la regulación de lós derechos humanos". *In*: ABREGÚ, Martín; COURTIS, Christian. *La aplicación de lós tratados de derechos humanos por lós tribunales locales*. Buenos Aires: Editorial del Puerto, 1997.

PIOVESAN, Flávia. "Direitos humanos e constitucionalismo regional transformador: o impacto do Sistema Interamericano". *Cadernos de Pós-Graduação em Direito da USP*, São Paulo, vol. 36, nº 1, 2016.

______. *Direitos humanos e justiça internacional*. 2ª ed. São Paulo: Saraiva, 2011.

PIOVESAN, Flávia; BROCHADO, Gabriel Pinho. "A crise da democracia liberal e a ofensiva populista: o impacto do Sistema Interamericano de Direitos Humanos". *Revista Direitos Humanos e Democracia*, vol. 9, nº 17, 2021.

PIRES, Luis Manuel Fonseca. *Estados de exceção*: a usurpação da soberania popular. São Paulo: Contracorrente, 2021.

PIZZOLO, Calogero. "Populismo y rupturas constitucionales los casos de Venezuela, Bolivia y Ecuador". *Estudios Constitucionales*, vol. 5, nº 1, 2007.

______. *Derecho e integración regional*: Comunidad Andina, Mercosur, SICA, Unión Europea. Buenos Aires: Ediar, 2010.

POLETTO, Emílio. "A nova territorialidade dos movimentos sociais na América Latina: do ajuste neoliberal à construção de alternativas". *XII Encontro de Geógrafos da América Latina*. Montevidéu: Anais do XII Encontro de Geógrafos da América Latina, 2009.

PRAELI, Francisco Jose Eguiguren. "El fortalecimiento de la democracia y del presidencialismo en la experiencia reciente de los países sudamericanos". *In*: CASTAÑEDA OTSU, S. Y. (Coord.). *Constitucionalismo y Democracia en América Latina*: controles y riesgos. Lima: Adrus D&L Editores, 2014.

PRATA, Ana. *A tutela constitucional da autonomia privada*. Coimbra: Almedina, 1997.

PZEWORSKI, Adam. *Crises da democracia*. Rio de Janeiro: Zahar, 2020.

QUEIROZ, Cristina. *Interpretação constitucional e poder judicial*: sobre a epistemologia da construção constitucional. Coimbra: Coimbra Editora, 2000.

______. *Os actos políticos no Estado de Direito*: o problema do controle jurídico do poder. Coimbra: Almedina, 1990.

QUIJANO, Aníbal. "Colonialidad del poder y clasificación social". *Journal of World-Systems Research*, Buenos Aires, vol. 6, nº 2, 26 ago. 2000.

QUIROGA LEON, Aníbal. "Relaciones entre el derecho internacional y el derecho interno: nuevas perspectivas doctrinales y jurisprudenciales en el ámbito americano". *Ius et Praxis*, Talca, vol. 11, nº 1, 2005.

QUIROZ-VELASCO, María-Teresa. "Periodismo, ética y autoregulación". *Derecho & sociedad*, Peru, vol. 36, 2011. Disponível em: http://revistas.pucp.edu.pe/index.php/derechoysociedad/article/view/13237/13848. Acessado em: 10.03.2022.

RAMÍREZ GALLEGOS, Franklin; STOESSEL, Soledad. "Campos de conflitividade política e movimentos sociais no Equador da Revolução Cidadã". *Plural*, vol. 22, 2015.

RAMOS, André de Carvalho. "Novos tempos, velho remédio? Os riscos da cláusula democrática no Sistema Interamericano de Direitos Humanos". *Revista Direitos Fundamentais & Democracia*, vol. 25, nº 3, 2020.

______. "Pluralidade das ordens jurídicas: uma nova perspectiva na relação entre o Direito Internacional e o Direito Constitucional". *Revista da Faculdade de Direito da Universidade de São Paulo*, vol. 106-107, jan.-dez. 2011-2012.

______. "Responsabilidade internacional do Estado por violação de direitos humanos". *Revista CEJ*, vol. 9, nº 29, jun. 2005.

RIVADENEYRA, Alex Amado. *La emergencia del principio de interacción y el diálogo jurisprudencial a la luz del denominado derecho constitucional internacional*. Disponível em: http://www.revistajuridicaonline.com/index.php?option=com_content&task=view&id=785&Itemid=116. Acessado em: 20.03.2022.

ROBERTS, Kenneth M. "Parties, party systems, and political representation". *In*: KINGSTONE, Peter; YASHAR, Deborah. *Routledge Handbook of Latin American politics*. Nova York: Routledge, 2012.

______. "Populism, political mobilizations, and crises of political representation". *In*: DE LA TORRE, Carlos. *The promise and perils of populism*: global perspectives. Lexington: University of Kentucky Press, 2015.

ROBLES RIVERA, Francisco. "Élites y estrategias de captura de medios en América Central". *Revista Mexicana Sociología*, Ciudad de México, vol. 83, nº 1, mar. 2021. Disponível em: http://www.scielo.org.mx/scielo.php?script=sci_arttext&pid=S0188-25032021000100009&lng=es&nrm=iso. Acessado em: 20.03.2022.

ROCA, Javier García; FERNANDEZ, Pablo Antonio; SANTOLAYA, Pablo; CANOSA, Raul (Coord.). *El diálogo entre los sistemas europeo y americano de derechos humanos*. Espanha: Thomson Reuters, 2012.

RODRIGUEZ, Azucena Carolina Serrano. "Discursos paralelos, peto en sentido opuesto: análisis de los populismos de Jair Bolsonaro y Andrés Manuel López Obrador". *Estudios Políticos*, Medellín, nº 56, set.-dez. 2019. Disponível em: https://www.redalyc.org/jatsRepo/164/16463289007/16463289007.pdf. Acessado em: 20.03.2022.

RODRÍGUEZ-GARAVITO, César. "Beyond the courtroom: the impact of judicial activism on socioeconomic rights in Latin America". *Texas Law Review*, vol. 89, 2010.

ROSANVALLON, Pierre. "La democracia del siglo XXI". *Nueva Sociedad*, nº 269, mai.-jun. 2017.

______. *El siglo del populismo*. Barcelona: Galaxia Gutenberg, 2020.

ROSENFELD, Michel. "The rule of law and the legitimacy of constitutional democracy". *S. Cal. L. Rev.*, vol. 74, 2000.

ROUVROY, Antoinette. "'Of data and men': fundamental rights and freedoms in a world of big data". *Council of Europe, Directorate General of Human Rights and Rule of Law*, 2016. Disponível em: https://rm.coe.int/16806a6020. Acessado em: 02.08.2020.

RUEDIGER, Marco Aurélio *et al*. *Robôs, redes sociais e política no Brasil*: estudo sobre interferências ilegítimas no debate público na web, riscos à democracia e processo eleitoral de 2018. Rio de Janeiro: FGV, 2017. Disponível em: https://bibliotecadigital.fgv.br/dspace/handle/10438/18695. Acessado em: 12.08.2019.

RUPPERT, Evelyn; ISIH, Engin. *Being digital citizens*. 2ª ed. Londres: Rowman & Littlefield, 2020.

SÁNCHEZ TALANQUER, Mariano. "Mexico 2019: personalistic politics and neoliberalism from the left". *Revista de Ciencia Política*, vol. 40, nº 2, 2020.

SANTOLAYA, Pablo. "La apertura de las constituciones a su interpretación conforme a los tratados internacionales". *In*: MARTIN, Lorenzo Retortillo Baquer; FERRER MAC-GREGOR, Eduardo; HERRERA GARCÍA, Alfonso (Coord.). *Diálogo jurisprudencial en derechos humanos*: entre tribunales constitucionales y cortes internacionales. Madri: Tirant lo Blanch, 2013.

SANTOS, Elaine Cristina. "Apontamentos sobre o Equador do petróleo". *Revista Fim do Mundo*, nº 5, 2021.

SANTOS, Suzy dos; MASTRINI, Guillermo. "A regulação da comunicação na Argentina: novas diretrizes nas políticas de meios". *Politics*, 2010. Disponível em: https://www.politics.org.br/edicoes/regula%C3%A7%C3%A3o-da-comunica%C3%A7%C3%A3o-na-argentina-novas-diretrizes-nas-pol%C3%ADticas-de-meios. Acessado em: 20.03.2022.

SARTORI, Giovanni. *La política*: Lógica y método de las ciencias sociales. Ciudad de México: UNAM, 2010.

______. "Comparación y método comparativo". *In*: SARTORI, Giovanni; MORLINO, Leonardo. *La comparación en las ciencias sociales*. Madrid: Alianza, 1994.

SCHEIDT, Eduardo. "A questão nacional nos discursos do Presidente Hugo Chávez". *OPSIS*, vol. 14, 2014.

SCHEPELLE, Kim Lane. "Autocratic Legalism". *University of Chicago Law Review*, Chicago, vol. 85, nº 2, mar. 2018.

______. "The opportunism of populists and the defense of constitutional liberalism". *German Law Journal*, Frankfurt, vol. 20, nº 3, abr. 2019. Cambridge: Cambridge University Press, 2019.

SCHÖNBOHM, Horst. "Reflexiones sobre el Estado de derecho en América Latina". *In*: AHRENS, Helen. *El Estado de Derecho de Hoy en América Latina*. Montevideo: Mastergraf, 2012.

SILVA, Cristina Nogueira da. "Conceitos oitocentistas de cidadania: liberalismo e igualdade". *Análise Social*, vol. XLVV, nº 192, 2009.

SILVA, José Afonso da. *Curso de Direito Constitucional positivo*. 16ª ed. São Paulo: Malheiros, 1999.

SILVEIRA, Sergio Amadeu da. *Democracia e os códigos invisíveis*: como os algoritmos estão modulando comportamentos e escolhas políticas. São Paulo: Sesc, 2019.

SIQUEIRA, Raphael Garcez. *Desenvolvimento humano e economia política internacional no caso venezuelano*: uma análise sobre os aspectos socioeconômicos do Governo Nicolás Maduro. Goiás: PUC, 2020 (Trabalho de Conclusão de Curso).

SLAUGHTER, Anne-Marie. "A global community of courts". *Harvard International Law Journal*, vol. 44, nº 1, 2003.

SNYDER, Timothy. *On tyranny*: twenty lessons from the twentieth century. Nova York: Tim Duggan Books, 2017.

SOUZA, Davisson C. C. de. "Tradições de luta sindical e emergência do movimento de desempregados na Argentina". *Lutas Sociais*, nº 23, 2009.

STARK, Birgit *et al*. "Are algorithms a threat to democracy? The rise of intermediaries: a challenge for public discourse". *Governing platforms – algorithm watch*, 26 mai. 2020. Disponível em: https://algorithmwatch.org/en/wp-content/uploads/2020/05/Governing-Platforms-communications-study-Stark-May-2020-AlgorithmWatch.pdf. Acessado em: 15.12.2022.

TAVARES, Elaine. "Crise constitucional em El Salvador". *IELA*, 10 fev. 2020. Disponível em: https://iela.ufsc.br/noticia/crise-constitucional-em-el-salvador. Acessado em: 20.03.2022.

TEIXEIRA, Carlos Sávio G. "O presidencialismo plebiscitário: de Bolsonaro à solução". *Nexo ensaio*, 28 jul. 2020. Disponível em: https://www.nexojornal.com.br/ensaio/2020/O-presidencialismo-plebiscit%C3%A1rio-de-Bolsonaro-%C3%A0-solu%C3%A7%C3%A3o. Acessado em: 20.03.2022.

TENÓRIO, Jamildo. "Confiança do brasileiro nas instituições é a mais baixa desde 2009". *IBOPE Inteligência*, [S. l.], 8 ago. 2019. Disponível em: http://177.47.5.246/noticias-e-pesquisas/confianca-do-brasileiro-nas-instituicoes-e-a-mais-baixa-desde-2009/. Acessado em: 20.03.2022.

TORMEY, Simon. *Populismo*: uma breve introdução. São Paulo: Cultrix, 2019.

TORRES-TOUKOUMIDIS, Á.; ROMERO-RODRÍGUEZ, L. M.; AGUADED, I. "Procedural model in the evaluation of public policy through gamification". *Revista de Administração Pública*, vol. 51, 2017.

TRINDADE, Antônio Augusto Cançado. "Desafíos de la protección internacional de los derechos humanos al final del siglo XX". *Seminario sobre Derechos Humanos*. Costa Rica: IIDH, 1997.

_____. "La justiciabilidad de los derechos económicos, sociales y culturales en el plano internacional". *Lecciones y ensayos*. Ciudad de Buenos Aires: Abeledo-Perrot, 1998.

_____. "O legado da Declaração Universal de 1948 e o futuro da proteção internacional dos direitos humanos". *In*: FIX-ZAMUDIO, Hector. *México y las declaraciones de derechos humanos*. México: UNAM, 1999.

_____. "O papel dos tribunais internacionais na evolução do Direito Internacional contemporâneo". *In*: _____. *Os tribunais internacionais contemporâneos*. Brasília: FUNAG, 2013.

_____. *A humanização do Direito Internacional*. Belo Horizonte: Del Rey, 2006.

TRINDADE, José Damião de Lima. "Anotações sobre a história social dos direitos humanos". *In*: PROCURADORIA GERAL DO ESTADO (Coord.). *Direitos humanos*: construção da liberdade e da igualdade. São Paulo: Centro de Estudos da Procuradoria Geral do Estado de São Paulo, 2000.

TUSHNET, Mark. "Constitutional hardball". *The John Marshall Law Review*, Georgetown, vol. 37, 2004.

TUSHNET, Mark; BUGARIC, Bojan. "Populism and constitutionalism: an essay on definitions and their implications". *Harvard Public Law Working Paper*, Boston, vol. 17, nº 20, out. 2020.

UGARTE, Pedro Salazar. *La democracia constitucional*: una radiografía teórica. México: Fondo de Cultura Economica Carretera Picacho-Ajusco, 2006.

UPRIMNY, Rodrigo. "Las transformaciones constitucionales recientes em América Latina: tendências y desafios". *In*: GARAVITO, César Roberto (Coord.). *El derecho em América Latina*: um mapa para el pesamiento jurídico del siglo XXI. Buenos Aires: Siglo Veintiuno, 2011.

UPRIMNY, Rodrigo; SÁNCHEZ, Luz María. "Transformação constitucional e democracia na América Latina". *In*: VIEIRA, Oscar Vilhena;

GLEZER, Rubens *et al.* (Coord.). *Três décadas de transformações constitucionais na América Latina*: balanços e perspectivas. São Paulo: FGV Direito, 2017.

URBINATI, Nadia. "A revolt against intermediary bodies". *Constellations*, vol. 4, nº 22, 2015. Disponível em: https://doi.org/10.1111/1467-8675.12188. Acessado em: 26.09.2021.

______. "Antiestablishment and the substitution of the whole with one of its parts". *In*: *Handbook of global populism*. United Kingdom: Routledge, 2018.

______. "Between hegemony and distrust". *Representative democracy in the internet era*, 2014. Disponível em: https://www.resetdoc.org/story/between-hegemony-and-distrust-representative-democracy-in-the-internet-era/. Acessado em: 24.03.2022.

______. "Crise e metamorfoses da democracia". *Revista Brasileira de Ciências Sociais*, vol. 28, nº 82, jul. 2013. Disponível em: https://doi.org/10.1590/S0102-69092013000200001. Acessado em: 16.06.2021.

______. "Political theory of populism". *Annual Review of Political Science*, vol. 22, 2019. Disponível em: https://www.annualreviews.org/journal/polisci. Acessado em: 20.03.2022.

______. *Democracy disfigured*. Harvard: Harvard University Press, 2014.

______. *Me the people*: how populism transforms democracy. Cambridge: Harvard University Press, 2019.

______. *Representative democracy*: principles and genealogy. Chicago: University of Chicago Press, 2006.

URUENA, Rene. "Luchas locales, cortes internacionales: una exploración de la protección multinivel de los derechos humanos en América Latina". *Revista Derecho del Estado*, nº 30. Bogotá: Universidad de los Andes, 2013.

VALADÉS, Diego. "Visión panorámica del constitucionalismo en el siglo XX". *Revista de Derecho Constitucional Europeo*, nº 12, 2009.

VALFRÉ, Vinicius; AFFONSO, Juliz. "Maior grupo armado do país, CACAS lançam 34 candidaturas ao Congresso e organizam partido político". *Estado de São Paulo*, 26 jul. 2022. Disponível em: https://www.estadao.com.br/politica/maior-grupo-armado-do-pais-cacs-lancam-34-candidatos-ao-congresso-e-organizam-partido-politico/. Acessado: 17.01.2023.

VALIM, Rafael. *Estado de exceção*: a forma jurídica do neoliberalismo. São Paulo: Contracorrente, 2015.

VARILLAS PAZ, Jenny Clarisa. *Comportamiento de la prensa en los gobiernos dictatoriales del General Juan Velasco Alvarado y Alberto Fujimori*: análisis de los editoriales del diario Expreso y la revista Oiga, 2004. Universidad Peruana de Ciencias Aplicadas (UPC). Licenciado en Comunicación y Periodismo. Disponível em: https://repositorioacademico.upc.edu.pe/handle/10757/315655?show=full. Acessado em: 30.03.2022.

VIANINI, Fernando Marcus Nascimento. *A trajetória econômica da Argentina*: 1989-2007. Juiz de Fora: Universidade Federal de Juiz de Fora, 2012 (Mestrado em História).

VICIANO, Roberto; MARTINEZ, Rubén. "Aspectos generales del nuevo constitucionalismo latinoamericano". *Corte Constitucional de Ecuador para el período de transición*, Quito, 2010.

VIEIRA, Aiane de O.; SELEGHIM, Ariane D. "Populismo, governabilidade e opinião pública: uma análise da influência das mídias digitais no processo decisório presidencial". *Agenda Política*, vol. 8, nº 2, 2020.

VIEIRA, José Ribas; DYNIEWICZ, Letícia Garcia Ribeiro. "Estado plurinacional na América Latina: diálogo conceitual entre multiculturalismo canadense e teoria pós-colonial". *In*: MORAIS, José Luis Bolzan; BARROS, Flavianne Magalhães. *Novo constitucionalismo latino-americano*: o debate sobre novos sistemas de justiça, ativismo judicial e formação de juízes. Belo Horizonte: Arraes, 2014.

VIEIRA, Oscar Vilhena. "Desigualdad estructural y Estado de Derecho". *In*: GARAVITO, César Rodríguez *et al*. (Coord.). *El derecho en América Latina*: un mapa para el pensamiento jurídico del siglo XXI. Buenos Aires: Siglo Veintiuno, 2011.

VIVANCO, José Miguel. "Justicia subordinada a AMLO". *Human Rights Watch*, 26 abr. 2021. Disponível em: https://www.hrw.org/es/news/2021/04/26/justicia-subordinada-amlo. Acessado em: 20.03.2022.

VON BOGDANDY, Armin. "*Ius Constitutionale Commune* na América Latina: uma reflexão sobre um constitucionalismo transformador". *Revista de Direito Administrativo*, Rio de Janeiro, 2015. Disponível em: https://bibliotecadigital.fgv.br/ojs/index.php/rda/article/view/57594. Acessado em: 15.12.2022.

WALKER, Neil (Coord.). *Sovereignty in transition*. Oxford: Hart, 2003.

______. "Constitutional pluralism revisited". *European Law Journal*, vol. 22, nº 3, 2016.

WEFFORT, Francisco. *O populismo na política brasileira*. 5ª ed. São Paulo: Paz e Terra, 2003.

______. *Por que democracia?* São Paulo: Brasiliense, 1984.

WESTPHAL, Vera Herweg. "Diferentes matizes da ideia de solidariedade". *Revista Katálysis*, vol. 11, 2008.

WESTRUP, Ana Carolina; MELO, Paulo Victor. "Experiência de regulação da mídia na América Latina e apontamento para o caso brasileiro". *GT6: Economia Política das Comunicações*. Peru: ALAIC, 2014.

WEYLAND, Kurt. "Neopopulism and neoliberalism in Latin America: how much affinity?" *Third World Quarterly*, 2003.

ZAGREBELSKY, Gustavo. *Il diritto mite*: legge diritti giustizia. Torino: Einaud, 1992.

ZAKARIA, Fareed. *The future of freedom*: iliberal democracia at home and abroad. Nova York: W. W. Norton e Company, 2007.

ZANATTA, Loris. *Historia de América Latina*: de la colonia al siglo XXI. Buenos Aires: Siglo Veintiuno, 2012.

ZUBOFF, Shoshana. "Big other: capitalismo de vigilância e perspectivas para uma civilização de informação". *In*: BRUNO, Fernanda *et al.* (Coord.). *Tecnopolíticas da vigilância*: perspectivas da margem. São Paulo: Boitempo, 2019.

______. *The age of surveillance capitalism*: the fight for a human future at the new frontier of power. Nova York: Public Affairs, 2019.

ZULINI, Jaqueline Porto; RICCI, Paolo. "O Código Eleitoral de 1932 e as eleições da Era Vargas: um passo na direção da democracia?" *Estudos Históricos*, Rio de Janeiro, vol. 33, 2020.

NOTAS

A Editora Contracorrente se preocupa com todos os detalhes de suas obras! Aos curiosos, informamos que este livro foi impresso no mês de março de 2023, em papel Pólen Natural 80g, pela Gráfica Grafilar.